Waltraud Cornelißen, Martina Gille,
Holger Knothe, Petra Meier,
Hannelore Queisser, Monika Stürzer
Junge Frauen – junge Männer

DJI-Reihe
Gender

Band 12

Waltraud Cornelißen, Martina Gille,
Holger Knothe, Petra Meier,
Hannelore Queisser, Monika Stürzer

Junge Frauen – junge Männer

Daten zu Lebensführung und
Chancengleichheit
Eine sekundäranalytische Auswertung

Leske + Budrich, Opladen 2002

Das Deutsche Jugendinstitut e.V. (DJI) ist ein zentrales sozialwissenschaftliches Forschungsinstitut auf Bundesebene mit den Abteilungen „Kinder und Kinderbetreuung", „Jugend und Jugendhilfe", „Familie und Familienpolitik", „Geschlechterforschung und Frauenpolitik" und „Social Monitoring", sowie den Forschungsschwerpunkten „Übergänge in Arbeit" und „Soziale Räume – Soziale Infrastruktur". Es führt sowohl eigene Forschungsvorhaben als auch Auftragsforschung durch. Die Finanzierung erfolgt überwiegend aus Mitteln des Bundesministeriums für Familie, Senioren, Frauen und Jugend und im Rahmen von Projektförderung aus Mitteln des Bundesministeriums für Bildung und Forschung. Weitere Zuwendungen erhält das DJI von den Bundesländern und Institutionen der Wissenschaftsförderung.

Gedruckt auf alterungsbeständigem und säurefreiem Papier
Die Deutsche Bibliothek – CIP-Einheitsaufnahme
Ein Titeldatensatz für diese Publikation ist bei
Der Deutschen Bibliothek erhältlich.

ISBN 3-8100-3388-X

© 2002 Leske + Budrich, Opladen

Das Werk einschließlich aller seiner Teile ist urheberrechtlich geschützt. Jede Verwertung außerhalb der engen Grenzen des Urheberrechtsgesetzes ist ohne Zustimmung des Verlages unzulässig und strafbar. Das gilt insbesondere für Vervielfältigungen, Übersetzungen, Mikroverfilmungen und die Einspeicherung und Verarbeitung in elektronischen Systemen.

Einbandgestaltung: disegno, Wuppertal
Satz: Leske + Budrich, Opladen
Druck: DruckPartner Rübelmann, Hemsbach
Printed in Germany

Inhalt

Vorwort 11

1. Einführung 13
   Waltraud Cornelißen

2. Auf dem Weg ins Erwerbsleben 19
   Monika Stürzer

2.1 Fragestellung 19
2.2 Die subjektive Wichtigkeit von Schule und Beruf für
    junge Frauen und Männer 21
2.3 Schulbildung 25
2.3.1 Die Grundstruktur des Bildungs- und Ausbildungswesens
      in der Bundesrepublik Deutschland 25
2.3.2 Bildungsbeteiligung und Schulabschlüsse 28
2.3.3 Schulabschlüsse in West und Ost 32
2.3.4 Schulabschlüsse ausländischer Jugendlicher 35

2.4 Übergänge in die Berufsausbildung 36
2.4.1 Traumberufe in der Kindheit und frühen Jugend ... 37
2.4.2 Berufswünsche und Berufswahlen 39

2.5 Ausbildungswege 41
2.5.1 Berufsausbildung im Dualen System und an beruflichen
      Schulen 43
      Der Ausbildungsmarkt für junge Frauen und
      junge Männer 45
      Die zehn häufigsten Ausbildungsberufe 52
      Frauenberufe – Männerberufe 54
      Die Realisierung von Ausbildungsplänen 59

	Ausbildungsvergütungen	62
2.5.2	Berufsausbildung an Hochschulen	65
	Die Entwicklung der Studienanfänger/innenzahlen	66
	Hochschullaufbahn	67
	Studienfachwahl	70
	Die zehn am stärksten besetzten Studienfächer	73
2.5.3	Berufliche Bildungsabschlüsse	75
2.6	Übergänge in den Beruf	77
2.6.1	Übernahmechancen	77
2.6.2	Arbeitslosigkeit	80
2.6.3	Die finanzielle Lage und ihre subjektive Einschätzung	81
2.7	Resümee	85

3. Junge Frauen und Männer zwischen Herkunftsfamilie und eigener Lebensform 89
Holger Knothe

3.1	Einführung	89
3.2	Die Ablösung junger Frauen und Männer von der Herkunftsfamilie	93
3.3	Partnerschaften und Familienstand junger Frauen und Männer	99
3.4	Die Lebensbereiche Partnerschaft und Familie in der Wertschätzung junger Frauen und Männer	103
3.5	Erwartungen an Partnerschaft und Familie	113
3.6	Lebensplanung junger Frauen – Abschied vom traditionellen Familienmodell?	116
3.7	Einstellungen zu familialen Geschlechterverhältnissen	119
3.8	Die Praxis geschlechtsspezifischer Arbeitsteilung in Partnerschaft und Familie	127
3.9	Resümee und Ausblick	131

4. Freizeit – freie Zeit für junge Frauen und Männer? ... 135
Waltraud Cornelißen

4.1 Fragestellung ... 135
4.2 Die subjektive Bedeutung von Freizeit ... 137
4.3 Zum Umfang und zur Zufriedenheit mit der Freizeitgestaltung ... 140
4.4 Restriktionen für die Freizeitgestaltung junger Frauen und Männer ... 144
4.5 Geschlechtsgebundene Prioritätensetzung in der Freizeit ... 147
4.5.1 Mediennutzung und Technikfaszination ... 158
4.5.2 Spiel und Sport ... 173
4.5.3 Konsum und Freizeit ... 180
4.6 Private und öffentliche Räume der Freizeitgestaltung ... 183
4.7 Freundschaften und Freizeitcliquen ... 190
4.8 Resümee: Handlungsspielräume in der Freizeit und Chancengleichheit von jungen Frauen und Männern ... 200

5. Bürgerschaftliches Engagement junger Frauen und Männer ... 205
Martina Gille · Hannelore Queisser

5.1 Einleitung und Begriffsbestimmung ... 205
5.2 Bürgerschaftliches Engagement im Modernisierungsprozeß ... 207
5.3 Empirische Forschung zum bürgerschaftlichen Engagement: Beteiligungsquoten und das Spektrum von Freiwilligenarbeit ... 210
5.3.1 Datenquellen zum bürgerschaftlichen Engagement ... 210
5.3.2 Das Ausmaß bürgerschaftlicher Beteiligung und wichtige Einflußfaktoren ... 212
Engagementquoten ... 212
Engagementquoten von Frauen und Männern ... 214
Engagementquoten nach Altersgruppen und Geschlecht ... 217
Weitere Bedingungsfaktoren ... 220

5.3.3 Das Spektrum ehrenamtlichen Engagements bei jungen
 Frauen und Männern 221
5.3.4 Junge Frauen und Männer und ihr bürgerschaftliches
 Engagement in der Verbands- und Vereinsarbeit 226
5.3.5 Junge Frauen in Ehrenämtern des Sports 235
5.4 Politische Partizipation junger Frauen und Männer 237
5.4.1 Konventionelles Engagement 239
 Frauen und Männer in Parteien 243
 Frauen in innerparteilichen Ämtern 244
 Rekrutierungsprozesse 245
 Exkurs: Junge Frauen in der SPD 247
5.4.2 Unkonventionelles Engagement und die Bedeutung
 informeller Gruppierungen 248
 Unkonventionelle Partizipationsformen 249
 Informelle Gruppierungen 251
5.5 Resümee 254

6. Zum Gesundheitsstatus junger Frauen und Männer ....
Holger Knothe

6.1 Grundlagen geschlechtsspezifischer Jugendgesundheitsforschung: Jugend, Gesundheit, Geschlecht 257
6.2 Daten zur gesundheitlichen Situation von jungen Frauen
 und jungen Männern 260
6.2.1 Mortalität und Geschlecht 260
6.2.2 Subjektive Befindlichkeit und Geschlecht 263
6.2.3 Gesundheit und soziale Ungleichheit 268
6.3 Gesundheitsrelevantes Risikoverhalten und Geschlecht ... 270
6.3.1 Rauchen 271
6.3.2 Alkohol 276
6.3.3 Konsum illegaler Drogen 281
6.3.4 Medikamentenkonsum 289
6.3.5 Ernährungsverhalten und Körperbild 291
6.3.6 Sexualität und Kontrazeption 293
6.3.7 Mobilität 299
6.4 Resümee 301

Exkurs: Gewalt im Geschlechterverhältnis als Risiko
junger Frauen und Männer 302

7. Kriminalität von jungen Frauen und Männern ... 309
Petra Meier

7.1 Problemaufriß 309
7.2 Verwendete Datenquellen 311
7.3 Die Kriminalitätsbelastung von jungen Frauen
 und Männern 314
7.3.1 Überblick über die Tatverdächtigenstruktur 314
7.3.2 Die Geschlechterverteilung bei den Straftaten 315
7.3.3 Ergänzungen aus der Strafverfolgungsstatistik 322
7.3.4 Selbstberichtete Delinquenz junger Menschen 324

7.4 Wandel der Kriminalität von jungen Frauen und
 Männern 333
7.4.1 Die Entwicklung der Kriminalität von jungen Frauen
 und Männern in der offiziellen Registrierung 333
7.4.2 Erkenntnisse aus der Dunkelfeldforschung zur
 Entwicklung von Kriminalität und Gewalt 335

7.5 Einstellungen zu Gewalt 338

7.6 Erklärungsansätze zur Frauenkriminalität 341

7.7 Zusammenfassung und abschließende Betrachtungen 345

8. Zusammenfassung 351
*Waltraud Cornelißen · Martina Gille · Holger Knothe ·
Petra Meier · Monika Stürzer*

8.1 Schule, Ausbildung und Beruf 351
8.2 Eigene Lebensformen 353
8.3 Freizeit 354
8.4 Freiwilliges Engagement 355
8.5 Gesundheit 356
8.6 Kriminalität 357
8.7 Resümee 357

Anhang
Charakterisierung der repräsentativen Jugendstudien.................... 359

Literatur.. 361

Vorwort

In den folgenden Beiträgen werden Eckdaten zur geschlechtsspezifischen Lebenslage und Lebensführung junger Frauen und Männer und zu ihren Lebensperspektiven zusammengetragen. Die umfangreiche Arbeit der Sichtung und Auswahl sowie der Datenanalyse und der Dokumentation wurde vom Bundesministerium für Familie, Senioren, Frauen und Jugend finanziell gefördert. Das Deutsche Jugendinstitut gewährte seinerseits eine Abschlußphase, in der der Endbericht für den Publikationszweck überarbeitet wurde. Inhaltlich regelmäßig beraten wurden die Autor(inn)en von Mitarbeiterinnen des DJI, insbesondere von Petra Strehmel, Hiltrud Bayer und Martina Gille, wobei letztere auch als Autorin einsprang. Corinna Kleinert gestaltete die Tabellen und das Layout außerordentlich sorgfältig. Allen, die unsere Arbeit auf die eine oder andere Weise unterstützt haben, sei an dieser Stelle ganz herzlich gedankt.

München, im November 2001

Waltraud Cornelißen, Martina Gille, Holger Knothe,
Petra Meier und Monika Stürzer

1. Einführung

Waltraud Cornelißen

In den letzten Jahrzehnten sind auf der gesetzgeberischen Ebene und mit vielen Einzelmaßnahmen Schritte unternommen worden, um den Grundsatz der Gleichberechtigung der Geschlechter, Art. 3 Abs. 2 und 3 GG, als echte Rechtsnorm für die Bundesrepublik zu etablieren und von staatlicher Seite für eine tatsächliche Verwirklichung dieses Grundsatzes zu sorgen.

Um sicherzustellen, daß die staatlichen und gesellschaftlichen Anstrengungen um Gleichberechtigung zwischen den Geschlechtern nicht nachlassen, ist es notwendig, den Stand der tatsächlich erreichten Gleichberechtigung und die Anerkennung, Inanspruchnahme und Ausübung von Rechten durch Frauen und Männer im politischen, wirtschaftlichen, sozialen und kulturellen Bereich immer wieder zu prüfen. Da in der Jugendphase viele Weichen für die Integration und Teilhabe sowie für die Distanzierung und Ausgrenzung von Frauen und Männern gestellt werden, verdient diese Phase große Beachtung. In diesem Sinne beabsichtigt die Studie, Trends zu dokumentieren, die die Entwicklung der Chancengleichheit in der Jugendphase betreffen.

Es werden die Interessen, die Handlungsspielräume und die Teilhabe von Mädchen bzw. jungen Frauen und Jungen bzw. jungen Männern in verschiedenen gesellschaftlichen Bereichen auf der Basis aktueller Forschungsergebnisse und statistischen Materials vergleichend dokumentiert. Dabei erfolgt die Auswertung vorhandener Daten notwendigerweise selektiv. Deshalb sollen im folgenden die programmatischen, praktischen und theoretischen Gesichtspunkte skizziert werden, die die Auswahl und Darstellung leiten.

Wer sich bisher zum Thema *Chancengleichheit in der Jugendphase* einen Überblick über den Stand der Forschung verschaffen wollte, war auf die Sichtung vieler Einzelstudien angewiesen und mußte in oft mühsamer Arbeit viele Quellen nutzen. Für die politische, verbandliche oder publizistische Arbeit stellte diese Situation eine zeitraubende Hürde dar. Auch die Vorbereitung weiterführender wissenschaftlicher Arbeiten war dadurch erschwert. Durch die Bündelung und den Vergleich von Daten kann dieser Band hier Hilfestellung leisten.

Darüber hinaus dokumentiert und interpretiert die vorliegende Sekundäranalyse auch bisher unveröffentlichtes Zahlenmaterial, das über Sonderauswertungen aus vorhandenen Datensätzen gewonnen wurde. So soll die Studie die Wissensbasis für die Debatte um die Chancengleichheit an entscheidenden Punkten erweitern.

Der Text liefert einen Überblick über die Entwicklung der Chancengleichheit in Bildung, Ausbildung und Beruf und betrachtet Trends in den privaten Lebensformen junger Frauen und Männer. Er bietet einen Einblick in den Umfang und die Gestaltung von Freizeit und fragt nach dem gesellschaftspolitischen Engagement junger Frauen und Männer. Er liefert Daten über geschlechtsspezifische Gesundheits- und Lebensrisiken der jungen Generation und schafft einen Einblick über deren Verwicklung in Straftaten. Damit scheinen uns zentrale Lebensbereiche junger Menschen erfaßt, Bereiche, in denen sie unter je spezifischen gesellschaftlichen Bedingungen Handlungsspielräume wahrnehmen, bewerten und gemäß den ausgebildeten Interessen nutzen, Risiken eingehen und Lebensperspektiven entwerfen.

Die Sekundäranalyse vorhandener Datensätze konzentrierte sich auf die repräsentativ angelegten replikativen Jugendsurveys und die amtliche Statistik. Ansonsten wurde ergänzend vornehmlich auf solche Datenberichte und Studien zurückgegriffen, die es erlaubten, die Handlungsspielräume, Lebensführungsmuster und Lebensperspektiven der Gruppe der jungen Frauen *generell* jenen der Gruppe der jungen Männer gegenüberzustellen. Außerdem wurden einige Differenzierungen, insbesondere die nach Alter und die zwischen Jugendlichen in West- und Ostdeutschland berücksichtigt. Untersuchungen, die sich nur mit Teilgruppen junger Frauen und Männer befaßten, wurden nur dann berücksichtigt, wenn sich die Befunde mit denen aus anderen Studien zu einem Gesamtbild sinnvoll verknüpfen ließen oder wenn diese Daten immerhin geeignet erschienen, einen exemplarischen Einblick in einen allgemeineren Trend zu geben.

Im Mittelpunkt der Aufmerksamkeit stehen Jugendliche bis zu 23 Jahren. Diese Altersgrenze war vom Auftraggeber, dem Bundesministerium für Familie, Senioren, Frauen und Jugend, vorgeschlagen. Die nach oben relativ enge Altersgrenze hatte das Ziel, trotz der Pluralisierung und des raschen Wandels jugendlicher Lebensstile ein Profil jugendlicher Lebensführung herausarbeiten zu können.

Tatsächlich erstreckt sich Jugend – zumindest als Phase ökonomischer Abhängigkeit von den Eltern – oft bis in das dritte Lebensjahrzehnt. Die Übergänge in die Erwerbsarbeit, die im allgemeinen als Markierung des Erwachsenwerdens gesehen werden, sind keineswegs schon immer endgültig vollzogen. Mit den Jugendlichen bis 23 Jahren rückt also eine Personengruppe in den Mittelpunkt der Analyse, die ihre Jugendphase zum Teil erst Jahre später abschließen wird. Der vorliegende Text zeigt allerdings, daß viele in dieser Altersgruppe schon entscheidende Schritte hin zum Erwachsenwerden getan haben.

Als heuristische Konzepte, die die Auswahl der Daten leiten, wählten wir die Konzepte „Lebenslage", „Lebensführung" und „Lebenslauf". Sie erlauben es, die Jugendlichen als „aktiv realitätsverarbeitende Subjekte" zu begreifen, als Subjekte, die im Rahmen ihrer Möglichkeiten an der Gestaltung ihres Alltags und an der Konstruktion ihrer Biografie aktiv beteiligt sind (vgl. Hurrelmann 1986).

Unsere Gesellschaft nimmt das Lebensalter von Menschen in vielen Lebensbereichen zum Anlaß, spezifische Erwartungen an unterschiedliche Altersgruppen heranzutragen. Diese gesellschaftliche Organisation des Lebenslaufs bildet die Grundlage für die subjektive Konstruktion individueller Biografien. Es ist davon auszugehen, daß Mädchen und Jungen in Familien, Schulen und Jugendeinrichtungen mit unterschiedlichen Regeln und Erwartungen sowie Förderangeboten, Restriktionen und Freiräumen bedacht werden und daß sie in lebenslangen geschlechtsspezifischen Aneignungsprozessen in die zweigeschlechtlich organisierte Welt hineinwachsen. Das „doing gender", die Auseinandersetzung mit und die Mitwirkung an den per Geschlecht zugewiesenen Erwartungen in bezug auf Aussehen, Verhalten und Leistungen sowie gesellschaftlicher Positionierung, gewinnt im Übergang von der Kindheit zur Jugend an Bedeutung. Geschlechtsidentität muß erworben und inszeniert werden.

Die hier vorgelegte Synopse von Untersuchungsergebnissen aus vorwiegend quantitativen Studien kann diese biografischen Prozesse nicht rekonstruieren. Sie kann aber beschreiben, mit welchen Prioritätensetzungen junge Frauen und Männer dem Verblassen alter Orientierungsmuster, der partiellen Auflösung von Milieus und der Restrukturierung beruflicher Anforderungen begegnen. Die Studie kann geschlechtsspezifische Ansprüche an das eigene Leben, aktuelle wahrgenommene Handlungsspielräume der jungen Frauen und Männer und deren Teilhabe an unterschiedlichen Lebensbereichen klären. Sie kann versuchen, den Koordinationsleistungen der Jugendlichen nachzuspüren, die diese im

Rahmen ihrer alltäglichen Lebensführung zu erbringen haben (vgl. Kudera 1995: 86, Lange 2001).

Als Orientierung bei der Suche nach Daten, die die Rahmenbedingungen jugendlicher Lebensführung beschreiben könnten, nutzten wir das Konzept der „Lebenslage", so wie es Nahnsen 1975 vorstellte und wie es von Enders-Dragässer und Sellach 1999 weiterentwickelt wurde (vgl. Nahnsen 1975: 148, Enders-Dragässer/Sellach 1999). In diesen Konzepten wird die Lebenslage als je spezifische Kombination von Handlungsspielräumen begriffen.

Letztere ergeben sich aus der Wahrnehmung, Bewertung und Nutzung verfügbarer Ressourcen. In diesem Sinne möchte die vorliegende Studie beschreiben, welche Spielräume Mädchen und Jungen geboten werden und welche Möglichkeiten junge Frauen und Männer nutzen, um sich in einer geschlechterstrukturierten Welt zu verorten und ihre unverwechselbare Identität zu entwickeln.

Die Sekundäranalyse will eine möglichst akteursnahe Perspektive einnehmen und nach den Gelegenheitsstrukturen fragen, die sich jungen Menschen für ihre aktuelle Lebensgestaltung und die Entwicklung und Verwirklichung langfristiger Lebensperspektiven bieten. Dabei sollen die unterschiedlichen Gelegenheitsstrukturen in West- und Ostdeutschland Beachtung finden. Bei der Aufarbeitung des vorliegenden Datenmaterials werden auch milieuspezifisch geprägte Mentalitäten sowie kulturell normierte Handlungsspielräume beachtet werden, so etwa Geschlechtsrollennormen mit ihrer unterschiedlichen Ausprägung und Verbindlichkeit in unterschiedlichen Milieus. Ferner wird das Augenmerk auch auf das empirisch erfaßte manifeste Verhalten der jungen Frauen und Männer gerichtet. Thematisch wird sich die Analyse mit folgenden Komplexen befassen:

- Sie soll die *Bildungs- und Ausbildungswege* von Jungen und Mädchen beschreiben und Geschlechterdifferenzen verstehen helfen. Hier scheint insbesondere das *Berufswahlverhalten* von Mädchen erklärungsbedürftig. Es steht in deutlichem Widerspruch zu den Anforderungen einer individualisierten Gesellschaft (vgl. Kapitel 2).
- Von großem Interesse ist auch, wie sich Mädchen und Jungen zwischen ihrer *Herkunftsfamilie* und ihrer eigenen künftigen *Lebensform* definieren. Wie stellen sie sich ihre eigene private Lebensform vor? Was erwarten sie von einer Partnerschaft, was sind sie bereit, dort einzubringen? Wie steht es mit ihrem Kinderwunsch und ihren Vorstellungen zur Vereinbarkeit von Familie und Beruf (Kapitel 3)?

- Von den Jugendlichen meist nur als Vergnügen geplant, werden viele Freizeitbeschäftigungen im Laufe der Jahre zur Grundlage von Berufswünschen und Lebensperspektiven. Deshalb wird auch dem *Freizeitbereich,* seinen Aktivitäten und Kommunikationsformen Aufmerksamkeit geschenkt werden. Hier wird zu prüfen sein, ob und wie ausgeprägt sich auch der Freizeitbereich als geschlechtlich segregiert erweist und welche Folgen die eventuell belegbare, nach Geschlecht differenzierte Freizeitgestaltung für die Chancengleichheit von jungen Frauen und Männern hat (Kapitel 4).
- Auch wenn deutlich scheint, daß sich nur eine Minderheit von Jugendlichen zu *politischem Engagement* hingezogen fühlt, so wird hier doch zusammengetragen, wo Jugendliche gesellschaftspolitisches Engagement entfalten und welche Geschlechterdifferenzen sich dabei abzeichnen. Es ist nämlich damit zu rechnen, daß in dieser Altersphase bereits die Grundlage für die geschlechtsspezifische Arbeitsteilung im Ehrenamt und die ungleiche Partizipation der Geschlechter an den politischen Entscheidungsstrukturen in der Bundesrepublik gelegt wird (Kapitel 5).
- Schließlich wird der Frage nachgegangen, ob sich geschlechtsspezifische Rollenanforderungen und Handlungsspielräume in geschlechtsspezifischen *Gesundheits- und Lebensrisiken* niederschlagen (Kapitel 6).
- Zuletzt wird beschrieben, auf welche Weise junge Frauen und Männer mit dem Gesetz in Konflikt kommen, worin sich also gesellschaftlich abweichendes Verhalten junger Frauen und Männer unterscheidet. Bei der *Kriminalität* zeigt sich offenbar ein besonderes Sozialisationsrisiko der männlichen Geschlechtsrolle (Kapitel 7).

Im abschließenden Kapitel 8 werden die wichtigsten Trends noch einmal zusammenfassend dargestellt. Gleichzeitig werden Schlußfolgerungen gezogen, in denen der aktuelle Stand der Chancengleichheit in der Jugendphase spezifiziert wird.

Der Anhang enthält eine Beschreibung der wichtigsten repräsentativ angelegten Jugendstudien, auf die in allen Kapiteln zurückgegriffen wird. Die im übrigen ausgewerteten Studien werden im laufenden Text (oft in Fußnoten) näher beschrieben.

2. Auf dem Weg ins Erwerbsleben

Monika Stürzer

2.1 Fragestellung

Die uns interessierende Altersgruppe der 14- bis 23jährigen bildet keine homogene Gruppe. Jugendliche in diesem Alter leben in sehr unterschiedlichen Lebenszusammenhängen. Die jüngeren unter ihnen besuchen zum größten Teil noch die Schule, die älteren Teens absolvieren zumeist eine weiterführende Schule oder eine Berufsausbildung und bei den über 20jährigen finden sich neben den Auszubildenden und Studierenden schon Erwerbstätige, Arbeitslose sowie Hausfrauen/Hausmänner und Personen im „Erziehungsurlaub". Darüber hinaus finden sich Gruppen von Jugendlichen, die den Wehr- oder Zivildienst ableisten, ein freiwilliges soziales oder ökologisches Jahr absolvieren oder die sich in einer Weiterbildung oder Umschulung befinden. Diese unterschiedlichen Statuspositionen beeinflussen die gesamte Lebenssituation der Betroffenen, z.B. ihre finanzielle Unabhängigkeit, ihre Chancen auf dem Arbeitsmarkt, ihre Wohnformen, ihre Selbständigkeit oder das Ausmaß ihrer frei verfügbaren Zeit.

Die Lebenslagen von Mädchen und jungen Frauen haben sich in den letzten Jahrzehnten grundlegend verändert. Zu Beginn des neuen Jahrtausends stehen ihnen mehr Optionen der Lebensführung offen als den vorangegangenen Frauengenerationen. Auch die jungen Frauen selbst nehmen heute in ihrer Lebensplanung und bezüglich der von ihnen wahrgenommenen Lebensthemen ein wesentlich größeres Spektrum ins Auge (vgl. Geissler/Oechsle 1996, Keddi et al. 1999). Für die überwiegende Mehrheit von ihnen sind eine qualifizierte Schulbildung, der Abschluß einer Berufsausbildung sowie die eigene Erwerbstätigkeit von großer Bedeutung. Da aber auch Partnerschaft und Familie einen sehr hohen Stellenwert besitzen, suchen die jungen Frauen nach neuen Wegen, die nach wie vor existente Vereinbarkeitsproblematik von Beruf und Familie zu lösen. Heiratsalter und Geburt des ersten Kindes haben sich aufgrund der durchschnittlich längeren Bildungs- und Ausbildungszeiten sowie der veränderten Lebensplanung für die meisten jungen

Frauen heutzutage in höhere Altersgruppen verschoben. So werden Familien- und Kinderwunsch zwar sehr wohl von den jungen Frauen unserer Altersgruppe thematisiert, jedoch erst in äußerst geringem Umfang realisiert (vgl. Abbildung 3.10 in Kapitel 3). Denn für die jungen Frauen heute sind eine qualifizierte Schul- und Berufsausbildung und der anschließende Einstieg ins Erwerbsleben zunächst von größerer Bedeutung für die Lebensplanung. Erst wenn diese biografischen Schritte vollzogen sind, gewinnen eigene Familie und Kinder – jedoch längst nicht für alle jungen Frauen – an Aktualität. Schon in der Brigitte Mädchenstudie '82 steht die Verwirklichung des Berufswunsches für die Mädchen in den abgefragten Zukunftswünschen vor Familie und Mutterschaft (vgl. Seidenspinner/Burger 1982: 9).

In diesem Kapitel geht es nun darum, einen Überblick über aktuelle statistische Daten zum Stand der Chancengleichheit von jungen Frauen und jungen Männern in den Bereichen Schule, Berufsausbildung und Übergänge in den Beruf zu geben. Darüber hinaus soll qualitativen Fragestellungen anhand spezifischer Studien nachgegangen werden.

Zunächst interessiert uns die subjektive Wichtigkeit von Schul- und Berufsausbildung sowie Beruf und Arbeit für junge Frauen und junge Männer.

Im darauf folgenden Abschnitt zur Schulbildung wird einführend die Grundstruktur des Bildungs- und Ausbildungswesens der Bundesrepublik Deutschland dargestellt und erläutert. Danach untersuchen wir Bildungsbeteiligung und Schulabschlüsse von Mädchen und Jungen im Hinblick auf Wandlungsprozesse im Bildungssektor in den letzten vier Jahrzehnten und bezüglich der aktuellen Situation im Bildungsbereich. Von Interesse ist hierbei auch ein Vergleich der schulischen Qualifikationen in den alten und neuen Bundesländern und deutscher und ausländischer Jugendlicher.

Nach einer Darstellung der Traumberufe im frühen Jugendalter und deren Konkretisierung in Berufswünschen und Berufswahlen wenden wir uns den unterschiedlichen Ausbildungswegen zu. Das bundesdeutsche System der Berufsausbildung umfaßt sowohl das Duale Ausbildungssystem als auch schulische Berufsausbildungsformen, die bevorzugt von jungen Frauen genutzt werden, sowie universitäre Ausbildungsgänge. Zunächst betrachten wir die Partizipation junger Frauen und junger Männer auf dem Ausbildungsmarkt. In diesem Kontext ist es vor allem interessant, die betriebliche mit der schulischen Berufsausbildung sowie den gewerblich-technischen mit dem kaufmännischen Ausbildungsbereich zu vergleichen. Die geschlechtsspezifische Segmentation des Ausbildungsmarktes, die auch am Ranking der zehn am häufigsten gewählten Ausbildungsberufe junger Frauen und junger Männer ablesbar ist sowie die unterschiedlich hohen Ausbildungsvergütungen sind für den Ausbildungsverlauf und die biografische Zukunft der Jugendlichen von Bedeutung.

Thema des darauf folgenden Abschnitts ist die Berufsausbildung an Hochschulen. Hier untersuchen wir die Entwicklung der Studienanfänger/innenzahlen, die Verteilung der Studierenden auf die einzelnen Fächer und Fächergruppen sowie die Aufstiegsmöglichkeiten für junge Frauen und junge Männer an den Hochschulen.

Im Anschluß daran wird untersucht, wie sich die beruflichen Bildungsabschlüsse in der Bevölkerung verteilen.

Unterschiedliche Übergangswege kennzeichnen die zweite Schwelle vom Ausbildungs- ins Erwerbssystem. An dieser Stelle wird zu untersuchen sein, welche Übernahmechancen sich in überwiegend von Frauen besetzten Berufen ergeben, in welchem Ausmaß Jugendliche von Arbeitslosigkeit betroffen sind, aus welchen Quellen sie ihren überwiegenden Lebensunterhalt beziehen und wie sich ihre finanzielle Lage gestaltet.

2.2 Die subjektive Wichtigkeit von Schule und Beruf für junge Frauen und Männer

Das im Bildungssystem erworbene Qualifikationsniveau ist „in der Regel ein ‚Platzanweiser' innerhalb des Gefüges gesellschaftlicher Ungleichheit. Bildung und Ausbildung bestimmen in unserer Gesellschaft weitgehend über Berufs- und Einkommenschancen und den damit verbunden Sozialstatus" (Achatz et al. 2000a: 16). Daß dieser Zusammenhang auch den Jugendlichen in den 90er Jahren bewußt ist, zeigen die Auswertungen des DJI-Jugendsurveys.

Im Jugendsurvey wurde die Frage nach der subjektiven Wichtigkeit von Lebensbereichen gestellt, um den „zentralen Vorstellungen zur Lebensplanung" der befragten Jugendlichen und ihren Biografieentwürfen auf die Spur zu kommen. Die Frage „gibt zum einen Auskunft über die persönliche Wichtigkeit von geplanten oder auch bereits realisierten Lebensetappen und zum anderen vermittelt sie einen Eindruck darüber, welche Bereiche in den Lebensplänen Jugendlicher dominant sind, welche Bereiche gleichberechtigt sind und welche nachgeordnet sind" (Gille 2000: 171). In Abbildung 2.1 werden alle im Jugendsurvey abgefragten Lebensbereiche für junge Frauen und junge Männer getrennt nach den alten und den neuen Bundesländern dargestellt.

Abbildung 2.1: Die subjektive Wichtigkeit von Lebensbereichen* bei 16- bis 23jährigen nach Geschlecht in West- und Ostdeutschland 1997 (in %)

	West		Ost	
	Frauen	Männer	Frauen	Männer
Freunde und Bekannte	94,9	95,5	95,7	95,9
Freizeit und Erholung	90,7	88,8	93,2	93,3
Eltern und Geschwister	90,3	86,0	92,2	89,3
Beruf und Arbeit	86,1	83,4	90,6	89,3
Schul- und Berufsausbildung	88,7	85,8	90,5	85,5
Partnerschaft	85,1	78,4	85,4	72,4
Eigene Familie und Kinder	72,5	63,4	75,2	61,3
Kunst und Kultur	46,2	33,0	53,0	34,4
Politik	40,9	40,9	34,4	37,1
Religion	29,3	22,4	15,5	12,6
n	972	1.122	631	760

* In den Erhebungen des Jugendsurveys wurde die Frage nach der persönlichen Wichtigkeit einzelner Lebensbereiche 1992 und 1997 in identischer Form gestellt: „Wie wichtig sind für Sie persönlich die einzelnen Lebensbereiche auf dieser Liste? Der Wert 1 bedeutet *überhaupt nicht wichtig*, der Wert 7 *sehr wichtig*. Mit den Werten dazwischen können Sie die Wichtigkeit der Lebensbereiche abstufen." In Abbildung 2.1 sind jeweils die zustimmenden Antworten der Befragten, die die Skalenwerte 5 bis 7 angaben, zusammengefaßt.

Quelle: Eigene Berechnungen nach Daten des DJI-Jugendsurveys 1997

Wie aus Abbildung 2.1 ersichtlich wird, gehören Schul- und Berufsausbildung und Beruf und Arbeit für die befragten jungen Frauen und Männer zu den wichtigsten Lebensbereichen. Diese Bereiche werden 1997 von mehr als vier Fünftel aller Befragten unabhängig von Geschlecht oder Wohnsitz in den alten oder neuen Bundesländern als wichtig oder sehr wichtig eingeschätzt.

Beruf und Arbeit und Schul- und Berufsausbildung werden vor allem von den jungen Frauen im Osten als wichtig bis sehr wichtig angesehen. Dagegen werden sie am seltensten von den jungen Männern aus dem Westen als wichtig bis sehr wichtig genannt. Generell werden diese Bereiche von den jungen Frauen in beiden Landesteilen wichtiger als von den jungen Männern eingeschätzt und von den Jugendlichen aus dem Osten wichtiger als von denen aus dem Westen. Die Gruppen, die stärker vom Verdrängungswettbewerb auf dem knappen Ausbildungsstellen- und Arbeitsmarkt betroffen sind, messen einer fundierten Schul-

und Berufsausbildung und dem Erlangen eines Arbeitsplatzes somit wohl eine höhere Bedeutung zu als die anderen Gruppen.

In der folgenden Abbildung 2.2 läßt sich ein Bedeutungsanstieg der Lebensbereiche Schul- und Berufsausbildung und Beruf und Arbeit für die Jugendlichen zwischen 1992 und 1997 erkennen.

Abbildung 2.2: Wichtigkeit der Lebensbereiche „Schul- und Berufsausbildung" und „Beruf und Arbeit"* bei 16- bis 23jährigen nach Geschlecht in West- und Ostdeutschland 1992 und 1997 (in %)

		Frauen		Männer	
		1992	1997	1992	1997
West	Schul- und Berufsausbildung	86,4	88,7	84,0	85,8
	Beruf und Arbeit	77,0	86,1	76,5	83,4
	n	1.102	972	1.147	1.122
Ost	Schul- und Berufsausbildung	88,2	90,5	83,9	85,5
	Beruf und Arbeit	86,0	90,6	85,6	89,3
	n	698	631	747	760

* In der Tabelle sind jeweils die zustimmenden Antworten der Befragten, die die Skalenwerte 5 bis 7 angaben, zusammengefaßt. Die Skala reicht von 1 (überhaupt nicht wichtig) bis 7 (sehr wichtig).

Quelle: Eigene Berechnungen nach Daten des DJI-Jugendsurveys 1992, 1997

Unabhängig von Geschlecht und Wohnsitz in Ost oder West stieg die Wichtigkeit von Schul- und Berufsausbildung und Beruf und Arbeit für alle 16- bis 23jährigen zwischen 1992 und 1997 an. Noch auffälliger als bei den Angaben für Schul- und Berufsausbildung zeigt sich dieser Anstieg im Bereich Beruf und Arbeit. Vor allem die jungen Frauen aus dem Westen messen diesem Item 1997 wesentlich mehr Gewicht zu als noch fünf Jahre zuvor. 1992 lag das Angebot an Ausbildungsplätzen noch deutlich über den nachgefragten Plätzen. Die Bedeutungszunahme der beiden Bereiche zwischen 1992 und 1997 kann auch dadurch beeinflußt sein, daß seit 1996 bundesweit mehr Ausbildungsplätze nachgefragt als angeboten werden (vgl. Abbildung 2.12).

Die Werte liegen im allgemeinen, trotz des stärkeren Bedeutungsanstiegs im Westen, für beide Erhebungszeitpunkte im Osten etwas höher. Des weiteren fällt auf, daß die jungen Frauen im Vergleich zu den jungen Männern aus den gleichen Bundesländern sowohl Ausbildung als auch Beruf und Arbeit einen höheren Stellenwert zumessen. Ihr relativ höheres Interesse an Partnerschaft und Familie (vgl. Abbildung 2.1) hindert sie also keineswegs an der Entwicklung eines starken Berufsinteresses.

Wie verändert sich nun die Wichtigkeit von Schul- und Berufsausbildung und Beruf und Arbeit für die Jugendlichen mit zunehmendem Alter? In Abbildung 2.3 stellen wir die Einschätzungen der jungen Frauen und jungen Männer abhängig von ihrem Alter dar.

Abbildung 2.3: Wichtigkeit der Lebensbereiche „Schul- und Berufsausbildung" und „Beruf und Arbeit"* bei 16- bis 29jährigen nach Geschlecht und Altersgruppen 1997 (in %)

	16-19 Jahre		20-23 Jahre		24-29 Jahre	
	Frauen	Männer	Frauen	Männer	Frauen	Männer
Schul-/Berufsausbildung	92,6	87,2	85,7	84,0	82,7	79,3
Beruf und Arbeit	87,0	85,0	89,0	86,7	88,4	89,0

* In der Tabelle sind jeweils die zustimmenden Antworten der Befragten, die die Skalenwerte 5 bis 7 angaben, zusammengefaßt. Die Skala reicht von 1 (überhaupt nicht wichtig) bis 7 (sehr wichtig).
Quelle: Eigene Berechnungen nach Daten des DJI-Jugendsurveys 1997

Wie zu erwarten sind Schul- und Berufsausbildung für die Altersgruppe der 16- bis 19jährigen besonders wichtig. Mit zunehmendem Alter nimmt die Bedeutung dieses Lebensbereichs ab. Aber selbst in der Vergleichsgruppe der 24- bis 29jährigen, in der schon viele ihre Schul- und Berufsausbildung abgeschlossen haben, halten nach wie vor vier Fünftel aller Befragten diesen Lebensbereich für wichtig oder sehr wichtig. Dies zeigt, daß Schul- und Berufsausbildung auch retrospektiv als wichtig eingeschätzt werden. Ein Ergebnis der vorangegangenen Abbildungen bestätigt sich auch an dieser Stelle. Junge Frauen bewerten über alle Altersgruppen hinweg beide Bereiche noch häufiger als wichtig als die gleichaltrigen Männer. Wir werden später sehen, daß sich diese höhere Bedeutungszuschreibung durch die jungen Frauen auch in ihrem Schulbesuch widerspiegelt.

Mit zunehmendem Alter und damit einhergehend zunehmender Beteiligung am Ausbildungs- und Erwerbsleben steigt die Bedeutung von Beruf und Arbeit für die Jugendlichen tendenziell an. Die Altersunterschiede sind hier jedoch nicht besonders auffällig. Schon in der Altersgruppe der 16- bis 19jährigen werden Beruf und Arbeit 1997 von einer kaum geringeren Zahl Jugendlicher als wichtig oder sehr wichtig angesehen als in den älteren Altersgruppen. Die Autor(inn)en des

Jugendsurveys konnten darüber hinaus bei einem Vergleich der Daten mit denen von 1992 feststellen, daß der 1992 noch deutlich vorhandene Alterseffekt bei der Frage nach der Wichtigkeit von Beruf und Arbeit 1997 stark abgeschwächt war (vgl. Gille 2000: 176). Vor allem die jüngeren Befragten messen diesem Lebensbereich 1997 eine größere Bedeutung zu als fünf Jahre zuvor. Die jungen Frauen und jungen Männer verfolgen das Ziel einer künftigen Erwerbstätigkeit also schon relativ früh in ihrer Lebensplanung.

Nicht nur die deutschen Jugendlichen, sondern auch die ausländischen Jugendlichen, und darunter vor allem die jungen Ausländerinnen, messen Bildung, Ausbildung und Beruf eine große Wichtigkeit zu (vgl. Bednarz-Braun 2001). Granato stellt die Ergebnisse einer bundesweiten Untersuchung des Bundesinstituts für Berufsbildung (vgl. Granato/ Werner 1999, Granato 1999a) dar. Danach ist die „berufliche Qualifizierung ... für die große Mehrheit (75%) der Schulabgängerinnen ausländischer Nationalität sehr wichtig ... Ebenso halten es 84% der Schulabgängerinnen ausländischer Herkunft für sehr wichtig, daß eine Frau einen Beruf erlernt und über ein eigenes Einkommen verfügt" (Granato/Schittenhelm 2000: 133).

Ausländische Schulabgängerinnen bewerten eine Berufsausbildung sogar häufiger als sehr wichtig als die ausländischen Schulabgänger. „Diese Ergebnisse widerlegen gängige Klischees, Mädchen ausländischer Herkunft würden sich seltener als Jungen für berufliche Qualifikation interessieren." (ebd.) Ganz im Gegenteil unternehmen sie erhebliche Anstrengungen, um ihre Bildungs- und Berufsziele zu erreichen. Ob ihnen das tatsächlich in gewünschter Weise gelingt, wird im folgenden zu betrachten sein.

2.3 Schulbildung

2.3.1 Die Grundstruktur des Bildungs- und Ausbildungswesens in der Bundesrepublik Deutschland

Das folgende Schaubild liefert einen Überblick über die verschiedenen Formen schulischer und beruflicher Ausbildungswege im Elementar-, Primar- und Sekundarbereich sowie im tertiären Bereich. Der Elementarbereich wird von vorschulischen Einrichtungen, im wesentlichen von den Kindergärten gebildet. Der Primarbereich bezeichnet die Grundschule. Der Sekundarbereich I umfaßt Haupt-, Real- und Gesamtschule sowie die gymnasiale Unter- und Mittelstufe bis einschließlich der 9.,

Abbildung 2.4: Grundstruktur des Bildungs- und Ausbildungswesens in der Bundesrepublik Deutschland

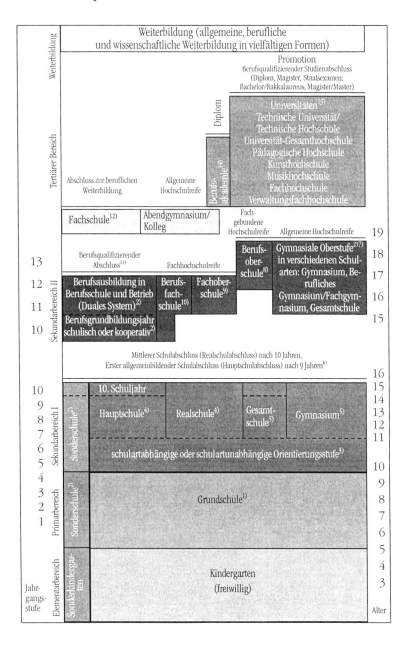

Anmerkungen zu Abbildung 2.4:

1) In einigen Ländern existieren Vorklassen oder Schulkindergärten. In Berlin und Brandenburg umfaßt die Grundschule 6 Jahrgangsstufen.

2) Die Ausbildung von Behinderten findet entsprechend den Behinderungsarten in Sonderformen der allgemeinbildenden und beruflichen Schulen, teilweise auch integrativ zusammen mit Nichtbehinderten statt. Die Schulbezeichnung ist nach Landesrecht unterschiedlich (Sonderschule/Schule für Behinderte/ Förderschule).

3) Die Jahrgangsstufen 5 und 6 bilden eine Phase besonderer Förderung, Beobachtung und Orientierung für den weiteren Bildungsweg. In einigen Ländern ist die Orientierungsstufe oder Förderstufe als eigenständige Schulart eingerichtet.

4) Die Bildungsgänge der Hauptschule und der Realschule werden auch an Schularten mit mehreren Bildungsgängen mit nach Ländern unterschiedlichen Bezeichnungen angeboten. Hierzu zählen die Mittelschule (Sachsen), Regelschule (Thüringen), Sekundarschule (Sachsen-Anhalt), Erweiterte Realschule (Saarland), Integrierte Haupt- und Realschule (Hamburg), Verbundene Haupt- und Realschule (Hessen, Mecklenburg-Vorpommern) und Regionale Schule (Rheinland-Pfalz) sowie die Gesamtschule.

5) Der Bildungsgang des Gymnasiums wird auch an Gesamtschulen angeboten. In der kooperativen Gesamtschule und im Schulzentrum (Bremen) sind Hauptschule, Realschule und Gymnasium pädagogisch und organisatorisch zusammengefaßt, in der integrierten Gesamtschule bilden sie eine pädagogische und organisatorische Einheit.

6) Die Dauer der Vollzeitschulpflicht (allgemeine Schulpflicht) beträgt 9 Jahre, in vier Ländern 10 Jahre, und die anschließende Teilzeitschulpflicht (Berufsschulpflicht) beträgt 3 Jahre. Die allgemeinbildenden Schulabschlüsse nach Jahrgangsstufe 9 und 10 tragen in einzelnen Ländern besondere Bezeichnungen. Diese Abschlüsse können nachträglich an Abendschulen erworben werden.

7) Die formelle Berechtigung zum Besuch der Gymnasialen Oberstufe wird in der Regel nach der Jahrgangsstufe 10 erworben. Der Erwerb der Allgemeinen Hochschulreife erfolgt in der Regel nach 13 aufsteigenden Schuljahren. In Sachsen und Thüringen wird die Allgemeine Hochschulreife nach 12 Jahren erworben, in anderen Ländern ist der Erwerb nach 12 Jahren im Rahmen von Schulversuchen möglich.

8) Die Berufsoberschule/Erweiterte Fachoberschule besteht bisher nur in einigen Ländern und bietet Absolvent(inn)en mit Realschulabschluß und abgeschlossener Berufsausbildung bzw. fünfjähriger Berufstätigkeit die Möglichkeit zum Erwerb der Fachgebundenen Hochschulreife. Bei Nachweis von Kenntnissen in einer zweiten Fremdsprache ist der Erwerb der Allgemeinen Hochschulreife möglich.

9) Die Fachoberschule ist eine zweijährige Schulart, die aufbauend auf dem Realschulabschluß mit Jahrgangsstufe 11 und 12 zur Fachhochschulreife führt. Für Absolvent(inn)en mit Realschulabschluß und einer beruflichen Erstausbildung ist der unmittelbare Eintritt in die Jahrgangsstufe 12 der Fachoberschule möglich.

10) Berufsfachschulen sind berufliche Vollzeitschulen mit mindestens einjähriger Schulbesuchsdauer, die in der Regel freiwillig nach Erfüllung der Vollzeitschulpflicht zur vollen Berufsausbildung oder zur Berufsvorbereitung besucht werden können. In den einzelnen Bundesländern gibt es vielfältige Formen von Berufsfachschulen mit unterschiedlichen Qualifikationsniveaus. Die Schüler/innen der Gesundheitsdienstberufe einiger Länder werden sowohl bei den Berufsfachschulen als auch bei den Fachschulen nachgewiesen. In Verbindung mit dem Abschluß eines mindestens zweijährigen Bildungsgangs kann an einer Berufsfachschule unter bestimmten Voraussetzungen die Fachhochschulreife erworben werden.

11) Mit dem berufsqualifizierenden Abschluß kann der Hauptschulabschluß oder der Mittlere Schulabschluß erworben werden.
12) Fachschulen dienen der beruflichen Weiterbildung, sie werden für ein bis drei Jahre besucht und setzen den Abschluß einer einschlägigen Berufsausbildung in einem anerkannten Ausbildungsberuf und eine entsprechende Berufstätigkeit voraus. Unter bestimmten Voraussetzungen ist zusätzlich der Erwerb der Fachhochschulreife möglich. Fachschulen werden dem tertiären Bereich zugeordnet.
13) Einschließlich Hochschulen mit einzelnen universitären Studiengängen (z. B. Theologie, Philosophie, Medizin, Verwaltungswissenschaften, Sport).
14) Die Berufsakademie ist eine Einrichtung des tertiären Bereichs in sieben Bundesländern, die eine fachwissenschaftliche Ausbildung an einer Studienakademie mit einer praktischen Berufsausbildung in einem Betrieb im Sinne eines Dualen Systems verbindet.

Quelle: Bundesministerium für Bildung und Forschung (Hrsg.) (2000a):
Grund- und Strukturdaten 1999/2000

zum Teil auch der 10. Klasse sowie die Orientierungsstufe des 5. und 6. Schuljahres. Am Ende des Sekundarbereichs I kann ein erster allgemeinbildender oder mittlerer Schulabschluß erworben werden. Im Sekundarbereich II trennen sich rein schulische und Duale Ausbildungswege. Schüler/innen des Gymnasiums besuchen die gymnasiale Oberstufe, Schüler/innen mit Realschulabschluß können an die Fachoberschule wechseln oder ebenso wie Hauptschüler/innen eine Berufsausbildung an einer Berufsfachschule oder im Dualen System beginnen. Der beruflichen Ausbildung innerhalb des Sekundarbereichs II kann auch ein Berufsgrundbildungsjahr vorgeschaltet werden. Der Sekundarbereich II endet mit einem berufsqualifizierenden Abschluß oder mit der Hochschulreife. Der tertiäre Bereich umfaßt sämtliche Hochschulen sowie, aufbauend auf berufsqualifizierende Abschlüsse oder gleichwertige berufliche Bildungsgänge, Fachschulen (z.B. Meisterschulen, Technikerschulen), Abendgymnasien und Kollegs.

2.3.2 Bildungsbeteiligung und Schulabschlüsse

Die hohe Beteiligung von Mädchen an Gymnasien weist darauf hin, daß, zumindest was den Schulbesuch betrifft, die Chancengleichheit für junge Frauen inzwischen verwirklicht ist. Ihr Anteil an Gymnasien macht heute 54,4% aus, an Hauptschulen sind sie dagegen nur noch zu 43,8% vertreten. Die Mädchen haben die Jungen also, was den Erwerb eines höheren allgemeinbildenden Schulabschlusses betrifft, überholt.

Häufig wird argumentiert, diese Entwicklung sei eine Folge der Bildungsreformen und der Bildungsexpansion der späten 60er und frühen 70er Jahre. Tatsächlich nahm die Zahl der Gymnasiastinnen und Gymnasiasten seit dieser Zeit immens zu, von 1965 bis 1975 verdoppelte sie sich beinahe. Das bedeutet aber nicht, daß nur der Mädchenanteil an den Gymnasien so stark wuchs; wegen der Bildungsbeteiligung der geburtenstarken Jahrgänge stiegen sowohl die Zahlen der Schülerinnen als auch der Schüler in allen Schultypen in diesem Zeitraum deutlich an (vgl. Abbildung 2.5).

Abbildung 2.5: Schülerinnen und Schüler an allgemeinbildenden Schulen nach Schularten 1960 bis 1999 (in Tsd.)

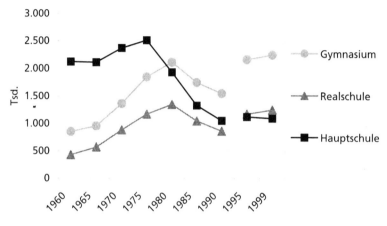

* Bis 1990 Früheres Bundesgebiet, ab 1995 einschließlich der neuen Bundesländer.

Quelle: Eigene Berechnungen nach bmb+f (2000a): Grund- und Strukturdaten 1999/2000 sowie nach Daten des Statistischen Bundesamtes *(www.statistik-bund.de/basis/d/biwiku/schultab5.htm)*

Wenn man jedoch einen längeren Zeitraum betrachtet, fällt auf, daß der Mädchenanteil an Gymnasien schon früher zu wachsen begann (vgl. Abbildung 2.6). Er stieg zwar zwischen 1965 und 1975 stärker an als davor und danach, der Anstieg war aber keineswegs so sprunghaft, wie man im allgemeinen häufig vermutet. Nach Müller und Haun (1994) setzte eine stärkere Bildungsbeteiligung von Mädchen sogar schon vor den 60er Jahren ein. Wie sie mit SOEP- und ALLBUS-Daten belegt haben, stieg die Bildungsbeteiligung der Mädchen schon in den 50er Jahren rapide an. Die nach 1935 geborenen jungen Frauen absolvierten in wesentlich größerem Umfang eine Lehre als die Alterskohorten vor ihnen. Gleichzeitig erlangten mehr junge Frauen und junge Männer mittlere Bildungsabschlüsse.

Um die Entwicklung der Bildungsbeteiligung von Mädchen richtig einschätzen zu können, ist es also notwendig, sie vor dem Hintergrund der allgemeinen Veränderungen der Schulbesuchszahlen an Hauptschulen, Realschulen und Gymnasien zu betrachten. Diese Übersicht vermittelt die Zeitreihe in Abbildung 2.5. Wir setzen mit den Zeitreihen in Abbildung 2.5 und Abbildung 2.6 so früh ein, weil sie zeigen, daß der Trend schon seit 1960 relativ kontinuierlich in Richtung einer Höherqualifizierung von Mädchen läuft.

Bis 1975 nahm die Zahl der Schüler/innen an allen Schularten zu. Seit diesem Zeitpunkt ist sie für die Hauptschulen rückläufig. An Realschulen und Gymnasien wuchsen die Schüler/innenzahlen noch bis 1980 an, gingen aber auch hier in den 80er Jahren zurück. Erst Mitte der 90er Jahre stiegen die Schüler/innenzahlen – dadurch, daß die Kinder und Jugendlichen aus den neuen Bundesländern seitdem in den amtlichen Statistiken miterfaßt werden – wieder an.

Wir haben in Abbildung 2.5 gezeigt, wie sich die Besuchszahlen an Hauptschulen, Realschulen und Gymnasien seit 1960 verändert haben. Auf dieser Basis wollen wir nun beobachten, wie sich insbesondere die Anteile der Mädchen an den einzelnen Schultypen über die Jahre veränderten (vgl. Abbildung 2.6).

Abbildung 2.6: Bildungsbeteiligung von Mädchen an allgemeinbildenden Schulen nach Schularten 1960 bis 1999* (in %)

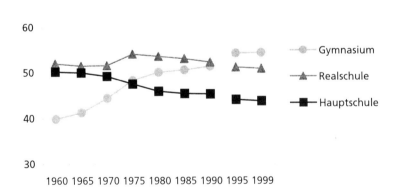

* Bis 1990 Früheres Bundesgebiet, ab 1995 einschließlich der neuen Bundesländer.
Quelle: Eigene Berechnungen nach bmb+f: Grund- und Strukturdaten 1999/2000 sowie nach Daten des Statistischen Bundesamtes *(www.statistik-bund.de/basis/d/biwiku/schultab5.htm* und *www.statistik-bund.de/basis/d/biwiku/schultab6.htm)*

Zwei klare Trends lassen sich bezüglich der Entwicklung der Bildungsbeteiligung der Mädchen an den verschiedenen Schularten erkennen.

Der Schulbesuch von Mädchen an Hauptschulen nahm seit 1960 kontinuierlich ab, während ihre Beteiligung an Gymnasien im Gegenzug ständig anstieg. Die Entwicklung an Realschulen ist nicht so eindeutig. Hier ging der Mädchenanteil in den 60er Jahren leicht zurück, hatte Mitte der 70er Jahre jedoch einen Höhepunkt und ist seitdem wieder rückläufig. Über den gesamten beobachteten Zeitraum machten Mädchen mehr als die Hälfte der Schüler/innenschaft an Realschulen aus; an den Hauptschulen sank ihr Anteil von über 50% auf unter 44%, und an Gymnasien stieg er von knapp 40% auf über 54%. Auf dem höchsten Qualifikationsniveau konnten die Mädchen also die deutlichsten Gewinne verzeichnen.

Bezogen auf die allgemeine Entwicklung der Schulbesuchszahlen (vgl. Abbildung 2.5) fällt hier besonders auf, daß der Rückgang des Mädchenanteils an den Hauptschulen schon zu einem Zeitpunkt einsetzte, als die absoluten Schüler/innenzahlen an dieser Schulart noch anstiegen. Außerdem ist zu sehen, daß auch als die Schüler/innenzahlen an Gymnasien zwischen 1980 und 1990 zurückgingen, der Mädchenanteil weiter anstieg. Dieser Anstieg fand also unabhängig von den allgemeinen Entwicklungen statt.

Zeigen die Schulabschlüsse der 20- bis unter 25jährigen Jugendlichen heute das gleiche Bild wie es aus den Diagrammen zur Bildungsbeteiligung (vgl. Abbildung 2.5 und Abbildung 2.6) abzulesen ist? Die folgende Abbildung 2.7 stellt dar, wie sich die verschiedenen Bildungsabschlüsse bei jungen Frauen und jungen Männern verteilen.[1] Wir haben die Altersgruppe der 20- bis unter 25jährigen ausgewählt, da in diesem Alter in den meisten Fällen die allgemeine Schulausbildung abgeschlossen ist (bei den 15- bis 20jährigen befinden sich noch 62,3% im allgemeinen Schulsystem). Erst in der Altersgruppe der 30- bis 35jährigen finden sich gar keine Schülerinnen und Schüler an allgemeinbildenden Schulen mehr. Diese Altersgruppe sagt jedoch nicht mehr viel über aktuelle Ausbildungsverläufe im allgemeinbildenden System aus.

Wie zu erwarten, bestätigen die Daten des Statistischen Bundesamtes bezüglich der allgemeinen Schulabschlüsse der 20- bis unter 25jährigen Jugendlichen die in Abbildung 2.6 dargestellte Entwicklung der Bildungsbeteiligung, nach der schon seit längerer Zeit ein Trend in

---

[1] Die Anteile der verschiedenen Bildungsabschlüsse wurden vom Statistischen Bundesamt aufgrund der Mikrozensusbefragung an Personen im Alter von 15 Jahren und älter berechnet. Die Basis von 100% bilden jeweils alle Befragten, die Angaben zur allgemeinen Schulausbildung machten.

Richtung Höherqualifizierung junger Frauen läuft. Junge Frauen im Alter von 20 bis unter 25 Jahren haben seltener nur einen Hauptschulabschluß erworben als die gleichaltrigen jungen Männer, dagegen verfügen sie häufiger über einen Realschulabschluß oder Abitur.

Abbildung 2.7: Allgemeine Schulabschlüsse von 20- bis unter 25jährigen nach Geschlecht im April 1999 (in %)

	Frauen	Männer
noch in schulischer Ausbildung	2,5	2,6
ohne allgemeinen Schulabschluß	2,9	2,7
Hauptschulabschluß	21,6	29,9
Abschluß der Polytechnischen Oberschule	4,5	5,7
Realschulabschluß	31,6	27,5
(Fach-)Hochschulreife	36,3	31,0
ohne Angabe	0,7	0,7
insgesamt	100,0	100,0

Quelle: Statistisches Bundesamt (2000a), Bildung im Zahlenspiegel 2000 (Tabelle 2.6.1), eigene Zusammenstellung

2.3.3 Schulabschlüsse in West und Ost

Aufgrund der verschiedenen Bildungssysteme und staatlicher Reglementierungen in der DDR war das Bildungsverhalten in beiden deutschen Staaten sehr unterschiedlich. Seit der Wiedervereinigung hat sich das Bildungsverhalten in den neuen Bundesländern an das der alten angeglichen; es bleiben jedoch nach wie vor markante Unterschiede bestehen, wie aus der folgenden Abbildung 2.8 zu ersehen ist.

Wie aus Abbildung 2.8 hervorgeht, verfügen deutlich mehr Jugendliche in den alten Bundesländern über einen Hauptschulabschluß als in den neuen Bundesländern. Im Osten wurde dagegen von mehr als der Hälfte aller Jugendlichen ein mittlerer Schulabschluß (Realschulabschluß oder Abschluß einer Polytechnischen Oberschule) erworben, im Westen nur von weniger als einem Drittel aller Absolventinnen und Absolventen. Die Anteile bei den Abiturient(inn)en betragen sowohl in den neuen als auch in den alten Bundesländern inzwischen ein Drittel. Daß noch immer vergleichsweise wenige ostdeutsche Jugendliche Hauptschulen besuchen, liegt daran, daß der Besuch einer Hauptschule in den neuen Bundesländern laut Schober (1996: 48) „weder von Jugendlichen und deren Eltern noch von den Betrieben als vollwertiger

Schulabschluß angesehen" wird. Das liegt in der Tradition des DDR-Schulsystems begründet, in dem der weitaus größte Teil der Schüler/innen nach zehn Schuljahren die Polytechnische Oberschule mit einem mittleren Abschluß verließ.

Abbildung 2.8: Allgemeine Schulabschlüsse der 20- bis unter 25jährigen in West- und Ostdeutschland 2000 (in %)

	West	Ost	Deutschland
noch in schulischer Ausbildung	2,7	0,9	2,3
ohne allgemeinen Schulabschluß	3,5	1,6	3,1
Hauptschulabschluß	26,9	11,7	23,8
Abschluß der Polytechnischen Oberschule	0,5	13,2	3,2
Realschulabschluß	28,6	37,7	30,5
(Fach-)Hochschulreife	33,1	33,1	33,1
ohne Angabe	4,7	1,3	4,1
Gesamt	100,0	99,5	100,1

Quelle: Eigene Berechnungen und Zusammenstellung nach Daten des Statistischen Bundesamtes, Schreibtischvorlage des Mikrozensus 2000

Wie sich die Verteilungen der Schulabschlüsse in Ost und West für die jungen Frauen und jungen Männer unterscheiden, kann mit Daten des Mikrozensus leider nicht belegt werden, da das Statistische Bundesamt keine nach Alter, Ost-West und Geschlecht differenzierten Tabellen herausgibt, weil bei einer so weitgehenden Unterscheidung die Repräsentativität nicht mehr gewährleistet werden kann.[2] Um aber trotzdem die Bildungsabschlüsse junger Frauen und Männer in den alten und neuen Bundesländern vergleichen zu können, ziehen wir im folgenden Auswertungen des DJI-Jugendsurveys und der Shell-Studie heran. Diese empirischen Untersuchungen bieten darüber hinaus die Möglichkeit von Zeitvergleichen. Da sowohl im Jugendsurvey als auch in der Shell-Studie Jugendliche, die schon einen Schulabschluß erworben haben, mit denen, die noch planen, einen bestimmten Abschluß zu erreichen,[3] in

---

[2] Die Zellenbesetzung ist dann in einer zu großen Anzahl der Fälle kleiner als 5.000, wird nicht mehr nachgewiesen, und der relative Standardfehler kann somit 15% oder mehr betragen.
[3] Mit allen Unwägbarkeiten, die solch ein Plan in sich birgt. Da sicher nicht alle Befragten den angestrebten Schulabschluß erreichen werden, liegt bei einer solchen Kategorisierung der Anteil derer, die „Abitur" genannt haben, höher als er bei den tatsächlich realisierten Abschlüssen in der Bevölkerung ist.

einer Kategorie zusammengefaßt werden, wollen wir uns im folgenden darauf beschränken, Tendenzen aufzuzeigen.

Beide Untersuchungen kommen zu dem (in Abbildung 2.8 durch die Daten des Mikrozensus bestätigten) Resultat, daß die Jugendlichen im Osten überdurchschnittlich häufig einen mittleren Bildungsabschluß anstreben oder erworben haben. Diese nach wie vor deutliche Differenz dürfte noch in der Folge des zehnklassigen DDR-Schulsystems begründet liegen (s.o.). Zwischen Mädchen und Jungen lassen sich hierbei in den neuen Bundesländern kaum Unterschiede feststellen. Dagegen werden die mittleren Abschlüsse im Westen in größerer Anzahl von Mädchen angestrebt.

In der Literatur wird inzwischen häufig von einer Angleichung des ostdeutschen an das westdeutsche Bildungssystem und in dessen Folge der Bildungschancen der ostdeutschen Jugendlichen gesprochen. Diese Angleichung birgt jedoch zwei gegenläufige Effekte in sich: Zum einen haben nun mehr Jugendliche aus den neuen Bundesländern als früher die Möglichkeit, die (Fach-)Hochschulreife zu erlangen.[4] Dieses Angebot nutzen sie auch. Gleichzeitig nimmt im Osten aber auch die Zahl der Jugendlichen zu, die nur den Hauptschulabschluß erwerben oder die die Schule ohne Abschluß verlassen (vgl. Achatz et al. 2000: 42 ff, Fritzsche 2000c: 371 ff).

Der Anteil der Abiturient(inn)en bzw. der Schüler/innen, die das Abitur anstreben, liegt nach beiden Studien im Westen höher als im Osten. In den letzten Jahren stiegen die Besuchszahlen an Gymnasien sowohl in den alten als auch in den neuen Bundesländern an. Im Osten nahm vor allem die Zahl der Mädchen, die das Abitur anstreben oder erworben haben, zu.

Der Anteil ostdeutscher Jugendlicher an Hauptschulen ist zwar nach wie vor niedriger als der im Westen,[5] er ist jedoch in den letzten Jahren deutlich angestiegen. Sowohl im Osten als auch im Westen absolvieren mehr Jungen als Mädchen die Hauptschule, und die Mädchen erreichen häufiger das Abitur.

Die hier dargestellten Angleichungstendenzen müssen vor dem Hintergrund der Ausbildungs- und Arbeitsmarktentwicklung kritisch

---

4 Nach Seidenspinner et al. (1996: 46) hatten in der DDR „nur rund 15 Prozent eines Altersjahrgangs ... jährlich Zugang zum Abitur; Grundlage bildete die entsprechende staatliche Planungsgröße".

5 Übereinstimmend kommen Jugendsurvey und Shell-Studie zu dem Ergebnis, daß etwa ein Drittel der westdeutschen Jugendlichen im Gegensatz zu 12% bis 13% aus dem Osten den Hauptschulabschluß anstrebt oder erworben hat bzw. die Schule ohne Abschluß verläßt.

gesehen werden. Denn lediglich mit dem Hauptschulabschluß sind die Chancen, in eine qualifizierte Berufsausbildung einzumünden, schlecht (vgl. Abschnitt 2.5.1). Jugendliche ohne Hauptschulabschluß sowie zunehmend auch solche, die „nur" über einen Hauptschulabschluß verfügen, gehören zu den Modernisierungsverlierern. Darüber hinaus sind Jugendliche aus den östlichen Bundesländern generell stärker als die westdeutschen Jugendlichen von einem Verdrängungswettbewerb auf dem Ausbildungs- und Arbeitsmarkt betroffen. Die Chancen bei der Suche nach einem Ausbildungsplatz sind dabei für die jungen Frauen aus dem Osten nochmals schlechter als für die jungen Männer (vgl. Fobe 1997), und jene erwerben wohl auch deshalb häufig höhere allgemeine Bildungsabschlüsse, um ihre Konkurrenzfähigkeit zu erhöhen.

2.3.4 Schulabschlüsse ausländischer Jugendlicher

Welche Schulabschlüsse erreichen ausländische Jugendliche und insbesondere junge ausländische Frauen im bundesdeutschen Schulsystem?

Abbildung 2.9: Ausländische Schulabgänger/innen des Schuljahres 1998/99 nach Geschlecht und Abschlußart (in %)

	Frauen	Männer	zusammen
ohne Hauptschulabschluß	15,1	23,0	19,3
mit Hauptschulabschluß	40,0	41,8	41,0
Realschulabschluß	32,6	25,5	28,9
(Fach-)Hochschulreife	12,2	9,6	10,8
Gesamt	99,9	99,9	100,0

Quelle: Statistisches Bundesamt (2000d), Fachserie 11, R.1 (Tabelle 1.5), eigene Berechnungen und Zusammenstellung

Auffällig ist zunächst die große Zahl ausländischer Schüler/innen, die die Schule ohne Abschluß verlassen. Vor allem die jungen ausländischen Männer gehen zu fast einem Viertel ohne Abschluß von der Schule ab. Mehr als die Hälfte der jungen Ausländer/innen verfügt nur über einen Hauptschulabschluß oder konnte keinen Schulabschluß erlangen. Damit beenden sie die Schule deutlich häufiger mit niedrigen Qualifikationsvoraussetzungen für den Ausbildungsmarkt als die deutschen Jugendlichen. In den vergangen Jahren konnten zwar etwas mehr ausländische Jugendliche höher qualifizierende Abschlüsse erreichen, nach wie vor sind sie jedoch bei den Hauptschulabschlüssen und vor allem bei den Schüler(inne)n, die die Schule ohne Abschluß verlassen, deutlich überrepräsentiert (vgl. Bundesministerium für Bildung und Forschung (Hrsg.) 2000: Berufsbildungsbericht 2000: 60 f). Ohne Schulabschluß oder mit Hauptschulabschluß sind ausländische Jugendliche auf dem Ausbildungs- und Arbeitsmarkt gegenüber deutschen Jugendlichen eindeutig benachteiligt. Sie verfügen dadurch über schlechtere Chancen, ihre beruflichen Ziele zu realisieren.

Auffällig ist, daß die ausländischen Mädchen im Verhältnis zu den ausländischen Jungen häufiger Abschlüsse an weiterführenden Schulen und seltener niedrige bzw. keine allgemeinbildenden Abschlüsse erwerben (vgl. auch Allmendinger 1999: 42). Bei den ausländischen Mädchen kann also ebenso wie bei den deutschen Mädchen ein Trend zur Höherqualifizierung beobachtet werden.

Im Ausländersurvey des DJI (Pupeter 2000: 50 ff) wird die Verteilung der Schulabschlüsse für unterschiedliche Nationalitäten untersucht. Für die einzelnen Nationalitäten konnten deutliche Differenzen festgestellt werden. Während die jungen Türk(inn)en zu 65% über keinen oder nur den Hauptschulabschluß verfügen, liegt dieser Anteil bei den jungen Griech(inn)en bei etwas über 51%. Junge Griech(inn)en und Italiener/innen schließen etwa gleich häufig eine Realschule ab wie die westdeutschen Befragten. Unter den ausländischen Befragten erreichen auffällig viele junge Griech(inn)en die Hochschulreife.

Die Situation junger Migrant(inn)en darf also nicht pauschalisiert werden. Je nach Geschlecht, Herkunftsland, Aufenthaltsdauer, Schicht, Bildungsniveau der Eltern und Religionszugehörigkeit bieten sich ihnen äußerst unterschiedliche Chancen auf dem bundesdeutschen Bildungs- und Ausbildungsmarkt.

In diesem Abschnitt konnte gezeigt werden, daß das Ziel der formalen Gleichheit schulischer Qualifikationen für Mädchen und Jungen in der Bundesrepublik erreicht ist. Daß gleiche Bildungsvoraussetzungen jedoch keineswegs automatisch zu gleichen Chancen auf dem Ausbildungsmarkt und im Beschäftigungssystem führen, wird im folgenden zu sehen sein.

2.4 Übergänge in die Berufsausbildung

Im folgenden Abschnitt stehen die Entwicklung von Berufswünschen und ihre Realisierungsmöglichkeiten im Übergangsprozeß zur Berufsausbildung im Mittelpunkt unseres Interesses. Der Übergang in die Berufsausbildung vollzieht sich für die meisten jungen Frauen und jungen Männer heute nicht in einer einmaligen Entscheidung und einem einmaligen Akt. Vielmehr setzt dieser Prozeß schon mit der Entwicklung von Traumberufen in der frühen Kindheit ein und entwickelt sich in Auseinandersetzung mit den strukturellen Rahmenbedingungen und Handlungsmöglichkeiten, die abhängig von der schulischen Vorbildung, von Geschlecht, Nationalität und Schicht sind, hin zu konkreten Berufswünschen. Ob diese dann tatsächlich realisiert werden können, entscheidet sich, insbesondere für die Jugendlichen, die eine Ausbildung im Dualen System anstreben, an der ersten Schwelle, bei der Suche nach einem Ausbildungsplatz. Doch auch junge Frauen und junge Männer, die eine schulische Ausbildung oder ein Studium beginnen wollen, durchlaufen einen Prozeß der Abgleichung individueller Wünsche und Pläne mit strukturellen Chancen und Barrieren.

2.4.1 Traumberufe in der Kindheit und frühen Jugend

Die Auseinandersetzung mit dem Thema Beruf beginnt schon lange, bevor Berufsfindung und Berufswahl konkret anstehen. Nach Meixner (1996: 38) „beginnt dieser Prozeß mit der Beschäftigung mit Identifikationsmustern bereits in der Kindheit, ersten Träumen und Wünschen im Schulkind- und Pre-Teen-Alter, und dann erst, aber zu sehen auf diesem psychologischen Boden, kommt es im Jugendalter zu einer Beschäftigung mit konkreten Berufszielen".

Meixner bezieht sich hier auf zwei Studien des Instituts für Jugendforschung. 1994 wurden im IJF psychologische Einzelexplorationen zur Berufsentscheidung bei 400 13- bis 20jährigen Jugendlichen aus den alten und neuen Bundesländern durchgeführt. Im Jahr 1995 fragte das Institut in einer repräsentativen Studie 6- bis 14jährige Kinder aus den alten und neuen Bundesländern nach ihren Traumberufen. Von den 1.000 befragten Kindern wurden nahezu 200 verschiedene Traumberufe genannt. Sie zeigten also eine große Bandbreite an Berufsvorstellungen.

Die von den Mädchen und Jungen genannten Traumberufe weisen auf den ersten Blick eine außerordentlich starke geschlechtsrollenkonforme Orientierung auf. Die befragten Mädchen nennen vor allem helfende und pädagogische Berufe, gefolgt von solchen, die Attraktivität und künstlerische Ausdrucksfähigkeit implizieren. Die Jungen favorisieren dagegen Berufe, die Technikbeherrschung, Kontrolle und Macht mit sich bringen. Bei den Mädchen stehen Tierärztin und Krankenschwester mit jeweils 8% und bei den Jungen Pilot und Polizist mit jeweils 9% an der Spitze der Nennungen. Einzig Arzt bzw. Ärztin werden sowohl von den Jungen als auch von den Mädchen sehr häufig angegeben.

In der Untersuchung des IJF wurden die genannten Traumberufe unterschiedlichen kindlichen Wünschen zugeordnet. Der Wunsch nach „escape", „also der Wunsch, sich in Gedanken aus der Realität in eine andere Welt zu versetzen" (ebd.: 41) spielt nach Meixner vor allem bei den Jungen eine Rolle. Er nennt als Beispiele Pilot, Lokomotivführer, Astronaut bzw. für die Mädchen Stewardess. Unseres Erachtens können aber die Traumberufe Schauspielerin oder Model für die Mädchen durchaus eine ähnliche Funktion erfüllen.

Abbildung 2.10: Traumberufe von 6- bis 14jährigen Mädchen und Jungen (in %)

Mädchen		Jungen	
Tierärztin	8	Pilot	9
Krankenschwester	8	Polizist	9
Lehrerin	7	Fußballstar	6
Kindergärtnerin	5	Arzt	4
Ärztin	4	Rennfahrer	3
Stewardess	3	Lkw-Fahrer	3
Model	3	Lokomotivführer	2
Tierpflegerin	2	Manager/Geschäftsmann	2
Reitlehrerin	2	Computerfachmann	2
Schauspielerin	2	Rechtsanwalt	2
Sängerin	2	Astronaut	1
Modedesignerin	2		

Quelle: Repräsentativstudie des Instituts für Jugendforschung, eigene Zusammenstellung; N = 1.000

Auch der „Wunsch nach Abenteuer und danach, etwas zu erleben" (ebd.) wird von Meixner deutlicher in den Traumberufen der Jungen gesehen. Als Beispiele dafür nennt er Pilot, Astronaut, Polizist, Rennfahrer sowie – wieder als einziges Beispiel für Mädchen – Stewardess. Ebenso wie beim Wunsch nach „escape" wird hier aber von einer eher männlichen Sichtweise des Abenteuer- und Erlebniswunsches ausgegangen, nach der Erlebnismöglichkeiten vor allem im Geschwindigkeitsrausch zu finden sind. Für die Mädchen sind sicher auch Berufe wie Modedesignerin, Sängerin oder auch Ärztin durch den Wunsch, etwas zu erleben, motiviert.

Der Wunsch, idealistische Ziele zu verfolgen und hilfsbereit zu sein, wird eher den Mädchen zugeschrieben. Hierunter werden die vor allem von den Mädchen genannten medizinischen und pädagogischen Berufe gerechnet. Unter Umständen können Jungen jedoch auch als Polizist oder Rechtsanwalt altruistische Motive verfolgen.

Als nächstes wird der „Wunsch nach Anerkennung, die einem die Erwachsenenwelt – bislang – versagt" (ebd.) genannt. Hier werden für die Jungen Fußballstar, Rennfahrer und Manager und für die Mädchen Model, Schauspielerin und Sängerin aufgezählt. Aber sicher sind auch altruistische Berufswünsche, z.B. Arzt oder Ärztin werden zu wollen, aus diesem Motiv gespeist.

Meixner ergänzt: „Bei den Mädchen kommt dann noch der Wunsch hinzu, als schön zu gelten oder auch andere schön zu machen (Model, Schauspielerin, Modedesignerin, …)." (ebd.: 42) Diese Motivation spielt bei den von den Jungen hier genannten Traumberufen wahrscheinlich wirklich keine Rolle.

Die kindlichen Wünsche, denen die Traumberufe zugeordnet werden, sind mit Ausnahme des letzten sowohl bei den Jungen als auch bei den Mädchen präsent. Es sind also mehr die Ausprägungen der Traumberufe, die geschlechtsspezifisch differieren, als die dahinterliegenden kindlichen Wünsche.

Aufgrund der oben genannten psychologischen Einzelexplorationen bei 13- bis 20jährigen Jugendlichen kommt Meixner zu dem Ergebnis, daß die Jugendlichen von ihren Traumberufen der Kindheit „in etwa mit 12 Jahren wieder ab[kommen], ab etwa 13 Jahre[n] beschäftigt man sich dann mit Berufen, die man eventuell einmal ausüben könnte. Die Berufsentscheidung fällt letztlich bei den Jugendlichen und Heranwachsenden etwa ein bis zwei Jahre, bevor ihre Schulausbildung abgeschlossen ist" (Meixner 1996: 43).

Diese Entwicklung wird von Meixner als ein Prozeß der Desillusionierung beschrieben, in dessen Verlauf die Jugendlichen neue Interessen entwickeln (bei den Jungen konzentriert sich das Interesse verstärkt auf Technik und Naturwissenschaften), pragmatischer werden (mit dem künftigen Beruf soll auch Geld verdient werden) und ihre Traumberufe mit der Realität abgleichen. Zu welchen Ergebnissen diese zunehmende Realitätsanpassung führt, wird im folgenden aufgegriffen, wenn es um die zehn häufigsten Ausbildungsberufe und Studienfächer geht.

2.4.2 Berufswünsche und Berufswahlen

Berufswünsche der Heranwachsenden sind keineswegs mit der Berufswahl gleichzusetzen. Und selbst dann, wenn eine Berufswahl einmal getroffen ist, sind häufig noch Hürden zu überwinden, wenn es um die Realisierung des gewählten Berufs geht. Eingehender untersucht ist dieser Übergang, die sogenannte *erste Schwelle*[6] für den Schritt vom allgemeinbildenden Ausbildungssystem in das Duale System der Berufsausbildung. Der Begriff *erste Schwelle* macht deutlich, daß dieser Übergang nicht immer reibungslos abläuft. Vielmehr sind Hindernisse beim Einstieg in das Berufsausbildungssystem erwartbar. In Zeiten angespannter Konjunktur kann die erste Schwelle als Selektionsmechanismus auf dem Weg in eine Ausbildung wirken. Derzeit ist der Übergang in Ausbildung und Beruf nicht mehr nur für Jugendliche ohne Abschluß oder solche, die nur einen Hauptschulabschluß vorweisen können, mit Risiken behaftet, sondern auch solche, die die Realschule abgeschlossen haben, sind häufig von einem Verdrängungswettbewerb auf dem Ausbildungs- und Arbeitsmarkt betroffen und können ihre Ausbildungswünsche nicht in jedem Fall realisieren.

Bei der Berufswahl und dem Finden eines Ausbildungsplatzes handelt es sich um zwei Schritte, die im Idealfall voneinander zu trennen sind, denn der Berufswahlprozeß setzt im allgemeinen schon frühzeitig während der Schulzeit ein (s.o.), während die Suche nach einem Ausbildungsplatz zumeist erst im letzten Schuljahr stattfindet und auch nicht in jedem Fall erfolgreich ist. Erfolgreich nicht nur in der Hinsicht, daß überhaupt eine Ausbildungsstelle gefunden wird, sondern auch, daß eine Ausbildung im gewünschten Beruf begonnen werden kann. Denn an dieser Stelle setzen ganz klar Restriktionen des Ausbildungsmarktes ein. Hier zeigt sich schon, daß das Finden eines Ausbildungsplatzes in den meisten Fällen nicht so frei sein dürfte, wie es der Begriff „Wahl" impliziert. Noch pointierter formuliert das Heinz, wenn er von „Berufswahl als Ideologie" spricht (Heinz 1998: 409). Diese „Ideologie" propagiert zwar „eine wunsch- und fähigkeitsbezogene Berufsentscheidung" (ebd.), die aber den Zusammenhang von „Selektion und Sozialisation" (ebd.) unberücksichtigt läßt. Denn die Entscheidung für einen Beruf wird „durch Ausbildungs- und Beschäftigungsoptionen gesteuert" (ebd.), an die sich die Berufssuchenden anpassen müssen.

Wie im Abschnitt über die zehn häufigsten Ausbildungsberufe zu sehen sein wird, finden sich junge Frauen am Ende dieses Anpassungsprozesses individueller Berufswünsche an die Optionen des Ausbildungsstellenmarktes in einer geringeren Anzahl von Berufen wieder als

---

6 Der Begriff „erste Schwelle" wurde von Mertens (1984) geprägt. Mertens fordert in seinem Aufsatz die „Schwelle der Ausbildungswahl nach Schulabschluß ... von der – späteren – Entscheidungsschwelle zur eigentlichen Berufswahl nach dem Ausbildungsabschluß" zu trennen, um den Jugendlichen mehr Zeit für ihre Entscheidungen und mehr Entfaltungschancen zu gewährleisten (ebd. 454).

die jungen Männer. Eine Ursache dafür liegt darin, daß sich junge Frauen schneller und umfassender an die Realitäten des Ausbildungs- und Arbeitsmarktes anpassen als junge Männer. Das war eines der Ergebnisse einer qualitativen Längsschnittstudie des Deutschen Jugendinstituts[7] (vgl. Haubrich/Preiß 1996).

Danach verfügen die Jugendlichen am Ende der Schulzeit, wenn die Entscheidung für einen Beruf und die Suche nach einem entsprechenden Ausbildungsplatz anstehen, erst über „geringe Kenntnisse über die in Frage kommenden Ausbildungsberufe und die betriebliche Arbeitsrealität" (ebd.: 77). In der Auseinandersetzung mit der Realität des Ausbildungsstellen- und Arbeitsmarktes konnten geschlechtsspezifische Unterschiede festgestellt werden. Denn die jungen Frauen reagieren flexibler auf die Handlungsoptionen, die sich ihnen eröffnen, als die jungen Männer. Haubrich und Preiß folgern:

> „Gerade dadurch entgehen sie aber nicht den Kanalisierungen geschlechtsspezifischer Arbeitsmarktsegmentation. Vielmehr setzen sich diese über Prozesse der Anpassung und Umorientierung, für die Betroffenen meist unmerklich, durch." (ebd.)

Das heißt, daß auch viele junge Frauen, die in ihrer Berufswahl zunächst nicht auf typische Frauenberufe festgelegt waren, letztlich eine Ausbildung in diesem Feld beginnen. Hier muß betont werden, daß die „Ergebnisse des Berufsfindungsprozesses aber ... die weiteren Berufs- und Lebensperspektiven entscheidend" prägen. (ebd.)

2.5 Ausbildungswege

Wie dem Diagramm zur Grundstruktur des Bildungs- und Ausbildungswesens zu entnehmen ist (siehe Abbildung 2.4), unterscheiden sich die Ausbildungswege, die nach Beendigung der Schulzeit als Vorbereitung

---

7 In einer vom Bundesministerium für Bildung und Wissenschaft, jetzt Bundesministerium für Bildung, Wissenschaft, Forschung und Technologie geförderten regional vergleichenden qualitativen Längsschnittstudie hat das Deutsche Jugendinstitut zwischen 1988 und 1992 in drei Erhebungswellen den Berufseinstieg von jeweils 150 Jugendlichen in Duisburg und München verfolgt. In die Untersuchung einbezogen waren zur Hälfte Jugendliche, die eine reguläre betriebliche Ausbildung begonnen hatten; zur anderen Hälfte waren es Jugendliche mit Schwierigkeiten beim Berufseinstieg, in berufsvorbereitenden und Maßnahmen der Benachteiligtenförderung. In mündlichen Interviews wurden die Jugendlichen zu ihren Berufseinstiegsverläufen, retrospektiv zu ihrer Schulzeit, zu ihrer gegenwärtigen Ausbildungs- oder Arbeitssituation, zu ihrer Einstellung zu Arbeit und Beruf einschließlich ihrer beruflichen Pläne und anderen Themen befragt.

für den Berufseinstieg eingeschlagen werden können, deutlich voneinander. Schüler/innen, die nach dem Besuch einer Haupt- oder Realschule einen ersten allgemeinbildenden oder mittleren Schulabschluß erworben haben, beginnen im Idealfall eine Ausbildung in einem Betrieb (Duales System), an einer beruflichen Schule oder an einer Schule des Gesundheitswesens – idealerweise deshalb, weil es von diesem Weg natürlich auch Abweichungen gibt. Nicht jede/r Schüler/in schließt die Schule erfolgreich ab, und selbst wenn ein Abschlußzeugnis erworben wurde, bedeutet das angesichts der angespannten Lage auf dem Arbeits- und Ausbildungsstellenmarkt keineswegs die direkte Einmündung in ein Ausbildungsverhältnis. Viele Jugendliche haben zunächst nur die Möglichkeit, „Warteschleifen" zu drehen, sie absolvieren zum Beispiel ein Berufsvorbereitungsjahr[8] oder ein Berufsgrundbildungsjahr[9] oder eine der vielfältigen Maßnahmen des Arbeitsamtes oder freier Träger, die der Berufsfindung und Berufsvorbereitung dienen. Viele beginnen auch eine Anlerntätigkeit, die keine Berufsausbildung erfordert.

Absolvent(inn)en der Realschule stehen mehr Möglichkeiten der Berufswahl offen als den Hauptschulabsolvent(inn)en. Sie haben eine größere Auswahl an Ausbildungsberufen, wobei sie jedoch in Konkurrenz zu den Abiturient(inn)en stehen. Darüber hinaus können sie eine Laufbahnausbildung im Öffentlichen Dienst beginnen. Realschulabsolvent(inn)en stehen auch dann mehr Wege als den Hauptschulabsolvent(inn)en offen, wenn sie sich im schulischen Bildungssystem weiterqualifizieren wollen. Sie erwerben mit ihrem Schulabschluß die Fachoberschulreife und haben die Möglichkeit des Übergangs auf Gymnasien in Aufbauform.

Die meisten Handlungsoptionen erwerben sich Gymnasiast(inn)en mit ihrem Schulabschluß. Ihnen stehen alle Möglichkeiten der Berufsausbildung offen. Sie können eine betriebliche Ausbildung im Dualen System beginnen, eine Berufsfachschule besuchen oder ein Hochschulstudium beginnen. Doch auch Abiturient(inn)en sind von Restriktionen betroffen, die die Wahl eines Studienfaches oder Studienortes betreffen können (vgl. Abschnitt 2.5.2).

---

8 Im einjährigen Berufsvorbereitungsjahr (BVJ) werden Jugendliche ohne Ausbildungsvertrag auf eine berufliche Ausbildung vorbereitet.
9 Das Berufsgrundbildungsjahr vermittelt eine berufliche Grundbildung über allgemeine, sowie fachtheoretische und fachpraktische Lerninhalte aus einem bestimmten Berufsfeld (z.B. Metall). Es kann bei erfolgreicher Teilnahme auf die Berufsausbildung im Dualen System angerechnet werden.

Über das gesamte Spektrum an Berufsausbildungsangeboten hinweg erreichen junge Frauen heute ebenso wie die jungen Männer zu circa 90% einen qualifizierenden Abschluß (vgl. Bundesministerium für Bildung und Forschung 2000: 13). Ihre Beteiligung an den verschiedenen Formen der Berufsausbildung ist jedoch nach wie vor sehr unterschiedlich, wie im folgenden zu sehen sein wird.

2.5.1 Berufsausbildung im Dualen System und an beruflichen Schulen

Berufsausbildungen im Dualen System und an Berufsfachschulen, die zu einem berufsqualifzierenden Abschluß führen, sind im allgemeinen so konzipiert, daß sie im Anschluß an den Besuch einer Haupt- oder Realschule realisiert werden. Doch zunehmend fragen auch junge Abiturient(inn)en diese Ausbildungswege nach.

Das *Duale System der Berufsausbildung* unterscheidet das bundesdeutsche Berufsausbildungssystem grundlegend von dem anderer Länder. Dual in diesem Sinne ist die Kombination von praktischer Ausbildung im Betrieb mit fachtheoretischem Unterricht in der Berufsschule. *Berufsschulen* im Dualen System werden von Jugendlichen besucht, die sich in der beruflichen Erstausbildung befinden, die in einem Arbeitsverhältnis stehen oder beschäftigungslos sind. Sie sollen die Allgemeinbildung der Schülerinnen und Schüler vertiefen und die berufsnotwendigen fachtheoretischen Grundkenntnisse vermitteln. Sie werden im Rahmen der allgemeinen Schulpflicht nach Erfüllung der Vollzeitschulpflicht in Teilzeit oder als Blockunterricht bis zum vollendeten 18. Lebensjahr bzw. bis zum Abschluß der praktischen Berufsausbildung besucht. Der Unterricht an Berufsschulen steht in enger Beziehung zur Ausbildung im Betrieb oder in einer überbetrieblichen Ausbildungsstätte.[10]

Auszubildende sind Personen, die einen Ausbildungsvertrag nach dem Berufsbildungsgesetz abgeschlossen haben und eine betriebliche Ausbildung in einem anerkannten Ausbildungsberuf absolvieren. Schüler/innen, die ausschließlich an beruflichen Schulen ausgebildet werden, sind keine Auszubildenden.

In der Berufsbildungsstatistik werden sieben Ausbildungsbereiche unterschieden. Es handelt sich dabei um die Bereiche Industrie und

---

10 Zu den Berufsschulen zählen auch Berufssonderschulen, die der beruflichen Förderung körperlich, geistig oder seelisch benachteiligter oder sozial gefährdeter Jugendlicher dienen.

Handel, Handwerk, Landwirtschaft, Öffentlicher Dienst, Freie Berufe, Hauswirtschaft und Seeschifffahrt.[11]

Im Gegensatz zu Berufsschulen werden *Berufsfachschulen* in der Regel freiwillig nach Erfüllung der Vollzeitschulpflicht zur Berufsvorbereitung oder zur vollen Berufsausbildung in Vollzeit besucht. Typische an Berufsfachschulen ausgebildete Berufe finden sich z.B. im Gesundheitswesen oder in der Erzieher/innenausbildung.[12] In den einzelnen Bundesländern gibt es vielfältige Formen von Berufsfachschulen mit unterschiedlichen Qualifikationsniveaus.

Circa 80% der etwa zwei Millionen Jugendlichen, die eine Berufsausbildung außerhalb der Hochschulen aufnehmen, beginnen diese Ausbildung im Dualen System. Das bedeutet, daß auf die Berufsfachschulen etwa ein Fünftel der Auszubildenden entfällt. Gerade in diesem Bereich sind besonders viele junge Frauen zu finden. Während junge Frauen im Dualen System der Berufsausbildung Ende des Jahres 1998 circa 40% der Auszubildenden ausmachten (vgl. Bundesministerium für Bildung und Forschung 2000: 13), betrug ihr Anteil in den vollqualifizierenden Berufsfachschulen und in den Schulen des Gesundheitswesens knapp 80%; auch bei der Laufbahnausbildung im Beamtenverhältnis waren sie mit 60% überrepräsentiert. Die niedrigen Zahlen im Dualen System sind vor allem auf den geringen Frauenanteil in gewerblich-technischen Industrie- und Handwerksberufen zurückzuführen. „Typische Frauenberufe", die im Gesundheits-, Erziehungs- und sozialen Sektor angesiedelt sind, werden dagegen überwiegend schulisch ausgebildet.

In den folgenden Abschnitten untersuchen wir zunächst die Chancen junger Frauen und junger Männer auf dem Ausbildungsmarkt. Nach einer Darstellung der zehn häufigsten Ausbildungsberufe junger Frauen und junger Männer beschäftigen wir uns mit der Frage der Typisierbarkeit von Frauen- und Männerberufen. Des weiteren untersuchen

---

11 Diese Gliederung unterscheidet sich von der Wirtschaftsgliederung nach der Systematik der Wirtschaftszweige, da sich nach dem Berufsbildungsgesetz die Zuständigkeit für die Berufsausbildung vielfach nach der Art des Ausbildungsberufs und nicht nach der Zugehörigkeit des jeweiligen Ausbildungsbetriebs zu einem bestimmten Wirtschaftsbereich richtet.

12 Statistisch sind die Schüler/innen der Gesundheitsdienstberufe leider nicht immer ganz eindeutig zuordenbar. So werden sie in einigen Bundesländern sowohl bei den Berufsfachschulen als auch bei den Fachschulen nachgewiesen. Im allgemeinen setzt die Ausbildung an Fachschulen jedoch erst nach einer abgeschlossenen Berufsausbildung sowie praktischer Berufsausübung ein. Fachschulen werden wie Berufsfachschulen in Vollzeit besucht und vermitteln eine weitergehende fachliche Fortbildung im Beruf zum Meister/zur Meisterin oder zum Techniker/zur Technikerin.

wir, wie vielen jungen Frauen und Männern es gelingt, ihre Ausbildungspläne tatsächlich zu realisieren, und in einem letzten Punkt betrachten wir die Höhe der Ausbildungsvergütungen in ausgewählten Ausbildungsberufen.

Der Ausbildungsmarkt für junge Frauen und junge Männer
Im folgenden Abschnitt wollen wir die Situation auf dem bundesdeutschen Ausbildungsstellenmarkt beleuchten. Der Ausbildungsstellenmarkt liefert die strukturellen Rahmenbedingungen für die Verwirklichung der Berufswünsche junger Frauen und junger Männer. In diesem Rahmen sind die individuellen Ausbildungswege verortet.

Im Berufsbildungsbericht (Bundesministerium für Bildung und Forschung 2000: 1) wird gefordert, daß „Mädchen und jungen Frauen … ihren Interessen und Neigungen entsprechend gleichberechtigte Chancen auf eine qualifizierte Berufsausbildung eröffnet" werden müssen. Diese Forderung nach Chancengleichheit ist noch nicht umfassend verwirklicht, wie die folgenden Daten zeigen.

Der Anteil der weiblichen Auszubildenden im Dualen System der Berufsausbildung betrug in den alten Bundesländern nach einem leichten Rückgang in den Jahren zuvor 1998 wieder 40,6%; in den neuen Bundesländern befanden sich mit 37,8% noch weniger junge Frauen in einer betrieblichen Ausbildung (vgl. Abbildung 2.11). Im Berufsbildungsbericht (Bundesministerium für Bildung und Forschung 2000: 70 f) wird vermutet, daß das auf das geringere Ausbildungsplatzangebot in Dienstleistungs- und Büroberufen im Osten zurückzuführen sein könnte (vgl. ebd.).

Ende des Jahres 1998 absolvierten 1.658.000 Jugendliche eine betriebliche Ausbildung des Dualen Systems, 1.301.000 in den alten Bundesländern und 357.000 in den neuen Bundesländern. Im Vergleich zum Vorjahr stieg die Zahl der Auszubildenden in den alten Ländern um rund 40.000 an, in den neuen Ländern ging sie leicht zurück (vgl. ebd.: 69).

Die Ausbildungsmöglichkeiten in den verschiedenen Ausbildungsbereichen haben in den letzten Jahren Veränderungen erfahren. Der größte Ausbildungsbereich ist nach wie vor der Bereich Industrie und Handel.[13] Mehr als 700.000 betriebliche Auszubildende sind in diesem

---

13 Dadurch, daß die Auszubildenden einzelnen Ausbildungsbereichen und nicht Wirtschaftsbereichen zugeordnet werden, ergibt sich allerdings eine Untererfassung von Lehrlingen vor allem im Öffentlichen Dienst und in den Freien Berufen; d.h. es werden weniger Lehrlinge statistisch erfaßt, als in den genannten Bereichen tatsächlich ausgebildet werden. So werden alle Jugendlichen, die im Öffentlichen Dienst für

Bereich zu finden; in den alten Bundesländern sind das 47,1% aller betrieblichen Auszubildenden, in den neuen Bundesländern 46,5% (vgl. ebd.: 73). Industrie und Handel haben aktuell auch die höchsten Zuwächse an Ausbildungsstellen zu verzeichnen. Gewerbliche Berufe machen in Industrie und Handel inzwischen den kleineren Teil aus, dagegen sind Dienstleistungs- und technische Berufe verstärkt im Kommen. Die höchsten Steigerungsraten finden sich bei den seit 1996 neu geschaffenen Berufen, die zum größten Teil im Bereich Industrie und Handel angesiedelt sind (z.B. Fachinformatiker/in, Informations- und Telekommunikationssystemelektroniker/in, Mediengestalter/in Bild und Ton). Wie in Abbildung 2.11 zu sehen ist, sind junge Frauen im am stärksten expandierenden Ausbildungsbereich Industrie und Handel unterrepräsentiert.

Am geringsten ist der Frauenanteil jedoch im zweitgrößten Ausbildungsbereich, dem Handwerk. Im Handwerk blieb die Zahl der Auszubildenden in den alten Bundesländern nahezu konstant, in den neuen Bundesländern ist sie rückläufig. Vor allem die Bauberufe sind von einem starken Rückgang betroffen.

In den Freien Berufen[14], dem am stärksten von jungen Frauen besetzten Ausbildungsbereich, gingen die Ausbildungszahlen im ganzen Bundesgebiet zurück. Vor allem Arzt- und Zahnarzthelfer/innen sowie Steuerfachangestellte waren von diesem Rückgang betroffen.

Bei den Ausbildungszahlen des Öffentlichen Dienstes fand in den letzten Jahren durch die Privatisierungen bei Post und Bahn eine Verschiebung von Ausbildungsplätzen in den Sektor Industrie und Handel statt (vgl. ebd.: 69 ff).

Die folgende Abbildung 2.11 zeigt nun, wie hoch der Anteil der jungen Frauen unter allen Auszubildenden für die einzelnen Ausbildungsbereiche ist.

In den Freien Berufen und in der Hauswirtschaft macht der Frauenanteil an allen Auszubildenden über 90% aus; im Öffentlichen Dienst

---

Berufe der gewerblichen Wirtschaft ausgebildet werden, in der Berufsbildungsstatistik den Bereichen Industrie und Handel oder Handwerk zugeordnet. Auch einige der Ausbildungsberufe, die im Bereich der Freien Berufe ausgebildet werden (z.B. Kauffrau/Kaufmann für Bürokommunikation oder Technische/r Zeichner/in), fallen in die Zuständigkeit der Industrie- und Handelskammern.

14 Ausbildungen in Freien Berufen finden in Büros, Praxen oder Kanzleien von Freiberuflern und Freiberuflerinnen statt. Typische Freie Berufe sind Rechtsanwalts-, Patentanwalts- und Notarfachangestellte/r, Steuerfachangestellte/r, Arzt- und Zahnarzthelfer/in, pharmazeutisch-kaufmännische/r Angestellte/r sowie Tierarzthelfer/in.

sind fast zwei Drittel der Lehrlinge junge Frauen. Im Handwerk und in der Landwirtschaft dominieren dagegen eindeutig die jungen Männer.

Abbildung 2.11: Frauenanteile an allen Auszubildenden nach Ausbildungsbereichen in West- und Ostdeutschland 1998 (in %)

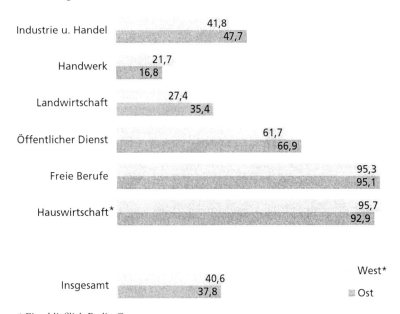

* Einschließlich Berlin Ost.
** Nur Hauswirtschaft im städtischen Bereich.
Quelle: Berufsbildungsbericht 2000, Übersicht 39; eigene Zusammenstellung

Vergleicht man die alten und die neuen Bundesländer, so erkennt man, daß die jungen Frauen aus dem Osten häufiger als die aus dem Westen eine Ausbildung in Industrie und Handel, in der Landwirtschaft sowie im Öffentlichen Dienst aufnehmen, dagegen sind sie deutlich seltener in handwerklichen Ausbildungsberufen zu finden.

Es zeigt sich, daß die jungen Frauen aus Ost und West gerade in den beiden Ausbildungsbereichen, in denen die meisten Ausbildungsplätze zur Verfügung gestellt werden, in Industrie und Handel sowie im Handwerk, unterrepräsentiert sind. Im Gegensatz dazu sind, wie oben dargestellt, gerade Ausbildungen in den von jungen Frauen präferierten Freien Berufen von einem Rückgang der Ausbildungszahlen betroffen. So verwundert es nicht, daß der Frauenanteil an allen Auszubildenden im Dualen System so niedrig liegt.

Laut Berufsbildungsbericht haben sich die „Ausbildungschancen der Jugendlichen ... 1999 verbessert. Dies ist allerdings vor allem auf den verstärkten Einsatz öffentlich finanzierter Programme[15] zurückzuführen. Ein von der Wirtschaft getragenes ausreichendes Ausbildungsplatzangebot konnte noch nicht erreicht werden. Dies gilt insbesondere für die neuen Länder" (ebd.: 1).

Wie sieht die Lage auf dem Ausbildungsmarkt aus, wenn man das Angebot an Ausbildungsstellen mit der Nachfrage von seiten der jugendlichen Ausbildungsplatzbewerber/innen in Relation setzt? Und welche Entwicklungstendenzen lassen sich auf dem Ausbildungsmarkt in den letzten zwei Jahrzehnten beobachten?

Abbildung 2.12: Angebot von und Nachfrage nach Ausbildungsplätzen 1983 bis 1999 (ab 1992 einschließlich Ostdeutschland) (in Tsd.)

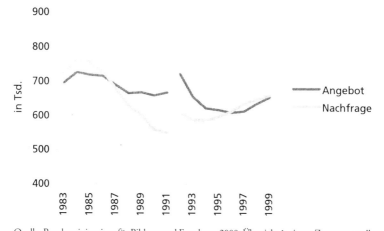

Quelle: Bundesministerium für Bildung und Forschung 2000, Übersicht 1; eigene Zusammenstellung

Bis Mitte der 80er Jahre lag die Nachfrage nach Ausbildungsplätzen deutlich über dem Angebot an Ausbildungsstellen. Verursacht durch einen gravierenden Bewerber/innenrückgang standen von 1987 bis 1995 bundesweit mehr Ausbildungsstellen als nachgefragt zur Verfügung. Doch seit 1996 steigen die Bewerber/innenzahlen stärker an als die Zahl der Ausbildungsplätze, und die Angebots-Nachfrage-Relation ist wieder unter 100% gesunken; d.h. auch rein rechnerisch steht nicht mehr für jede/n Ausbildungsplatzbewerber/in ein Ausbildungsplatz zur

---

15 Insbesondere das Sofortprogramm zum Abbau der Jugendarbeitslosigkeit der Bundesregierung (Fußnote d. A.).

Verfügung. Selbst wenn die Summe der Ausbildungsstellen und der Bewerber/innen identisch wäre, wäre die Nachfrage nicht abgedeckt. Das liegt daran, daß sich nicht jede/r Bewerber/in beliebig jedem Ausbildungsplatz zuordnen läßt. Berücksichtigt werden müssen Fragen der räumlichen Mobilität (so kann z.B. nicht jede/r mecklenburgische Jugendliche zu Ausbildungszwecken nach Bayern ziehen), der Qualifikationsvoraussetzungen (Hauptschüler/innen haben z.B. als Bankkauffrau/Bankkaufmann ungleich schlechtere Zugangschancen als Gymnasiast(inn)en), der Geschlechtsrollenzuschreibung (nach wie vor gibt es Betriebe, in denen z.B. ungern junge Frauen als Automechanikerinnen ausgebildet werden) und nicht zu vernachlässigen der persönlichen Wünsche und Präferenzen.

Abbildung 2.13: Angebots-Nachfrage-Relation der Ausbildungsplätze 1983 bis 1999 (ab 1992 einschließlich Ostdeutschland, in %)*

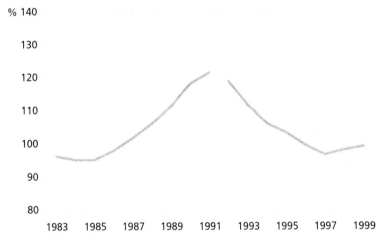

* Werte über 100% verweisen auf einen Überschuß, Werte unter 100% auf einen Mangel an Ausbildungsplätzen.
Quelle: Bundesministerium für Bildung und Forschung 2000, Übersicht 1; eigene Zusammenstellung

Da die Nachfrage nach Ausbildungsplätzen das Angebot übersteigt, können nicht alle Bewerberinnen und Bewerber eine betriebliche Ausbildung aufnehmen. Von diesem Risiko sind jedoch nicht alle Bewerber/innen gleichermaßen betroffen. Der Frauenanteil bei den nicht vermittelten Bewerber/innen ist vor allem in den neuen Bundesländern nach wie vor überproportional hoch, wie die folgende Abbildung 2.14 zeigt.

Abbildung 2.14: Noch nicht vermittelte Bewerberinnen und Bewerber in West- und Ostdeutschland 1999

	West		Ost	
	Anzahl	Prozent	Anzahl	Prozent
Frauen	10.105	51,6	5.233	53,5
Männer	9.487	48,4	4.540	46,5
Insgesamt	19.592	100,0	9.773	100,0

Quelle: Bundesministerium für Bildung und Forschung 2000, Übersicht 6; eigene Zusammenstellung

An dieser Stelle wollen wir auch die Ausbildungsquoten junger ausländischer Frauen und Männer betrachten.

Abbildung 2.15: Ausbildungsquoten* junger Frauen und Männer in Westdeutschland nach Herkunftsland 1998 (in %)

	Frauen	Männer	Insgesamt
Türkei	31,8	50,8	42,0
Italien	39,6	55,4	47,7
Griechenland	32,0	45,3	39,1
Spanien	62,5	82,7	73,3
Portugal	39,4	56,9	48,4
alle Ausländer**	31,6	43,1	37,8
zum Vergleich: Deutsche	54,6	76,0	65,9

* Die Ausbildungsquote errechnet sich aus dem Anteil der Auszubildenden an der Gesamtzahl der 15- bis unter 18jährigen Jugendlichen der jeweiligen Population.
** D.h. einschließlich der in dieser Tabelle nicht aufgeführten Herkunftsländer.
Quelle: Bundesministerium für Bildung und Forschung 2000, Übersicht 30; eigene Zusammenstellung

Aus der Abbildung wird ersichtlich, daß ausländische Jugendliche im Alter von 15 bis 17 Jahren trotz ihrer oben erwähnten hohen Ausbildungsaspiration (vgl. Abschnitt 2.2) im Durchschnitt seltener eine betriebliche Ausbildung absolvieren als deutsche Jugendliche. Besonders niedrig ist die Ausbildungsquote junger ausländischer Frauen. Das Ergebnis wird zusätzlich dadurch verzerrt, daß deutsche Jugendliche im Durchschnitt länger im schulischen Bildungssystem verweilen und häufiger erst nach dem Realschulabschluß oder dem Abitur mit 18 oder mehr Jahren eine betriebliche oder schulische Berufsausbildung beginnen.

Betrachtet man die einzelnen Nationalitäten getrennt, so fällt auf, daß die Ausbildungsquoten sehr unterschiedlich sind. Vor allem bei den türkischen und griechischen Jugendlichen sind sie sehr niedrig. Dagegen liegen sie bei den spanischen Jugendlichen höher als bei den Deutschen. Will man differenzierte Aussagen treffen, ist es also notwendig, die Situation der Mädchen und Jungen aus unterschiedlichen Nationen im einzelnen zu betrachten. So liegt zum Beispiel bei den türkischen Jugendlichen tatsächlich im Durchschnitt ein niedrigeres Bildungsniveau vor (vgl. Abschnitt 2.3.4), das ihnen schlechtere Chancen auf dem Ausbildungs- und Arbeitsmarkt eröffnet. Von den griechischen Jugendlichen besuchen dagegen relativ viele weiterführende Schulen, und diese sind deshalb im Alter von 15 bis 17 Jahren ähnlich wie die deutschen Jugendlichen zum Teil noch nicht im beruflichen Ausbildungssystem zu finden.

Vergleicht man die Ausbildungsquoten junger ausländischer Frauen und Männer, so zeigt sich auf niedrigerem Niveau beinahe dasselbe Verhältnis wie bei den deutschen Jugendlichen. Bei keiner Nationaliät ist die Ausbildungsquote der jungen Frauen höher als die der jungen Männer, obwohl die jungen Frauen im Durchschnitt über höhere schulische Bildungsabschlüsse verfügen. Diese höheren Abschlüsse zahlen sich aber für die jungen Ausländerinnen auf dem Weg in eine betriebliche Berufsausbildung nicht aus.

Die Wege, die ausländische Jugendliche auf dem Ausbildungsstellenmarkt häufig einschlagen, sofern es ihnen überhaupt gelingt, einen Ausbildungsplatz zu bekommen, werden von Bednarz-Braun (2001) wie folgt zusammengefaßt:

„Ausländische Jugendliche – unabhängig von ihrem Geschlecht – münden überwiegend in solche Ausbildungsstellen ein, die von deutschen Jugendlichen gemieden werden, weil die späteren Verdienstmöglichkeiten gering sind, weil damit ungünstige Arbeitsbedingungen einhergehen oder weil das Risiko, arbeitslos zu werden, hoch ist. Weibliche Auszubildende ausländischer Nationalität befinden sich überdurchschnittlich in den als Sackgassenberufen bekannten Ausbildungsgängen: Friseurin, Arzthelferin, Zahnarzthelferin. Demgegenüber bleiben ihnen qualifizierte und perspektivreiche Ausbildungsgänge wie etwa zur Bank- oder Versicherungskauffrau weitgehend verschlossen." (Bednarz-Braun 2001: 3, vgl. hierzu auch Granato/Werner 1999, Bendit/Keimeleder/Werner 2000)

Nach Granato (1997: 6) lassen sich aus dieser Ausbildungssituation junger AusländerInnen und Ausländer „schlechte Startbedingungen für eine dauerhafte und erfolgreiche Arbeitsmarktintegration" ableiten.

Die zehn häufigsten Ausbildungsberufe

Arbeits- und Ausbildungsstellenmarkt entscheiden jedoch nicht alleine darüber, wer welche Ausbildung aufnimmt. Vielmehr treffen individuelle Präferenzen und schulische Qualifikationen mit den Optionen und Restriktionen des Ausbildungsmarktes zusammen. Daß diese Auseinandersetzung für die jungen Frauen und jungen Männer zu unterschiedlichen Ergebnissen führt, zeigt das folgende Ranking der zehn häufigsten Ausbildungsberufe (Abbildung 2.16).

Abbildung 2.16: Die zehn von jungen Frauen und Männern am häufigsten besetzten Ausbildungsberufe 1998 (in %)

	Anteil Frauen*		Anteil Männer*
Bürokauffrau	8,0	Kraftfahrzeugmechaniker	6,3
Kauffrau im Einzelhandel	7,2	Maler und Lackierer	4,6
Friseurin	6,2	Tischler	4,3
Arzthelferin	6,2	Elektroinstallateur	4,1
Industriekauffrau	5,2	Maurer	3,5
Zahnarzthelferin	5,1	Kaufmann im Einzelhandel	3,4
Fachverkäuferin im Nahrungsmittelhandwerk	4,7	Kaufmann im Groß- und Außenhandel	3,1
Bankkauffrau	3,8	Koch	2,7
Hotelfachfrau	3,6	Gas- und Wasserinstallateur	2,7
Kauffrau für Bürokommun.	3,5	Metallbauer	2,6
Zusammen	**53,6**	**Zusammen**	**37,3**

* Gemeint ist der Anteil an allen Ausbildungsneuabschlüssen junger Frauen bzw. Männer.
Quelle: Bundesministerium für Bildung und Forschung 2000, Übersicht 41, eigene Zusammenstellung

Im Berufsbildungsbericht wird hier von den zehn am häufigsten „gewählten" Ausbildungsberufen gesprochen. Wir verwenden diesen Begriff bewußt nicht, da er unterstellt, daß der Ausbildungsberuf, für den ein Lehrvertrag abgeschlossen wurde, auch der ist, der von den jungen Frauen und Männern ursprünglich ausgewählt wurde (siehe hierzu auch Heinz 1998 zur „Berufswahl als Ideologie"). Wie im folgenden noch zu sehen sein wird (vgl. Abschnitt *Die Realisierung von Ausbildungsplänen*), sind aber gerade junge Frauen, die eine betriebliche Ausbildung im Dualen System beginnen wollen, häufig von Restriktionen betroffen. Ein großer Teil von ihnen kann nicht wie gewünscht eine betriebliche Ausbildung beginnen und weicht auf schulische Berufsausbildungsformen aus.

Zunächst fällt auf, daß bei den jungen Männern 1998 mehr als ein Drittel aller neu abgeschlossenen Ausbildungen auf die zehn am häufigsten besetzten Ausbildungsberufe entfallen; bei den jungen Frauen sind sogar mehr als die Hälfte in einem der zehn am häufigsten besetzten Ausbildungsberufe zu finden. Das heißt, ihr Ausbildungs- und Berufsspektrum ist noch begrenzter als das der jungen Männer. Alle zehn von jungen Frauen am häufigsten besetzten Berufe sind dem kaufmännischen und dem Dienstleistungsbereich zuzurechnen. In den neuen Bundesländern spielen bei den Frauen Gastronomieberufe (Restaurantfachfrau, Köchin) eine größere Rolle als in den alten Bundesländern. Die zehn von jungen Männern am häufigsten besetzten Berufe stammen aus Handwerk und Handel, industrielle Berufe sind hier im Gegensatz zu früheren Jahren nicht mehr vertreten. Bau- und Installationsberufe sind in den neuen Bundesländern auf höheren Rangplätzen zu finden als in den alten Bundesländern.

Deutliche Unterschiede treten auch auf, wenn man die Häufigkeit der Ausbildungsberufe bezogen auf die Schulabschlüsse der Jugendlichen betrachtet. Ausbildungsanfänger/innen mit Hochschulreife sind vor allem im kaufmännischen und Bürobereich zu finden; die drei am häufigsten von ihnen belegten Berufe sind Bankkauffrau/Bankkaufmann, Industriekauffrau/Industriekaufmann sowie Kauffrau/Kaufmann im Groß- und Außenhandel. Bei den Bankkaufleuten machte der Abiturient(inn)enanteil an allen Auszubildenden 1998 69,2% aus. In einigen geringer besetzten Ausbildungsberufen betrug die Abiturient(inn)enquote sogar über 75%, z.B. bei den Werbekaufleuten, Buchhändler(inne)n oder Verlagskaufleuten (vgl. Bundesministerium für Bildung und Forschung 2000: 56 f).

Ausbildungsanfänger/innen mit Realschulabschluß finden sich vor allem in Berufen des Handels, im Gesundheitssektor und im Bürobereich; aber auch einzelne gewerbliche Berufe spielen bei ihnen eine Rolle. Die drei häufigsten Ausbildungsberufe von Realschulabsolvent(inn)en sind Kauffrau/Kaufmann im Einzelhandel, Arzthelfer/in und Kraftfahrzeugmechaniker/in. Ihr Anteil an allen Ausbildungsanfänger/innen ist besonders hoch bei den Arzthelfer/innen und Zahnarzthelfer/innen (vgl. ebd.: 57).

Bei den Ausbildungsanfänger(inne)n mit Hauptschulabschluß spalten sich die Ausbildungsbereiche noch deutlicher nach Geschlecht als bei den höher Qualifizierten. Die jungen Männer besetzen vor allem handwerkliche Berufe – am häufigsten Kraftfahrzeugmechaniker und Maler, Lackierer –, wohingegen die jungen Frauen eine Ausbildung vor allem im

Handel und im Dienstleistungssektor beginnen – am häufigsten Kauffrau im Einzelhandel und Friseurin. Den höchsten Anteil bei den Ausbildungsanfänger(inne)n haben die Hauptschulabsolvent(inn)en mit 64,7% als Fachverkäufer/innen im Nahrungsmittelhandwerk (vgl. ebd.: 57 f).

Hauptschüler/innen ohne Abschluß[16] finden aufgrund des Verdrängungswettbewerbs auf dem Ausbildungsstellenmarkt Lehrstellen häufig nur in Behindertenberufen. 1997 standen die Behindertenberufe im Handwerk für Hauptschüler/innen ohne Abschluß an der Spitze der Ausbildungsberufe, 1998 wurden sie nur vom Beruf der Maler/innen und Lackierer/innen überholt. Für junge Frauen stehen vor allem Ausbildungsmöglichkeiten in Behindertenberufen in der Hauswirtschaft zur Verfügung (vgl. ebd.: 57 f).

Frauenberufe – Männerberufe

Wie am Ranking der zehn häufigsten Ausbildungsberufe junger Frauen und junger Männer soeben zu sehen war, spaltet sich der Ausbildungsmarkt in verschiedene Segmente, die zum einen eher von den jungen Frauen und zum anderen eher von den jungen Männern besetzt werden. Eine Trennlinie verläuft zwischen den betrieblichen und den schulischen Ausbildungsformen. Eine andere, die wir im folgenden etwas genauer betrachten wollen, verläuft zwischen dem gewerblich-technischen und dem kaufmännischen Bereich.

Der überwiegende Teil der jungen Männer, die 1999 eine Berufsausbildung begannen, entschied sich für den gewerblich-technischen Bereich. 59% aller männlichen Ausbildungsanfänger in den alten Bundesländern und 51% aller männlichen Ausbildungsanfänger in den neuen Bundesländern begannen eine gewerbliche oder eine technische Lehre. Im Gegensatz dazu rangieren bei den jungen Frauen Ausbildungsgänge im kaufmännischen Sektor ganz oben. 42% der jungen Frauen in den alten Bundesländern sowie 41% der jungen Frauen in den neuen Bundesländern begannen eine solche Ausbildung. In den alten Bundesländern spielen darüber hinaus Ausbildungsberufe im Gesundheits-, Erziehungs- und Sozialbereich mit 22% für junge Frauen eine zentrale Rolle. In den neuen Bundesländern werden diese Berufsausbildungen von den jungen Frauen nur zu 8% ergriffen (vgl. Bundesministerium für Bildung und Forschung 2000: 50).

Die überwiegend von Frauen ausgeübten Berufe werden gerne als „Frauenberufe", die von Männern dominierten als „Männerberufe"

---

16 In diese Kategorie fallen auch die Lernbehinderten.

bezeichnet. Eine wissenschaftliche Definition für „Frauen-" und „Männerberufe" gibt es nicht. Denn für die überwiegend von Frauen ausgeübten Berufe lassen sich keine durchgängig gemeinsamen Muster finden. Sie setzen keine speziell weiblichen Eigenschaften oder Fähigkeiten im Sinne eines „weiblichen Arbeitsvermögens" voraus (vgl. hierzu Gildemeister/Wetterer 1992). Zur Erklärung der Persistenz geschlechtsspezifischer Berufswahlen wird häufig die Hypothese von Hagemann-White (1998: 72) herangezogen, die besagt, „daß Frauenberufe Mädchen deshalb anziehen, weil sie Frauenberufe sind, und zwar unabhängig davon, ob sie hausarbeitsnah, sozialkommunikativ oder lukrativ sind". Die Entscheidung, einen Frauenberuf zu ergreifen, hängt nach Hagemann-White vor allem mit zwei Erwartungen der jungen Mädchen zusammen: Diese Berufe verleihen „eine geradezu unwiderstehliche Plausibilität der Annahme, daß die Vereinbarkeitsleistung[17] (als Grundforderung der weiblichen Normalbiografie) ... gelingt" (ebd.: 73). Und zum zweiten eignen sie sich eher „für die Konstruktion und Darstellung einer weiblichen Identität" (ebd.). Nach Kühnlein et al. (1996: 122) hat demnach „die Wahl eines Frauenberufes vor allem eine hohe symbolische Bedeutung für die Absicherung der Berufsorientierung in Relation zur Partnerschafts- und Familienorientierung" und dient der Entwicklung der weiblichen Identität.

Das Statistische Bundesamt löst das Problem, männliche von weiblichen Berufen zu unterscheiden, rechnerisch. Berufe, in denen nur 0% bis 20% der Auszubildenden junge Frauen sind, werden hier zur Gruppe der „männlich dominierten Berufe" zusammengefaßt; beträgt der Frauenanteil 20% bis 40%, wird von der Gruppe der „überwiegend männlich besetzten Berufe" gesprochen und so weiter (vgl. Abbildung 2.17). Anhand dieser Gruppenbildung wird dann registriert, wie groß der Anteil weiblicher Auszubildender in den verschiedenen Berufsgruppen ist. So machten z.B. 1977 2,6% aller weiblichen Lehrlinge eine Ausbildung in einem männlich dominierten Beruf, d.h. in einem Beruf, in dem weibliche Auszubildende 0% bis 20% aller Auszubildenden stellten. Die Kategorisierung in „männlich dominierte Berufe", „überwiegend männlich besetzte Berufe" etc. macht es möglich, die Beständigkeit von männlich bzw. weiblich dominierten Berufen zu verfolgen. Allerdings werden die Frauen- und Männerberufe zu jedem Erhebungszeitpunkt aufgrund der aktuellen Verteilung neu festgesetzt, wodurch sich der Maßstab über die Jahre verschieben kann.

---

17 Von Beruf und Familie (Fußnote d. A.).

Bemerkenswert ist, daß männlich dominierte Berufe in den neuen Bundesländern für weibliche Auszubildende mit 19% eine wesentlich größere Rolle spielen als in den alten Bundesländern. Das ist vor allem auf die stärkere Beteiligung von Frauen in Berufen aus dem Gastronomiebereich und in der Landwirtschaft zurückzuführen. Dagegen sind die weiblich dominierten Berufe für die jungen Frauen in den neuen Bundesländern von geringerer Bedeutung als für die jungen Frauen in den alten Ländern. Im Berufsbildungsbericht wird dies darauf zurückgeführt, daß der Dienstleistungs- und Bürobereich im Osten „noch nicht bedarfsentsprechend ausgebaut ist" (Bundesministerium für Bildung und Forschung 2000: 73). Dahinter steckt jedoch sicher auch die nach wie vor bei jungen Frauen ebenso wie bei den Arbeitgeber(inne)n wirksame Tradition des sozialistischen Frauenbildes, nach dem Frauen gleichberechtigt am gesellschaftlichen Produktionsprozeß teilnehmen sollten (vgl. Nickel 1993, Dölling 1993).

Abbildung 2.17: Weibliche Auszubildende in ausgewählten Gruppen* von Berufen 1977, 1990 und 1998 (in %)

	1977	1990	1998	
	West	West	West	Ost
männlich dominierte Berufe (0–20% weibliche Auszubildende)	2,6	9,6	9,1	19,0
überwieg. männl. besetzte Berufe (20–40% weibliche Auszubildende)	5,2	6,2	6,5	4,6
gemischt besetzte Berufe (40–60% weibliche Auszubildende)	20,6	27,1	24,9	22,1
überwieg. weibl. besetzte Berufe (60–80% weibliche Auszubildende)	23,3	16,2	13,9	18,4
weiblich dominierte Berufe (80–100% weibliche Auszubildende)	48,2	40,9	45,6	35,8
gesamt	100,0	100,0	100,0	100,0

* Gruppenbildung nach dem Anteil der weiblichen Auszubildenden im Jahr 1977 oder später.
Quelle: Bundesministerium für Bildung und Forschung 2000, Übersicht 40, eigene Zusammenstellung

Betrachtet man die Zahlen für die alten Bundesländer, so fällt auf, daß sich der Frauenanteil in männlich dominierten Berufen von 1977 bis 1990 mehr als verdreifacht hat. Die stärkere Beteiligung junger Frauen in männlich dominierten Berufen steht mit hoher Wahrscheinlichkeit in Zusammenhang mit den ab Mitte bis Ende der 70er Jahre von der damaligen Bundesregierung eingeleiteten Maßnahmen zur beruflichen Förderung weiblicher Jugendlicher in gewerblich-technischen Ausbildungsberufen. Seit 1990 ist der Frauenanteil in den männlich dominierten Berufen wieder rückläufig. 1998 wurden 9,1% der weiblichen Auszubildenden in männlich dominierten Berufen ausgebildet. Parallel dazu nahm der Frauenanteil in weiblich dominierten Berufen von 1990 bis 1998 wieder zu.

Der aktuelle Rückgang des Frauenanteils in männlich dominierten Berufen ist vor allem darauf zurückzuführen, daß weniger junge Frauen eine Ausbildung im Handwerk absolvierten. So gingen z.b. die Zahlen der weiblichen Auszubildenden im Tischlereihandwerk, bei den Kraftfahrzeugmechaniker(inne)n, Maler(inne)n und Lackierer(inne)n deutlich zurück. Ebenso nahm ihr Anteil an den Auszubildenden in industriellen Berufen, z.B. bei den Industriemechaniker(inne)n und Kommunikationselektroniker(inne)n ab. An dieser Entwicklung zeigt sich, daß die Maßnahmen und Modellversuche der 70er Jahre, die Mädchen für Ausbildungen in gewerblich-technischen Berufen gewinnen sollten, keine nachhaltige Wirkung auf den Arbeitsmarkt hatten (vgl. Bednarz-Braun 1991).

Die neuen Berufe im IT-Bereich[18] bieten ein Beispiel dafür, daß die Verteilung nach Frauen- und Männerberufen auch dann konstant bleibt, wenn neue Berufsfelder eröffnet werden. Von 1996 bis 1998 wurden 28 neue Berufe geschaffen, in denen knapp 30.000 neue Ausbildungsplätze angeboten werden. Die meisten der neuen Berufe sind im Bereich Industrie und Handel angesiedelt. Sie weisen fast alle im Jahr 1998 beträchtliche Steigerungsraten auf (vgl. Bundesministerium für Bildung und Forschung 2000: 69). Junge Frauen sind in den neuen Berufen insgesamt zu 28% vertreten, d.h. es handelt sich dabei um überwiegend männlich besetzte Berufe. Nur in drei dieser Berufe macht der Frauenanteil mehr als zwei Drittel aus. In diesen drei Berufen (Spielzeughersteller/in, Fachangestellte/r für Medien und Informationsdienste im Öffentlichen Dienst, Fachangestelle/r für Medien und Informationsdienste in Industrie und Handel) wurden 1998 insgesamt 596 Jugendliche ausgebildet.

Vier der neuen Berufe sind im IT-Bereich angesiedelt. Die Ausbildungsordnungen für die Berufe IT-Systemelektroniker/in, Fachinformatiker/in, IT-Systemkaufmann/IT-Systemkauffrau und Informatikkaufmann/Informatikkauffrau wurden im Jahr 1997 neu erlassen. 1999

---

18 IT bedeutet „Information und Telekommunikation".

wurden in diesen Berufen 12.837 Ausbildungsverträge neu abgeschlossen. Das bedeutet einen Zuwachs von 45,3% zum Vorjahr; bei den Fachinformatiker(inne)n beträgt der Zuwachs sogar 60,2%.

Detailliertere Zahlen, die auch den Frauenanteil an den Auszubildenden des IT-Bereichs ausweisen, liegen für die Vergleichsjahre 1997 (nur erstes Lehrjahr) und 1998 (erstes und zweites Lehrjahr) vor.

Abbildung 2.18: Auszubildende in neuen Berufen des IT-Bereichs nach Geschlecht 1997 und 1998

	Auszubildende 1997			Auszubildende 1998		
	Insgesamt	davon Frauen	Frauenanteil in %	Insgesamt	davon Frauen	Frauenanteil in %
Fachinformatiker/in	1.800	217	12,1	5.635	642	11,4
Informatikkauffrau/-mann	772	185	24,0	2.193	505	23,0
IT-Systemelektroniker/in	1.485	68	4,6	3.651	151	4,1
IT-Systemkauffrau/-mann	756	195	25,8	2.184	565	25,9
Gesamt	4.813	665	13,8	13.663	1.863	13,6

Quelle: Eigene Berechnungen nach Daten des Bundesministeriums für Bildung und Forschung 2000, Übersicht 37

Aus Abbildung 2.18 wird ersichtlich, daß die jungen Männer in den neuen Berufen des IT-Bereichs dominieren und daß die jungen Frauen am Boom dieser Branche nur begrenzt beteiligt sind. In den kaufmännischen Berufen dieses Sektors sind die jungen Frauen noch zu etwa einem Viertel vertreten, bei den Fachinformatiker(inne)n – also dem Beruf mit den höchsten Zuwachsraten – und IT-Systemelektroniker(inne)n machen sie nur einen kleinen Teil der Auszubildenden aus, der sogar leicht rückläufig ist. Im Berufsbildungsbericht heißt es zu den hier beschriebenen Entwicklungen:

> „Der geringere Frauenanteil bei den männlich dominierten Berufen entspricht dem Trend. Es wird daran deutlich, daß eine Ausweitung des Frauenanteils in den gewerblichen Berufen schwierig ist. Hier spielt auch eine Rolle, daß sich die Beschäftigungsstruktur immer stärker zu Dienstleistungsberufen verändert." (Bundesministerium für Bildung und Forschung 2000: 73)

Häufig wird noch weitgehend unhinterfragt von dem Postulat ausgegangen, die Arbeitsmarktchancen junger Frauen würden sich automatisch verbessern, wären diese nur zu motivieren, verstärkt Ausbildungen in bisherigen Männerdomänen nachzufragen. Tatsächlich aber werden sie bei Bewerbungen für typische Männerberufe immer noch benachteiligt, da in diesen Ausbildungsberufen häufig bevorzugt junge Männer eingestellt werden (vgl. Bednarz-Braun 1991). Bei der Entscheidung für eine Ausbildung spielen darüberhinaus aber auch die antizipierten Arbeitsmarktchancen eine nicht unbeträchtliche Rolle. Die Modellversuche zur Förderung von Mädchen in gewerblich-technischen Ausbildungsgängen haben gezeigt, daß ein großer Teil der mit Erfolg ausgebildeten jungen Frauen nach ihrem Ausbildungsabschluß entweder keinen Arbeitsplatz im erlernten Beruf erhielt oder aber unterhalb ihres Qualifikationsniveaus eingesetzt wurde. Hinzu kommt, daß gerade im gewerblich-technischen Bereich die Berufsaussichten generell zur Zeit schlechter sind als in anderen Bereichen. Angesichts der höheren Arbeitslosigkeit von Frauen in vielen techniknahen und sogenannten „Männer"-Berufen stellt sich die Frage, ob es überhaupt sinnvoll ist, Frauen zu diesen Bereichen zu raten. Unter den gegenwärtigen Arbeitsmarktbedingungen treffen junge Frauen, die eine Ausbildung in einem höherwertigen Dienstleistungsberuf wählen, somit eine arbeitsmarkttechnisch vernünftige Entscheidung (siehe hierzu auch Nissen et al. 2000: 64).

Die Realisierung von Ausbildungsplänen

In den vorangegangenen Abschnitten war zu sehen, daß die Chancen auf dem Ausbildungsstellenmarkt für junge Frauen und junge Männer ungleich verteilt sind und daß sie häufig unterschiedliche Ausbildungsgänge einschlagen sowie unterschiedliche Ausbildungsberufe ergreifen. Nun soll untersucht werden, welche Ausbildungspläne junge Frauen und Männer ursprünglich haben und in welchem Umfang es ihnen gelingt, diese Pläne zu realisieren.

Das Interesse an einer betrieblichen Ausbildung hält sich nach einer Befragung des Bundesinstituts für Berufsbildung[19] auf einem relativ konstanten Niveau (vgl. Bundesministerium für Bildung und Forschung 2000: 46 ff). Dagegen stiegen die Schülerinnen- und Schülerzahlen an

---

19 Diese Befragung bildet die Grundlage für Abbildung 2.19. Erhoben wurden auf repräsentativer Basis Daten zum geplanten beruflichen Werdegang von Schülerinnen und Schülern in Abgangsklassen am Ende des Schuljahres 1998/1999; ausgewertet wurden 23.962 Fragebögen. Diese Befragung wird seit Mitte der 90er Jahre jährlich wiederholt und hat im allgemeinen zwei Erhebungszeitpunkte, März bis Mai und Oktober (Wiederholungsbefragung). Die Befragung 1998/99 erfolgte auf repräsentativer Basis in sechs alten und fünf neuen Bundesländern bei Schüler(inne)n verschiedener Schultypen.

Berufsfachschulen[20] in den letzten Jahren an. Im Schuljahr 1998/99 besuchten 383.200 Schüler/innen eine Berufsfachschule, das sind 4,5% mehr als im Vorjahr. In den neuen Bundesländern beträgt der Anstieg sogar 16% (vgl. ebd. 80).

Betrachtet man die Anzahl der Schülerinnen und Schüler an Berufsfachschulen nach Bundesländern, so fällt auf, daß der Frauenanteil vor allem in Bayern, Mecklenburg-Vorpommern und Sachsen sehr hoch ist, niedrige Frauenanteile weisen dagegen die Berufsfachschulen in Baden-Württemberg und Bremen auf.

Welche Ausbildungspläne verfolgen junge Frauen und junge Männer unterschiedlicher Schultypen und in welchem Umfang lassen sich diese Pläne in die Realität umsetzen?

Abbildung 2.19: Ausbildungspläne und Realisierungen bei Absolventinnen und Absolventen der Haupt- und Realschule in West- und Ostdeutschland 1999 (in %)

	West				Ost			
	Frauen		Männer		Frauen		Männer	
	Pläne	Realis.	Pläne	Realis.	Pläne	Realis.	Pläne	Realis.
Hauptschule								
Duale Berufsausbildung	40	29	57	51	49	34	69	53
Allgemeinbild. Schule	13	14	14	14	9	24	11	14
Berufsbild. Schule und andere Berufsausbild.	39	49	21	30	27	32	13	26
Sonstiges	9	8	7	5	15	11	8	6
Realschule								
Duale Berufsausbildung	38	33	53	48	68	52	74	65
Allgemeinbild. Schule	18	20	20	20	9	14	12	16
Berufsbild. Schule und andere Berufsausbild.	36	41	21	27	18	29	8	14
Sonstiges	8	6	6	5	5	5	7	5

Quelle: Bundesministerium für Bildung und Forschung 2000, Übersicht 16; eigene Zusammenstellung

---

20 Ohne Berufsgrundbildungsjahr, jedoch einschließlich der Berufsfachschulzweige an den freien Waldorfschulen.

Abbildung 2.19 zeigt deutlich, daß die Realisierung einer Ausbildung häufig von den vorher geäußerten Wünschen und Plänen abweicht.[21] Von den Realschülern in den neuen Bundesländern plant ein besonders hoher Anteil eine Duale Berufsausbildung. Sie haben auch die besten Chancen, diese Pläne in die Realität umzusetzen. Auch die Realschülerinnen und die männlichen Hauptschüler in den neuen Bundesländern streben zu mehr als zwei Dritteln eine betriebliche Ausbildung an. In den alten Bundesländern ist im Gegensatz dazu der Anteil an angestrebten und realisierten berufsbildenden Schulabschlüssen nicht nur für die jungen Frauen, sondern auch für die jungen Männer vergleichsweise hoch. Erwartungsgemäß ist bei den Gymnasiastinnen und Gymnasiasten der Anteil derjenigen, die ein Studium planen bzw. aufnehmen, relativ hoch.

Ein Blick auf die Realisierungen Dualer Ausbildungspläne zeigt, daß bei den Haupt- und Realschüler(inne)n durchweg eine Diskrepanz von mindestens 5% besteht (zum Teil sogar bis zu 15% oder 16% in den neuen Bundesländern). Einzig die Gymnasiasten und Gymnasiastinnen, die eine betriebliche Ausbildung anstreben, haben gute Chancen, diese auch zu realisieren.

Vergleicht man die Verteilungen bezogen auf die jungen Frauen und jungen Männer, so fällt auf, daß junge Hauptschülerinnen und Realschülerinnen durchwegs seltener eine Duale Berufsausbildung anstreben als ihre männlichen Kollegen mit derselben schulischen Vorbildung aus denselben Bundesländern, daß es ihnen darüber hinaus aber auch seltener gelingt, geplante betriebliche Berufsausbildungen zu realisieren. Sie planen jedoch auch seltener als die jungen Männer den weiteren Besuch einer allgemeinbildenden Schule. Und trotzdem sind sie einige Monate später mit Ausnahme der Realschülerinnen in den neuen Bundesländern gleich häufig oder sogar häufiger als die jungen Männer in eben diesen Schulen zu finden. Den Besuch einer berufsbildenden Schule oder eine andere Berufsausbildung plant ein größerer Teil der Haupt- und Realschülerinnen als der Haupt- und Realschüler. Hier liegen die jungen Frauen, sowohl was die Planung, als auch was die Rea-

---

21 Wir verzichten an dieser Stelle darauf, in der Tabelle die Pläne und Realisierungen für die Gymnasiast(inn)en zu zeigen, da die diesbezüglichen Daten problematisch zu interpretieren sind. Bei den männlichen Gymnasiasten sind unabhängig vom Schultyp mehr als 70% „Sonstiges" angegeben. Diese Kategorie beinhaltet den Zivil- und Wehrdienst und verfälscht die anderen zu erwartenden Ergebnisse bezüglich geplanter und realisierter Ausbildungswege. Wo uns ein Vergleich sinnvoll erscheint, beziehen wir jedoch die Angaben der Gymnasiastinnen in unsere Interpretation ein.

lisierung angeht, vorne. Für Hauptschülerinnen und Realschülerinnen aus dem Westen ist dies sogar mit deutlichem Abstand die häufigste Verbleibform, obwohl auch sie zum größten Teil eine Lehre im Dualen System angestrebt hatten.

Die Umorientierung weg von betrieblichen hin zu schulischen Ausbildungsformen ist sicher zum Teil durch den Mangel an Lehrstellen bedingt. Dieser Mangel wirkt sich für junge Frauen verschärfend aus, da sie, wie oben dargestellt (vgl. Abbildung 2.14), häufiger als die jungen Männer nicht vermittelt werden können.

Leider noch nicht ausreichend untersucht sind mögliche Einflüsse (z.B. durch die Berufsberatung oder durch die Peers) auf das Berufswahlverhalten junger Frauen, die bei der Umsetzung der Ausbildungwünsche und -pläne in der Form eingreifen könnten, daß junge Frauen selbst ihre Pläne ändern und den weiteren Verbleib im (allgemeinbildenden oder berufsbildenden) schulischen Ausbildungssystem anstreben, um auf diese Weise berufliche oder höhere schulische Qualifikationen zu erwerben.

Ausbildungsvergütungen

Im letzten Abschnitt zur Berufsausbildung im Dualen System und an beruflichen Schulen wollen wir die Höhe der Ausbildungsvergütungen betrachten. Ausbildungsvergütungen werden im allgemeinen nur im betrieblichen Ausbildungssystem gezahlt. Im Gegensatz dazu muß an Berufsfachschulen häufig sogar Schulgeld entrichtet werden. Nach einer Befragung des Bundesinstituts für Berufsbildung im Herbst 1999[22] zahlten 28% der Berufsfachschüler/innen zwischen 10,– DM und 1.200,– DM Schulgeld im Monat, der Durchschnitt lag bei 390,– DM monatlich (vgl. Bundesministerium für Bildung und Forschung 2000: 88).

Die durchschnittliche tarifliche Ausbildungsvergütung im Dualen System betrug im Jahr 2000 in den alten Bundesländern 1.117,– DM und in den neuen Bundesländern 958,– DM pro Monat. Die Differenz zwischen den Ausbildungsvergütungen in West und Ost hat sich in den letzten Jahren vergrößert. Momentan liegt die Höhe der Ausbildungsvergütungen in den neuen Bundesländern bei 86% des westlichen Niveaus (1996 lag sie noch bei 90%) (vgl. Bundesinstitut für Berufsbildung 2001: 1).

Das Bundesinstitut für Berufsbildung wertete für das Jahr 2000 die durchschnittliche Höhe der Ausbildungsvergütungen für 208 Berufe im

---

22 Schriftlich befragt wurden 2.500 Absolvent(inn)en (davon 82% Frauen) von vollqualifizierenden Berufsfachschulen.

Westen und 173 Berufe im Osten aus. In diesen Berufen wurden circa 90% aller Auszubildenden ausgebildet.

Abbildung 2.20 zeigt, daß zwischen den einzelnen Ausbildungsberufen zum Teil beträchtliche Unterschiede in der Höhe der tarifvertraglich vereinbarten Ausbildungsvergütungen bestehen. Das meiste Geld erhalten Auszubildende im Gerüstbau. Überdurchschnittlich hohe Ausbildungsvergütungen werden auch im Bauhauptgewerbe, für Versicherungskaufleute und Drucker/innen gezahlt.

Abbildung 2.20: Durchschnittliche monatliche Ausbildungsvergütungen in zehn ausgewählten Berufen in West- und Ostdeutschland 2000* (in DM)

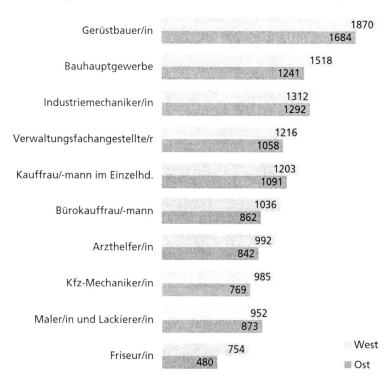

* Das BIBB stellt die Beträge für zwanzig ausgewählte Berufe dar; wir beschränken uns hier aus Gründen der Übersichtlichkeit auf zehn exemplarische Berufe.
Quelle: Bundesinstitut für Berufsbildung *(http://www.BIBB.de/publikat/pm/pm01)*, eigene Zusammenstellung

Leider wird die Ausbildungshöhe weder in den Berechnungen des BIBB, noch im Berufsbildungsbericht bezogen auf junge Frauen und junge

Männer untersucht. Betrachtet man die besser bezahlten Berufe, so fällt aber doch auf, daß es sich in der Spitzengruppe überwiegend um stärker von jungen Männern besetzte Berufe im gewerblichen und handwerklichen Bereich handelt. Dagegen ist der Beruf, für den im Berufsbildungsbericht die niedrigste Ausbildungsvergütung aufgeführt wird, nämlich 352 DM,– monatlich[23] (Bundesministerium für Bildung und Forschung 2000: 119), die Damenschneiderei eher ein typischer Frauenberuf. Auch als Auszubildende zur Friseur/in, Florist/in (West 797,– DM, Ost 589,– DM) oder Augenoptiker/in müssen wohl überwiegend junge Frauen mit einer monatlichen Ausbildungsvergütung zurechtkommen, die keine unabhängige Existenz ermöglicht. Hier zeigt sich eine erhebliche Benachteiligung junger Frauen.

Zu den berufsspezifischen Durchschnittswerten ist noch anzumerken, daß die tariflichen Ausbildungsvergütungen häufig nach Regionen und Wirtschaftszweigen erheblich variieren. Außerdem gelten Tarifabsprachen nur für betriebliche Ausbildungen, in außerbetrieblichen Ausbildungen werden im allgemeinen wesentlich niedrigere Vergütungen gezahlt.

Die vorangegangenen Abschnitte haben gezeigt, daß die Chancen auf dem betrieblichen Ausbildungsmarkt und an beruflichen Schulen keineswegs gleich verteilt sind. Vor allem hinsichtlich der schulischen Vorbildung und des Geschlechts eröffnen sich für Jugendliche, die eine Ausbildung anstreben, unterschiedliche Handlungsspielräume.

Für Absolvent(inn)en, die „nur" über einen Hauptschulabschluß verfügen oder die das Schulbildungssystem ohne Abschluß verlassen haben, sind die Handlungsmöglichkeiten, was die freie Wahl eines Ausbildungsplatzes betrifft, sehr eingeschränkt. Sie sind von einem Verdrängungswettbewerb betroffen, der dadurch entsteht, daß sich die Betriebe angesichts eines Bewerber/innenüberschusses Jugendliche mit höheren schulischen Qualifikationen für ihre Lehrstellen aussuchen. Bestimmte Ausbildungsberufe, wie zum Beispiel Werbekaufleute oder Buchhändler/innen werden inzwischen zu mehr als drei Vierteln mit Abiturient(inn)en besetzt. So bleiben für die Absolvent(inn)en mit niedrigeren Abschlüssen am Ende nur wenige Berufe übrig, in denen sie überhaupt Chancen auf eine Lehrstelle haben. Diese Berufe liegen für die jungen Männer zumeist im handwerklichen Bereich (Kfz-Mechaniker, Maler, Lackierer) und für die jungen Frauen im Handel und in schlecht bezahlten Dienstleistungsberufen (Kauffrau im Einzelhandel, Friseurin).

---

23 Dieser Wert ist von 1999.

Für junge Frauen ist die Lage auf dem betrieblichen Ausbildungssektor nochmals verschärft. Ihnen wird noch weniger als den jungen Männern die Gelegenheit geboten, ihre Absichten zu realisieren, eine Lehre im Dualen System zu beginnen.

Abiturient(inn)en stehen die meisten Handlungsoptionen für eine Berufsausbildung offen. Doch auch sie sind von Restriktionen betroffen. So ist für eine Reihe von Studienfächern der Zugang durch einen Numerus Clausus beschränkt, und andere Fächer sind unzureichend für die großen Studierendenzahlen ausgestattet. Insgesamt kamen im Wintersemester 1998/99 mehr als 1,8 Millionen Studierende auf gut eine Million Studienplätze.

2.5.2 Berufsausbildung an Hochschulen

Im Studienjahr 1999/2000 existierten in der Bundesrepublik Deutschland insgesamt 348 Hochschulen. 87 davon sind staatlich anerkannte Universitäten, 154 Fachhochschulen (ohne Verwaltungsfachhochschulen); daneben finden sich Kunsthochschulen, Verwaltungsfachhochschulen, Theologische und Pädagogische Hochschulen sowie Gesamthochschulen.

1998 nahm fast ein Drittel eines Jahrgangs ein Studium an einer Hochschule auf. Seit 1970 hat sich die Quote der Studienanfänger/innen beinahe verdreifacht. Die Summe der Studierenden hatte ihren Höhepunkt im Wintersemester 1994/95 und ist seitdem etwas rückläufig. Dieser Rückgang beruht vor allem auf der Abnahme der Studierendenzahlen in den alten Bundesländern. Der Frauenanteil bei den Studienanfänger/innen lag im Wintersemester 2000/2001 bei 49% (vgl. Statistisches Bundesamt 2000c).

Im folgenden Abschnitt geht es zunächst um die Entwicklung der Studienanfänger/innenzahlen in den letzten beiden Jahrzehnten. Daraufhin werden die Verteilungen der jungen Frauen und jungen Männer unter verschiedenen Gesichtspunkten betrachtet. Zunächst werden die akademischen Karrieren von Frauen und Männern vom Abitur bis zur Erlangung einer Professur verglichen. Danach wollen wir die Verteilung der jungen Frauen und Männer über die einzelnen Fächergruppen und Fächer hinweg für deutsche und ausländische Studierende betrachten.

Die Entwicklung der Studienanfänger/innenzahlen

Um die Beteiligung von jungen Frauen und Männern an der Hochschule zu vergleichen, kann man die geschlechtsspezifischen Studienanfänger/innenquoten heranziehen. Die Studienanfänger/innenquote beschreibt die Relation von Studienanfänger(inne)n im ersten Hochschulsemester zur altersspezifischen Bevölkerung.

Wie aus Abbildung 2.21 ersichtlich wird, geht die deutliche Zunahme der Anzahl von Studienanfänger(inne)n in den letzten zwanzig Jahren stärker auf die Partizipation der jungen Frauen als auf die der jungen Männer zurück.

Abbildung 2.21: Anteil der deutschen Studienanfängerinnen und Studienanfänger an der altersspezifischen Bevölkerung* (in Tsd. und in %)

Jahr	Anzahl in Tsd.	StudienanfängerInnenquote in %		
		Insgesamt	Frauen	Männer
1980	176,8	19,4	16,1	22,5
1985	191,5	19,3	15,7	22,9
1990	253,6	30,9	24,6	36,9
1992	251,6	28,8	25,3	32,2
1994	229,1	30,6	27,9	33,3
1996	228,4	31,1	30,1	32,0
1998	227,8	30,0	29,4	30,5
1999	241,3	31,7	31,9	31,6

* Die altersspezifische Bevölkerung umfaßte in den Jahren 1980 bis 1996 die 18- bis unter 22jährigen; ab 1997 wurden Jugendliche im Alter von 19 bis unter 25 Jahren erfaßt.

Quelle: Statistisches Bundesamt (Internet); eigene Zusammenstellung

Zwischen 1980 und 1999 konnten die jungen Frauen ihre Beteiligung im Verhältnis zur altersspezifischen Bevölkerung verdoppeln; bei den jungen Männern erhöhte sie sich – bei höherem Ausgangsniveau – um fast 50%. Nach einem sprunghaften Anstieg sowohl bei den weiblichen als auch bei den männlichen Studienanfänger(inne)n zwischen 1985 und 1990 stagniert die Studienanfänger/innenquote seit Mitte der 90er Jahre bei Werten um die 30% der altersspezifischen Bevölkerung. Betrachtet man die Quote nach Geschlechtern getrennt, so fällt auf, daß sie bei den jungen Männern seit Mitte der 90er Jahre sogar leicht rückläufig ist, während sie bei den jungen Frauen nach wie vor langsam ansteigt.

In den alten und neuen Bundesländern hat sich der Anteil der Studienanfänger/innen in den letzten Jahren unterschiedlich entwickelt.

Parallel zu den steigenden Abiturient(inn)enzahlen im Osten stiegen dort auch die Erstsemesterzahlen an. Den niedrigsten Anstieg in den neuen Bundesländern verzeichnete Sachsen, wo 1998/99 immerhin 33,7% mehr Studentinnen und Studenten ein Studium aufnahmen als 1992/93. Am stärksten stiegen die Erstsemesterzahlen in diesem Zeitraum mit 110,7% in Brandenburg an. Dagegen kam es in den alten Bundesländern zu Rückgängen bei den Studienanfänger(inne)n bis zu einem Viertel[24] (vgl. Statistisches Bundesamt 1999).

Im europäischen Vergleich liegt die Bildungsbeteiligung deutscher Jugendlicher an Hochschulen im unteren Mittelfeld. Deutlich höhere Anteile finden sich in Finnland, Norwegen und Spanien – Ländern, in denen vor allem die Bildungsbeteiligung junger Frauen im Tertiärbereich sehr hoch ist (vgl. Bundesministerium für Familie, Senioren, Frauen und Jugend 2000: 108 f). Die höheren Studierendenzahlen in anderen Ländern hängen auch damit zusammen, daß dort Ausbildungsgänge universitär organisiert sind, die in Deutschland im Dualen System oder an Berufsfachschulen vermittelt werden. Häufig sind das kurze, praxisbezogene Studiengänge, die auch Fächer anbieten, die von jungen Frauen präferiert werden (in Belgien existieren z.B. Studiengänge für angehende Kindergärtner/innen und Krankengymnast(inn)en).

Hochschullaufbahn

Zu Beginn der Hochschullaufbahn liegen junge Frauen und junge Männer zahlenmäßig fast gleichauf. Doch mit steigendem Qualifikationsniveau sinkt der Frauenanteil. Betrachtet man die Entwicklungen der letzten Jahre, so läßt sich allerdings feststellen, daß mit einer wachsenden Zahl von Studienanfängerinnen auch in den darauf folgenden Stufen der akademischen Laufbahn der Frauenanteil angestiegen ist. An dieser Stelle wollen wir zunächst den aktuellen Frauenanteil in den verschiedenen Stadien der akademischen Laufbahn betrachten.

Wie Abbildung 2.22 zeigt, nimmt der Frauenanteil mit zunehmendem Qualifikationsniveau kontinuierlich ab. Beträgt der Anteil junger Frauen mit einer Hochschulzugangsberechtigung im Jahr 1999 noch 53,3% und liegt somit über ihrem Bevölkerungsanteil, so geht er mit jeder Stufe auf der Laufbahn an der Hochschule kontinuierlich zurück. Frauen machen mit 49,3% noch knapp die Hälfte der Studienanfänger/innen aus, stellen 45,3% aller Studierenden[25] und 43,5% der Absolvent(inn)en. Unter den Promovierten sind Frauen mit 33,4% noch zu

---

24 Hessen: -23,1%, Schleswig-Holstein: -22,1%, Saarland: -21,8%.

einem Drittel, unter den Habilitierten dagegen nur noch zu 17,7% vertreten. Noch geringer ist ihr Anteil unter den Professor(inn)en (9,8%) und dabei speziell unter den Inhaber(inne)n einer C4-Professur (6,3%). Das heißt, Frauen gelingt es nach wie vor wesentlich seltener als Männern, ihre wissenschaftlichen Qualifikationen in eine Hochschulkarriere umzumünzen (vgl. auch Wermuth 1992). Vergleicht man die Werte der letzten zwanzig Jahre (siehe Abbildung 2.23), so läßt sich jedoch für Frauen auf allen Stufen der akademischen Laufbahn ein deutlicher Zuwachs konstatieren.

Abbildung 2.22: Frauen- und Männeranteile in verschiedenen Stadien der akademischen Laufbahn 1999 (in %)

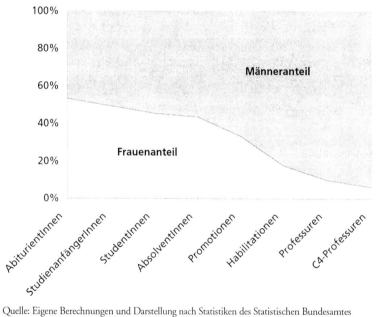

Quelle: Eigene Berechnungen und Darstellung nach Statistiken des Statistischen Bundesamtes (www.statistik-bund.de/basis/d/biwiku)

Der Frauenanteil stieg zwischen 1980 und 1999 sowohl unter den Studierenden als auch unter den Absolvent(inn)en um etwa ein Viertel an (vgl. Abbildung 2.23). Unter den Studienanfänger(inne)n lag ihr Anteil schon 1980 mit 40,2% relativ hoch, was darauf hinweist, daß die Entwicklung eines verstärkten Hochschulbesuchs junger Frauen

---

25 Studierende insgesamt sind alle in einem Fachstudium immatrikulierten Personen ohne Beurlaubte, Teilnehmer/innen an Studienkollegiaten und Gasthörer/innen.

schon früher einsetzte als ihre stärkere Beteiligung an höheren Stufen der akademischen Laufbahn. Auffällig ist des weiteren, daß die Quote der Studienanfänger/innen zwischen 1980 und 1991 (40,9%) kaum zunahm und erst 1992 (43,3%) wieder anzuwachsen begann, als in die Hochschulstatistik auch die neuen Bundesländer aufgenommen wurden. Der Frauenanteil an den Studierenden und Absolvent(inn)en nahm dagegen zwischen 1980 und 1999 ziemlich kontinuierlich zu. Ein starker Anstieg ist bei den höheren akademischen Graden festzustellen. Zwischen 1980 und 1985 stieg der Frauenanteil bei den Promovierten sprunghaft auf 24,1% an; seitdem wächst er kontinuierlich weiter. Der Frauenanteil an allen Habilitierten hat sich seit 1980 mehr als verdreifacht. Auffällig ist allerdings das Mißverhältnis zwischen Habilitationen und Professuren. Lag der Professorinnenanteil 1980 sogar noch über dem Frauenanteil an den Habilitierten, so hat sich dieses Verhältnis seit Mitte der 80er Jahre ins Gegenteil verkehrt. 1999 war der Frauenanteil an den Habilitierten beinahe doppelt so hoch wie an den Professuren. Möglicherweise behindern auf diesem Niveau strukturelle Barrieren die weitere akademische Karriere von Frauen. Der Frauenanteil an den Professor(inn)en hat mittlerweile aber doch die 10%-Marke erreicht. Diese Steigerung ist vor allem durch den stark gewachsenen Frauenanteil bei den jüngeren Professor(inn)en bedingt (vgl. Statistisches Bundesamt – Hochschulstatistik 1999, Schaubild 10.1).

Abbildung 2.23: Frauenanteile in verschiedenen Stadien der akademischen Laufbahn 1980 bis 1998 (in %)*

	1980	1985	1990	1995	1999
Studienanfänger/innen	40,2	39,8	39,4	47,8	49,3
Studierende	36,7	37,8	38,3	41,7	45,3
Absolvent(inn)en	34,1	36,8	36,5	40,7	43,5
Promotionen	19,6	24,1	27,8	31,5	33,4
Habilitationen	4,8	7,2	10,0	13,8	17,7
Professor(inn)en	5,3	5,1	5,5	8,2	9,8
C4-Professor(inn)en	2,5	2,3	2,6	4,8	6,3

* Bis einschließlich 1991 früheres Bundesgebiet, seit 1992 Deutschland.
Quelle: Statistisches Bundesamt – Hochschulstatistik, Tab. 10.1 und www.statistik-bund.de/basis/d/biwiku/hochtab8.htm; eigene Darstellung

Studienfachwahl

Im nächsten Abschnitt wird zu untersuchen sein, wie sich Frauen und Männer auf die unterschiedlichen Gruppen von Studienfächern verteilen. Es stellt sich die Frage, ob hier eine geschlechtsspezifische Verteilung stattfindet und ob sich diese in den letzten Jahren verändert hat.

Auf die Wahl eines Studienfaches und einer Hochschulart haben verschiedene Faktoren Einfluß. Zum einen sind dies individuelle Wünsche, Fähigkeiten und fachliche Interessen sowie die Einschätzung der künftigen Arbeitsmarktsituation, zum anderen wirken auch hier äußere Einflußfaktoren wie das regionale Studienangebot an den Hochschulen oder Zulassungsbeschränkungen durch Numerus Clausus ein. Die Zugangsvoraussetzungen sind – vorausgesetzt man verfügt über die (Fach-)hochschulreife – bei einem Studium nicht so eng wie im betrieblichen Ausbildungssektor, da zumindest in den nicht zulassungsbeschränkten Studienfächern keine Auswahl unter den Bewerbern getroffen wird. Dafür müssen sich Studentinnen und Studenten häufiger mit ungünstigen Studienbedingungen in überlaufenen Studiengängen arrangieren.

Die meisten Studierenden an deutschen Hochschulen waren im Wintersemester 2000/2001 in ein Fach der Rechts-, Wirtschafts- oder Sozialwissenschaften immatrikuliert, die zweitgrößte Gruppe machten die Studierenden der Sprach- und Kulturwissenschaften aus (vgl. Abbildung 2.25). Hohe Studierendenzahlen waren des weiteren in den Ingenieurwissenschaften und in Mathematik und Naturwissenschaften zu verzeichnen, danach folgten in abnehmender Reihenfolge Humanmedizin, Kunst und Kunstwissenschaft, Agrar-, Forst- und Ernährungswissenschaften, Sport und Veterinärmedizin.

Verfolgt man die Entwicklung der 90er Jahre, so läßt sich feststellen, daß einhergehend mit dem allgemeinen Rückgang der Studierendenzahlen vor allem die Studierenden in den mathematisch-naturwissenschaftlichen und den ingenieurwissenschaftlichen Fächergruppen abnahmen. Dagegen war trotz des allgemeinen Rückgangs der Studierendenzahlen ein Zuwachs in den Rechts-, Wirtschafts- und Sozialwissenschaften, die im Wintersemester 1998/99 von 31,3% aller Studierenden belegt wurden und somit an der Spitze stehen, und bei den Sprach- und Kulturwissenschaften, die ihren Anteil erhöhten und somit die Ingenieurwissenschaften vom zweiten Platz verdrängten, zu verzeichnen. In den letzten Jahren konnte auch wieder ein leichter Anstieg der Studienanfänger/innenzahlen in der Fächergruppe Mathematik/

Naturwissenschaften festgestellt werden (vgl. Statistisches Bundesamt – Hochschulstatistik 1999).

Abbildung 2.24: Verteilung der Studentinnen auf die häufigsten Fächergruppen in den Wintersemestern 1976/77 bis 2000/01* (in %)

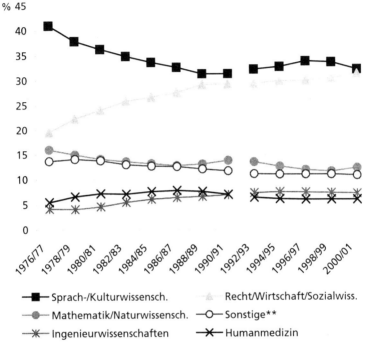

* Bis 1992/93 früheres Bundesgebiet, seit 1993/94 Deutschland insgesamt.

** Sonstige = Sportwissenschaften, Veterinärmedizin, Agrar-, Forst- und Ernährungswissenschaften, Kunst, Kunstwissenschaft.

Quelle: Eigene Berechnungen und Zusammenstellung nach Daten des Statistischen Bundesamtes: Hochschulstatistik Tabelle 9.1 und 1.4

Abbildung 2.24 zeigt, daß die meisten Studentinnen im Wintersemester 2000/2001 ein Fach der Sprach- und Kulturwissenschaften studierten, dicht gefolgt von den Rechts-, Wirtschafts- und Sozialwissenschaften. Im Wintersemester 1975/76 wählten noch mehr als 40% der Studentinnen Sprach- und Kulturwissenschaften als Studienfach, die Präferenz für ein solches Studium ging dann aber stetig bis Ende der 80er Jahre zurück, um sich seitdem wieder zu konsolidieren. Im Gegensatz dazu nahm die Beliebtheit von rechts-, wirtschafts- und sozialwissenschaftlichen Studiengängen bei den jungen Frauen im selben Zeitraum zu. Seit dem Studienjahr 1975/76 wählten immer mehr junge Frauen ein Fach aus diesem Bereich, seit 1995 liegen die Anteilswerte über der 30%-Marke. Die Anteile für mathematisch-naturwissenschaftliche Fächer stabilisieren sich nach einem Rückgang in den 70er und 80er Jahren in den letzten Jahren um die 12%. Das Interesse der jungen Frauen an Ingenieurwissenschaften stieg in den 70er und 80er Jahren langsam an, der Wert steigt allerdings seit einigen Jahren nicht über 8%. Dieses insgesamt am dritthäufigsten gewählte Studienfach wird also nach wie vor überwiegend von jungen Männern präferiert.

Abbildung 2.25: Studierende im Wintersemester 2000/2001* nach Fächergruppen und Fächern (in Tsd.) und Frauenanteile unter ihnen (in %)

Fächergruppe/Fach	Insgesamt in Tsd.	Frauenanteil in %
Rechts-, Wirtschafts- und Sozialwissenschaften	572,3	45,5
Sprach- und Kulturwissenschaften	398,9	67,2
Ingenieurwissenschaften	292,4	20,5
Mathematik, Naturwissenschaften	290,0	35,2
Humanmedizin	93,5	53,1
Kunst, Kunstwissenschaft	78,7	62,9
Agrar-, Forst- und Ernährungswissenschaften	35,1	53,9
Sport	27,1	44,6
Veterinärmedizin	7,9	80,4
Sonstige	2,5	52,1
Insgesamt	1.798,5	46,1

* Vorläufige Zahlen des Statistischen Bundesamtes.
Quelle: Eigene Berechnungen nach Daten des Statistisches Bundesamtes (www.statistik-bund.de/basis/d/biwiku)

Abbildung 2.25 zeigt die Studentinnenanteile an der Gesamtzahl der Studierenden für die unterschiedlichen Fächergruppen. Im Studienjahr 2000/01 hat sich der Frauenanteil an allen Studierenden im Vergleich zum Vorjahr nochmals erhöht. Besonders hoch ist der Frauenanteil mit mehr als zwei Dritteln aller Studierenden bei den Sprach- und Kulturwissenschaften, sowie in Kunst und Kunstwissenschaft. Am allerhöchsten ist er jedoch im Fach Veterinärmedizin, in dem drei Viertel aller Studierenden inzwischen Frauen sind. Eine überdurchschnittlich hohe Frauenbeteiligung findet sich auch in Humanmedizin und in den

Agrar-, Forst- und Ernährungswissenschaften. In den Rechts-, Wirtschafts- und Sozialwissenschaften sind Frauen inzwischen fast ihrem Studierendenanteil entsprechend vertreten. Nur in Mathematik sowie in den Natur- und Ingenieurwissenschaften sind sie nach wie vor deutlich unterrepräsentiert.

Mit dem generell starken Anstieg des Frauenanteils an den Universitäten in den letzten Jahrzehnten erhöhte sich auch der Frauenanteil in den meisten Fächergruppen. Vor allem in den Ingenieurwissenschaften hat sich ihr Anteil seit 1975 mehr als verdoppelt, wobei der größte Teil dieses Anstiegs erst in den 90er Jahren stattfand. Es wenden sich also immer mehr junge Frauen einem ingenieurwissenschaftlichen Studium zu, auch wenn ihre Beteiligung insgesamt noch relativ niedrig ist. Keine deutliche Steigerung war allerdings in Mathematik und den anderen Naturwissenschaften zu verzeichnen. Einen starken Anstieg der Frauenbeteiligung hatte demgegenüber die Humanmedizin zu verzeichnen. Lag der Frauenanteil hier 1975/76 noch bei unter 30%, überschritt er schon 1985 die 40%-Marke und liegt derzeit bei 53,1%. Auch in den Rechts-, Wirtschafts- und Sozialwissenschaften stieg der Frauenanteil in den letzten 25 Jahren um die Hälfte an. Nicht ganz so stark, aber ebenfalls deutlich war der Anstieg bei den Sprach- und Kulturwissenschaften.

Die zehn am stärksten besetzten Studienfächer

Ebenso wie bei den Ausbildungsberufen läßt sich auch an dieser Stelle ein Ranking vornehmen, mit dessen Hilfe die unterschiedlichen Präferenzen junger Frauen und junger Männer bezüglich ihrer Studienfachwahl verglichen werden können (siehe Abbildung 2.26).

45% der Studentinnen konzentrieren sich auf die zehn am häufigsten von jungen Frauen gewählten Studienfächer. Das bedeutet, daß die jungen Frauen bei der Studienfachwahl mehr unterschiedliche Möglichkeiten ins Auge fassen als bei der Ausbildungsplatzwahl. Im Gegensatz zur dortigen Verteilung sind es hier die jungen Männer, die in etwas größerer Anzahl eines der zehn häufigsten Fächer wählen.

Allgemein sind die rechts- und wirtschaftswissenschaftlichen Fächer sowohl bei den jungen Frauen als auch bei den jungen Männern äußerst stark vertreten. Germanistik, Pädagogik, Anglistik, Biologie und Psychologie finden sich nur bei den jungen Frauen unter den zehn häufigsten Studienfächern. Informatik, Maschinenbau, Elektrotechnik und Bauingenieurwesen aus dem technischen Fächerkanon werden dagegen nur von den jungen Männern als eines der zehn häufigsten Studienfächer gewählt. Nur eine Naturwissenschaft – Biologie – findet sich unter den zehn Spitzenfächern, und zwar bei den jungen Frauen. Medizin liegt bei den jungen Frauen an vierter und bei den jungen Männern an achter Stelle. Die Studienfachwahl trägt demnach immer noch deutlich geschlechtsspezifische Züge.

Abbildung 2.26: Die zehn am häufigsten von Studentinnen und Studenten besetzten Studienfächer im Wintersemester 1999/2000 (in %)

Studienfach	Studentinnen	Studienfach	Studenten
Betriebswirtschaftslehre	6,7	Betriebswirtschaftslehre	8,6
Germanistik/Deutsch	6,6	Rechtswissenschaft	6,1
Rechtswissenschaft	6,2	Informatik	5,2
Medizin (Allgemeinmedizin)	5,2	Maschinenbau/-wesen	5,2
Erziehungswiss. (Pädagogik)	4,8	Wirtschaftswissenschaften	5,2
Wirtschaftswissenschaften	3,4	Elektrotechnik/Elektronik	4,6
Anglistik/Englisch	3,3	Bauingenieurw./Ingenieurbau	4,1
Biologie	3,1	Medizin (Allgemeinmedizin)	4,0
Psychologie	3,1	Wirtschaftsingenieurwesen	2,9
Architektur	2,7	Architektur	2,8
Zusammen	45,1	Zusammen	48,7

Quelle: Statistisches Bundesamt (2000c: 42), eigene Zusammenstellung

Die Beteiligung ausländischer junger Frauen am Studium ist in den letzten Jahrzehnten sehr stark angewachsen. Ihr Anteil an allen ausländischen Studierenden hat inzwischen (im Studienjahr 1999/2000) sogar 45,5% erreicht. Diese Entwicklung dürfte nur zum Teil auf erhöhte Bildungsaspirationen der in Deutschland länger ansässigen jungen Ausländerinnen zurückzuführen sein. Wahrscheinlich ist, daß in den letzten Jahren zunehmend hochqualifizierte ausländische junge Frauen nach ihrem Schulabschluß im Heimatland zu Studienzwecken nach Deutschland kamen.

Auch für die ausländischen Studierenden weist das Statistische Bundesamt ein Ranking der am häufigsten besetzten Studienfächer nach (vgl. Abbildung 2.27).

Abbildung 2.27: Die zehn am häufigsten von ausländischen Studentinnen und Studenten besetzten Studienfächer im Wintersemester 1999/2000 (in %)

Studienfach	ausländ. Studentinnen	Studienfach	ausländ. Studenten
Germanistik/Deutsch	13,2	Betriebswirtschaftslehre	8,1
Betriebswirtschaftslehre	8,6	Elektrotechnik/Elektronik	8,0
Rechtswissenschaft	5,9	Maschinenbau/-wesen	6,5
Medizin (Allgemeinmedizin)	5,0	Informatik	6,3
Wirtschaftswissenschaften	4,3	Bauingenieurw./Ingenieurbau	5,0
Erziehungswiss. (Pädagogik)	3,7	Wirtschaftswissenschaften	4,9
Anglistik/Englisch	2,9	Medizin (Allgemeinmedizin)	4,6
Instrumentalmusik	2,4	Rechtswissenschaft	4,3
Informatik	2,4	Germanistik/Deutsch	3,4
Psychologie	2,0	Architektur	2,4
Zusammen	**50,4**	**Zusammen**	**53,5**

Quelle: Statistisches Bundesamt (2000c: 43), eigene Zusammenstellung

Die ausländischen Studierenden konzentrieren sich auf weniger Fächer als die deutschen Studierenden. Mehr als die Hälfte von ihnen studiert eines der zehn häufigsten Fächer. Den höchsten Prozentsatz mit 13% weist bei den ausländischen Studentinnen das Germanistikstudium auf. Bei den männlichen Ausländern taucht es erst an neunter Stelle auf. Auch bei den ausländischen Studierenden weisen Betriebswirtschaftslehre, Wirtschaftswissenschaften und Rechtswissenschaft hohe Werte auf (Rechtswissenschaft vor allem bei den jungen Frauen). Das Ranking der ausländischen jungen Frauen unterscheidet sich, von einigen getauschten Plätzen abgesehen, kaum von dem der deutschen jungen Frauen. Einzig Instrumentalmusik an achter und Informatik an neunter Stelle fallen auf. Für die jungen Männer aus anderen Ländern spielen technische Studiengänge eine noch größere Rolle als für die deutschen jungen Männer.

2.5.3 Berufliche Bildungsabschlüsse

An dieser Stelle wollen wir betrachten, wie sich die beruflichen Bildungsabschlüsse für junge Frauen und junge Männer verteilen. Die folgende Abbildung 2.28 beruht auf Mikrozensusdaten[26]. Wir wählen die Altersgruppe der 25- bis unter 30jährigen aus, da die Berufsausbildung zeitlich später angesiedelt ist als die schulische Bildung und in der Altersgruppe der 20- bis unter 25jährigen noch 48% ohne beruflichen Bildungsabschluß sind. In der Tabelle des Statistischen Bundesamtes werden leider diejenigen, die sich noch in der beruflichen Ausbildung befinden, nicht von denen getrennt aufgeführt, die das Ausbildungssystem ohne Abschluß verlassen haben, beide Gruppen finden sich in der Kategorie „ohne beruflichen Bildungsabschluß" wieder.

Abbildung 2.28: Berufliche Bildungsabschlüsse von 25- bis unter 30jährigen nach Geschlecht im April 1999 (Spaltenprozent)

	Frauen	Männer
Lehr- oder Anlernausbildung	58,5	59,4
Fachschulabschluß*	7,1	6,7
Fachhochschulabschluß**	3,5	4,1
Hochschulabschluß***	7,1	6,3
ohne beruflichen Bildungsabschluß	21,6	21,3
ohne Angabe	2,1	2,0
Insgesamt	**100,0**	**100,0**

* Fachschulabschlüsse umfassen hier auch Meister- und Technikerausbildungen und den Verwaltungsfachhochschulabschluß. Wir haben auch die im Mikrozensus getrennt ausgewiesenen Fachschulabschlüsse in der ehemaligen DDR in dieser Spalte subsumiert.
** Einschließlich Ingenieurschulabschluß, ohne Verwaltungsfachhochschulabschluß.
*** Einschließlich Lehrer(innen)ausbildung.
Quelle: Statistisches Bundesamt (2000a: Tabelle 2.6.2), eigene Zusammenstellung

Die Verteilung beruflicher Bildungsabschlüsse ist in der Altersgruppe der 25- bis unter 30jährigen Frauen und Männer sehr ausgeglichen. Annähernd 60% sowohl der jungen Frauen als auch der jungen Männer verfügen über eine Lehr- oder Anlernausbildung. Auch bei den anderen beruflichen Bildungsabschlüssen ist die Übereinstimmung zwischen jungen Frauen und Männern außerordentlich hoch, und Abweichungen bewegen sich nur im Promillebereich. Junge Frauen verlassen das berufliche Bildungssystem also mit formal gleich hohen Qualifikationen wie die jungen Männer. Welche konkreten Ausbildungsabschlüsse allerdings hinter der Kategorie „Lehr- und Anlernausbildung" stecken, ist aus der

---

26 Befragt wurden Personen im Alter von 15 Jahren und älter, die Angaben zu ihrem beruflichen Bildungsabschluß machten.

Statistik nicht ersichtlich, denn der Mikrozensus unterscheidet nicht zwischen betrieblichen Ausbildungen im Dualen System und Ausbildungen an Berufsfachschulen. Auch die Absolvent(inn)en eines Berufsvorbereitungsjahres oder eines beruflichen Praktikums werden unter diese Kategorie subsumiert. Gerade die Unterscheidung in betriebliche und schulische Berufsausbildung ist für uns jedoch von zentraler Bedeutung, da sich hier deutliche Geschlechterdifferenzen zeigen, wie oben ausgeführt wurde. An dieser Stelle sei nur nochmals darauf verwiesen, daß die jungen Frauen bei den betrieblichen Ausbildungen ca. 40% der Auszubildenden stellen, an den vollqualifizierenden Berufsfachschulen und in den Schulen des Gesundheitswesens dagegen knapp 80%.

2.6 Übergänge in den Beruf

Der Übergang in den Beruf wird häufig auch als *zweite Schwelle* bezeichnet. Denn ähnlich wie beim Übergang ins Berufsausbildungssystem treten hier strukturelle Selektionsmechanismen auf, die den Übergang ins Erwerbsleben erschweren können. Die Chancen auf dem Arbeitsmarkt hängen zunächst davon ab, ob die Jugendlichen einen beruflichen Bildungsabschluß erworben haben. Diese Voraussetzung wird, wie eben gezeigt (vgl. Abbildung 2.28), von jungen Frauen und jungen Männern gleich häufig erfüllt. Darüber hinaus differieren die Arbeitsmarktchancen aber auch sowohl für die einzelnen Berufe als auch nach Regionen. Im folgenden wollen wir den Übergang von der Ausbildung ins Erwerbsleben exemplarisch anhand der Übernahmechancen, des Risikos der Arbeitslosigkeit und der finanziellen Lage junger Frauen und junger Männer betrachten.

2.6.1 Übernahmechancen

Die meisten jungen Frauen und Männer wollen nach ihrer Berufsausbildung trotz schlechter Berufsaussichten eine Beschäftigung aufnehmen. Zu diesem Ergebnis kommt eine Befragung des Bundesinstituts für Berufsbildung, in der Absolvent(inn)en der Sommerprüfung 1999 im darauf folgenden Winter schriftlich zu ihrem beruflichen Werdegang befragt wurden.[27]

---

27 In der Panel-Untersuchung „Jugend und Berufsbildung in Deutschland" des BIBB wurden Jugendliche aus 129 Berufsschulen in elf (alten und neuen) Bundesländern befragt (vgl. Granato/Hecker 2000).

Abbildung 2.29: Übernahmeangebote an erfolgreiche Absolvent(inn)en der Sommerprüfung 1999 (in %)

	Ausbildung in kaufmännischen Berufen					... in freien Berufen	
	betrieblich				außer-betrieblich	betrieblich	
	Einzelhandels-kaufleute	Groß-/ Außenhand.-kaufleute	Büro(kommunikat.)-kaufleute	Industrie-kaufleute		Arzt-/Zahnarzt-helfer/innen	Rechtsanw./Notarfach-angestellte
"Erhielten Sie von Ihrer Ausbildungsstätte ein Übernahme- oder Vermittlungsangebot?"							
ja, unbefristete Stelle als Fachkraft	49	45	38	36	10	57	37
ja, befristete Stelle als Fachkraft	27	29	33	43	13	16	19
ja, unbefristete Stelle als angelernte Kraft	0	1	1	0	2	3	1
ja, befristete Stelle als angelernte Kraft	1	1	1	2	3	1	1
nein	23	24	27	18	72	23	42
Insgesamt	100	100	100	100	100	100	100
"Hatten Sie das Ziel, gleich nach Beendigung der Ausbildung eine Beschäftigung aufzunehmen?"							
ja	89	89	87	88	87	89	90
nein	11	11	13	12	13	11	10
Insgesamt	100	100	100	100	100	100	100

Quelle: Bundesministerium für Bildung und Forschung 2000, Übersicht 85, nach BIBB-Befragung von Absolvent(inn)en der Sommerprüfung 1999, n = 900

Die bisher vorliegenden Ergebnisse dieser Befragung differenzieren noch nicht nach Geschlecht. Da aber Berufsbereiche ausgewertet wurden, in denen junge Frauen überproportional vertreten sind, lassen sich auf dieser Basis Aussagen über die Übernahmechancen in überwiegend von Frauen besetzten Berufen treffen. Im einzelnen wurden die vier am stärksten besetzten dreijährigen Ausbildungsgänge im kaufmännischen Sektor, außerbetriebliche Ausbildungsgänge im selben Bereich und stark besetzte Ausbildungsgänge in den Freien Berufen ausgewertet (vgl. Abbildung 2.29).

Auffällig ist zunächst, daß in allen Berufen die Übernahmewünsche der jungen Absolvent(inn)en weit unter den Übernahmeangeboten liegen. Des weiteren wird eine Diskrepanz zwischen betrieblich und außerbetrieblich ausgebildeten kaufmännischen Berufen deutlich. Die betrieblich ausgebildeten Absolvent(inn)en kaufmännischer Berufe erhielten zu etwa drei Viertel ein (unbefristetes oder befristetes) Übernahme- oder Vermittlungsangebot als Fachkraft von ihrer Ausbildungsstätte, die außerbetrieblich Ausgebildeten dagegen nur zu knapp einem Viertel. Hier zeigen sich die höheren Chancen für eine direkte Berufseinmündung nach einer erfolgreichen Ausbildung im Dualen System. Durch seine „direkte Anbindung an die Arbeitswelt" (Granato/Schittenhelm 2000: 129) sind die Übergangsbedingungen im Dualen System deutlich günstiger als in den außerbetrieblichen Ausbildungsformen.

Die Übernahmechancen als unbefristete Fachkraft sind in den Freien Berufen im Durchschnitt genauso hoch – für die Arzt- und Zahnarzthelfer/innen sogar höher – wie im kaufmännischen Sektor. Trotzdem erhielten mehr als 40% der Rechtsanwalts- und Notarfachangestellten kein Übernahme- oder Vermittlungsangebot.

Besonders schlecht sind die Übernahmechancen für junge Frauen aus den neuen Bundesländern (vgl. ebd.: 152), da sie häufiger als die Frauen aus den alten Bundesländern überbetrieblich ausgebildet werden. In der Befragung des BIBB konnte festgestellt werden, daß diese Benachteiligung bei den jungen Frauen aus dem Osten jedoch nur selten zu resignativen Einstellungen führt. Vielmehr zeigen sie sich – wie schon an der ersten Schwelle – stärker bildungsorientiert als die anderen Gruppen und versuchen, über Weiterbildungsangebote den Übergang ins Berufsleben zu meistern.

Eine weitere, beim Übergang in den Beruf benachteiligte Gruppe sind die jungen Ausländerinnen und Ausländer. Ihre durchschnittlich niedrigeren schulischen Qualifikationen (vgl. Abbildung 2.9) sowie Zugangsbarrieren auf dem Ausbildungsstellenmarkt führen dazu, daß sie später überproportional häufig unter den ungelernten oder angelernten Arbeitskräften zu finden sind, so sic überhaupt eine Arbeitsstelle finden. „Noch immer ist ein bedeutender Teil der erwerbstätigen jungen Italiener (42%) [und] zwei Drittel der jungen Türken ... in einer Stellung als un- oder angelernte Arbeitskraft beschäftigt" (Granato 1997: 7). Hier zeigt sich allerdings bei den italienischen Jugendlichen eine geschlechtsspezifische Differenz zugunsten der Mädchen. Nach Bednarz-Braun (2001) und Granato (1997) vollziehen junge italienische Frauen häufiger als die italienischen Männer Aufstiegsprozesse in dem Sinne, daß sie höhere Schulbildungs- und Ausbildungsqualifikationen als ihre Eltern erwerben und auch häufiger als Angestellte und seltener als ungelernte Arbeiterinnen arbeiten. Dagegen gelingt es jungen italienischen Männern vielfach nicht einmal, die berufliche Stellung ihres Vaters zu erreichen.

2.6.2 Arbeitslosigkeit

Junge Frauen und junge Männer sind im Alter von 20 bis 30 Jahren nicht nur häufiger erwerbstätig als der Durchschnitt der Gesamtbevölkerung (vgl. Abbildung 2.31), sie waren im Durchschnitt in ihrem kurzen Arbeitsleben auch schon häufig von Arbeitslosigkeit betroffen. Denn Arbeitslosigkeit ist nicht nur den Jugendlichen aus eigener Erfahrung bekannt, die sich aktuell in dieser Lage befinden. Die Anzahl junger Frauen und junger Männer, die schon einmal mit Arbeitslosigkeit konfrontiert waren, liegt wesentlich höher, wie die folgende Abbildung 2.30 zeigt.

Im Alter von 20 bis 23 Jahren haben schon fast ein Drittel der jungen Männer aus dem Westen und mehr als die Hälfte der jungen Männer aus dem Osten früher einmal die Erfahrung von Arbeitslosigkeit gemacht oder sind aktuell arbeitslos. Dazu kommen noch solche, die zwar arbeitslos waren, sich aber nicht beim Arbeitsamt gemeldet haben (3% bei den 20- bis 23jährigen im Westen) und solche, die zwar nicht arbeitslos, aber doch arbeitsuchend beim Arbeitsamt gemeldet waren[28] (13% der 20- bis 23jährigen in Ost und West). Im Westen waren in der Altersgruppe der 20- bis 23jährigen schon mehr junge Männer arbeitslos als in der Altersgruppe der 24- bis 27jährigen. Das könnte ein Hinweis auf zunehmende Arbeitslosigkeit unter den Berufsanfängern sein.

Jugendliche, denen der Übergang ins Erwerbsleben an der zweiten Schwelle nicht glückt, entwickeln verschiedene Strategien, mit dieser Situation umzugehen. Wie oben dargestellt beginnen junge Frauen aus

---

28 Viele, die keinen Anspruch auf Arbeitslosengeld haben (z.B. nach Studienende), melden sich gar nicht erst arbeitslos.

den neuen Bundesländern häufig eine zweite Ausbildung oder streben eine höhere schulische Qualifizierung an, andere Jugendliche absolvieren Maßnahmen des Arbeitsamtes. Für junge Frauen können schlechte Arbeitsmarktchancen aber auch einen Rückzug ins Private (Hausfrauentätigkeit, Familiengründung) begünstigen.

Abbildung 2.30: Frühere* und aktuelle Arbeitslosigkeit nach Altersgruppen und Geschlecht in West- und Ostdeutschland (in %)

		14-19 Jahre		20-23 Jahre		24-27 Jahre	
		Frauen	Männer	Frauen	Männer	Frauen	Männer
West	war arbeitslos	0,3	0,9	16,1	29,7	26,8	24,4
	ist arbeitslos	1,7	1,3	3,6	2,8	3,2	0,6
	keine Arbeitslosigkeit	31,5	27,8	59,2	53,0	65,3	56,9
	noch nicht berufstätig	65,3	68,6	21,1	14,5	4,7	18,1
	n	203	217	141	135	153	158
Ost	war arbeitslos	3,3	2,6	20,2	41,9	37,6	51,2
	ist arbeitslos	0,8	2,8	16,4	11,7	9,7	8,5
	keine Arbeitslosigkeit	30,2	31,2	47,2	29,9	48,1	33,4
	noch nicht berufstätig	65,6	63,4	15,6	16,5	4,6	6,9
	n	251	254	107	131	122	139

* Fragetext: „Und waren Sie schon einmal beim Arbeitsamt arbeitslos gemeldet?"
Quelle: IPOS 1999; eigene Zusammenstellung

Im folgenden interessieren uns die Quellen des überwiegenden Lebensunterhalts junger Frauen und Männer sowie das finanzielle Budget, das jungen Berufsanfängern und Berufsanfängerinnen zur Verfügung steht, als Maß für ihre individuellen Handlungsspielräume.

2.6.3 Die finanzielle Lage und ihre subjektive Einschätzung

Die folgende Abbildung 2.31 zeigt, auf welche Weise junge Frauen und junge Männer überwiegend ihren Lebensunterhalt bestreiten. Das Statistische Bundesamt unterscheidet fünfjahresweise in Altersgruppen. Neben den uns interessierenden 15- bis 19jährigen und 20- bis 24jährigen wollen wir als Vergleichsgruppe auch die 25- bis 29jährigen betrachten.

Aus der Abbildung wird ersichtlich, daß junge Männer ihren Lebensunterhalt im Durchschnitt häufiger über Erwerbstätigkeit bestreiten als junge Frauen. Diese werden dagegen häufiger von Angehörigen oder staatlicherseits unterstützt. Im Alter von 25 bis 29 Jahren finanzieren aber immerhin knapp zwei Drittel der jungen Frauen ihren Lebensunterhalt überwiegend aus eigener Erwerbstätigkeit.

Abbildung 2.31: Der überwiegende Lebensunterhalt nach Altersgruppen und Geschlecht im April 1999 (in %)

		15-19 Jahre	20-24 Jahre	25-29 Jahre	Gesamtbevölk.
Frauen	Erwerbstätigkeit	19,0	55,4	61,9	32,4
	Arbeitslosengeld/hilfe	0,3	3,5	4,8	3,1
	Sonstiges*	5,1	9,5	7,5	27,5
	Angehörige	75,5	31,6	25,8	37,0
	Insgesamt	100,0	100,0	100,0	100,0
Männer	Erwerbstätigkeit	26,4	65,1	82,8	49,7
	Arbeitslosengeld/hilfe	0,7	5,9	6,1	4,4
	Sonstiges*	4,3	6,3	4,8	23,4
	Angehörige	68,6	22,7	6,3	22,4
	Insgesamt	100,0	100,0	100,0	100,0

* Rente, Pension, eigenes Vermögen, Vermietung, Zinsen, Altenteil, Sozialhilfe, Leistungen aus einer Pflegeversicherung, sonstige Unterstützungen (z.B. BAFöG, Vorruhestandsgeld, Stipendium).

Quelle: Eigene Berechnungen nach Daten des Statistischen Bundesamtes (1999: Tabelle 1.1)

Das finanzielle Budget, das jungen Frauen und jungen Männern zur Verfügung steht, setzt sich aus verschiedenen Quellen zusammen. Neben dem Erwerbseinkommen spielen auch Zuwendungen der Eltern oder des Partners sowie staatliche Leistungen eine Rolle (vgl. Abbildung 2.31). Das trifft vor allem dann zu, wenn der Übergang ins Erwerbsleben (zunächst) nicht geglückt ist. Individuelle Handlungsspielräume sind eng mit der Höhe des verfügbaren Einkommens verknüpft. Darüber hinaus werden geschlechtsspezifische Einkommensunterschiede immer wieder zur Legitimation traditioneller Formen der Arbeitsteilung in Familien genutzt. Daß junge Mütter und nicht junge Väter Erziehungsurlaub nehmen, wird dann mit dem Interesse an einem möglichst hohen gesicherten Familieneinkommen begründet.

Im folgenden werfen wir einen Blick darauf, wie hoch das monatliche Einkommen von jungen Frauen und jungen Männern in Ost- und Westdeutschland ist, und wie zufrieden die Jugendlichen mit ihrer finanziellen Lage sind. Woher die Beträge stammen, über die die 15- bis 24jährigen monatlich im Durchschnitt verfügen, wie hoch sie sind und wofür sie ausgegeben werden (vgl. Kapitel 4), ist sehr unterschiedlich. Je nachdem, ob die Jugendlichen schon erwerbstätig sind, ob sie noch zur Schule gehen, studieren oder eine berufliche Ausbildung absolvieren und somit über ein – wenn zum Teil auch geringes – Lehrlingsgehalt verfügen, ob die jungen Frauen und Männer noch im Elternhaus leben und wie hoch sich eventuelle monatliche Zuschüsse durch Eltern oder andere Verwandte belaufen, variiert die Summe der zur Verfügung stehenden Einkünfte.

Die folgende Abbildung 2.32 basierend auf Daten der Shell-Studie zeigt, wie sich die jungen Frauen und Männer im Alter von 15 bis 24 Jahren in den alten und neuen Bundesländern auf die unterschiedlichen Einkommensgruppen verteilen. Die genaue Frage lautete: „Wie viel Geld bekommst Du alles in allem im Monat durchschnittlich zusammen?"

Abbildung 2.32: Höhe des monatlichen Einkommens 15- bis 24jähriger nach Geschlecht und Einkommensgruppen in West- und Ostdeutschland 1999 (in %)

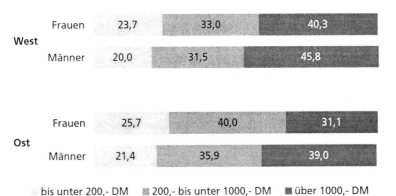

Quelle: Shell-Studie 2000, eigene Zusammenstellung

Es wird ersichtlich, daß in der Einkommensgruppe über 1.000,– DM die Jugendlichen aus den alten Bundesländern vorne liegen. Jugendliche aus den neuen Bundesländern sind dagegen in größerem Umfang in den Einkommensgruppen unter 1.000,– DM zu finden. Über die Ost-West-Differenzen hinweg sind junge Frauen in der unteren und mittleren Einkommensgruppe häufiger als junge Männer vertreten. Junge Männer im Westen haben im Vergleich zu den anderen Gruppen den höchsten Prozentsatz bei den Einkommen über 1.000,– DM, junge Frauen aus dem Osten dagegen bei Einkommen unter 200,– DM. Es darf allerdings nicht übersehen werden, daß sich in der Altersgruppe der Shell-Studie noch viele Schüler/innen befinden, die noch über kein eigenes Erwerbseinkommen, sondern lediglich über Taschengeld verfügen.

Noch deutlichere Unterschiede sowohl zwischen Ost und West als auch zwischen jungen Frauen und jungen Männern zeigen sich allerdings, wenn man die Häufigkeit von Einkommen über 1.900,– DM (in diesem Fall also wohl überwiegend Erwerbseinkommen) vergleicht. 23% der jungen Männer aus dem Westen, aber nur 7% der jungen Frauen aus dem Osten verfügen über ein Einkommen dieser Höhe. Eine Angleichung der Lebensverhältnisse in Ost und West ist bezüglich der Einkommensverteilung unter Jugendlichen also noch keineswegs erreicht.

Sind die Jugendlichen mit dem höchsten Einkommen auch automatisch die Zufriedensten? Im folgenden wollen wir die Zufriedenheit mit der finanziellen Lage getrennt nach alten und neuen Bundesländern sowie im Zeitvergleich betrachten.

Wie Abbildung 2.33 zeigt, hat die Zufriedenheit der Jugendlichen mit der eigenen finanziellen Lage in den 90er Jahren zugenommen. Besonders die jungen Männer im Westen äußern sich über ihre finanzielle Lage 1997 deutlich zufriedener als 1992. In Ostdeutschland stagniert die Zufriedenheit der jungen Leute mit ihrer finanziellen Lage auf deutlich niedrigerem Niveau. Angesichts ihrer durchschnittlich niedrigeren Einkommen (vgl. Abbildung 2.32) war dieses Ergebnis zu erwarten.

Abbildung 2.33: Zufriedenheit mit der eigenen finanziellen Lage* bei 16- bis 23jährigen nach Geschlecht in West- und Ostdeutschland 1992 und 1997 (in %)

| | West | | Ost | |
	Frauen	Männer	Frauen	Männer
1992	20	20	15	15
1997	23	28	16	17

* Fragetext: „Wie zufrieden sind Sie gegenwärtig mit Ihrer finanziellen Lage?" Auf einer elfstufigen Skala von 0 bis 10 wurden die „Zufriedenen" (Skalenwerte 8 bis 10) zusammengefaßt und ausgewiesen.

Quelle: Eigene Berechnungen nach Daten des DJI-Jugendsurveys 1992, 1997

In der älteren Vergleichsgruppe der 24- bis 29jährigen ist die Zufriedenheit mit der eigenen finanziellen Lage erwartungsgemäß höher, weil ein größerer Teil dieser Altersgruppe über ein eigenes Einkommen aus Erwerbsarbeit verfügt. Die Zufriedenheit in dieser Altersgruppe hat zwischen 1992 und 1997 generell im Westen – aber immerhin auch bei den 1992 besonders unzufriedenen Frauen im Osten Deutschlands – zugenommen. Nur bei den ostdeutschen Männern ist in dieser Altersgruppe die Zufriedenheit mit der eigenen finanziellen Lage zurückgegangen. Auch in der Shell-Studie 2000 wird die subjektive Einschätzung der eigenen finanziellen Situation erhoben. Sie kommt zu dem Ergebnis, daß die 20- bis 23jährigen in Deutschland insgesamt zufriedener sind als die 15- bis 19jährigen. Dieser gesamtdeutsche Trend wird allerdings nur von den westdeutschen Jugendlichen getragen und zwar vor allem von den jungen Männern im Westen. Deutlicher als geschlechtsspezifische Differenzen fallen die Differenzen zwischen den alten und den neuen Bundesländern aus. Während 15- bis 19jährige Jugendliche beiderlei Geschlechts sowohl in den westlichen als auch in den östlichen Bundesländern ihre finanzielle Situation sehr ähnlich beschreiben, treten bei den 20- bis 23jährigen die Diskrepanzen deutlich hervor. In der zuletzt genannten Altersgruppe zeigen sich die jungen Männer im Westen am zufriedensten und die jungen Frauen im Osten am unzufriedensten. Diese Ergebnisse bestätigen die Auswertungen des Jugendsurveys.

2.7 Resümee

Schul- und Berufsausbildung sowie Beruf und Arbeit sind für die überwiegende Mehrheit der Jugendlichen heute von großer Bedeutung. Diese Wichtigkeit zeigt sich auch in der hohen Zahl junger Frauen und Männer, die weiterführende Schulen besuchen und eine qualifizierte Berufsausbildung anstreben. Mädchen und junge Frauen haben die Jungen und jungen Männer in den letzten Jahrzehnten anteilsmäßig an den Gymnasien überholt und sie haben bei den Studienanfänger(inne)n gleichgezogen. Formale Chancengleichheit im Schulbesuch ist für die jungen Frauen also weitgehend verwirklicht. Das Bildungsverhalten in den neuen Bundesländern hat sich dem der alten Bundesländer in den letzten Jahren angeglichen. Nach wie vor sind im Osten aber die mittleren Bildungsabschlüsse von größerer Bedeutung als im Westen. Ausländische Schüler/innen verlassen die Schule überdurchschnittlich häufig ohne Schulabschluß. Wenn sie einen Schulabschluß erlangen, ist das zumeist der Hauptschulabschluß. Aber auch bei den Ausländern sind die jungen Frauen etwas stärker bei den höheren Schulabschlüssen vertreten als die Männer.

Chancenungleichheiten existieren jedoch nach wie vor im betrieblichen und schulischen Ausbildungssektor. Die Ausbildungswege junger Frauen und junger Männer unterscheiden sich deutlich voneinander. Junge Frauen sind im Dualen System der Berufsausbildung unterrepräsentiert. Sie haben trotz besserer Noten schlechtere Chancen auf einen betrieblichen Ausbildungsplatz, sie können seltener ihren Wunschberuf realisieren und sie weichen häufiger als die jungen Männer in schulische Ausbildungswege aus. Vor allem die jungen Frauen aus den neuen Bundesländern sind auf dem Ausbildungsmarkt von einer doppelten Benachteiligung betroffen. Unter anderem ist der niedrigere Frauenanteil im Dualen System auch auf ihre geringere Beteiligung in gewerblich-technischen Ausbildungen zurückzuführen. „Typische Frauenberufe", die häufig im Gesundheits-, Erziehungs- und sozialen Sektor angesiedelt sind, werden überwiegend schulisch ausgebildet. Das führt dazu, daß junge Frauen häufiger als junge Männer in Berufsfachschulen anzutreffen sind. Ausbildungen an Berufsfachschulen dauern im allgemeinen länger als die im Dualen System und eröffnen trotzdem im Erwerbsleben schlechtere Chancen sowohl in finanzieller Hinsicht als auch bezüglich Positionierung und Aufstiegschancen. Auch im Dualen System finden sich junge Frauen häufiger in Berufen mit niedrigeren Ausbildungsvergütungen wieder, die später niedrigeren Lohn und schlechtere Aufstiegschancen bieten.

Seit 1970 hat sich die Quote der Studienanfänger/innen beinahe verdreifacht. Inzwischen nimmt fast ein Drittel eines Jahrgangs ein Studium an einer Hochschule auf. Junge Frauen sind heute entsprechend ihres Bevölkerungsanteils an den Studienanfänger(inne)n repräsentiert. Mit zunehmendem Qualifikationsniveau nimmt der Frauenanteil allerdings kontinuierlich ab. Professorinnen sind nach wie vor die Ausnahme. Bei der Studienfachwahl zeigen sich nach wie vor geschlechtsspezifische Differenzen. Studentinnen sind vor allem in den Sprach- und Kulturwissenschaften, in Kunst und Kunstwissenschaft sowie in Veterinärmedizin überproportional vertreten. Dagegen ist ihr Anteil in den Ingenieurwissenschaften und in der Mathematik und den Naturwissenschaften immer noch niedrig. Die Beteiligung ausländischer junger Frauen am Studium hat in den letzten Jahren stark zugenommen.

Die Übernahmechancen in den Beruf sind in außerbetrieblichen Ausbildungen deutlich schlechter als in den betrieblichen Ausbildungen des Dualen Systems.

Junge Männer sind häufiger erwerbstätig, aber auch häufiger von Arbeitslosigkeit betroffen als junge Frauen. Trotz gleicher formaler Bildungs- und Ausbildungsabschlüsse sind junge Frauen häufiger als junge Männer von Angehörigen oder staatlichen Leistungen abhängig, um ihren Lebensunterhalt zu finanzieren. Sie verfügen im Durchschnitt über ein niedrigeres monatliches Einkommen und sind folglich mit ihrer finanziellen Lage auch weniger zufrieden als die jungen Männer. An diesem Punkt der Biografie sind die Chancen nicht mehr gleich verteilt.

Aufgrund der Zunahme qualifizierter Berufe in den sogenannten sekundären Dienstleistungsberufen werden Frauen zunehmend bessere Erwerbschancen prognostiziert (vgl. Oechsle 2000: 14 f). Von diesem Trend profitieren jedoch nur höher qualifizierte Frauen. Dagegen werden die Beschäftigungschancen niedrig qualifizierter Frauen zurückgehen.

Von den Frauen selbst werden geschlechtsspezifische Ungleichheiten häufig erst im mittleren Lebensalter wahrgenommen (vgl. ebd.: 48 ff). Wenn sie eine Familie gründen, wird für sie die Vereinbarkeitsproblematik relevant. Nach wie vor sind es fast ausschließlich die Frauen, die dann aus dem Beruf ausscheiden oder ihre Arbeitszeit reduzieren. Daraus resultiert, daß Frauen im Durchschnitt über ein niedrigeres Erwerbseinkommen und in der Konsequenz über niedrigere Rentenansprüche verfügen.

3. Junge Frauen und Männer zwischen Herkunftsfamilie und eigener Lebensform

Holger Knothe

3.1 Einführung

Gegenstand dieses Kapitels ist die für Jugendliche beiderlei Geschlechtes bedeutsame Phase des Individualisierungsprozesses, der sich von der Herkunftsfamilie hin zur eigenen Lebensform vollzieht. Schon der Titel dieses Kapitels verweist darauf, daß die Selbstverständlichkeit, mit der „Familie" lange Zeit als dominante und primäre Sozialisations- und Inklusionsinstanz gegolten hat, durch den demographischen Wandel und die daraus folgenden Interpretationen nachhaltig irritiert worden ist: Die Existenz des Begriffes „Lebensform" wäre im „golden age of marriage", also in den 50er und beginnenden 60er Jahren nur schwer vorstellbar gewesen. Das Auftauchen dieser Kategorie[1] ist Indiz für die Umstellung: „Niedrige Heiratsneigung, kinderarme Familien und hohe Scheidungshäufigkeit kennzeichnen das Bild der Familie in Deutschland." (Kaufmann 1995: 1)

So unbestritten dieser Befund ist, so widersprüchlich und umkämpft erscheinen die Schlußfolgerungen, die Sozialwissenschaftler/innen daraus ziehen: Während die Befürworter einer Theorie der reflexiven Modernisierung einen Individualisierungsschub und damit einen Wandel diagnostizieren, halten andere trotz oben genannter Entwicklungen die Stabilität der Familie für gesichert.[2] Gründe dieser divergenten und miteinander konkurrierenden Sichtweisen sind zum einen in der oftmals

---

1 Vgl. die Definition des Statistischen Bundesamts: „Unter Lebensformen werden hier relativ stabile Beziehungsmuster der Bevölkerung im privaten Bereich verstanden, die allgemein mit Formen des Alleinlebens oder Zusammenlebens (mit oder ohne Kinder) beschrieben werden können." (Niemeyer/Voit 1993: 437)

2 So z.B. Nave-Herz, die davon ausgeht, daß die gestiegenen Scheidungsraten keine Anzeichen für einen „Zerfall der Familie" darstellen, vielmehr seien diese Beleg für die „hohe psychische Bedeutung der Ehepartnerbeziehung heute" (vgl. Nave-Herz 1998: 306). In ähnlicher Lesart kann auch der „Kampf" der auseinanderstrebenden Eltern-

angeführten „Geschmeidigkeit der Daten" (vgl. Burkart 1995: 3) und zum anderen in massiven und ausgeprägten Unsicherheiten und Problemen auf der definitorischen Ebene zu sehen. Letztere spiegeln sich in einer inkonsistenten Verwendung des Familienbegriffs in den unterschiedlichen Erhebungen und Erörterungen zu diesem Thema wider. Dies wird deutlich, wenn man sich einige für die Diskussion wichtige Ambivalenzen vergegenwärtigt:

Der oftmals wiederholten These von der Notwendigkeit der (traditionellen) Familie für das menschliche Zusammensein und als ein Wert an sich steht der empirische Befund steigender Scheidungsraten und einer Zunahme anderer, privater Lebensformen, die nicht durch die Ehe abgesichert sind oder nicht über das Merkmal einer Elternschaftsbeziehung verfügen, gegenüber. Daraus resultiert eine wachsende Unsicherheit in der Frage, wie Familie definiert wird.[3]

Eine weitere, für die Diskussion wichtige Ambivalenz liegt in dem Verhältnis zwischen den geforderten und erwünschten Interventionsmöglichkeiten des Staates und der für die Existenz und Funktionsweise von Familien notwendigen Beschränkung auf eine intime Gegenstruktur zu Staat und Gesellschaft begründet. Oder anders ausgedrückt:

> „Es wird ein Zwiespalt empfunden zwischen der allgemeinen anerkannten Auffassung, daß Familie Privatsache sei, ja in gewisser Hinsicht Privatheit in qualifizierter Form erst konstituiert, und dem Umstand, daß Forderungen, der Familie zu helfen, sich im wesentlichen an Staat und Öffentlichkeit richten." (Kaufmann 1995: 2)

Familienpolitische Steuerungsmechanismen wie z.B. das sogenannte Ehegattensplitting erscheinen mithin zunehmend fragwürdig. Notwendig ist also eine Definition von Familie, die jenseits ideologischer Verhärtungen auch aktuelle Entwicklungen sinnvoll integriert.

Auch die Frage, welche Funktion und Bedeutung Familien für die Gesellschaft haben, erscheint mittlerweile von Unsicherheit und Ambivalenz geprägt. An dieser Stelle ist nicht von einem Funktionverlust, sondern vielmehr von einer Funktionsverschiebung (vgl. Lange 2001: 78 f) auszugehen. Viele ehemals genuin familiäre Leistungen für Sozialisation und gesellschaftliche Inklusion werden mittlerweile von anderen gesell-

---

teile um ihr „gemeinsames" Kind vor dem Hintergrund der kontinuierlich vorhandenen Bedeutung der Eltern-Kind-Dyade interpretiert werden.

3 Diese Unsicherheit äußert sich auch darin, Veränderungen in den Lebensformen durch Begriffsdehnungen zu negieren bzw. umzudeuten. Ein prominentes Beispiel diesbezüglich ist Vaskovics (vgl. Vaskovics 1994: 7), der auch Alleinlebende als familiale Lebensformen begreift.

schaftlichen Institutionen übernommen. Ein Verlust des spezifischen und persönlichen Charakters dieser Leistungen ist die Folge. Dennoch werden weiterhin wichtige Funktionen wie z.B. „emotionale Stabilisierung" der Familie zugeschrieben. Vor dem Hintergrund gestiegener Anforderungen an Elternschaft – Stichwort „Verantwortete Elternschaft" – und mangelnder gesellschaftlicher Unterstützung muß dies fast zwangsläufig zu Überlastungskrisen führen. Die Frage, wer von diesen Überlastungskrisen primär betroffen wird, ist angesichts immer noch vorherrschender und existenter Geschlechtsstereotype wie der geschlechtsspezifischen Arbeitsteilung eng und massiv mit dem Problem mangelnder Chancengleichheit zwischen den Geschlechtern verknüpft.

Bei der notwendigerweise knappen Darstellung einiger typischer Ambivalenzen der familienpolitischen Diskussion dürfte deutlich geworden sein, daß die unterschiedlichen Sichtweisen von Familie je nach normativem Bezugssystem unterschiedlich gewertet und interpretiert werden. Um so wichtiger ist es demzufolge, für die vorliegende Untersuchung sowohl einen einheitlichen als auch möglichst weiten Begriff von Familie zu verwenden, der zudem aktuelle demographische Entwicklungen berücksichtigt und in sich aufnimmt.

Neuere Ansätze in der Familiensoziologie definieren Familie allein über die Elternschaftsbeziehung, unabhängig davon, wie und von wem diese gestiftet wurde, unabhängig davon, ob diese mit einer Lebensgemeinschaft der beiden Eltern einhergeht und ob eine solche Partnerschaft gesetzlich institutionalisiert wird. Aus dieser Perspektive bietet sich somit der auf die Eltern-Kind-Beziehung reduzierte, von Huinink vorgeschlagene Familienbegriff an, der sich auf Lebensgemeinschaften mit „mindestens eine(r) Elternschaftsbeziehung" bezieht. Unter „Elternschaftsbeziehung" versteht Huinink „die Beziehung einer erwachsenen Person zu dem ihr anvertrauten Kind" (vgl. Huinink 1999: 2). Sie bildet den Kern sämtlicher Familienformen.

Die Diskussion über den möglichen Wandel der Familie verweist zudem auf Fragen nach den Handlungsspielräumen junger Frauen und junger Männer in der Lebensphase zwischen Herkunftsfamilie und eigener Lebensform. Daraus ergeben sich Fragestellungen, wie sich ein eventueller Individualisierungsschub geschlechtsspezifisch niederschlägt und welche Effekte sich daraus für die Verwirklichung von Chancengleichheit zwischen jungen Frauen und jungen Männern ergeben. Oder auf der individuellen, der Mikroebene gesprochen: Unter welchen Bedingungen und in welchen Lebensverhältnissen leben junge Frauen und junge Männer? Haben sie als Töchter oder Söhne in ihrer Herkunftsfamilie unterschiedliche Rollen inne? Wie wohnen junge Frauen und junge Männer? Wann ziehen sie von zu Hause aus? Werden die Entwicklungen hin zu anderen privaten Lebensformen als dem bisherigen herkömmlichen Familienmodell eher als Chance oder als Risiko für das eigene Handeln, die eigene Biografie erfahren? Oder werden heute diese Lebensformen gar als ähnlich selbstverständlich erlebt, wie es von der traditionellen Kleinfamilie behauptet wird? Entstehen diese neuen Lebensformen aus freiwillig gewählten Optionen oder weil sich die eigene traditionelle Lebensform im Laufe der eigenen Biografie als brüchig und krisenhaft erwiesen hat? Haben sich die Einstellungen zu den Komplexen Familie, Partnerschaft, Rolle der Frau bzw. Bedeutung der Geschlechterverhältnisse geändert? Gibt es hierbei geschlechtsspezifische Unterschiede?

Auf der Makroebene wird zu fragen sein, welche institutionalisierten Optionen und Hemmnisse geschlechtsspezifisch erfahren werden, wenn es um die Realisierung der eigenen Lebensformen geht. Welche gesellschaftlichen und politischen Maßnahmen werden von jungen Frauen und Männern als eher unterstützend oder als eher behindernd erfahren, wenn es um die Realisierung eines eigenen Lebensentwurfs geht? Welche Ressourcen zur Erlangung von Chancengleichheit können aktiviert werden, welche bleiben versperrt und inwieweit sind insbesondere junge Frauen von Benachteiligungen betroffen? Wie wirkt sich z.B. eine frühe Elternschaft auf den Lebensverlauf und den Lebensentwurf junger Frauen und junger Männer aus?

Das weitere Vorgehen in diesem Kapitel gliedert sich in acht Teile: Zuerst werden die unterschiedlichen Lebensformen anhand der Themen Wohnformen, Auszugsverhalten, Generationenverhältnis (Abschnitt 3.2), Partnerschaft und Familienstand (Abschnitt 3.3) dargestellt. Daran anschließend werden Einstellungen zu den Lebensbereichen Partnerschaft und Familie (Abschnitt 3.4) sowie die inhaltlichen Vorstellungen von einer Partnerschaft (Abschnitt 3.5) beschrieben. Die Lebensführung junger Frauen ist Gegenstand des darauf folgenden Abschnitts (Abschnitt 3.6). Einstellungen zu familialen Geschlechterverhältnissen (Abschnitt 3.7) werden abschließend Aussagen über gelebte Geschlechterbeziehungen gegenübergestellt (Abschnitt 3.8). Im Resümee (Abschnitt 3.9) schließlich wird der Versuch unternommen, die wichtigsten Erkenntnisse zu bündeln und einen Ausblick auf die zukünftige Gestaltung eigener Lebensformen junger Frauen und Männer zu geben.

3.2 Die Ablösung junger Frauen und Männer von der Herkunftsfamilie

Veränderte Haushalts- und Familienstrukturen finden auf der Ebene unterschiedlicher Wohnformen ihren Ausdruck. Der Auszug von zu Hause und der Eintritt in selbstgewählte Lebensformen stehen in einem komplexen Verhältnis zur Herstellung, Erweiterung oder Verengung von Handlungsspielräumen junger Frauen und Männer. Diese Komplexität spiegelt sich in dem Spannungsfeld zwischen elterlicher Kontrolle und Selbstbestimmung auf der einen Seite und der erhöhten Verpflichtung, für sich selbst zu sorgen sowie erhöhter Eigenständigkeit für die Jugendlichen auf der anderen Seite, wider. Damit korrespondierend wird die Veränderung weg vom „Wohnen bei den Eltern" hin zur „eigenen" Wohnform oft als Maß der „Abnabelung" von den Eltern verstanden. Wenn diese Sichtweise auch verkürzt ist – nicht mehr „unter einem Dach wohnen" sagt nur wenig über Quantität und Qualität der Kontakte zu den Eltern und die Ablösung vom Elternhaus aus – so ist doch zu konstatieren, daß diesem Prozeß bei der Individuierung junger Frauen und Männer wichtige Bedeutung zukommt. Die Pluralisierung und Individualisierung von Lebensverläufen findet ihren Niederschlag bereits in der Jugendphase in unterschiedlichen Formen des (Zusammen-)Wohnens.

Die 16- bis 23jährigen leben in überwiegender Mehrzahl noch bei ihren Eltern bzw. elterlichen Bezugspersonen (vgl. Abbildung 3.1):

Abbildung 3.1: Wohnformen von 16- bis 23jährigen nach Geschlecht 1997 (Spaltenprozent)

	West			Ost		
	Frauen	Männer	gesamt	Frauen	Männer	gesamt
bei Eltern	68	78	73	65	76	71
alleine	12	13	12	11	11	11
mit Partner/in	8	4	6	11	4	7
mit Partner und Kind(ern)	3	0	2	3	1	2
Wohngemeinschaft	6	4	5	7	8	7
alleine mit Kind(ern)	1	0	1	1	0	1
anderes	1	0	0	1	1	1
n	970	1119	2089	631	759	1390

Quelle: Eigene Berechnungen nach Daten des DJI-Jugendsurveys 1997

So wohnten z.B. 1997 nach Angaben des DJI-Jugendsurveys noch fast drei Viertel aller Jugendlichen dieser Altersgruppe in den alten Bundesländern bei ihren Eltern; in den neuen Bundesländern betrug der entsprechende Wert 71% (vgl. Abbildung 3.1). Bereits hier werden geschlechtsspezifische Unterschiede relevant: Junge Männer wohnen eher „zu Hause" bei ihren Eltern als junge Frauen. Dieses Ergebnis bestätigt sich auch bei Durchsicht anderer, vergleichbarer Studien (vgl. IPOS 1999: 1): „Im Westen wohnen noch 74% der männlichen, aber nur noch 67% der weiblichen Befragten im elterlichen Haushalt, im Osten sind dies 72% der jungen Männer, aber 63% der 14- bis 27jährigen Frauen." Die geschlechtsspezifischen Unterschiede, die insbesondere in den neuen Ländern zum Tragen kommen, erhärten sich bei Betrachtung der verschiedenen Jahrgangsgruppen. So steigt der Anteil der jungen Frauen, die von zu Hause ausgezogen sind, mit dem Alter bei weitem stärker an als der Anteil der jungen Männer: Während in den neuen Ländern bei den 14- bis 19jährigen das Verhältnis der noch bei den Eltern wohnenden jungen Frauen und jungen Männer annähernd ausgeglichen ist, beträgt dieses Verhältnis bei den 20- bis 23jährigen 67% bei den jungen Männern zu 48% bei den jungen Frauen. In der Altersgruppe der 24- bis 27jährigen schließlich wohnen noch 38% der jungen Männer bei ihren Eltern, während der Anteil der jungen Frauen 12% beträgt. In den alten Bundesländern sind ähnliche, wenn auch nicht so ausgeprägte geschlechtsspezifische Unterschiede im Auszugsverhalten zu beobachten. Ein retrospektiver Vergleich mit früheren Erhebungen (Hoffmann-Lange 1995, IPOS 1999) läßt kein kohärentes Bild zu: Laut IPOS erhöhte sich 1999 der Anteil derjenigen, die (noch) bei ihren Eltern wohnen im Vergleich zu den früheren IPOS-Studien 1993 und 1995 deutlich: 1993 und 1995 wohnten 59% bzw. 58% der 14- bis 27jährigen in den alten Ländern bei ihren Eltern, 1999 betrug dieser Prozentsatz 71%, in den neuen Ländern wohnten laut IPOS 1993 und 1995 jeweils 54% der Befragten noch bei ihren Eltern, 1999 aber 68%. Diesem Trend der steigenden Anteile derjeniger, die noch zu Hause leben, stehen die Ergebnisse der beiden Jugendsurvey-Wellen 1992 und 1997 gegenüber: Hier sind die Anteile derjenigen, die (noch) in der Herkunftsfamilie wohnen, bei den 16- bis 23jährigen annähernd gleich geblieben, bei ähnlichen geschlechtsspezifischen Unterschieden. Hier zur Erklärung der nicht konsistenten Ergebnisse auf die verschiedenen Altersgruppen der beiden Studien zu verweisen hilft allerdings nicht weiter: Auch und gerade in der Altersuntergruppe der IPOS-Erhebungen bis zu 24 Jahren sind die Unterschiede zwischen den beiden Erhebungszeitpunkten auffallend. Das vorliegende, sich widersprechende Datenmaterial liefert also keine zuverlässigen Hinweise darauf, ob sich der Anteil der jungen Frauen und Männer, die nicht mehr bei und mit ihren Eltern wohnen, im zeitlichen Vergleich erhöht (oder verringert) hat. Aber auch ohne zuverlässige Auskünfte über geschlechtsspezifische Entwicklungslinien des Ablösungsprozesses Jugendlicher von der Herkunftsfamilie geben zu können, bleiben die geschlechtsspezifischen Unterschiede in der Ablösung von der Herkunftsfamilie bedeutsam. Allerdings gibt es keine eindeutigen Erklärungsmuster für diese geschlechtsspezifischen Differenzen. Buba et al. vermuten, daß junge Männer in ihrer Herkunftsfamilie weniger beansprucht werden und sich deswegen dort länger aufhalten:

> „Denkbar wäre, daß junge Männer in der Postadoleszenz, auch (und gerade, Anm. d. Verf.) wenn sie im elterlichen Haushalt leben, einer geringeren elterlichen Kontrolle unterliegen, ihnen mehr Handlungsspielraum gelassen wird als jungen Frauen und/oder ihnen im Rahmen der Sozialisation lebenspraktische Fähigkeiten, die zur Führung eines Haushaltes notwendig sind, kaum vermittelt wurden. Dies könnte (neben der im Durchschnitt etwas längeren Dauer der Berufsausbildung) erklären, warum junge Männer sich später vom elterlichen Haushalt (und seinen Versorgungsangeboten) lösen." (Buba et al. 1995: 123)

Eine andere denkbare Erklärung wäre, daß junge Frauen bereits in der Jugendphase und früher als junge Männer attraktive Alternativen wie z.B. Wohngemeinschaften und Partnerschaften zum Zusammenwohnen in der Herkunftsfamilie haben.[4]

Buba et al. (a.a.O.: 124) sehen die geschlechtsspezifischen Unterschiede in der Ablösung vom elterlichen Haushalt und die später erfolgende Partnerbindung bei männlichen Jugendlichen als korrespondierende Phänomene an. Sowohl in den alten als auch in den neuen Ländern ist der Prozentsatz bei den jungen Frauen durchgehend mindestens doppelt so hoch wie bei den jungen Männern, die mit einem Partner in einem Haushalt zusammenleben (vgl. Abbildung 3.1). Auffällig daran ist, daß diese Wohnform in den neuen Ländern für junge Frauen im Alter von 16 bis 23 Jahren (!) bereits die zweithäufigste ist.

Welche Wohnformen sind nun bei Jugendlichen zwischen 16 und 23 Jahren neben dem Wohnen bei den Eltern und dem Zusammenleben

---

4 Angesichts der später in Abschnitt 3.8 dargelegten unterschiedlichen Belastung junger Frauen und junger Männer innerhalb von Herkunftsfamilien können die geschlechtsspezifischen Unterschiede im Auszugsverhalten wenig erstaunen.

mit einer Partnerin/einem Partner am häufigsten verbreitet? Wie setzen sich die Anteile zusammen und wie variieren sie nach Alter und Geschlecht?

Abbildung 3.2: Die häufigsten Wohnformen bei 16- bis 23jährigen nach Geschlecht und Altersjahren in West- und Ostdeutschland (in %)

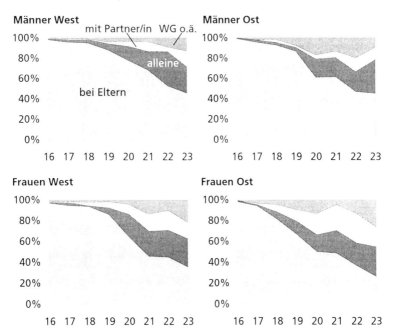

Quelle: Eigene Berechnungen nach Daten des DJI-Jugendsurveys 1997

Im Alter von 23 Jahren ist zumindest jede(r) zweite(e) aus dem Elternhaus ausgezogen (vgl. Abbildung 3.2), von den jungen Frauen in den neuen Ländern sind sogar schon drei Viertel von zu Hause ausgezogen. Die meisten Jugendlichen, die bereits ausgezogen sind, wohnen entweder alleine, zusammen mit der Partnerin bzw. dem Partner oder in einer Wohngemeinschaft.[5] Es fällt auf, daß Jugendliche aus den neuen Ländern bereits relativ früh – im Vergleich zu den alten Ländern – mit einem Partner zusammenwohnen. Neben diesen regionalen Unterschieden sind aber auch geschlechtsspezifische Differenzen von Belang: Junge

---

5 Ausgeklammert bleiben in dieser Aufzählung für die Altersgruppe der 16- bis 23jährigen – mangels Fallzahl – die im Jugendsurvey berücksichtigten Kategorien „mit Kind(ern)", „mit Partner und Kind(ern)", und „anderes".

Frauen ziehen nicht nur früher aus als junge Männer, sie leben auch häufiger mit ihrem jeweiligen Partner zusammen; hier sind wiederum insbesondere die jungen Frauen aus den neuen Ländern zu nennen. Diese Ergebnisse werden durch Angaben der amtlichen Statistik bestätigt: „Geschlechtsspezifische Unterschiede in den Lebensformen zeigen sich vor allem im – gegenüber Söhnen – früheren Auszug der Töchter aus dem Elternhaus, dem häufigeren Alleinleben der Männer im jüngeren und mittleren Alter" (Engstler 1999: 15). Leider liegen in den Veröffentlichungen der amtlichen Statistik keine Zeitreihen und Vergleichsmaßstäbe vor, die für diese Altersgruppe über die geschlechtsspezifisch unterschiedliche Entwicklung im Auszugsverhalten Auskunft geben können. Deshalb ist es notwendig, auf generelle Entwicklungen im Auszugsverhalten hinzuweisen, die auch die oben erwähnten Differenzen zwischen IPOS-Studie und DJI-Jugendsurvey in einen größeren zeitlichen Rahmen fassen und somit relativieren: So ist z.B. der Anteil der 20jährigen, die noch bei ihren Eltern wohnen, von 70% im Jahre 1972 (früheres Bundesgebiet) auf 76% angestiegen, bei den 23jährigen stieg der Anteil von 36% auf 47% (vgl. Engstler 1999: 26). Es handelt sich also um eine langfristige Entwicklung, die sich im Gesamtkontext der Europäischen Union weitgehend widerspiegelt, auch und gerade was die geschlechtsspezifischen Differenzen betrifft: „... all over EU-Europe young women tend to leave the parental home ... earlier than young men, although the phenomenon of females living independently, as ,singles' or with friends, seems to be more pre-eminent among minorities, and in the North rather than in the South" (Bendit 1999: 25).

Dieser europaweite Trend spiegelt sich auch in den Wohnformen der hier lebenden Migrant(inn)en (aus dem Süden Europas) zwischen 18 und 25 Jahren wider, wie Daten aus dem DJI-Ausländersurvey belegen: „Männer (aus Migrantenfamilien und deutsche) leben länger als Frauen im Elternhaushalt, sie wohnen auch häufiger allein" (Weidacher 2000: 209). Dieser Befund geht mit einer hohen Neigung der jungen Migrantinnen (hier insbesondere Türkinnen) einher, nach dem Auszug in ehelicher Partnerschaft zu leben. Insofern unterscheiden sich junge Migrantinnen zwar nicht im generell früheren Auszugsverhalten von ihren deutschen Geschlechtsgenossinnen, wohl aber in der Art der nach dem Auszug aus dem Elternhaus bevorzugten Wohnform und somit auch in den Partnerschaftsverhältnissen (vgl. Abschnitt 3.3).

Das Auszugsverhalten wird oft auch in Zusammenhang gesehen mit dem Verhältnis zwischen den Generationen der im Haushalt verbleibenden Eltern und der ausziehenden Jugendlichen. Zumeist wird der Auszug mit einem Einschnitt bzw. Wandel in diesem Generationenverhältnis gleichgesetzt. Jugendlichen, die von zu Hause ausziehen, wird eine gestiegene Autonomie, unterstellt, die eine deutliche Abgrenzung gegenüber den Eltern mit sich bringt. In ihrer Unbedingtheit ist diese Sichtweise allerdings verkürzt, wie neuere Forschungen nahelegen:

> „Natürlich wissen wir aus früheren Untersuchungen, daß Autonomie und Beziehungsqualität komplementäre und keine gegensätzlichen Aspekte der Entwicklung darstellen, und ebenso, daß eine mechanistische Vorstellung zur Wirkungsweise äußerer Ereignisse (wie Auszug aus dem Elternhaus) auf die Entwicklung der Person nicht weit trägt." (Kreppner 2000: 342 f)

Vielmehr ist von einer Verschiebung des Blickwinkels sozialwissenschaftlicher (Familien-)Forschung auszugehen, die ihre Ursachen in geänderten gesellschaftlichen Rahmenbedingungen wie gestiegener Lebenserwartung der Eltern und längerem Verbleiben der Kinder im Elternhaus hat. Dieser Wechsel der Blickrichtung mündet in das Konzept, die Eltern-Kind-Beziehung als Einheit zu betrachten. Dies bedeutet eine Abkehr von einem Modell der konflikthaften Abgrenzung von den Eltern, das in älteren Erhebungen wie z.B. der Studie „Mädchen 82" (vgl: Seidenspinner/Burger 1982) noch prägend war. In neueren Studien rückt hingegen Gemeinsamkeit als wesentliches Merkmal von Generationenbeziehungen zunehmend in den Vordergrund (vgl. z.B. Papastefanou 2000). Eltern und andere Familienmitglieder werden hier verstärkt als wichtige Bezugspersonen begriffen und der Fokus richtet sich vermehrt auf innerfamiliale Aushandlungsprozesse, die geprägt sind von einem Pragmatismus, die Balance zwischen Autonomie und Verbundenheit aufrecht zu erhalten. Für die Entwicklung der Eltern-Kind-Beziehung im Jugend- und jungen Erwachsenenalter gibt es allerdings „... noch keine eigenständige Theorie" (Masche 2000: 362). Auch geschlechtsspezifische Entwicklungslinien innerhalb der Eltern-Kind-Beziehung sind bisher wenig untersucht. Ein wichtiges vorläufiges Ergebnis besteht dennoch darin, daß junge Frauen mehr intergenerationale gegenseitige emotionale Hilfeleistungen geben als junge Männer, gleichzeitig aber auch mehr von diesen Hilfeleistungen empfangen (vgl. Masche 2000). Spätestens aber im weiteren Lebensverlauf scheint es zu einem deutlichen Wandel im geschlechtsspezifischen Verhältnis der emotionalen Hilfeleistungen zu kommen:

> „Diese größere Belastung der Frauen ist aus der Lebensverlaufsperspektive insofern nicht nur in Kategorien der Benachteiligung zu sehen, als angesichts ihrer höheren Lebenserwartungen und der geringeren Wahrscheinlichkeit der Wiederverheiratung nach Verwitwung oder Scheidung

Frauen im höheren Alter auch mit Unterstützung seitens ihrer Kinder rechnen können." (Schütze 1993: 298)

3.3 Partnerschaften und Familienstand junger Frauen und Männer

Die aktuellen demographischen Trends zu Partnerschaft und Familienstand junger Frauen und junger Männer sind Teil bereits länger andauernder demographischer Entwicklungen. Anhaltspunkte dafür sind Veränderungen in den Heirats- und Scheidungsquoten sowie veränderte Haushalts- und Familienstrukturen. Gleichwohl können diese Anhaltspunkte (der amtlichen Statistik) nur bedingt Aufschluß über Handlungsspielräume junger Frauen und junger Männer geben: zum einen, weil eben aufgrund der angesprochenen Veränderungen wie z.B. dem gestiegenen Erstheiratsalter nur wenige Indikatoren für die Altersgruppe der 14- bis 23jährigen in Betracht kommen und zum anderen weil diese Indikatoren mit ihren homogenisierenden Kategorien[6] neue Lebensformen nur inadäquat beschreiben können.

Demzufolge sind 16- bis 23jährige in ihrer überwiegenden Mehrzahl ledig und haben ihren Partnern (noch) nicht das institutionalisierte Jawort gegeben. Die Zahlen aus dem DJI-Jugendsurvey 1997 legen zumindest einen solchen Schluß nahe (vgl. Abbildung 3.3).

Abbildung 3.3: Partnerschaftsverhältnisse bei 16- bis 23jährigen nach Geschlecht in West- und Ostdeutschland (in %)

	West		Ost	
	Frauen	Männer	Frauen	Männer
Verheiratet	5	1	2	1
Ledig >	95	99	98	99
in keiner festen Partnerschaft	50	65	54	70
in einer festen Partnerschaft >	46	34	44	29
nicht-eheliche Lebensgemeinschaft	8	5	14	5
Living Apart Together	38	29	30	24
n	970	1119	629	758

Quelle: Eigene Berechnungen nach Daten des DJI-Jugendsurveys 1997

---

6 So werden z.B. in der amtlichen Statistik unter einem Single-Haushalt auch diejenigen subsumiert, welche einen Partner haben, aber nicht mit ihm zusammenwohnen (Living apart together).

Nur ein äußerst geringer Prozentsatz der jungen Frauen und Männer zwischen 16 und 23 Jahren ist bereits verheiratet. Auch vor dem Hintergrund einer längerfristigen Entwicklung scheint dieser Befund, also die extrem niedrige Heiratsneigung junger Menschen beiderlei Geschlechts bis zu 23 Jahren, außerordentlich plausibel: So belegt die amtliche Statistik für das frühere Bundesgebiet einen deutlichen Anstieg des durchschnittlichen Erstheiratsalters zwischen den Jahren 1960 und 1996 sowohl für Frauen als auch für Männer. Bei den Frauen stieg das Erstheiratsalter von 23,7 auf 27,7 Jahre, bei den Männern von 25,9 auf 30,1 Jahre. Ähnlich, wenn auch von einer etwas „jüngeren" Basis ausgehend, verhält es sich in den neuen Ländern (vgl. Engstler 1999: 83).

Allerdings leben in der Altersgruppe der 16- bis 23jährigen fast die Hälfte der jungen Frauen mit einem festen Partner zusammen. Dies trifft auf junge Männer seltener zu: Ein gutes Drittel in den alten Ländern und 29% der jungen Männer in den neuen Ländern leben in einer festen „Beziehung". Wie aber sieht so eine feste Partnerschaft aus? Betrachtet man die Ergebnisse zu den Wohnformen junger Frauen und junger Männer, so verwundert es nicht, daß die junge Generation Partnerschaft in erster Linie als „living apart together" lebt. Fast durchgängig sind an dieser Stelle geschlechtsspezifische Unterschiede zu konstatieren: Zwar leben auch große Teile der jungen Frauen in den alten und den neuen Ländern (noch) nicht in demselben Haushalt wie ihre jeweiligen Partner, doch ist dieser Anteil erheblich größer als bei den jungen Männern. Nimmt man zu diesem Ergebnis den, wenn auch nur geringfügig höheren, Anteil der Verheirateten bei den jungen Frauen, so kann man – Trauschein hin, Ost-West-Unterschiede her – nicht umhin festzustellen, daß junge Frauen häufiger mit ihrem Partner in einem Haushalt zusammenleben und wohnen als ihre männlichen Altersgenossen. Offensichtlich ist für junge Frauen die „eigene" Lebensgemeinschaft attraktiver als für junge Männer, vielleicht haben sie auch früher als junge Männer Gelegenheit zu „eigenen" Gemeinschaften. Ein Vergleich mit den Ergebnissen der ersten Welle des DJI-Jugendsurveys (vgl. Abbildung 3.4) belegt, daß sich die Geschlechterdifferenz, betrachtet man insbesondere die neuen Länder im Jahr 1992, eher abgeschwächt hat, damit kam es zu einer Annäherung der Lebensmuster in Ost und West.

Grundsätzlich gibt es 1992 unter den Jugendlichen in den alten Ländern mehr Ledige als in den neuen Ländern. Dieser Unterschied ist um so bemerkenswerter, als er in der Altersgruppe der 16- bis 23jährigen bereits existiert und nicht erst in „älteren" Gruppen. Analog zum unterschiedlichen Anteil der Ledigen in den alten und neuen Ländern wohnen junge Menschen in den neuen Ländern häufiger mit ihrem Partner in einem Haushalt zusammen als junge Menschen in den alten Ländern.

Abbildung 3.4: Familienstand von 16- bis 23jährigen nach Geschlecht in West- und Ostdeutschland 1992 und 1997 (Spaltenprozent)

	West			Ost		
	Frauen	Männer	Gesamt	Frauen	Männer	Gesamt
	1992					
ledig	86	94	90	79	92	86
ledig mit PartnerIn im HH	7	4	6	13	6	9
verheiratet	6	2	4	7	2	5
getrennt/geschieden/verwitw.	0	0	0	1	0	0
n	1099	1142	2241	698	747	1445
	1997					
ledig	88	94	92	84	95	90
ledig mit PartnerIn im HH	7	5	6	14	4	9
verheiratet	4	1	2	2	1	1
getrennt/geschieden/verwitw.	1	0	0	0	0	0
n	970	1119	2089	628	759	1387

Quelle: Eigene Berechnungen nach Daten des DJI-Jugendsurveys 1992, 1997

Jenseits aller Ost-West-Unterschiede ist in der höheren Bereitschaft junger Frauen, diese Form des Zusammenlebens zu bevorzugen, eine übergreifende Tendenz zu sehen. 1997 schwächte sich diese Bereitschaft in den neuen Ländern etwas ab. Auffällig ist hierbei, daß für diesen Rückgang in erster Linie der im Vergleich zu 1992 deutlich zurückgegangene Anteil der Verheirateten auf 2% verantwortlich ist. Der Anteil der Verheirateten ist in den neuen Ländern erheblich zurückgegangen und liegt damit noch unter dem Verheiratetenanteil in den alten Ländern. Für die Altersgruppe der 16- bis 23jährigen fällt es schwer, angesichts der geringen prozentualen Anteile der Verheirateten an der gesamten Altersgruppe eindeutige, auf Ost-West-Differenzen abzielende, Erklärungen für dieses Phänomen zu akzeptieren: So ist die These, daß der Rückgang der Verheiratetenquote in den neuen Ländern in der Rücknahme DDR-spezifischer Anreize für Verheiratungen, wie z.B. der Bevorzugung bei der Wohnungsvergabe, begründet ist (vgl. Achatz et al. 2000: 70), für eine „junge" Population nur bedingt von Nutzen. Die geringere Heiratsneigung junger Menschen in den neuen Ländern geht mit einer Angleichung der Anteile derjenigen junger Frauen und Männer einher, die mit ihrem Partner zusammenleben und wohnen. Allerdings ist trotz dieser Angleichungstendenzen offensichtlich, daß 16- bis 23jährige Frauen in den neuen Bundesländern deutlich häufiger als die übrigen betrachteten Gruppen mit ihrem Partner in einem Haushalt zusammenleben und -wohnen und schon geheiratet haben.

Die Sonderrolle der jungen Frauen in den neuen Ländern wird auch beim nächsten Punkt deutlich. Neben geschlechtsspezifischen und regionalen Differenzen des Familienstandes und der Partnerschaftsverhältnisse ist das Alter von entscheidender Bedeutung. Es strukturiert bei einer Population von 16- bis 23jährigen den Familienstand gewissermaßen vor (vgl. Abbildung 3.5).

Abbildung 3.5: Familienstand bei 16- bis 23jährigen nach Geschlecht und Altersjahren in West- und Ostdeutschland (in %)

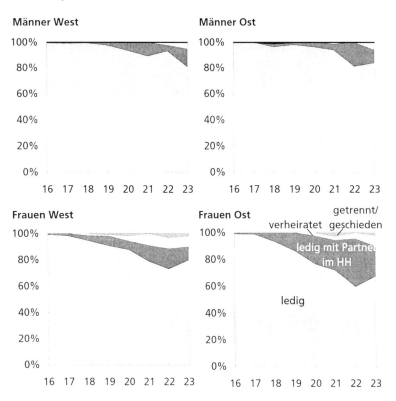

Quelle: Eigene Berechnungen nach Daten des DJI-Jugendsurveys 1997

In den neuen Ländern wechseln die jungen Frauen am ehesten und schnellsten von der Herkunftsfamilie in andere Lebensformen, im 22. Lebensjahr sind bereits 40% der jungen Frauen in den neuen Ländern entweder in einer festen Beziehung mit ihrem Partner, d.h. sie leben zusammen in ein und demselben Haushalt, oder aber sie sind verheiratet. Offensichtlich sind für junge ostdeutschen Frauen Partnerschaft und Ehe hochbewertete und auch vollzogene Optionen der eigenen Lebensführung. Die später noch darzustellende geschlechtsspezifische Arbeitsteilung in Partnerschaften und Familien, hält junge Frauen also keineswegs davon ab, sich relativ früh auf diese Lebensformen einzulassen. In den nun folgenden Abschnitten werden die möglichen Gründe für dieses Verhalten dargestellt.

3.4 Die Lebensbereiche Partnerschaft und Familie in der Wertschätzung junger Frauen und Männer

Die subjektiven Einstellungen junger Frauen und Männer zwischen 14 und 23 Jahren zu „Partnerschaft" und „Familie" sind relativ gut erforscht. Hierzu werden insbesondere die Daten des DJI-Jugendsurveys, der Shell-Jugendstudie 2000 und des ALLBUS herangezogen.

Für den DJI-Jugendsurvey liegen Daten hinsichtlich der Wichtigkeit verschiedener Lebensbereiche, darunter auch solcher, die der Fragestellung nach der Bedeutung von Lebensform und Herkunftsfamilie gerecht werden, vor. Den Inhalt des Konzeptes „Lebensbereich" faßt Gille (2000: 171) folgendermaßen zusammen:

> „Die Frage nach der subjektiven Wichtigkeit von Lebensbereichen erfaßt zentrale Vorstellungen zur Lebensplanung. Sie gibt zum einen Auskunft über die persönliche Wichtigkeit von geplanten oder auch bereits realisierten Lebensetappen und zum anderen vermittelt sie einen Eindruck darüber, welche Bereiche in den Lebensplänen Jugendlicher dominant sind, welche Bereiche gleichberechtigt sind und welche nachgeordnet werden."

In diesem Sinne kann die subjektive Bedeutung von Familie und Partnerschaft nur in Relation zur subjektiven Bedeutung anderer Lebensbereiche wie z.B. Ausbildung und Beruf verstanden werden (vgl. Kapitel 2.1). Gerade für die Phase der Ablösung von der Herkunftsfamilie und der ersten Erfahrungen im Erwerbsleben wäre es verfehlt, die subjektive Bedeutung von Familie isoliert zu betrachten. Vor dem Hintergrund bestehender traditioneller Geschlechtsrollen mit der Zuweisung familiärer Aufgaben an Frauen könnte der Eindruck entstehen, daß diese ungebrochen reproduziert werden (sollen). Deswegen ist es notwendig – auch wenn in diesem Abschnitt in erster Linie die subjektive Bedeutung von Familie und Partnerschaft analysiert wird – auf die Verhältnismäßigkeit der einzelnen Lebensbereiche zueinander und die Verflechtung der Lebensbereiche untereinander hinzuweisen.

Abbildung 3.6: Wichtigkeit von Lebensbereichen bei 16- bis 29jährigen nach Altersgruppen und Geschlecht in West- und Ostdeutschland (in %)

		West			Ost		
		Frauen	Männer	Diff.	Frauen	Männer	Diff.
16-19 Jahre	Freunde und Bekannte	95,5	95,2	0,3	95,6	95,2	0,4
	Eltern und Geschwister	91,2	86,5	4,7	94,2	90,3	3,9
	Partnerschaft	82,8	74,9	7,9	81,7	70,7	11,0
	Eigene Familie und Kinder	71,9	65,5	6,4	70,6	61,4	9,2
20-23 Jahre	Freunde und Bekannte	94,3	96,2	-1,9	95,9	96,9	-1,0
	Eltern und Geschwister	89,6	85,4	4,2	89,6	87,8	1,8
	Partnerschaft	86,4	81,5	4,9	89,6	73,9	15,7
	Eigene Familie und Kinder	73,7	61,0	12,7	81,0	60,1	20,9
24-29 Jahre	Freunde und Bekannte	95,5	94,9	0,6	95,4	95,3	0,1
	Eltern und Geschwister	88,2	84,5	3,7	92,5	88,5	4,0
	Partnerschaft	89,8	85,1	4,7	90,4	84,7	5,7
	Eigene Familie und Kinder	79,2	68,3	10,9	91,0	70,5	20,5

Quelle: Eigene Berechnungen nach Daten des DJI-Jugendsurveys 1997

Lebensbereiche wie „Partnerschaft" und „Eigene Familie und Kinder" sind für Jugendliche weniger wichtig und bedeutsam als andere „verwandte" Lebensbereiche wie z.B. „Freunde und Bekannte" und „Eltern und Geschwister".[7] Darüber hinaus sind die erstgenannten beiden Lebensbereiche in den Augen der Jugendlichen eng miteinander verwoben, wobei für junge Männer diese beiden Lebensbereiche offensichtlich mit größerer Selbstverständlichkeit „zusammengehören" als für junge

---

7 Von den zehn zur Bewertung präsentierten Lebensbereichen rangieren die Bereiche „Partnerschaft" und „Eigene Familie und Kinder" bei den 16- bis 23jährigen in nichtgeschlechtspezifischer Verteilung mit 80,2% bzw. 67,7% auf den Plätzen 6 und 7, hinter den Bereichen „Freunde und Bekannte", „Freizeit und Erholung", „Eltern und Geschwister", „Ausbildung", „Beruf und Arbeit", aber vor den Bereichen „Kunst und Kultur", „Politik" und „Religion".

Frauen[8]. Auffällig sind aber auch besonders deutliche geschlechtsspezifische Differenzen, insbesondere im Vergleich zu den hier dargestellten Referenzbereichen „Freunde und Bekannte" und „ Eltern und Geschwister" (vgl. Abbildung 3.6).

Junge Frauen zwischen 16 und 23 Jahren betonen die Wichtigkeit der Lebensbereiche „Partnerschaft" und „Familie" im Kontrast zu ihren männlichen Altersgenossen unverkennbar häufiger, wobei die geschlechtsspezifische „Schere" mit zunehmendem Alter weiter auseinanderklafft, wie Abbildung 3.6 mit Blick auf die Untergruppen der 16- bis 19jährigen und der 20- bis 23jährigen deutlich macht. Allerdings gibt es auch hier die Ausnahme von der Regel: In den alten Ländern ist der Unterschied zwischen jungen Frauen und Männern in der Zustimmung zur Wichtigkeit des Lebensbereiches „Partnerschaft" in der Altersgruppe der 20- bis 23jährigen geringer als in der Altersgruppe der 16- bis 19jährigen. Geschlechtsspezifische Unterschiede werden auch in den Ergebnisse der 13. Shell-Jugendstudie (vgl. Abbildung 3.7) sichtbar:

„Die Familienorientierung ist am stärksten bei den ... 22-24jährigen deutschen Mädchen und jungen Frauen ausgeprägt. Es zeigt sich ein klarer Geschlechtseffekt in den Urteilen: Konsistent über alle Altersgruppen hinweg wird diese Orientierung von den weiblichen Jugendlichen wesentlich stärker als von den männlichen vertreten." (Fritzsche 2000a: 112)

Neben geschlechtsspezifischen Differenzen sind in den Ergebnissen des DJI- Jugendsurveys auch Gegensätze zwischen den alten und den neuen Bundesländern festzustellen: In der Zustimmung zur Wichtigkeit der Lebensbereiche „Eigene Familie und Kinder" und „Partnerschaft" unterscheiden sich junge Frauen und Männer in den neuen Bundesländern erheblich mehr als in den alten Bundesländern. Auch dieser Befund kann durch ähnliche Ergebnisse – lediglich die Einschätzung der jungen Männer in den neuen Ländern weicht von den Ergebnissen des Jugendsurveys ab – der Shell-Studie bestätigt werden:

„Die Mädchen und jungen Frauen sind wesentlich stärker familienorientiert als ihre Altersgenossinnen im Westen. Hier zeigt sich ein Anstieg im Altersverlauf, der in der Gruppe der 22-24jährigen ostdeutschen Frauen kulminiert ... Beim männlichen Geschlecht sieht es indes anders aus: Die ostdeutschen Männer sind zwar auch stärker familienorientiert als die

---

8 Bei den 16- bis 23jährigen beträgt Pearsons r .45 in den alten Bundesländern und .56 in den neuen Bundesländern. Unter dem Aspekt einer geschlechtsspezifischen Verteilung betrachtet, ergibt sich folgendes Bild: Bei den Männern beträgt Pearsons r im Westen .48 und im Osten .59, bei den Frauen im Westen .39 und im Osten .47.

westdeutschen, aber auf deutlich niedrigerem Niveau als die Frauen und – im Altersverlauf verändert sich so gut wie nichts." (a.a.O. 113)

Abbildung 3.7: Familienorientierung von 15- bis 24jährigen nach Altersgruppen und Geschlecht (in %)

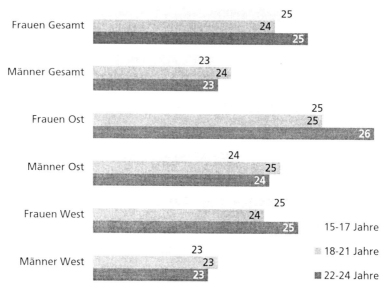

Quelle: Eigene Berechnungen nach Daten der Shell-Studie 2000

Interessant sind die Ergebnisse der Shell-Studie auch hinsichtlich der jugendlichen Migrant(inn)en: „Die türkischen Jugendlichen sind etwas weniger, die italienischen Jugendlichen noch weniger familienorientiert als die deutschen" (Fuchs-Heinritz 2000: 62). Obwohl diese Angaben nicht geschlechtsspezifisch ausdifferenziert sind, so bleibt doch bemerkenswert, daß es nicht die ausländischen Jugendlichen sind, sondern vielmehr die deutschen Jugendlichen, die der Familie eine höhere Bedeutung beimessen. Dieser Befund ist deswegen so beachtenswert, weil er stereotypen Vorstellungen und Interpretationen zuwiderläuft, die von vornherein ausländischen Jugendlichen eine höhere Affinität zu traditionalen Konzepten der Lebensführung unterstellen. Darüber hinaus gibt es aber auch geschlechtsspezifische Unterschiede in der Familienorientierung bei jugendlichen Migrant(inn)en. Zieht man in Betracht, daß z.B. türkische junge Frauen eher als junge deutsche Frauen dazu tendieren, Heirats- und Kinderwunsch für wichtig und bedeutsam einzuschätzen (vgl. Fritzsche/Münchmeier 2000: 346), und kontrastiert diesen Befund mit obigen Ergebnis, daß ausländische Jugendliche weniger familienorientiert sind als deutsche Jugendliche, so könnte man zu der Schlußfolgerung gelangen, daß es die männlichen türkischen Jugendlichen sind, die, ähnlich wie ihre deutschen Geschlechtsgenossen, weniger Familienorientierung aufweisen.

Anzumerken bleibt, daß an dieser Stelle den im Jugendsurvey erhobenen Lebensbereichen, Wertedimensionen, also addierte Items[9] in Form einer Skala – in diesem Fall die Skala „Familienorientierung" – gegenübergestellt wurden. Allerdings bleibt die tendenzielle Aussage auch bei Durchsicht der jeweiligen einzelnen Items zur „Familienorientierung" bestehen.

Auffallend ist, daß die Einstellungen junger Menschen zu bestimmten Lebensformen mit der selbst gewählten Lebensform variieren (vgl. Abschnitt 3.2). Die Neigung, z.B. dem Lebensbereich „Partnerschaft" Bedeutung und damit Sinn einzuräumen, ist bei denjenigen ausgeprägter, die bereits eine Beziehung zu einem festen Lebenspartner haben: So beurteilen beispielsweise junge Männer mit fester Partnerin in den alten Bundesländern die Wichtigkeit dieses Lebensbereichs deutlich positiver (91,3%) als ihre Geschlechts- und Altersgenossen ohne feste Partnerin (71,4%). Verallgemeinernd könnte man sagen, daß die eigene Lebensform für die Bewertung dieser Items bedeutsam ist. Insofern erstaunt es auch nicht, daß die Bewertung des Lebensbereichs „Partnerschaft" mit zunehmenden Alter höher ausfällt. Aus dieser Perspektive erscheinen auch die geschlechtsspezifischen Unterschiede bei der Bewertung der Bereiche „Familie" und „Partnerschaft" leichter verständlich, insbesondere wenn man sich die Situation der jungen Frauen in den neuen Bundesländern vor Augen hält: Junge Frauen sind häufiger verheiratet als junge Männer, haben häufiger einen festen Partner als junge Männer, leben häufiger mit ihrem jeweiligen Partner zusammen als junge Männer und schätzen die Lebensbereiche „Partnerschaft" und „Familie" wohl auch deshalb subjektiv wichtiger ein als ihre männlichen Altersgenossen.

Die Bedeutung der erreichten Altersstufe und der damit realisierten Lebensetappe wird auch anschaulich, wenn man die Wichtigkeit der

---

9 Die sechs Items der Wertedimension „Familienorientierung" lauten: „in einer glücklichen Partnerschaft leben", „Kinder haben", „eine eigene Familie haben, in der man sich wohlfühlt", „sich später ein angenehmes Zuhause schaffen", „seinen Kindern einmal ein sicheres Zuhause bieten" und „treu sein". Diese wurden nach der „Wichtigkeit" abgefragt, wobei die Skala der möglichen Antworten von 5 (ausgesprochen wichtig) bis 1 (überhaupt nicht wichtig) reichte. Zur Herstellung von Skalen in der Shell-Studie vgl. Fischer (2000).

Lebensbereiche für Jugendliche mit der Wichtigkeit für 24- bis 29jährige junge Erwachsene vergleicht (vgl. Abbildung 3.6).

Durchgängig erhöht sich mit dem Alter die Zustimmung zu der Wichtigkeit der Lebensbereiche „Partnerschaft" und „Eigene Familie und Kinder", während die zum Vergleich herangezogenen Lebensbereiche „Freunde und Bekannte" und „Eltern und Geschwister" in ihrer Wichtigkeit stagnieren bzw. relativ unverändert bleiben. Im Hinblick auf geschlechtsspezifische Unterschiede ist allerdings ein anderer Punkt besonders aufschlußreich: Während sich bei dem Lebensbereich „Partnerschaft" die Differenzen in der Zustimmung zwischen jungen Männern und jungen Frauen in der Gegenüberstellung mit der Altersgruppe der 16- bis 23jährigen verringert, ist bei dem Lebensbereich „Eigene Familie und Kinder" die gegenteilige Entwicklung zu beobachten, insbesondere die Differenz zwischen jungen Frauen und jungen Männern in den neuen Bundesländern ist frappierend. Diese hohe Differenz ist im wesentlichen in der hohen Zustimmung der jungen Frauen in den neuen Bundesländern zur Wichtigkeit dieses Lebensbereichs begründet. Vor dem Hintergrund der Tatsache, daß laut DJI-Jugendsurvey 1997 in der Altersgruppe der 24- bis 29jährigen 46% der jungen Frauen (Männer: 24%) verheiratet und weitere 33% (Männer: 40%) angeben, einen festen Lebenspartner zu haben und angesichts des obigen Befundes, daß die Lebensform für die Bewertung dieser Lebensbereiche eine wichtige Funktion hat, vermag die hohe Zustimmung und Akzeptanz plausibel erscheinen. Insofern bestätigen die hohen Zustimmungsraten der älteren Altersgruppe die Ergebnisse der jüngeren Altersgruppe vor dem Hintergrund, daß die Lebensphase, in der sich die jungen Frauen und jungen Männer befinden, eng mit der Bewertung der Lebensbereiche „Familie" und „Partnerschaft" verwoben ist.

Was aber bedeutet dieser Befund für die Handlungsspielräume junger Frauen und junger Männer in verschiedenen Lebensphasen? Die Tatsache, daß vor allem junge Frauen den Lebensbereich „Eigene Familie und Kinder" als wichtig einschätzen und sich häufiger als junge Männer in Partnerschaften befinden, vermag über eine Einengung oder Ausdehnung von Handlungsspielräumen zuerst wenig Aufschluß geben. Erst die realisierte Elternschaft in Kombination mit einseitiger Erwerbsbeteiligung des Mannes und der daraus folgenden traditionellen geschlechtsspezifischen Aufgabendifferenzierung führt zu einer Einengung des Handlungsspielraumes junger Frauen. In der Lebensphase der 16- 23jährigen hingegen stehen sowohl die Bedeutung des Lebensbereiches „eigene Familie mit Kindern" als auch der Kinderwunsch und (erst recht) die realisierten Elternschaften deutlich im Hintergrund gegenüber anderen als wichtiger erachteten Lebensbereichen und Themen. Insofern werden die Handlungsspielräume junger Frauen (und junger Männer) erst mit zunehmendem Alter eingeschränkt.

Wie sind diese Ergebnisse im Vergleich mit der ersten Jugendsurveywelle von 1992 zu bewerten? Offensichtlich sind die Anteile in der Bewertung des Items „Eigene Familie und Kinder" gegenüber den Ergebnissen der ersten Welle stark angestiegen (vgl. Abbildung 3.8), und zwar durchgängig, wenn auch festgestellt werden muß, daß der Anstieg bei den jungen Männern in den neuen Ländern mit 18,5% außerordentlich hoch ist.

Abbildung 3.8: Wichtigkeit von Lebensbereichen bei 16- bis 23jährigen nach Geschlecht in West- und Ostdeutschland 1992 und 1997 (in %)

		Frauen			Männer		
		1992	1997	Diff.	1992	1997	Diff.
West	Freunde und Bekannte	92,2	95,0	2,8	91,9	95,6	3,7
	Eltern und Geschwister	91,0	90,5	-0,5	84,8	86,1	1,3
	Partnerschaft	80,3	85,1	4,8	72,6	78,4	5,8
	Eigene Familie und Kinder	60,3	72,6	12,3	49,7	63,4	13,7
Ost	Freunde und Bekannte	96,4	95,7	-0,7	93,4	95,8	2,4
	Eltern und Geschwister	89,7	92,5	2,8	81,6	89,4	7,8
	Partnerschaft	75,7	85,4	9,7	63,7	72,4	8,7
	Eigene Familie und Kinder	62,2	75,2	13,0	42,8	61,3	18,5

Quelle: Eigene Berechnungen nach Daten des DJI-Jugendsurveys 1992, 1997

Auch die Wichtigkeit des Bereichs „Partnerschaft" wird im Vergleich zu 1992 von den Befragten merklich höher veranschlagt, ohne daß von nennenswerten geschlechtsspezifischen Effekten die Rede sein kann. Die schon im vorherigen Abschnitt gewählten Referenzbereiche „Freunde und Bekannte" und „Eltern und Geschwister" sind, wenn auch nur schwach, ebenfalls in ihrer Bedeutung gestiegen.[10] Dies kann den starken Anstieg für Lebensbereich „Eigene Familie und Kinder" aber bestenfalls relativieren, der Bedeutungsgewinn als solcher bleibt davon

---

10 Die zwei Bereiche, auf die dieser Befund nicht zutrifft, also die Differenz von -0,5% bei den Frauen in den alten Bundesländern („Eltern und Geschwister") und die Differenz von -0,7% in den neuen Bundesländern („Freunde und Bekannte"), können aufgrund der hohen absoluten Prozentzahl im 90%-Bereich vernachlässigt werden.

unberührt. Dieser Befund kann allerdings durch die Analyse der ALLBUS-Daten[11] von 1992 und 1998 nicht bestätigt werden, im Gegenteil: In der repräsentativen Bevölkerungsumfrage zeigt sich ein klarer Bedeutungsverlust des Lebensbereiches „Eigene Familie und Kinder", sowohl für die Altersgruppe der 18- bis 23jährigen, als auch für die darauffolgende Altersgruppe der 24- bis 29jährigen (vgl. Abbildung 3.9).

Abbildung 3.9: Wichtigkeit des Lebensbereichs „Eigene Familie und Kinder" für 18- bis 29jährige nach Geschlecht in West- und Ostdeutschland 1992 und 1998 (in %)*

		Frauen			Männer		
		1992	1998	Diff.	1992	1998	Diff.
West	18-23jährige	84,4	74,0	-10,4	79,5	77,3	-2,2
	24-29jährige	84,7	82,1	-2,6	76,2	70,0	-6,2
Ost	18-23jährige	91,5	85,2	-6,3	88,6	73,9	-14,7
	24-29jährige	95,0	88,9	-6,1	86,4	70,0	-16,4

* Antwortskala von 1 (überhaupt nicht wichtig) bis 7 (sehr wichtig). Dargestellt sind die Anteile von Befragten, die die Skalenpunkte 5 bis 7 gewählt haben.
Quelle: Eigene Berechnungen nach Daten des ALLBUS 1992, 1998

Außerdem ist die Zustimmung zur Wichtigkeit des Lebensbereiches „Eigene Familie und Kinder" im ALLBUS 1992 deutlich höher als im Jugendsurvey 1992. Dieser Gegensatz kann nur beschrieben, aber nicht endgültig aufgeklärt werden.[12] Darüber hinaus kontrastiert der in den Ergebnissen des Jugendsurveys festgestellte Bedeutungsanstieg des Lebensbereichs „Eigene Familie und Kinder" auf den ersten Blick in eigentümlicher Weise den zuvor festgestellten Rückgang an Verheirateten in dieser Altersgruppe (vgl. Abschnitt 3.2). Tatsächlich aber könnte dieser vermeintliche Gegensatz auch als Anzeichen für eine Erosion des tradierten an der Institution Ehe orientierten Familienbegriffs verstanden werden. Familie erscheint an dieser Stelle de facto als in erster Linie an dem Merkmal der Eltern-Kind-Dyade ausgerichtet. So ist Elternschaft auch für die Altersgruppe der 16- bis 23jährigen noch ein hoher Wert, wie

---

11 Die allgemeine Bevölkerungsumfrage der Sozialwissenschaften, kurz ALLBUS genannt, ist keine jugendspezifische Studie; die Altersuntergrenze beträgt 18 Jahre.
12 Gille (2000: 173 ff) kommt für die Altersgruppe der 16- bis 29jährigen zu einem ähnlichen Ergebnis und weist darauf hin, daß die Bedeutungszunahme des Bereichs „Familie" zwischen den Erhebungszeitpunkten 1992 und 1997 auf die „... höheren Voten der Jüngeren und ledigen Befragten zurückzuführen" sei.

der Anteil derjenigen ausweist, die einen Kinderwunsch bejahen (vgl. Abbildung 3.10).[13]

Abbildung 3.10: Elternschaft und Kinderwunsch bei den 16- bis 29jährigen nach Altersgruppen und Geschlecht in West- und Ostdeutschland (Spaltenprozent)

	16-23 Jahre				24-29 Jahre			
	West		Ost		West		Ost	
	Frauen	Männer	Frauen	Männer	Frauen	Männer	Frauen	Männer
Elternschaft	4,8	1,4	5,1	1,1	37,4	17,9	57,6	27,3
Kinderwunsch ja	66,1	57,5	73,9	62,2	38,7	45,7	29,0	48,0
Kinderwun. nein	6,0	8,6	3,7	4,9	7,9	11,7	4,2	4,2
Weiß noch nicht	23,1	32,5	17,3	31,8	15,9	24,6	9,2	20,5
n	965	1112	624	751	1162	1159	568	527

Quelle: Eigene Berechnungen nach Daten des DJI-Jugendsurveys 1997

Andererseits muß festgestellt werden, daß junge Männer zwischen 16 und 23 Jahren zu annähernd einem Drittel unsicher und unentschieden sind, was die Frage des Kinderwunsches betrifft. Die an einer eigenen Familiengründung Desinteressierten sind ebenfalls tendenziell eher bei den jungen Männern zu finden. Vergleicht man diese Ergebnisse mit den Werten der Altersgruppe der 24- bis 29jährigen, so kann man als wichtigstes Ergebnis feststellen, daß Elternschaft und Kinderwunsch von jungen Frauen und Männern eine hohe Bedeutung beigemessen wird. Grundsätzlich artikulieren junge Frauen nicht nur häufiger einen Kinderwunsch als junge Männer, sie haben (demzufolge) bereits häufiger eigene Kinder als ihre männlichen Altersgenossen. Vor dem Hintergrund geringerer Heiratsneigung und gestiegener Bedeutung des Bereichs „Eigene Familie und Kinder" erscheint eine Entkopplung des Lebensbereiches Familie von dem Institut der Ehe als zunehmend realistisch für junge Frauen und Männer: Die Vorstellung von einem Modell der nichtehelichen Elternschaft[14] könnte also auch in der Altersgruppe der 16- bis 23jährigen verstärkt als reelle Option wahrgenommen werden.

---

13 Leider wurde dieses Item nur in der 2. Welle des DJI-Jugendsurveys 1997 erhoben, so daß weitergehende Überlegungen hinsichtlich Wandlungstendenzen in dieser Frage Spekulation bleiben müssen.
14 Zur weiterführenden Diskussion um „Nichteheliche Elternschaft" vgl. Bien/Schneider (1998).

Anhand der im ALLBUS seit 1992 im vierjährigen Abstand replizierten Frage nach der subjektiven Notwendigkeit von Familie (vgl. Abbildung 3.11) bei jungen Frauen und Männer zwischen 18 und 23 Jahren wird deutlich, daß eine „eigene Familie" vom überwiegenden Teil der Befragten nach wie vor als erstrebenswert angesehen wird. Auffallend ist allerdings, daß diese Auffassung bei jungen Frauen und Männern in den neuen Ländern an Akzeptanz verloren hat, während in den alten Ländern diesbezüglich ein Zuwachs zu verzeichnen war. Junge Frauen bejahen 1996 die Frage nach der subjektiven Notwendigkeit häufiger als junge Männer, wobei die Differenzen angesichts der grundsätzlich großen Zustimmung als geringfügig zu bezeichnen sind.

Abbildung 3.11: Einstellung zur Notwendigkeit von Familie bei 18- bis 23jährigen nach Geschlecht in West- und Ostdeutschland 1992 und 1996 (in %)*

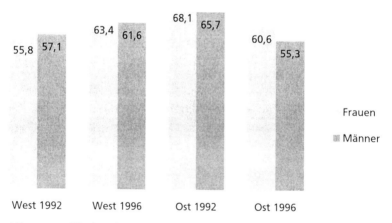

* Der genaue Wortlaut der Fragestellung lautete: „Glauben Sie, daß man eine Familie braucht, um wirklich glücklich zu sein, oder glauben Sie, man kann alleine genauso glücklich leben?" Antwortkategorien: „braucht Familie", „alleine genauso glücklich", „alleine glücklicher", „unentschieden". Dargestellt sind die Anteile von Befragten, die „braucht Familie" angegeben haben.

Quelle: Eigene Berechnungen nach Daten des ALLBUS 1992, 1996

Die Fragestellung (vgl. Abbildung 3.11, Anm.) läßt allerdings offen, wie „Familie" buchstabiert wird,[15] d.h. was sich die Befragten darunter vorstellen, ob Familie im klassischen Sinne, also als Kleinfamilie verflochten

---

15 Das trifft auch auf andere hier analysierte Studien wie z.B. den DJI-Jugendsurvey zu.

mit dem Institut der Ehe, verstanden wird, oder ob unter Familie jede Form von Elternschaft verstanden wird.

Inwieweit die verschiedenen Lesarten des Familienbegriffs für die hier nachgewiesene unverändert hohe Zustimmung zu Familie eine Rolle spielen, kann an dieser Stelle leider nicht weiter erörtert werden. Klärungsbedarf herrscht jedoch dahingehend, welche Vorstellungen sich für junge Frauen und junge Männer mit den Begriffen „Familie" und Partnerschaft verbinden, ob es diesbezüglich Wandlungstendenzen gibt, wie sich diese vollziehen, und – von besonderem Interesse – welche Konsequenzen diese Vorstellungen für die Geschlechterverhältnisse mit sich bringen.

3.5 Erwartungen an Partnerschaft und Familie

Vorstellungen zur Zukunftsplanung anhand der Themenfelder „Familie", „Elternschaft" und „Unabhängigkeit" wurden 1994 in der BZgA-Studie „Sexualität und Kontrazeption aus der Sicht der Jugendlichen und ihrer Eltern"[16] erhoben. Obwohl in dieser Studie mit der jungen Altersgruppe der 14- bis 17jährigen nur ein Ausschnitt der 14- bis 23jährigen berücksichtigt wird, könnte die auf familiäre Zukunftsperspektiven ausgerichtete Fragestellung hilfreich sein, um die Darstellung der subjektiven Vorstellungen weiblicher und männlicher Jugendlicher zu Familie und Partnerschaft um weitere Aspekte zu bereichern (vgl. Abbildung 3.12).

Sowohl weibliche als auch männliche Jugendliche dieser Lebensphase betonen zu annähernd zwei Dritteln, daß sie in ihrem späteren Leben auch in einer Familie mit Kindern „unabhängig" und „selbständig" sein wollen. Geschlechtsspezifische Unterschiede können (vielleicht wegen der Altersgruppe?) kaum festgestellt werden. Allerdings muß festgehalten werden, daß die Tendenz zur Selbständigkeit bei den Jungen mit steigendem Alter zunimmt. Leider bewegen sich die zwei Aussagen zu den Vorstellungen vom späteren Leben recht eng an herkömmlichen Familienmodellen, das Institut der Ehe wird bei beiden Aussagen vorausgesetzt, Kinder werden entweder als alles erfüllende Aufgabe oder als der eigenen Autonomie entgegenstehend gesehen. Aushandlungsprozesse sind in dieser Perspektive offensichtlich nicht vorgesehen. Diese Modelle

---

16 Die repräsentative Studie im Auftrag der Bundeszentrale für gesundheitliche Aufklärung, BzgA, wurde 1994 erhoben. Die Stichprobe umfaßte 1.522 Jungen und 1.481 Mädchen zwischen 14 und 17 Jahren.

und Aussagen zu entwickeln und für Befragungen zu operationalisieren wäre ein erster Schritt in Richtung tauglicher Erhebungsinstrumente zur Bestimmung der subjektiven Zukunftsvorstellungen junger Frauen und junger Männer im Spannungsfeld zwischen „Familie", „Elternschaft" und „Unabhängigkeit".

Abbildung 3.12: Familie oder Unabhängigkeit?, Einstellungen von 14- bis 17jährigen nach Altersjahren und Geschlecht (in %)

	Insg.	Alter			
		14	15	16	17
Antworten der Mädchen (n = 1.481)					
Ich möchte lieber heiraten, Kinder bekommen und in 1. Linie für meine Familie da sein	37	43	35	34	36
Ich möchte lieber meine Selbständigkeit und Unabhängigkeit bewahren, auch wenn ich einmal heiraten und Kinder bekommen sollte	62	56	64	64	63
keine Angabe	1	1	1	1	1
gesamt	100	100	100	100	100
Antworten der Jungen (n = 1.522)					
Ich möchte lieber heiraten, Kinder bekommen und in 1. Linie für meine Familie da sein	41	44	45	40	36
Ich möchte lieber meine Selbständigkeit und Unabhängigkeit bewahren, auch wenn ich einmal heiraten und Kinder bekommen sollte	58	54	53	59	63
keine Angabe	1	1	1	1	—
gesamt	100	100	100	100	100

Quelle: Schmidt-Tannwald/Kluge 1998: 43

Um die Erwartungen an Partnerschaft und Familie inhaltlich besser auszuleuchten, ist ein Blick auf die Ergebnisse der BzgA-Studie zum Sexual- und Verhütungsverhalten 16- bis 24jähriger Jugendlicher und junger Erwachsener[17] nützlich. Mit der in dieser Untersuchung vorkommenden Fragestellung nach Wünschen an die Partnerschaft und mit der Fragestellung, was in einer Partnerschaft besondere Wichtigkeit besitzt oder zumindest besitzen sollte, sollte es möglich sein, die hohe Bedeutung des

---

17 Diese repräsentative Wiederholungsbefragung im Auftrag der Bundeszentrale für gesundheitliche Aufklärung, BZgA wurde letztmals 1996 erhoben. Die Stichprobe umfaßte 608 junge Frauen und 615 junge Männer zwischen 16 und 24 Jahren.

Lebensbereichs „Partnerschaft" für junge Frauen und junge Männer inhaltlich näher zu bestimmen.

Abbildung 3.13: Bedeutung verschiedener Bereiche in der Partnerschaft bei 16- bis 24jährigen nach Erhebungsjahr und Geschlecht (Mittelwerte)*

	Jahr gesamt			1996		
	1991	1994	1996	Frauen	Männer	Partner/in
Treue	—	6,3	6,4	6,6	6,3	6,6
Geborgenheit	6,5	6,2	6,3	6,5	6,1	6,5
Freiraum	6,1	6,0	6,1	6,2	6,1	6,1
Dauerhaftigkeit	6,1	6,0	6,1	6,2	5,9	6,3
sexuelle Erfüllung	5,9	5,7	5,8	5,8	5,9	6,0
n	1369	1308	1223	615	608	670

* Fragetext: „Denken Sie jetzt einmal, wie Sie sich persönlich eine Partnerschaft wünschen. Wie wichtig ist Ihnen in einer Partnerschaft... ?". Antwortskala von 1 (überhaupt nicht wichtig) bis 7 (sehr wichtig).
Quelle: Hübner et al. 1998: 43

Höchste Bedeutung in einer Partnerschaft hat demnach (vgl. Abbildung 3.13) Treue, gleichermaßen bei jungen Frauen und jungen Männern. Die weitere Rangfolge, bestehend aus Geborgenheit, Freiraum, Dauerhaftigkeit und sexueller Erfüllung, wird ebenfalls von jungen Frauen und jungen Männern geteilt. Auffällig ist neben der durchgängig hohen Bedeutung der einzelnen Bereiche einer Partnerschaft, daß junge Männer alle Bereiche mit der Ausnahme des Bereichs „sexuelle Erfüllung" durchweg niedriger bewerten als junge Frauen. Insbesondere bei den Bereichen Treue, Geborgenheit und Dauerhaftigkeit werden Unterschiede offenbar. Eine Interpretation für diese unterschiedlichen Einstufungen könnte sein, daß jungen Frauen „feste" und „vertrauensvolle" Partnerschaften wichtiger sind als gleichaltrigen jungen Männern. Tatsächlich gelingt Frauen ja auch in früheren Jahren das Herstellen solch fester Bindungen (vgl. Abschnitt 3.2). Betrachtet man die Bewertung der verschiedenen Aspekte von Partnerschaft im Zeitvergleich, so zeigt sich, daß die Befragten 1994 die Wichtigkeit aller angegebenen Bereiche in einer Partnerschaft höher einschätzen, während sie 1991 die Wichtigkeit der angegebenen Bereiche niedriger einschätzen. In lang- und mittelfristiger Perspektive haben diese Wünsche alles in allem aber für Jugendliche eine anhaltend hohe Bedeutung. Diejenigen, die sich in einer Partnerschaft befinden, beurteilen Treue, Geborgenheit, Dauerhaftigkeit und sexuelle

Erfüllung als wichtiger im Vergleich zu denen, die sich nicht in einer Partnerschaft befinden. Dies könnte dahingehend erklärt werden, daß die Vorstellungen der jungen Frauen und jungen Männer über eine Partnerschaft mit der selbst gelebten Lebensform zusammenhängen: Es macht Sinn, daß z.B. Treue von denjenigen, die sich in einer Beziehung befinden, als wichtiger eingestuft wird, als von denjenigen, die sich nicht in einer Beziehung befinden. Somit ist Treue nach wie vor ein hohes Ideal partnerschaftlicher Beziehung, aber gleichzeitig ist die Einstufung und Bewertung derselben auch abhängig vom jeweiligen Beziehungsstatus. Ein weiterer Einflußfaktor für die Einstufung der einzelnen Merkmale ist im Alter der Befragten zu sehen: „Die Bereiche ‚sexuelle Erfüllung' und auch ‚Dauerhaftigkeit' werden mit zunehmendem Alter signifikant wichtiger eingeschätzt" (Hübner et al. 1998: 44). Insgesamt belegen diese Ergebnisse über die Ausgestaltung des Bereiches „Partnerschaft" zum einen die hohe Bedeutung, die diesem Bereich bei Jugendlichen zukommt, zum anderen verweisen sie in ihrer Rangfolge auf die anhaltende und überragende Bedeutung von Werten wie „Treue". Bedauerlicherweise war die Möglichkeit, Vorstellungen und Wünsche über Partnerschaft zu äußern, durch die Beschränkung auf fünf Merkmale sehr stark strukturiert, so daß unter Umständen vielleicht ein etwas enges Bild über die inhaltliche Ausgestaltung von Partnerschaften unter Jugendlichen entstehen könnte.

3.6 Lebensplanung junger Frauen – Abschied vom traditionellen Familienmodell?

Fragen nach den Konsequenzen für die Geschlechterverhältnisse und den Handlungsspielräumen junger Frauen, die mit Veränderungen im Spannungsfeld „Familie" einhergehen, stehen in in der qualitativen Studie „Lebensplanung junger Frauen"[18] im Mittelpunkt. Zudem werden trotz der abweichenden Altersgruppe der Interviewpartnerinnen (20 bis 30 Jahre) und der Beschränkung auf die alten Länder adäquat demographische Entwicklungen wie der Anstieg des Erstheiratsalters

---

18 Die Studie „Lebensplanung junger Frauen. Zur Modernisierung weiblicher Lebensverläufe" von Birgit Geissler und Mechthild Oechsle aus dem Jahr 1996 ist im Rahmen des Bremer Sonderforschungsbereichs 186 „Statuspassagen und Risikolagen im Lebensverlauf" entstanden. Die Untersuchung bezieht sich auf berufstätige, kinderlose, junge Frauen im Alter zwischen 20 und 30 Jahren in den alten Bundesländern. 77 Frauen wurden mittels eines kombinierten Verfahrens aus narrativem und thematisch strukturiertem Interview befragt.

berücksichtigt: Für die Altersgruppe der bis 23jährigen ist Partnerschaft das Thema, nicht Ehe. Um so bedeutsamer ist die Erkenntnis einer Entkopplung von Familie und Partnerschaft für die bis 23jährigen jungen Frauen.

Diese Ergebnisse sind nicht nur deswegen relevant, weil diese Studie ihr Augenmerk auf die Lebensphase des „jungen Erwachsenenalters" bei jungen Frauen richtet, die immer mehr durch längere Ausbildungszeiten gekennzeichnet ist. Auch die erfragten Vorstellungen, Pläne und Lebensentwürfe der jungen Frauen machen deutlich, daß sich der herkömmliche, traditionale, familienzentrierte Lebensentwurf unter den Vorgaben einer doppelten Vergesellschaftung durch Beruf und Familie allmählich auflöst und durch andere Lebensentwürfe[19], die sich in unterschiedlicher Distanz zum traditionalen familienorientierten Modell begreifen, abgelöst wird. Zu ähnlichen Ergebnissen kommen auch Keddi et al.,[20] die noch stärker jene Typen weiblicher Lebensplanung herausarbeiten, welche jenseits bekannter Vereinbarkeitsproblematiken liegen und den auf Familie und Beruf ausgerichteten doppelten Lebensentwurf als alleinigen Strukturgeber für junge Frauen in Frage stellen:

„So ist entgegen vielfacher Annahmen in der Sozialforschung der doppelte Lebensentwurf als strukturierende Komponente von Vorstellungen sowie Planungs- und Handlungsschritten bei weitem nicht für alle junge Frauen von zentraler Bedeutung für die Lebensgestaltung." (Keddi et al. 1999: 214)

Tatsächlich konnten als relevante Lebensthemen[21] junger Frauen neben den klassischen Konstellationen „Familie", „Beruf" und „Doppelorientierung" auch die Motive „Eigener Weg", „Gemeinsamer Weg", „Aufrechterhalten des Status quo" und „Suche nach Orientierung"

---

19 Die von Geissler und Oechsle gebildeten Typen weiblicher Lebensplanung enthalten neben den familienzentrierten Entwürfen z.B. auch Konzepte individualisierter Lebensplanung.
20 Die Studie „Lebensthemen junger Frauen. Die andere Vielfalt weiblicher Lebensentwürfe" aus dem Jahr 1999 von Barbara Keddi, Patricia Pfeil, Petra Strehmel und Svendy Wittmann entstand im Rahmen des Deutschen Jugendinstituts und wurde durch Mittel des BMFSFJ gefördert. Es wurden 125 junge Frauen aus den alten und den neuen Bundesländern im Alter zwischen 20 und 30 Jahren zu vier verschiedenen Erhebungszeitpunkten im Abstand von eineinhalb Jahren mittels leitfadengestützter Interviews befragt. Die Befragten hatten zum ersten Erhebungszeitpunkt (1991) eine Berufsausbildung abgeschlossen und waren kinderlos.
21 Unter Lebensthema verstehen die Autorinnen „den sinnstiftenden Aspekt, der das Handeln und die biografischen Entscheidungen lenkt" und somit die „strukturierende Komponente" für die „Konkretisierung von biografischen Zielen und Entscheidungen" (vgl. Keddi et al. 1999: 223).

herausgearbeitet werden. Dieser Befund verweist nicht nur darauf, daß „Beruf" und „Familie" keinesfalls die alleinigen Strukturkomponenten weiblicher Lebensführung in dieser Altersspanne sind, vielmehr ist von unterschiedlichen, komplexen und ambivalenten Mustern der Lebensthemen und der Lebensführung auszugehen. Damit wird die in Surveys ermittelte hohe subjektive Bedeutung von Familie für junge Frauen relativiert oder aber zumindest zur Diskussion gestellt.

Für zukünftige qualitative Untersuchungen wäre es naheliegend, auch junge Männer konsequent miteinzubeziehen, insbesondere um folgende Fragestellungen adäquat untersuchen zu können: Finden hier ähnliche Umorientierungsprozesse statt? Wenn ja, wie wirken sich diese auf die Geschlechterverhältnisse aus?

Zusammenfassend sollen zwei hauptsächliche Befunde hervorgehoben werden: erstens der enge Zusammenhang der Lebensbereiche „Familie" und „Partnerschaft" sowohl auf seiten der jugendlichen Befragten wie z.B. im DJI-Jugendsurvey als auch in den analysierten quantitativen Studien, in denen diese beiden Bereiche oftmals nicht getrennt voneinander ausgewiesen und erhoben werden.[22] Ungeachtet der Tatsache, daß diese Verknüpfung den Zugang zur Bedeutung von Partnerschaft jenseits von Modellen wie Familie und Ehe für junge Frauen und junge Männer erschwert, macht es Sinn, die Einstufung des Lebensbereichs „Eigene Familie" durch junge Frauen und junge Männer zu analysieren, um Erkenntnisse über die Bedeutung des Lebensbereiches „Partnerschaft" zu gewinnen. Die zweite Schlußfolgerung ist dahingehend zu ziehen, daß die Bedeutung des Lebensbereiches „Familie" für junge Frauen und junge Männer gleichbleibend hoch ist, wobei die Zustimmung bei den jungen Frauen ausgeprägter ist; teilweise kann sogar von einem Bedeutungsanstieg gesprochen werden. Womit aber könnte der Bedeutungsanstieg oder aber die gleichbleibend hohe Bedeutung der Lebensbereiche „Familie" und „Partnerschaft" gerade bei jungen Menschen erklärt werden? Ein gängiges Interpretationsmuster (vgl. Reitzle et al. 1996) besagt, daß unter den sich verschärfenden gesellschaftlichen Bedingungen wie z.B. zunehmendem Konkurrenzkampf um Arbeitsplätze etc. der Bereich „Familie" als Zuflucht vor diesen Entwicklungen gerade in den neuen Ländern von den Befragten neu aufgewertet wird. Etwas avancierter formuliert, käme man zu dem Schluß, daß in Zeiten zunehmender, auch materieller Unsicherheit und der Auflösung von

---

22 Ausnahmen wie die oben erwähnte qualitative Studie von Keddi et al. bestätigen diesbezüglich die Regel.

scheinbar gültigen Selbstverständlichkeiten Sicherheits- und Sinnfiktionen wie „Familie" und „Partnerschaft" als Hort der Sicherheit und als Ort der (notwendigen) Reproduktion Konjunktur haben. Diese Begründung würde auch für die Geschlechterverhältnisse zwischen jungen Frauen und jungen Männern Fragen aufwerfen, zumal Sicherheit und Reproduktion keine Leistungen sind, die sich in Lebensgemeinschaften gleichsam von selbst einstellen, sondern tagtäglich neu erarbeitet und ausgehandelt werden müssen. Ob somit die Sicherheitsfiktion „Familie" bzw. „Partnerschaft" auch bisherige, als traditionell verstandene, an Vorstellungen traditionaler geschlechtsspezifischer Arbeitsteilung angelehnte Geschlechterverhältnisse impliziert oder ob Geschlechterverhältnisse jenseits dieser Vorstellungen sich durchsetzen und tragfähig werden können, wird in den folgenden Abschnitten dargestellt. Zudem soll die subjektive Wahrnehmung junger Frauen und junger Männer selbst zu diesem Thema empirisch beschrieben werden.

3.7 Einstellungen zu familialen Geschlechterverhältnissen

Auf den ersten Blick ist die Datenlage bei den Einstellungen zum Geschlechterverhältnis als gut anzusehen, wobei betont werden muß, daß einige „klassische" Items von der seit Jahren anhaltenden Diskussion in der Geschlechterforschung offensichtlich wenig berührt worden sind. Dies trifft insbesondere auf den Wandel hin zur Etablierung der forschungsleitenden Perspektive „Geschlechterverhältnisse", verstanden als interaktive, relationale Herstellung von Geschlecht(ern), zu. Um die Evidenz dieser These zu belegen, genügt ein Blick auf die in regelmäßigen Abständen[23] wiederkehrende Frage nach der „Rolle der Frau", die oft kein Äquivalent in etwaigen Fragen zur „Rolle des Mannes" findet. Dies trifft z.B. auf die ALLBUS-Studien zu, in der von der „Rolle der Frau in Familie und Beruf" die Rede ist, subsummiert unter Einstellungen zu Ehe und Familie (vgl. Wasmer et al. 1996: 39). Ehe, Familie, Frau erscheinen hier als gleichsam selbstverständlich miteinander verknüpft. An dieser Stelle drängt sich die Frage auf, ob Geschlechterverhältnisse und weibliche Lebensentwürfe nur in Zusammenhang mit diesen Kategorien zu denken sind, wie diese Einordnung suggerieren möchte.

---

23 Regelmäßige Abstände bedeutet in bezug auf den ALLBUS, daß die angesprochene Itembatterie seit 1992 erhoben und in vierjährigem Abstand repliziert wird.

Abbildung 3.14: Einstellungen zur Rolle der Frau bei 18- bis 23jährigen nach Geschlecht in West- und Ostdeutschland (Zustimmung in %)*

	West			Ost		
	Frau.	Män.	Diff.	Frau.	Män.	Diff.
1. Eine berufstätige Mutter kann ein genauso herzliches und vertrauensvolles Verhältnis zu ihren Kindern finden wie eine nicht berufstätige	72,3	81,5	-9,2	81,8	85,6	-3,8
2. Ein Kleinkind wird sicherlich darunter leiden, wenn seine Mutter berufstätig ist	75,0	72,9	2,1	42,4	56,9	-14,5
3. Es ist für alle Beteiligten viel besser, wenn der Mann voll im Beruf steht und die Frau zuhause bleibt und sich um Haushalt und Kinder kümmert	28,1	35,4	-7,3	21,9	22,8	-0,9
4. Eine verheiratete Frau sollte auf eine Berufstätigkeit verzichten, wenn es nur eine begrenzte Zahl an Arbeitsplätzen gibt, und ihr Mann in der Lage ist, für den Unterhalt der Familie zu sorgen	28,6	33,6	-5,0	21,9	40,9	-19,0
5. Es ist für ein Kind sogar gut, wenn seine Mutter berufstätig ist und sich nicht nur um den Haushalt konzentriert	38,5	26,9	11,6	71,0	57,8	13,2

* Zustimmung = Befragte, die die Skalenpunkte 1 bis 2 auf einer Skala von 1 (stimme voll und ganz zu) bis 4 (stimme überhaupt nicht zu) gewählt haben.
Quelle: Eigene Berechnungen nach Daten des ALLBUS 1996

Dennoch ist ein Blick auf die Einstellungen junger Frauen und Männer zur „Rolle der Frau" (vgl. Abbildung 3.14) nützlich, erschließt er doch zum einen das Feld für den Vergleich mit ähnlichen Einstellungsfragen bei anderen Erhebungen, namentlich dem DJI-Jugendsurvey, und zum anderen kann er, auch bei einer Unterbelichtung des Geschlechterverhältnisses als interaktivem Prozeß, dazu beitragen, Wandlungsprozesse in eben diesem sichtbar zu machen: So ist die Zustimmung zu dem ersten Statement, welche das (gute) Verhältnis berufstätiger Mütter zu ihren Kindern zum Thema hat, durchgängig hoch, und auch wenn insbesondere in den alten Ländern geschlechtsspezifische Differenzen sichtbar werden. So kann man im Vergleich zu 1992 (vgl. Abbildung 3.15) von einer Annäherung der Einstellungen von Frauen und Männern sprechen, auch hinsichtlich eines Ost-West-Unterschiedes.

Die vergleichsweise hohe Zustimmung zu diesem Statement bedeutet aber nicht zwangsläufig, daß damit der Wunsch nach einem egalitärem Geschlechterverhältnis in der Frage der familialen Arbeitsteilung zum Ausdruck gebracht wird. Vielmehr kann die hohe Zustimmung zu dieser Aussage auch als Wunsch nach der so häufig beschworenen Vereinbarkeit von Familie und Beruf bei Frauen interpretiert werden. Die Umsetzung dieses Wunsches scheint allerdings wenig gewährleistet, wie andere Befunde, z.B. die Shell-Studie 2000 belegen. Es deutet viel darauf hin, „daß die Blütenträume der 15-17jährigen Mädchen von der Vereinbarkeit eines gelebten erfüllten Berufs- und Familienlebens in der Altersgruppe der 22-24jährigen Mädchen zum Großteil schon ausgeträumt sind" (Fritzsche 2000a: 115). Diese wohl realistische Sicht auf fehlende institutionelle Absicherungen von weiblichen Lebensentwürfen, die Erwerbsarbeit und Elternschaft zu integrieren versuchen, erscheint wenig ermutigend und läßt sich überdies als Hinweis auf fehlende gesellschaftliche Akzeptanz neuer familialer Lebensformen deuten.

Abbildung 3.15: Die Entwicklung von Einstellungen zur Rolle der Frau bei 18- bis 23jährigen nach Geschlecht in West- und Ostdeutschland (Antwortdifferenzen 1996 zu 1992 in %*)

	West		Ost	
	Frauen	Männer	Frauen	Männer
1. Berufstätige Mutter: gutes Verhältnis zu ihren Kindern	-0,4	21,4	2,7	-14,4
2. Kleinkind wird leiden, wenn Mutter berufstätig ist	13,2	3,1	-4,2	16,9
3. Mann sollte berufstätig sein und Frau sollte zuhause bleiben	-1,3	-8,5	6,3	-11,6
4. Verheiratete Frau sollte bei Arbeitsplatzmangel auf Beruf verzichten	5,7	-10,9	-7,0	10,9
5. Für Kind ist es gut, wenn Mutter berufstätig ist	-7,8	0,9	8,2	1,2

* Die Differenzen lesen sich folgendermaßen: z.B. bedeutet der Wert 21,4 in der Spalte Männer West, daß 1996 Männer um 21,4% mehr dem ersten Item zugestimmt haben als 1992.

Quelle: Eigene Berechnungen nach Daten des ALLBUS 1992, 1996

Eine gleichfalls hohe Zustimmung zu der zweiten Aussage, welche die möglichen negativen Konsequenzen einer Berufstätigkeit der Mutter für ein Kleinkind thematisiert, scheint somit nur auf den ersten Blick im Widerspruch zu der hohen Zustimmung zum ersten Statement zu stehen. Offensichtlich ist dieses Thema hoch ambivalent nicht nur in der alltäglichen Praxis, sondern auch in der Wahrnehmung und Bewertung desselben. Auffällig ist an dieser Stelle die mit 14,5% hohe geschlechtsspezifische Differenz in den neuen Ländern: Angesichts einer generell niedrigeren Zustimmung als in den alten Ländern und dem Inhalt der

Frage, der negative Konsequenzen für das Kleinkind einer berufstätigen Mutter impliziert, zeigt sich hier, daß von jungen Frauen in den neuen Ländern die Vereinbarkeit von Familie und Beruf eher befürwortet wird als von den gleichaltrigen Männern in den neuen Ländern. Dieses Ergebnis könnte vor dem Hintergrund des zu DDR-Zeiten üblichen staatlichen Versorgungsangebots für berufstätige Mütter plausibel erscheinen. Das dritte Statement, das eine traditionale Auffassung von familialer vergeschlechtlichter Arbeitsteilung repräsentiert, findet wenig Zustimmung, vornehmlich in den neuen Ländern, dort sind auch keine relevanten geschlechtsspezifischen Unterschiede in der Zustimmung zu verzeichnen. Im Kontext höherer Beteiligung von Frauen am Erwerbsleben in den neuen Ländern und der dort vorherrschenden Akzeptanz und Unterstützung für dieses Thema, kann dieses Ergebnis nicht wirklich verwundern. Aber auch in den alten Ländern ist die Zustimmung zu dieser Aussage zurückgegangen, die geschlechtsspezifischen Unterschiede haben sich verringert. Anders stellt sich die Lage bei der Zustimmung zum vierten Statement dar, welche die Beteiligung verheirateter Frauen am Erwerbsleben unter den Bedingungen verknappter Arbeitsplätze behandelt: Hier gab es massive, geschlechtsspezifische Verschiebungen in der Zustimmung in den neuen Ländern (vgl. Abbildung 3.15), die in der hohen geschlechtsspezifischen Differenz von 19% ihren Niederschlag finden (vgl. Abbildung 3.14). Es ist daher wahrscheinlich, daß unter schwierigen ökonomischen Bedingungen (Jugendarbeitslosigkeit!) die Zustimmung zu traditionalen Einstellungen steigt bzw. diese Wahrnehmungsmuster verstärkt aktiviert werden, namentlich von jungen Männern. Das fünfte Statement, das sozusagen den gegenteiligen Inhalt der zweiten Aussage darstellt, weist in der Zustimmung geschlechtsspezifische Unterschiede auf. Auffälliger sind aber die Differenzen zwischen den alten und neuen Ländern. Auch diese Frage kann als Legitimation für (junge) Frauen, die einen Lebensentwurf jenseits herkömmlicher Muster anstreben, interpretiert werden.

Die hier dargestellten Ergebnisse belegen einen Wandel in den Einstellungen hin zu egalitären Tendenzen im Geschlechterverhältnis der familialen Arbeitsteilung und damit eine gestiegene Akzeptanz von Gleichheitsvorstellungen und Chancengleichheit zwischen den Geschlechtern. Allerdings können daraus keine Rückschlüsse über institutionalisierte Begrenzungen und nicht egalitäre Alltagspraxen gezogen werden. Außerdem bleibt das Manko bestehen, daß über interaktive Geschlechterverhältnisse bei jungen Frauen und Männern und der

Zwischen Herkunftsfamilie und eigener Lebensform 123

Einstellung derselben dazu, vornehmlich was Zuweisungs- und Herstellungsprozesse betrifft, wenig in Erfahrung gebracht werden kann.

Dies trifft auch für andere vorliegende Erhebungen zu: So ist z.B. in der ersten Welle des DJI-Jugendsurveys 1992 in fünf vorliegenden Fragestellungen zu diesem Thema vornehmlich vom Frauenbild unter Vernachlässigung des Männerbildes die Rede. Im Gegensatz zu älteren Erhebungen wie eben jener erwähnten ersten Welle des DJI-Jugendsurveys werden allerdings in den neueren Untersuchungen wie z.B. der zweiten Welle „männliche" Rollenbilder berücksichtigt bzw. auf den Prüfstand gestellt (vgl. Abbildung 3.16, Aussage 3 und 4).

Abbildung 3.16: Ausgesuchte Einstellungen zum Geschlechterverhältnis bei 16- bis 29jährigen nach Altersgruppen und Geschlecht in West- und Ostdeutschland (Zustimmung in %*)

	West			Ost		
	Frau.	Män.	Diff.	Frau.	Män.	Diff.
	16- bis 23jährige					
1. Auch wenn eine Frau arbeitet, sollte der Mann der Hauptverdiener sein, und sie sollte die Verantwortung für den Haushalt tragen	22,9	35,6	12,7	23,7	39,8	16,1
2. Wenn Kinder da sind, soll der Mann arbeiten gehen und die Frau zu Hause bleiben und die Kinder versorgen	30,5	44,0	13,5	29,6	45,1	15,5
3. Ein Mann, der zu Hause bleibt und den Haushalt führt, ist kein „richtiger Mann"	14,1	23,5	9,4	13,3	28,8	15,5
4. Für einen Mann ist es wichtiger als für eine Frau, sich durchsetzen zu können	28,9	42,3	13,4	30,1	49,8	19,7
	24- bis 29jährige					
1. Auch wenn eine Frau arbeitet, sollte der Mann der Hauptverdiener sein, und sie sollte die Verantwortung für den Haushalt tragen	26,1	31,9	5,8	30,2	39,4	9,2
2. Wenn Kinder da sind, soll der Mann arbeiten gehen und die Frau zu Hause bleiben und die Kinder versorgen	35,0	38,6	3,6	31,2	43,7	12,5
3. Ein Mann, der zu Hause bleibt und den Haushalt führt, ist kein „richtiger Mann"	13,1	20,0	6,9	17,8	23,1	5,3
4. Für einen Mann ist es wichtiger als für eine Frau, sich durchsetzen zu können	29,9	39,9	10,0	33,6	44,0	10,4

* Dargestellt sind die Anteile von Befragten, die die Skalenpunkte 4 bis 6 auf einer Antwortskala von 1 (stimme überhaupt nicht zu) bis 6 (stimme voll und ganz zu) gewählt haben.

Quelle: Eigene Berechnungen nach Daten des DJI-Jugendsurveys 1997

Bei allen vier Statements ist der Anteil der Zustimmung bei den jungen Männern zu traditionellen Rollenbildern höher als bei den jungen Frauen. Insbesondere die Fragestellungen 1 und 2, also „Mann Hauptverdiener" und „Frau versorgt Kinder" repräsentieren eine traditionelle Auffassung von Geschlechterverhältnissen und familialer Arbeitsteilung, die den Frauen entweder von Hause aus den Platz im nicht-öffentlichen, privaten Raum zuweisen (2) oder die Frage nach Vereinbarkeit von Beruf und Familie im traditionalen Sinne interpretieren (1), d.h. Frauen eine Doppelfunktion und damit eine Doppelbelastung[24] zuweisen. Beide Einstellungen stehen im Widerspruch zu einer egalitären Vorstellung von Geschlechterverhältnissen und finden bei einem erheblichen Anteil der jungen Männer Zuspruch, allerdings auch bei einer nicht zu unterschätzenden Prozentzahl der jungen Frauen. An der prozentualen Differenz bei der Bejahung dieser Fragen lassen sich exemplarisch Geschlechterdifferenzen ablesen: So ist aufgrund dieser Zahlen davon auszugehen, daß junge Männer häufiger traditionelle Einstellungen aktivieren als junge Frauen. Interessant ist der Vergleich zu den Werten der Gruppe der 24- bis 29jährigen (vgl. Abbildung 3.16) und zu den Werten der ersten Welle (vgl. Abbildung 3.17).

Was die 24- bis 29jährigen betrifft, sind die Differenzen zwischen jungen Frauen und Männern in der Zustimmung zu den genannten Statements zwar nicht verschwunden, haben sich aber merklich verringert. Nur bei der Zustimmung zu „Frau versorgt Kinder" in den neuen Ländern könnte man anhand der Geschlechterdifferenz von 12,5% von einer Fortschreibung der in der jüngeren Altersgruppe vorkommenden Geschlechterdifferenz sprechen. Die allgemeine Abnahme der geschlechtsspezifischen Differenzen in der Gruppe der 24- bis 29jährigen ist zum einen der reduzierten Zustimmung bei den 24- bis 29jährigen Männern zuzuschreiben, und zum anderen auch der erhöhten Zustimmung der 24- bis 29jährigen Frauen, insbesondere zu den Statements 1 und 2. Dies könnte die Vermutung nahe legen, daß die eigene Lebensform, vor allem die der Paarbeziehung und des Zusammenwohnens mit dem Partner, die Zustimmung zu Statements erhöht, die ein traditionales Geschlechterverhältnis und eine traditionale Form der familialen Arbeitsteilung repräsentieren. Allerdings kann diese These anhand des vorliegenden Datenmaterials so nicht bestätigt werden. Eine andere

---

24 Selbstverständlich bieten sich an dieser Stelle auch andere Lesarten an, die den Fokus weniger auf die Belastung von Frauen richten, sondern vielmehr die Entfaltungsmöglichkeiten, die sich aus dieser Konstellation für Frauen ergeben, in den Blick nehmen.

Interpretation könnte dahin gehen, daß in dieser Lebensphase Aushandlungsprozesse in Paarbeziehungen stattfinden, die zu einer Annäherung der Geschlechterpositionen führen können. Keinesfalls aber findet eine Polarisierung angesichts der drängenden Vereinbarkeitsproblematik in jenen Jahren statt.

Abbildung 3.17: Einstellungen zum Geschlechterverhältnis bei 16- bis 23jährigen in West- und Ostdeutschland – Vergleich geschlechtsspezifischer Antwortdifferenzen 1992 und 1997 (in %)*

	West			Ost		
	Diff. M-F '92	Diff. M-F '97	Diff. 97-92	Diff. M-F '92	Diff. M-F '97	Diff. 97-92
Auch wenn eine Frau arbeitet, sollte der Mann der Hauptverdiener sein, und sie sollte die Verantwortung für den Haushalt tragen	16,0	12,7	-3,3	26,8	16,1	-10,7
Wenn Kinder da sind, soll der Mann arbeiten gehen und die Frau zu Hause bleiben und die Kinder versorgen	15,0	13,5	-1,5	22,2	15,5	-6,7

* Die Differenzen lesen sich folgendermaßen: z.B. bedeutet der Wert 16,0 in der Spalte Diff. M-F '92, daß 1992 Männer um 16,0% mehr dem Item 1 zugestimmt haben als Frauen. Demzufolge bedeutet der Wert -3,3 in der Spalte Diff. 97-92, daß sich 1997 die Differenz zwischen Männern und Frauen bei der Beurteilung von Item 1 um gegenüber 1992 um 3,3% verringert hat.

Quelle: Eigene Berechnungen nach Daten des DJI-Jugendsurvey 1992, 1997

Betrachtet man die Zustimmung zu den letzten zwei Aussagen, also den Statements, die „männliches" Rollenverständnis repräsentieren, so fällt zum einen auf, daß hier die größten Differenzen zwischen jungen Frauen und jungen Männern vorherrschen, und zum anderen, daß Statement 4, also die hierarchisierende Verknüpfung von Männlichkeit und Durchsetzungskraft in Abgrenzung zu komplementären Frauenbildern, sowohl bei jungen Frauen als auch bei jungen Männern vergleichsweise hohe Zustimmung findet. Interessant ist auch hier wieder der Vergleich mit der Altersgruppe der 24- bis 29jährigen, in der die geschlechtsspezifischen Differenzen deutlich geringer sind, wenn auch die Zustimmung zu dem eben angeführten vierten Statement bei den jungen Männern nach wie vor als sehr hoch einzustufen ist, so daß die geschlechtsspezifische Differenz hier sowohl in den alten als auch in den neuen Ländern bei ca. 10% liegt. Leider wurde diese Frage in der ersten Welle nicht mit erhoben, so daß Rückschlüsse bezüglich der Entwicklungstendenzen nicht möglich sind. Ganz anders hingegen bei den ersten zwei Aussagen (vgl. Abbildung 3.17).

Hier hat sich die Differenz zwischen jungen Frauen und jungen Männern im Vergleich zu 1992 verringert, insbesondere in den neuen Ländern ist diese Entwicklung auffällig. Generell kann festgestellt werden, daß es 1997 im Vergleich zu 1992 zu Angleichungstendenzen vor dem Hintergrund anhaltender Geschlechterdifferenzen zwischen den alten und den neuen Ländern gekommen ist, sowohl was die prozentuale Zustimmung zu diesen Fragen anbelangt, als auch was die geschlechtsspezifischen Differenzen in der Zustimmung betrifft. Ein Zeitvergleich nach geschlechtsspezifischer Zustimmung zu den Statements 1 und 2 (vgl. Abbildung 3.18) ergibt folgendes Bild:

Abbildung 3.18: Entwicklung der Einstellungen zum Geschlechterverhältnis bei 16- bis 23jährigen nach Geschlecht in West- und Ostdeutschland (Antwortdifferenzen 1997 zu 1992 in %*)

	West			Ost		
	Frau.	Män.	Ges.	Frau.	Män.	Ges.
Auch wenn eine Frau arbeitet, sollte der Mann der Hauptverdiener sein, und sie sollte die Verantwortung für den Haushalt tragen	-6,8	-10,1	-8,2	-0,5	-11,2	-5,7
Wenn Kinder da sind, soll der Mann arbeiten gehen und die Frau zu Hause bleiben und die Kinder versorgen	-12,7	-14,2	-13,0	-0,4	-7,1	-3,4

* Die Differenzen lesen sich folgendermaßen: z.B. bedeutet der Wert -10,1 in der Spalte Männer West, daß 1997 Männer um 10,1% weniger dem Item 1 zugestimmt haben als 1992.
Quelle: Eigene Berechnungen nach Daten des DJI-Jugendsurveys 1992, 1997

Die Zustimmung der jungen Männer und der jungen Frauen zu den ersten beiden Statements, die traditionale Vorstellungen von familialer Arbeitsteilung repräsentieren, nimmt im Vergleich zu 1992 ab, wobei der Rückgang bei den jungen Männern – bei insgesamt nach wie vor höherer Zustimmung zu diesen Items – höher ausfällt als bei den jungen Frauen. Ein Interpretationsversuch dieser Veränderungen in den Einstellungen, nämlich dem relativen „Abschmelzen" traditionaler Einstellungen zwischen 1992 und 1997 bei jungen Männern in den neuen Ländern, kann an dieser Stelle aufgrund der letzten Endes äußerst dynamischen Verschiebungen nicht unternommen werden.

Zusammenfassend könnte man also zu der Schlußfolgerung gelangen, daß die Zustimmung zu Aussagen, die ein eher traditionelles

Geschlechterverhältnis repräsentieren, in der Gruppe der 16- bis 23jährigen geschlechtsübergreifend tendenziell abnimmt und sich die geschlechtsspezifischen Unterschiede in der subjektiven Wahrnehmung und Zustimmung vor dem Hintergrund anhaltender geschlechtsspezifischer Unterschiede in der Akzeptanz traditioneller Geschlechterarrangements merklich verringert haben. Allerdings sind in der Altersgruppe der 16- bis 23jährigen junge Männer häufiger als junge Frauen mit einem traditionellen Geschlechterarrangement einverstanden, daß Frauen mit Kindern an Küche und Herd verweist und Männern die Ernährerrolle zuweist.

Neben der Tendenz zur Angleichung ist auch bemerkenswert, daß knappere geschlechtsspezifische Differenzen bei der Gruppe der 24- bis 29jährigen zu finden sind. Das Alter spielt also auch hier eine entscheidende Rolle. Angesichts dieses Befundes könnte man geneigt sein, zu sagen, daß egalitäre Vorstellungen, insbesondere was familiale Arbeitsteilung betrifft, mittlerweile mehr Akzeptanz und Zustimmung finden. Dennoch sagen diese Zahlen wenig über die konkrete Praxis familialer Arbeitsteilung sowohl in der Herkunftsfamilie als auch später in der eigenen Lebensform aus. Deshalb erscheint es unabdingbar, diese Tendenz hin zu einer egalitären Vorstellung mit Daten zu kontrastieren, die diesbezüglich etwas genauer Aufschluß geben können.

3.8 Die Praxis geschlechtsspezifischer Arbeitsteilung in Partnerschaft und Familie

Die Zeitbudgetstudie des Statistischen Bundesamts liefert hierzu gute Hinweise und Anhaltspunkte, auch wenn die Datenerhebung bereits vor acht Jahren stattfand. So stellt Holz bezüglich der Praxis familialer Arbeitsteilung fest:

> „Selbst bei heutigen Jugendlichen und jungen Erwachsenen wird mit zunehmendem Alter – oft verbunden mit der Gründung eines eigenen Haushalts bzw. einer eigenen Familie – das Aktivitätsspektrum entsprechend traditioneller Rollen immer geschlechtsabhängiger und einseitiger. Hausarbeit und Kinderbetreuung gehen besonders zu Lasten der jungen Frauen. Frauen zwischen 15 und 30 Jahren haben im Durchschnitt pro Tag 3 Stunden und 5 Minuten damit zu tun, die Männer aber nur 1 Stunde und 10 Minuten." (Holz 1998: 690)

Bereits in den jüngeren Altersgruppen kommt es offensichtlich zu einer geschlechtsspezifischen Schieflage, was die Verteilung der Hausarbeit betrifft (vgl. Abbildung 3.19):

Abbildung 3.19: Hausarbeits- und Kinderbetreuungszeiten von 12- bis 29jährigen nach Geschlecht und Altersgruppen in West- und Ostdeutschland (in Minuten pro Tag)

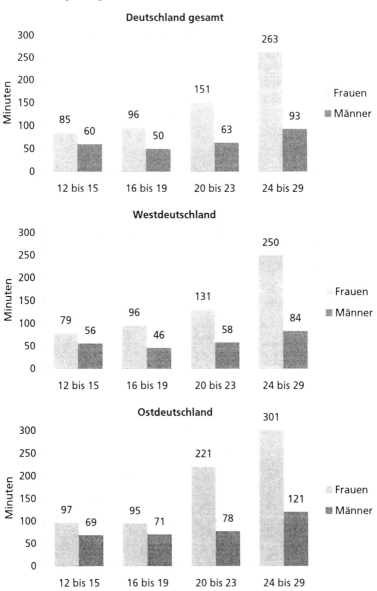

Quelle: Eigene Berechnungen nach Daten des Statistischen Bundesamtes 1999

So beteiligen sich weibliche Jugendliche zwischen 12 und 15 Jahren im Durchschnitt bereits deutlich mehr an der täglichen Hausarbeit, sowohl für Gesamtdeutschland als auch nach alten und neuen Ländern differenziert betrachtet, und diese Differenz bleibt bei den Älteren konstant und vergrößert sich noch. Auffällig ist diesbezüglich das Verhältnis in der Altersgruppe der 20- bis 23jährigen: Während das von Männern für Familienarbeit eingesetzte Zeitbudget annähernd unverändert bleibt, sind bei den Frauen in dieser Altersgruppe erheblich umfangreichere durchschnittliche Hausarbeits- und Kinderbetreuungszeiten zu verzeichnen als bei den Frauen der jüngeren Altersgruppen. In dieser Altersgruppe entwickelt sich also ein krasses Ungleichgewicht zwischen Männern und Frauen, das sich in der folgenden Altersgruppe der 24- bis 29jährigen noch ausweitet. Auch wenn diese Daten Anfang der 90er Jahre erhoben wurden, legen sie doch den Eindruck nahe, daß der wachsenden Zustimmung zu egalitären Einstellungen, was die familiale Arbeitsteilung betrifft, eine ganz anders geartete Praxis – nämlich eine von Anfang an ungleiche – gegenübersteht. Was könnten die Gründe hierfür sein? Es ist eindimensional, wenn Holz unter Rückgriff auf Schäfers darauf hinweist, daß die Geschlechterrollen bereits bei den 12- bis 15jährigen eingeübt werden: „Die Prägungen der Geschlechtsrollen sitzen deshalb so tief, weil sie als Natur-Konstante, als Wesen der Frau und des Mannes schlechthin gesehen werden." (Schäfers 1994: 104, zit. in Holz 1998: 691)

Dieses Erklärungsmodell kann weder die gestiegene Zustimmung zu egalitären Diskursen verständlich machen, noch eine plausible Erklärung für die tagtäglich von jungen Männern und jungen Frauen aktiv ausgeübten Praxen geben. Vielmehr ist davon auszugehen, daß gerade durch diese Praxen, die auf eine ungleiche Verteilung von Hausarbeit und Belastung hinauslaufen, Geschlechtsrollen mit erzeugt und verfestigt werden. Die Bedeutung geschlechtsspezifisch unterschiedlicher Praxen und die kulturelle Reproduktion von Weiblichkeits- und Männlichkeitsbildern wiederum kann nur in Zusammenhang mit der Verankerung derselben in den Strukturen des Gesellschaftlichen wie z.B. dem Erwerbssystem gesehen werden.

Dies wird auch durch einen Blick auf die neu erschienene Studie „Die Rolle des Vaters in der Familie" (vgl. BMFSFJ 2001a) deutlich:[25] Wäh-

---

25 Die vom Staatsinstitut für Frühpädagogik im Auftrag des BMFSFJ durchgeführte Erhebung „Die Rolle des Vaters in der Familie" umfaßt 1.058 Befragte. Die Unterteilung der Befragten erfolgte in vier Gruppen: Kinderlose Paare (beide Geschlechter),

rend kinderlose Paare in erster Linie mehrheitlich eine partnerschaftliche Lösung anstreben, was die Vorstellungen über die Aufgabenverteilung mit einem Kind anbelangt und die Vorstellungen von Frauen und Männern diesbezüglich recht ähnlich sind (vgl. BMFSFJ 2001a: 8), so sind Paare im Übergang zur Elternschaft eher der Gefahr einer Traditionalisierung der Aufgabenteilung ausgesetzt. Insbesondere nach der Geburt läßt sich eine Abnahme der gleichmäßigen Partizipation der Aufgabenteilung zugunsten einer geschlechtsspezifisch ausdifferenzierten Aufgabenteilung beobachten. Diese Verschiebung wirkt sich auch auf die Partnerschaftsqualität und das Wohlbefinden aus: „Für die Partnerschaft scheint es förderlich zu sein, wenn sich auch der Mann von Zeit zu Zeit allein mit dem Kind beschäftigt." (a.a.O.: 11) Auch für Paare mit einem ersten Kind vor der Einschulung ist diese Beobachtung zutreffend: trotz mehrheitlich egalitärer Vorstellungen über familiale Aufgaben- und Arbeitsteilung ist in dieser Lebensphase eine zunehmende Ausdifferenzierung und damit Traditionalisierung zu konstatieren, die sich nach der Einschulung sogar noch verschärft. Fragen der familialen Arbeitsteilung werden offenbar spätestens mit der Geburt des ersten Kindes virulent. Trotz der beiderseitig vorhandenen egalitären Rhetorik führt dieses Ereignis in Kombination mit vorhandenen gesellschaftlich verankerten, dominanten Geschlechtsrollensstereotypen wie „Vater als Ernährer" zu einer real ungleichen geschlechtsspezifischen familiären Arbeitsteilung. Eine Einschränkung von Handlungsspielräumen für junge Frauen in Paarbeziehungen mit Kindern ist die Folge. Interessant erscheint in diesem Zusammenhang insbesondere der Befund, daß bei beiderseitiger Beteiligung am Erwerbsleben junge Väter sich mehr mit dem Kind beschäftigen als bei einseitig männlicher Beteiligung am Erwerbsleben.

Auch der Transfer unterschiedlicher Hilfeleistungen und finanzieller Transaktionen innerhalb der Herkunftsfamilie legt nahe, daß eine gestiegene Zustimmung zu egalitären Diskursen nicht folgerichtig entsprechende Alltagspraxen nach sich zieht. So belegt die Shell-Studie von 1992 nicht nur eine ungleiche Verteilung von finanziellen Transaktionen an Töchter und Söhne innerhalb der Herkunftsfamilie (vgl. Fischer/ Zinnecker 1992), sondern sieht in dem Geschlecht der Kinder und

---

Paare, die das erste Kind erwarten (beide Geschlechter), Familien mit einem ersten Kind vor der Einschulung (beide Geschlechter) und Familien mit einem jugendlichen Kind (Vater und ältestes Kind). Die Paare, die das erste Kind erwarten, wurden dreimal (1997, 6 Monate nach der Geburt und 20 Monate nach der Geburt) und die Familien mit einem ersten Kind kurz vor der Einschulung zweimal (1997: einen Monat vor und sechs Monate nach Einschulung des Kindes) befragt.

Jugendlichen einen maßgeblichen Prädiktor für die ungleiche Verteilung von Hilfeleistungen: „Jugendliche Mädchen und junge Frauen helfen ihren Eltern mehr, als Jungen und junge Männer dies tun. (Am meisten helfen dabei junge ostdeutsche Mädchen und junge Frauen.) Aber: Die Eltern helfen nicht den Töchtern, sondern den Söhnen mehr." (Fischer/ Zinnecker 1992: 289) Am stärksten von den innerfamiliären Hilfeleistungen profitieren westdeutsche junge Männer. Ostdeutsche junge Frauen wiederum sind von der Ungleichheit dieses Transfers am stärksten betroffen. Inwieweit es mittlerweile zu Angleichungstendenzen gekommen sein mag – der Erhebungszeitpunkt war kurz nach der deutschen Vereinigung – kann an dieser Stelle nicht beurteilt werden. Auffällig bleibt aber der besondere Status der ostdeutschen jungen Frauen in dieser Frage.

Zusammengefaßt belegt der bisherige Sachstand in erster Linie dreierlei: zum ersten, daß die gestiegene Zustimmung zu egalitären Diskursen nicht auch entsprechende Alltagspraxen nach sich zieht, zum zweiten und daraus folgend, daß diese ambivalente Gemengelage von parallel und gleichzeitig auftretenden Gleichheits- und Ungleichheitstendenzen am besten mit Paradoxien wie „ungleicher Gleichheit" (vgl. Oechsle/ Geissler 1998: 9) beschrieben werden kann und zum dritten, daß gerade auf dem Gebiet der familialen Arbeitsteilung noch ein langer Weg zu gehen ist, um auch nur annähernd von „Chancengleichheit" zwischen jungen Männern und jungen Frauen sprechen zu können.

3.9 Resümee und Ausblick

Die von Kaufmann festgestellte „strukturelle Rücksichtslosigkeit" (Kaufmann 1990: 132) der Gesellschaft gegenüber Familien, seien es herkömmliche Familienmodelle oder postfamiliale Lebensformen, hat unterschiedliche Auswirkungen für die Handlungsspielräume junger Frauen und Männer, die sich auch in den Ergebnissen widerspiegeln:

Die fortdauernde Existenz manifester geschlechtsspezifischer Unterschiede in den Bereichen Wohnformen, Auszugsverhalten, Familienstand und Partnerschaft trotz vorhandener Annäherungstendenzen: Junge Frauen ziehen eher von zu Hause aus, gehen früher Partnerschaften ein, wohnen eher mit einem Partner zusammen und heiraten eher als junge Männer. Diese geschlechtsspezifischen Unterschiede sind zumeist mit geschlechtsspezifischen Ungleichheiten verknüpft, die bereits in der Jugendphase zum Tragen kommen und von unterstellten und/oder tatsächlichen Wandlungs- und Individualisierungstendenzen nicht oder nur begrenzt nivelliert werden.

Im Bereich der Einstellungen zu Familie und Partnerschaft kommt der „Familie" hohe Bedeutung zu, was sich auch daran ablesen läßt, daß Partnerschaft und Familie oftmals als zwei Ausprägungen eines Gegenstandes wahrgenommen werden. Inwiefern hier von einem Bedeutungsanstieg oder einer gleichbleibend hohen Bedeutung gesprochen werden kann, ist auf Grund der disparaten Datenlage nicht abschließend zu klären. Träger/innen dieser hoher Zustimmung sind in erster Linie die jungen Frauen. Wünsche und Vorstellungen über Partnerschaft beziehen sich im wesentlichen auf das Moment der Treue zwischen den Partner/innen. Der Begriff der Familie könnte bei den jungen Frauen und jungen Männern einem Bedeutungswandel unterliegen, wie die in Abschnitt 3.3 dargestellte Entkopplung des Familienbegriffs vom Institut der Ehe nahelegen würde. Jenseits des herkömmlichen auf Familie und Beruf ausgerichteten doppelten Lebensentwurfs scheint es im dritten Lebensjahrzehnt zudem zu einer Diversifizierung von Lebensthemen und Lebensentwürfen zu kommen (vgl. Keddi et al. 1999).

Bezogen auf die familiale geschlechtsspezifische Arbeitsteilung gibt es geschlechterübergreifend einen tendenziellen Anstieg egalitärer Vorstellungen. Dieser Befund korrespondiert mit einer Angleichung der Zustimmung zu diesen Statements zwischen jungen Frauen und jungen Männern. Allerdings ist ein nach wie vor anhaltender „Nachholbedarf" der jungen Männer zu verzeichnen. Wie u.a. anhand der Analyse der Daten der Zeitbudgetstudie deutlich wurde, hat die gestiegene Zustimmung zu egalitären Vorstellungen kaum Auswirkungen auf die konkrete Praxis familialer vergeschlechtlichter Arbeitsteilung. Offensichtlich besitzt der Lebensbereich Familie und die in ihm ausgeübte ungleiche Arbeitsteilung im Vergleich zu anderen Lebensbereichen eine größere Resistenz gegenüber Modernisierungsprozessen (vgl. Oechsle 2000: 43). Die ungleiche Beteiligung an Hausarbeit und Kinderbetreuung setzt bereits in jungen Jahren ein und verschärft sich in den folgenden Jahren, wobei der Geburt des ersten Kindes offenbar eine Katalysatorfunktion zukommt (vgl. BMFSFJ 2001a). Neuere qualitative Untersuchungen (vgl. Koppetsch/Burkart 1999) weisen ebenfalls auf ein widersprüchliches Verhältnis zwischen Diskurs und Praxis hin. Obwohl also die gegenläufigen und ungleichzeitigen Tendenzen von Gleichheitsdiskurs und ungleicher Praxis auf ein ambivalentes und komplexes Verhältnis schließen lassen, kann an dieser Stelle als gesicherte Erkenntnis festgehalten werden, daß es im Bereich der institutionellen Unterstützung und

Absicherung von Lebensentwürfen junger Frauen und junger Männer jenseits traditionaler Lebensformen erhebliche Defizite gibt. Vor dem Hintergrund der geschlechtsspezifischen Arbeitsteilung in Partnerschaften mit oder ohne Elternschaft sind junge Frauen von diesen Defiziten eindeutig mehr betroffen als junge Männer. Insofern kann es trotz aller ermutigender Anzeichen für eine gestiegene Akzeptanz von Chancengleichheit in Partnerschaft und Familie keine „Entwarnung" geben.

Die im vorherigen Abschnitt dargestellten Ambivalenzen zwischen Egalitätsdiskurs und ungleicher Praxis zwischen jungen Frauen und jungen Männer sollten nicht nur Anlaß sein, immer wieder über die Wahl der adäquaten Mittel zur Umsetzung von Chancengleichheit von Frauen und Männern gezielt nachzudenken, sondern auch Motivation genug sein, den Fokus verstärkt auf die möglichen Ursachen dieser Widersprüche zu richten. Nach Oechsle sind diese

> „die nach wie vor bestehenden Lohndifferenzen zwischen den Geschlechtern, die mit der traditionellen männlichen Berufsbiografie verbundenen normativen Erwartungen an eine kontinuierliche Vollzeiterwerbstätigkeit des Mannes und an eine durch familiäre Aufgaben nicht eingeschränkte Verfügbarkeit für berufliche Anforderungen, normative Vorstellungen über die (primäre) Zuständigkeit von Frauen für die alltägliche Sorge, aber auch Orientierungen und Leitbilder der jungen Frauen selbst" (Oechsle 2000: 44).

Vor allem dem letzten Punkt, also den Orientierungen junger Frauen, sollte verstärkte Aufmerksamkeit geschenkt werden, ohne von fragwürdigen Vorausnahmen auszugehen, die auf eine ungebrochene Wahrnehmung struktureller Ungleichheiten durch junge Frauen abzielt. Vielmehr wäre zu fragen, *ob* und *wie* junge Frauen geschlechtsspezifische Ungleichheiten wahrnehmen? Offenbar ist ein wichtiger Grund für die nur selektive Wahrnehmung geschlechtsspezifischer Ungleichheiten im Jugendalter in der relativen Dominanz von Gleichheitserfahrungen in Herkunftsfamilie und Bildungssystem zu sehen ist (vgl. Oechsle 2000: 49). Damit ist aber nicht gesagt, daß junge Frauen grundsätzlich „blind" gegenüber Ungleichheitserfahrungen sind und ihre eigentliche Lage nicht durchschauen können. Vielmehr erleben sich die meisten jungen Frauen in dieser Lebensphase als prinzipiell gleichberechtigt und emanzipiert und können dadurch auch zusätzliche Handlungsspielräume gewinnen:

> „Zumindest in ihrem persönlichen Fall glauben junge Frauen oft, objektive Strukturen durch individuelles Handeln außer Kraft setzen zu können. Sie verkennen damit systematisch ihre Situation, geraten damit

aber in eine überzogene oder illusorische Akteursposition. Auch wenn sie die Machtbalancen damit nicht gründlich außer Kraft setzen, gewinnen sie subjektiv einen Spielraum." (Metz-Göckel 1998: 272)

Wie aber wirken sich diese Befunde auf die nachfolgenden Lebensphasen junger Frauen und junger Männer aus? Welche Ausblicke gestatten sie auf die Geschlechterverhältnisse künftiger Generationen? Hält man sich vor Augen, daß in den späteren Altersgruppen geschlechtsspezifische Ungleichheiten stärker wahrgenommen werden als in jüngeren, so scheint es einleuchtend, daß in späteren Lebensabschnitten die Vereinbarkeitsproblematik als dringlicher, insbesondere von Frauen, empfunden wird. Diese mit zunehmendem Alter einhergehende verstärkte Wahrnehmung und Bewußtwerdung geschlechtsspezifischer Ungleichheiten hat ihre Ursache in der Lebensphase des mittleren Erwachsenenalters, in der Fragen der Familiengründung und der Existenzsicherung durch Beteiligung am Erwerbsleben verstärkt in den Vordergrund drängen. So belegen Umfragen, daß der Stand der Gleichberechtigung in der Altersgruppe der 35- bis 44jährigen am kritischsten beurteilt wird (vgl. Bode 1999: 19 ff). Da aber auf der Basis dieser (Querschnitts-) Daten nicht geklärt werden kann, ob es sich um Alters- oder Generationeneffekte handelt, muß an dieser Stelle vorsichtig und behutsam argumentiert werden. Das heißt, es ist weder mit Eindeutigkeit davon auszugehen, daß junge Frauen in späteren Lebensphasen von der Vereinbarkeitsproblematik „eingeholt" werden, noch ist davon auszugehen, daß junge Frauen in späteren Lebensphasen von dieser Problematik unberührt gelassen werden. Vielmehr verweist diese nicht zu klärende Frage über die junge Frauengeneration heute und ihre Wahrnehmung struktureller Ungleichheiten in zukünftigen Lebensphasen auf einen erheblichen Forschungsbedarf.

4. Freizeit – freie Zeit für junge Frauen und Männer?

Waltraud Cornelißen

4.1 Fragestellung

Um die Entwicklungschancen und -barrieren abschätzen zu können, die der Freizeitbereich heute für junge Frauen und Männer bietet, wird sich dieses Kapitel der Frage widmen, ob Jungen und Mädchen bzw. junge Frauen und Männer in ähnlichem Umfang über Freizeit verfügen, ob freie Zeit also gerecht verteilt ist. Auch wird hier der Frage nachgegangen, wie wichtig Jugendlichen die Freizeit neben anderen Lebensbereichen ist und ob die Jugendlichen mit ihren zeitlichen und finanziellen Spielräumen und mit den Freizeitangeboten zufrieden sind.

Ausführlicher wird das Kapitel dann der Frage nachgehen, wie Mädchen und Jungen bzw. junge Frauen und Männer ihre Freizeit nutzen, ob sie deren Gestaltung noch an traditionellen Geschlechtergrenzen orientieren und so selbst zur Konstruktion von Geschlechterdifferenzen beitragen.

Freizeit hat immer auch eine soziale Dimension. Deshalb soll den Freundschaften und Freizeitcliquen Beachtung geschenkt werden und der Ausbildung gemeinschaftlicher Freizeitmuster. Aufmerksamkeit verdienen auch die Orte der Freizeitgestaltung, gelten doch private Räume traditionell als geschützte Räume für Mädchen bzw. Frauen und öffentliche Räume primär als Orte für Männer. Zum Schluß des Kapitels soll dargelegt werden, welche Folgen die gegenwärtig feststellbaren geschlechtsspezifischen Freizeitmuster für die Handlungsspielräume und Lebenschancen von jungen Frauen und Männern haben.

Die Freizeitgestaltung Jugendlicher wird hier als ein Handlungsfeld begriffen, das für die Jugendlichen von hoher biografischer Bedeutung ist. Die heute in der Sozialisationsforschung betonte Bedeutung der „Selbst-Bildung in sozialen Praktiken" (vgl. Bilden 1991) könnte in der Freizeit einen prominenten Ort haben. Auch die Jugendforscher/innen, die Jugend als „zweite Chance" begreifen, nämlich als Chance, Entwicklungspotentiale zu entfalten, die die Familie nicht förderte, setzen auf die

Anregungen und Herausforderung in erweiterten Erfahrungsräumen, sowie auf die Anstöße, die neue enge Beziehungen in der Jugendphase geben (vgl. Böhnisch/Winter 1993: 78 ff).

Es ist davon auszugehen, daß ein großer Teil von grundlegenden Kompetenzen zur Lebensbewältigung in den Jugendjahren im Freizeitbereich erworben und fortentwickelt wird, zum Beispiel der Umgang mit zunächst fremden Personen, die Orientierung in unbekanntem geographischem Terrain, die Erprobung des eigenen Mutes und der eigenen Kräfte in riskanten Situationen, das Austragen von Konflikten in Freundschaften, die Erprobung der eigenen sexuellen Attraktivität und der Fähigkeit zur Anbahnung und Aufrechterhaltung sexueller Beziehungen.

In diesem Sinne sind jeder Discobesuch, der Wochenendtrip, wie die Auslandsreise, die Wahl und die Aufrechterhaltung von Freundschaften, die Zusammenschlüsse und Zerwürfnisse in Cliquen, die Gründung einer Band, der Besuch eines Jugendtreffs oder eines Sportvereins sowie die Eroberung der Straßenöffentlichkeit von hoher sozialisatorischer Bedeutung. Hier werden Entwicklungsprozesse angestoßen, Kompetenzen auf die Probe gestellt und das Wahrnehmungsspektrum der Jugendlichen und ihre Unabhängigkeit von elterlicher Kontrolle und Unterstützung gestärkt. Die Jugendlichen schaffen sich mit ihrer Freizeitgestaltung die Grundlage für Kontakt- und Kooperationsmöglichkeiten, für Lern- und Erfahrungswelten sowie für Muße- und Regenerationsspielräume. Sie bauen soziale Netze auf, in denen sie Orientierung für neue Handlungsfelder finden, gleichzeitig aber auch soziale Sicherheit in bewährten Beziehungen erleben. Freizeitaktivitäten können eine wichtige Brücke auf dem Weg in ein optionsreiches, individualisiertes Erwachsenenleben sein. Gleichzeitig bergen sie Risiken für junge Frauen und Männer, auf dem Weg zu einem eigenständigen Leben in sozialer Integration zu scheitern.

Auch unmittelbar berufsrelevante Fähigkeiten werden in der Freizeit erworben. Das Erlernen eines Musikinstrumentes, die Erprobung der eigenen gestalterischen Fähigkeiten, das regelmäßige Training im Sportverein, die Aneignung von Computer- oder Sprachkenntnissen mag für einen Teil der Jugendlichen Grundlage für ein Hobby sein, für andere aber zu einer wichtigen Voraussetzung für ihren Erfolg in Ausbildung und Beruf werden.

„Freizeit" gilt im Alltagsverständnis als jene Zeit, in der Menschen ihre Aktivitäten frei wählen können. Will sich die Forschung diesem Gegenstand systematisch zuwenden, so ist sie auf Befragungen angewiesen und mehr noch auf Befragte, die ihre Zeitverwendung in den Kategorien „frei gewählt" bzw. „notwendig" ordnen (können und wollen) und dabei nach Möglichkeit einheitlich vorgehen. Diese Voraussetzungen sind allerdings nur begrenzt gegeben. Vielen fällt es schwer, jenseits von Schulpflicht und vertraglich festgelegten Ausbildungs- und Arbeitszeiten „notwendige" von „frei gewählten" Aktivitäten zu unterscheiden. Der Besuch bei den eigenen Eltern, die Fachlektüre im Urlaub, das Blumengießen für die Nachbarin, der Einkaufsbummel, der Zoobesuch mit den eigenen Kindern können als „frei gewählte" Aktivitäten verstanden werden, aber auch als pflichtgemäße, an Rollen gebundene Aktivitäten.[1]

Die Freizeitforschung konstatierte in den letzten Jahrzehnten einerseits einen enormen zeitgeschichtlichen Zuwachs an „Freizeit", gleichzeitig aber ein anhaltendes Gefühl des Mangels an frei verfügbarer Zeit. Von 1952 bis 1992 soll die durchschnittliche Freizeit der bundesrepublikanischen Bevölkerung von zwei auf vier Stunden täglich gestiegen sein. Es wird allerdings vermutet, daß sich zwischen die traditionelle „Arbeitszeit" und die „Freizeit" vermehrt „Obligationszeiten" (Wege, Erledigungen, Körperpflege, Eigenarbeit, Fortbildung, Do-it-yourself) und Zeiten zur Vorbereitung der eigentlichen Freizeitaktivitäten und „Erlebnisstreß" geschoben haben, die die Zunahme an „eigentlicher" Freizeit aufgezehrt haben (vgl. Müller-Wichmann 1985, Opaschowski/Duncker 1997: 21). Das subjektive Gefühl eines ständigen Mangels an Freizeit hat sich in der Bevölkerung jedenfalls nicht verringert (vgl. Oesterdiekhoff/Papcke 1999: 21 f).

4.2 Die subjektive Bedeutung von Freizeit

Auch wenn das Verständnis von Freizeit heute diffuser denn je sein dürfte, gehört die Freizeit gegenwärtig zu den Lebensbereichen, denen gerade von seiten junger Menschen eine sehr hohe Bedeutung beigemessen wird. Dies zeigen zwei große repräsentative Jugendstudien, der DJI-Jugendsurvey und die aktuelle Shell-Studie. Wie die beiden Befragungswellen des DJI-Jugendsurvey belegen, sind sowohl 1992 als auch 1997 über 90% der 16- bis 23jährigen der Auffassung, Freizeit und Erholung sei wichtig. Solch breite Zustimmung findet in dieser Altersgruppe

---

[1] Opaschowski ermittelte 1992 viele Aktivitäten, die von einem Teil der Befragten „in jedem Fall" als Freizeitaktivitäten verstanden wurden, von anderen „teilweise" und von wieder anderen „gar nicht" als Freizeit empfunden wurden (vgl. Opaschowski 1992: 10).

weder die „Wichtigkeit" der Schul- und Berufsausbildung noch die von Eltern und Geschwistern. Nur der Lebensbereich „Freunde und Bekannte" wird von einem noch größeren Anteil 16- bis 23jähriger für „wichtig" gehalten (vgl. Gille 2000).

Abbildung 4.1: Wichtigkeit von Freizeit und Freunden* bei 16- bis 29jährigen nach Altersgruppen und Geschlecht 1992 und 1997 (in %)

	16-19 Jahre		20-23 Jahre		24-29 Jahre	
	Frauen	Männer	Frauen	Männer	Frauen	Männer
1992 (N = 7.090)						
Freizeit und Erholung	91,0	90,9	91,0	90,5	87,9	89,4
Freunde und Bekannte	93,7	93,0	93,9	91,9	92,9	92,5
1997 (N = 6.919)						
Freizeit und Erholung	93,3	92,5	89,9	84,0	89,6	89,0
Freunde und Bekannte	95,5	95,2	95,0	96,3	95,4	95,0

* Fragetext: „Wie wichtig sind für Sie persönlich die einzelnen Lebensbereiche auf dieser Seite?". Antwortskala von 1 (überhaupt nicht wichtig) bis 7 (sehr wichtig). Dargestellt sind die Anteile von Befragten, die die Skalenpunkte 5 bis 7 gewählt haben.

Quelle: Eigene Berechnungen nach Daten des DJI-Jugendsurvey 1992, 1997

Abbildung 4.1 zeigt, daß die Freizeitorientierung der Jugendlichen mit dem Alter leicht abnimmt. 1992 war dieser Trend fast nur bei den jungen Frauen zu beobachten, 1997 zeigt er sich bei beiden Geschlechtern in sehr ähnlichem Ausmaß. Unterschiede zwischen der Freizeitorientierung in Ost und West erweisen sich als nicht signifikant.

Ebenfalls um den Stellenwert, den Jugendliche ihrer Freizeit beimessen, auszuloten, fragt die jüngste Shell-Studie junge Leute nach ihrer Zustimmung zu folgendem Statement: „Das Wichtigste im Leben ist mir, Zeit für mich selbst zu haben und eigene Interessen und Hobbys zu entwickeln". Dieses Statement verlangt eine forciertere Stellungnahme zugunsten des Freizeitbereichs als die Aufforderung des DJI-Jugendsurveys, die Lebensbereiche nach ihrer Wichtigkeit zu bewerten. Im Widerspruch zu den 1997 im DJI-Survey ermittelten Ergebnissen werden bei den Antworten auf diese Frage regionale und geschlechtsspezifische Differenzen sichtbar (vgl. Abbildung 4.2). Junge Männer im Westen messen ihrer Freizeit offensichtlich viel häufiger als junge Frauen im Osten höchste Priorität zu.[2]

Abbildung 4.2: Verabsolutierende Freizeitorientierung* bei 15- bis 23jährigen nach Geschlecht in West- und Ostdeutschland 1999 (in %)

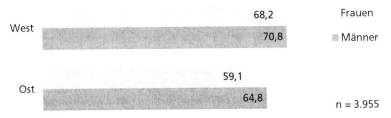

* Statement: „Das Wichtigste in meinem Leben ist mir, Zeit für mich selbst zu haben und eigene Interessen und Hobbys zu entwickeln." Antwortvorgaben: „Stimmt mit meinen Vorstellungen/meinem Leben..." 1 „gar nicht überein", 2 „weniger überein", 3 „überein", 4 „sehr überein". Dargestellt sind die Anteile von Befragten, die die Antwortvorgaben 3 und 4 gewählt haben.

Quelle: Eigene Berechnungen nach Daten der Shell-Studie 2000

Auch die Antworten auf eine andere Frage in der Shell-Studie 2000 zeigen, daß die jungen Männer im Westen sehr viel häufiger eindeutig Prioritäten zugunsten ihrer Freizeit setzen als etwa junge Frauen im Osten (vgl. Abbildung 4.3).

Die tendenziell widersprüchlichen Ergebnisse aus dem DJI-Survey und der Shell-Studie lassen sich eventuell damit erklären, daß die Fragen bzw. Statements Stimuli setzen, auf die Jugendliche unterschiedlichen Geschlechts und solche aus unterschiedlichen Teilen Deutschlands unterschiedlich reagieren. Die jungen Frauen stimmen den zugespitzt formulierten Freizeitansprüchen seltener zu als die jungen Männer, obwohl sie die Wichtigkeit des Freizeitbereichs und der Erholung (*neben anderen Lebensbereichen*) – wie sie der DJI-Survey erfragt – doch wie die jungen Männer gerne betonen. Ähnliches gilt auch insgesamt für die ostdeutsche Bevölkerung im Vergleich zur westdeutschen. Insgesamt belegen die Daten, daß west- und ostdeutsche Jugendliche beiderlei Geschlechts ein gleichgroßes Interesse an Freizeit und Erholung haben. Wenn sie aber gezwungen werden, ihre Wünsche nach Freizeit gegen

---

2 Ob sich in diesen Antwortmustern handlungsrelevante Einstellungen zu Freizeit und anderen Lebensbereichen abbilden oder ob Geschlechtsstereotype wie Bescheidenheit und Fürsorglichkeit Frauen besonders im Osten daran hindern, ebenso selbstverständlich wie Männer ihr Freizeitbedürfnis zu artikulieren, muß dahingestellt bleiben.

Wünsche in anderen Lebensbereichen abzuwägen, so zeigen sich die jungen Frauen (besonders im Osten) und zum Teil auch die jungen Männer im Osten seltener entschlossen als die jungen Männer im Westen, ihrem Muße- und Regenerationsspielraum den Vorrang zu geben. Ob die geschlechtsspezifischen Antwortmuster nur einer situativen Anpassung junger Frauen an traditionelle Geschlechtsrollenstereotype in der Befragung entspringen, oder ob junge Frauen (besonders im Osten) im Rahmen ihrer alltäglichen Lebensführung tatsächlich eher als junge Männer bereit sind, „eigene" Zeit zugunsten verpflichtender Aufgaben einzuschränken, werden die im Abschnitt 4.3 referierten Ergebnisse zeigen.

Abbildung 4.3: Hedonistische Freizeitorientierung* bei 15- bis 23jährigen nach Geschlecht in West- und Ostdeutschland 1999 (in %)

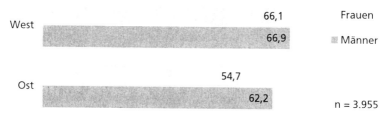

* Statement: „Ich lebe nicht um zu arbeiten, wichtiger ist mir, daß ich in der Freizeit allein oder mit Freunden das Leben genießen kann." Antwortvorgaben: „Stimmt mit meinen Vorstellungen/meinem Leben…" 1 „gar nicht überein", 2 „weniger überein", 3 „überein", 4 „sehr überein". Dargestellt sind die Anteile von Befragten, die die Antwortvorgaben 3 und 4 gewählt haben.
Quelle: Eigene Berechnungen nach Daten der Shell-Studie 2000

4.3 Zum Umfang und zur Zufriedenheit mit der Freizeitgestaltung

Angesichts der Schwierigkeiten, „Freizeit" zu erheben, kann man mit keinem wissenschaftlichen Konsens über den Umfang der Freizeit von Bundesbürger(inne)n rechnen. Zu beliebig scheint bisher die Interpretation von Aktivitäten jenseits arbeitsvertraglich geregelter Arbeitszeiten zu sein. Zeitbudgetstudien laufen noch immer Gefahr, die Freizeit derjenigen zu überschätzen, die die private Alltagsarbeit verrichten, nicht zuletzt deshalb, weil diese Personen selbst ihre routinemäßige technisch-praktische Arbeit, ihre Planungs-, Organisationsarbeit, ihre Konsum-, Beziehungs- und Sozialisationsarbeit vermutlich selbst unterschätzen (vgl. Müller-Wichmann 1985: 470). Dies gilt wahrscheinlich auch für die Zeitbudgetstudie des Statistischen Bundesamtes, auf die bei der folgenden Darstellung mehrfach zurückgegriffen wird.[3] In dieser Studie wurden Tagebuchaufzeichnungen zweier aufeinanderfolgender Tage von Personen ab 12 Jahren u.a. dazu genutzt, ihre Zeitbudgets für Basisverpflichtungen (Erwerbstätigkeit, Ausbildung, hauswirtschaftliche und handwerkliche Tätigkeiten) von Regenerationsphasen (Essen, Schlafen) und der Freizeit zu unterscheiden. Dabei ordnete ein Forschungsteam die aufgezeichneten Aktivitäten den genannten Bereichen nach einem *allgemeinen* Schema zu.[4]

Da sich die Zeitbudgeterhebung des Statistischen Bundesamtes nicht auf Jugendliche beschränkte, ermöglicht sie einen Vergleich mit der erwachsenen Bevölkerung. Danach gehören Jugendliche mit einem Freizeitbudget von bis zu 6 Stunden täglich eindeutig zu der Altersgruppe mit den größten zeitlichen Spielräumen (vgl. Abbildung 4.4).

Die hier abgebildeten Ergebnisse zeigen, daß Frauen 1992 über alle Altersgruppen hinweg deutlich weniger Zeit für Freizeitaktivitäten hatten als die jeweils gleichaltrigen Männer und daß junge Frauen schon bevor die aktive Familienphase in breitem Umfange einsetzt, täglich über deutlich weniger Freizeit verfügen als junge Männer.[5]

---

3 Diese Studie ist die bislang aktuellste Repräsentativität anstrebende Erhebung zur Zeitverwendung in Deutschland. Die Befragung erfolgte zu vier Erhebungszeiträumen vom Herbst 1991 bis zum Sommer 1992 bei Personen ab 12 Jahren in 7.200 Haushalten. In Tagebuchaufzeichnungen beschrieben die Teilnehmer/innen der Untersuchung ihre Aktivitäten mit eigenen Worten, wobei als zeitliche Untergrenze für die einzelnen Aktivitäten 5 Minuten vorgegeben waren. Die Hauptaktivität und eine gleichzeitig ausgeübte weitere Aktivität konnten getrennt eingetragen werden.

4 Ehlich beschreibt die Zuordnung wie folgt. „Danach zählen die folgenden Aktivitäten zur Freizeit: direkte Gespräche und Kontakte, Telefonate, Geselligkeit wie z.B. zu Besuch gehen, Besuch empfangen, Familienfestlichkeiten oder Ausgehen, Ausflüge, Mediennutzung wie z.B. Fernsehen, Radio hören, Lesen, Spiel und Sport, Musik und Kultur. Nicht zur Freizeit zählen in unserer Studie die hauswirtschaftlichen und handwerklichen Arbeiten, ehrenamtliche Tätigkeiten, Zeiten, die mit Kinderbetreuung zugebracht werden und der gesamte Bereich physiologischer Regeneration wie z.B. Schlafen, Essen und Körperpflege." (vgl. Ehlich 1996: 221)

5 Die Ergebnisse der Mädchenstudie '82 deuteten darauf hin, daß die 14- bis 19jährigen jungen Frauen mit zunehmendem Alter zum Teil in erheblichem Umfang Hausarbeit leisten. 25% der 18jährigen Mädchen gaben an, mehr als 10 Stunden Hausarbeit pro Woche zu leisten (vgl. Brigitte: Mädchen '82, Tabellenband: 42). Auch 1996 erweist sich in einer Münsteraner Jugendstudie die Freizeit von Mädchen und jungen Frauen gegenüber der von jungen Männern als beschränkter. Für Jungen wird am Wochenende eine durchschnittliche Freizeit von 19,9 Stunden errechnet, für die gleichaltrigen Mädchen und Frauen (16 bis 29 Jahre) ein Budget von 18,2 Stunden (vgl. Oesterdiekhoff/Papcke 1999: 21). Strzoda und Zinnecker kommen 1996 zu dem

Die unausgewogene Verteilung von Freizeit zwischen den Geschlechtern erklärt sich in der Zeitbudgetstudie mit dem Befund, daß Mädchen schon ab dem 12. Lebensjahr – ausgeprägter nach dem 15. Lebensjahr – und junge Frauen ab dem 20. Lebensjahr deutlich mehr Verpflichtungen in Haushalt und Familie wahrnehmen. Während 20- bis 25jährige Männer täglich durchschnittlich eine Stunde Hausarbeit und Kinderbetreuung leisten, nehmen diese Aufgaben 2 ¾ Stunden des Zeitbudgets gleichaltriger Frauen in Anspruch (vgl. Statistisches Bundesamt/ Holz 1998: 690).[6]

Abbildung 4.4: Freizeitbudget nach Geschlecht und Altersgruppen (in Stunden: Minuten pro Tag)

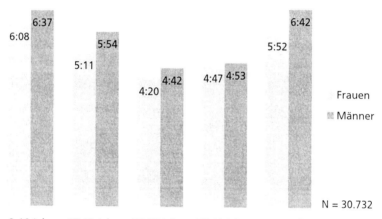

Quelle: Eigene Berechnungen nach Daten der Zeitbudgeterhebung des Statistischen Bundesamtes 1991/92

In den neuen Bundesländern war 1992, kurz nach der Vereinigung, die Freizeit junger Frauen und Männer deutlich knapper als im Westen, und sie war zwischen jungen Männern und Frauen für letztere noch ungün-

---

Ergebnis, daß Jungen zwischen 15 und 20 Jahren an normalen Werktagen 5,4 Stunden Freizeit zur Verfügung stehen, den gleichaltrigen Mädchen dagegen 5,0 Stunden (Strzoda/Zinnecker 1996, zit. nach Lange 1997: 90).
6 Ergebnissen einer Repräsentativumfrage des B.A.T. Freizeit-Forschungsinstituts zufolge war diese Arbeitsteilung Ende der 80er Jahre zumindest beim berufstätigen Teil der Bevölkerung im Fluß. Die Freizeit berufstätiger Frauen nahm zwischen 1988 und 1991 um eine knappe Viertelstunde zu, die der Männer sank um diesen Betrag (vgl. Opaschowski 1992: 9). Eine derzeit vorbereitete neuerliche Zeitbudgetstudie des Statistischen Bundesamtes wird klären können, ob ein solcher Trend auch für die 90er Jahre zu bestätigen ist.

stiger verteilt (vgl. Abbildung 4.5). Eine Ursache hierfür könnte die in der DDR damals früher einsetzende Familiengründung sein, die Frauen biografisch noch einmal früher als junge Männer traf und das Freizeitbudget junger Frauen – der familiären Arbeitsteilung entsprechend – noch stärker einschränkte als das der jungen Männer (vgl. hierzu auch Kapitel 3). Ein erhöhter Orientierungs- und Regelungsbedarf im gesellschaftlichen Umbruch Anfang der 90er dürfte die Freizeit junger Leute im Osten auch ohne Familienpflichten zusätzlich eingeschränkt haben.

Abbildung 4.5: Freizeitbudget von 12- bis 23jährigen nach Geschlecht in West- und Ostdeutschland (in Stunden: Minuten pro Tag)

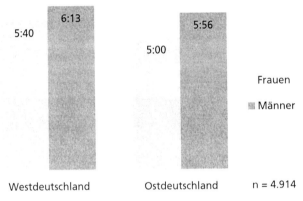

Quelle: Eigene Berechnungen nach Daten der Zeitbudgeterhebung des Statistischen Bundesamtes 1991/92

Strzoda und Zinnecker kommen in ihrer Studie zu dem Ergebnis, daß sich das Freizeitbudget der Jugendlichen von 1990 bis 1996 um gut eine dreiviertel Stunde verringerte, die für das Lernen aufgewandte Zeit sich aber um eine Stunde erhöhte (vgl. Strzoda/Zinnecker 1996: 284 f.).

Auch in der subjektiven Beurteilung der zur Verfügung stehenden Freizeit, die die IPOS-Studie 1995 und 1999 erhob, verschärfte sich die Zeitknappheit der 14- bis 27jährigen in Ost und West seit 1995. In beiden Landesteilen stieg der Anteil derer, die angaben, wenig Freizeit zu haben. Die befragten jungen Frauen sind sich der Knappheit ihres Budgets besonders bewußt. Unter jungen Eltern ist der Anteil derer, die noch von sich sagen, sie hätten viel Freizeit, besonders gering (vgl. IPOS-Bericht 1999: B25 und Sonderauswertung für 1999).

Das persönliche Freizeitbudget von potentiell benachteiligten 14- bis 27jährigen, zu denen die IPOS-Studie Arbeitslose und Hauptschüler bzw. Hauptschulabsolventen rechnet, ist deutlich größer als das der 14-

bis 27jährigen insgesamt. Dieser Effekt entsteht vor allem dadurch, daß junge Arbeitslose besonders häufig angeben, viel Freizeit zu haben (vgl. IPOS-Bericht 1999: 135).

4.4 Restriktionen für die Freizeitgestaltung junger Frauen und Männer

Obwohl die 14- bis 23jährigen Jugendlichen im Vergleich zur Gruppe der Erwachsenen gemäß verschiedener Zeitbudgetstudien über vergleichsweise viel Freizeit zu verfügen scheinen, geben Jugendliche die Begrenztheit ihres Freizeitbudgets doch mit Abstand als gravierendste Restriktion ihrer Freizeitmöglichkeiten an (vgl. IPOS 1999: 66). Der von immer neuen Freizeittrends genährte Freizeitbedarf junger Frauen und Männer ist selbst in dem lockeren Zeitkorsett der Jugendlichen nur zum Teil zu decken. Neben Zeitknappheit beschränken zu große Entfernungen zum Freizeitangebot, fehlendes Geld und das Fehlen des gewünschten Freizeitangebotes nach Auskunft der jungen Leute ihre Freizeitmöglichkeiten (vgl. Abbildung 4.6).

Die Herkunftsfamilie scheint die Freizeitgestaltung nicht einmal in der Altersgruppe der 14- bis 19jährigen gravierend zu beschneiden.[7] Die Familie wird erst von höheren Altersgruppen in breiterem Umfang als ein Faktor wahrgenommen, der Freizeitmöglichkeiten beschränkt. Dabei kann man davon ausgehen, daß solche Restriktionen in diesem Alter nicht mehr von der Herkunftsfamilie, sondern von der selbst gegründeten Familie ausgehen. Falls es ein stärkeres Kontrollbedürfnis von Eltern gegenüber ihren Töchtern gibt – wie bisher gerne angenommen wurde –, so wird dieses von den Mädchen anscheinend kaum als zusätzliche Einschränkung erlebt. Von den Beschränkungen, die die eigene Familiengründung für die Freizeitgestaltung mit sich bringt, zeigen sich junge Frauen allerdings deutlich häufiger betroffen als junge Männer (vgl. Abbildung 4.6).

---

7 Die Befragungsergebnisse vermitteln den Eindruck, daß ein sehr großer Teil der Eltern mit den Freizeitaktivitäten ihrer Töchter und Söhne einverstanden ist und ihnen freie Hand läßt und/oder daß die Jugendlichen die Ge- und Verbote ihrer Eltern zum großen Teil als so plausibel erleben, daß sie die elterlichen Anweisungen vergleichsweise selten als Einschränkung wahrnehmen. Möglich wäre allerdings auch, daß es Jugendliche schon relativ früh verstehen, ihr Freizeitverhalten elterlicher Kontrolle zu entziehen. Ein offener Konflikt um die Freizeitgestaltung der 14- bis 19jährigen scheint jedenfalls selten.

Abbildung 4.6: Restriktionen für die Freizeitgestaltung*
von 14- bis 27jährigen nach Altersgruppen und Geschlecht
in West- und Ostdeutschland 1999 (in %)

N = 1.309	14 bis 23 Jahre		24 bis 27 Jahre	
	Frauen	Männer	Frauen	Männer
	Westdeutschland			
zu wenig Zeit	60,8	62,4	82,7	79,0
zu große Entfernung	50,6	43,7	37,2	31,9
fehlendes Angebot	41,0	41,2	22,3	15,3
fehlendes Geld	38,1	34,7	26,8	34,2
die Familie	14,8	12,6	39,4	12,0
Sonstiges	2,3	4,7	4,2	6,3
	Ostdeutschland			
zu wenig Zeit	64,4	60,0	77,6	83,9
zu große Entfernung	55,0	43,9	40,6	35,4
fehlendes Angebot	58,3	46,5	36,2	38,6
fehlendes Geld	57,4	48,1	33,7	52,4
die Familie	10,9	10,6	33,8	18,8
Sonstiges	2,0	2,5	4,6	0,5

* Fragetext: „Wodurch werden Ihre Freizeitmöglichkeiten eingeschränkt, durch fehlendes Geld, fehlendes Angebot, zu wenig Zeit, große Entfernungen oder durch die Familie?"
Quelle: Sonderauswertung der Daten der IPOS-Jugendstudie 1999

Abbildung 4.6 zeigt, daß sich die Jugendlichen und jungen Erwachsenen im Osten von manchen Restriktionen härter betroffen fühlen als ihre Altersgenossen und Altersgenossinnen im Westen. Anfang der 90er Jahre waren diese West-Ost-Diskrepanzen noch wesentlich größer. Damals klagten noch deutlich mehr junge Leute im Osten über fehlendes Geld, mangelnde Freizeitangebote und Beschränkungen, die sich für sie aus familiären Verpflichtungen ergaben. Diese Beschränkungen haben sich für sie gelockert, der Zeitmangel dagegen, der Anfang der 90er im Westen die herausragende Freizeitbeschränkung darstellte, wurde inzwischen auch für die Jugendlichen im Osten zum gravierendsten Hindernis, Freizeitmöglichkeiten zu nutzen (vgl. IPOS-Bericht 1203: B26 und Sonderauswertung 1999).

Die Freizeitmöglichkeiten Jugendlicher im Osten scheinen 1999 immer noch sehr viel häufiger als im Westen durch fehlendes Geld eingeschränkt. Im Osten mangelt es häufiger auch an den Angeboten, die sich die jungen Leute wünschen oder die gewünschten Einrichtungen sind zu weit entfernt (vgl. Abbildung 4.6). Im Westen zeigen sich die uns besonders interessierenden 14- bis 23jährigen Frauen aus mehreren Gründen häufiger als die gleichaltrigen Männer in ihrer Freizeitgestaltung eingeschränkt, vor allem dadurch, daß sich das gewünschte Angebot in zu großer Entfernung von ihrem Wohnort befindet. Auch im Osten zeigt sich diese Zielgruppe gegenüber den gleichaltrigen Männern benachteiligt. Die jungen Frauen im Osten klagen nicht nur besonders häufig darüber, daß die Freizeitangebote, für die sie sich interessieren, zu weit entfernt liegen. Sie geben darüber hinaus deutlich häufiger als die gleichaltrigen Männer in ihrer Region an, daß die gewünschten Angebote überhaupt fehlen. Sie fühlen sich zudem zu einem besonders großen Teil (57%) auch durch ihre knappen finanziellen Mittel beschränkt. Eine Angleichung der Freizeitmöglichkeiten in Ost und West steht offensichtlich erst noch aus. Die 14- bis 23jährigen Frauen scheinen vom Fehlen einer entsprechenden Infrastruktur im Osten besonders betroffen. Dies hätte die Stadtplanung unbedingt zu beachten.

Die 24- bis 27jährigen beklagen weniger die fehlende Infrastruktur als die Knappheit individueller Ressourcen, so den Zeitmangel und die Beschränkungen durch die eigene Familie. Während dies besonders die Frauen dieser Altersgruppe betrifft, sehen sich die Männer dieser Altersgruppe ganz besonders häufig im Osten durch fehlendes Geld in ihren Freizeitmöglichkeiten beeinträchtigt.

Die Jugendlichen, die arbeitslos sind und/oder nur einen Hauptschulabschluß besitzen oder anstreben und deshalb von IPOS zu der benachteiligten Personengruppe gerechnet werden, beklagen zwar seltener, zu wenig Zeit zu haben, statt dessen erleben sie häufiger familiäre Restriktionen und beklagen häufiger, daß Geldmangel die Möglichkeiten ihrer Freizeitgestaltung einschränkt. Im Osten gilt letzteres für 70% (!) der 14- bis 27jährigen Benachteiligten (vgl. IPOS-Bericht 1999: 136).

Wie keine andere Altersgruppe fühlen sich Jugendliche mehr als ihnen lieb ist bei ihrer Freizeitgestaltung von Angeboten abhängig, die Geld kosten. Dies bestätigen im Jahr 2000 53% der 14- bis 24jährigen Frauen und 64% der gleichaltrigen Männer (Quelle: Sonderauswertung der Repräsentativbefragung des B.A.T. Freizeit-Forschungsinstituts 2000). Gegenüber 1995 scheint dieser Prozentsatz deutlich gewachsen (vgl. Opaschowski 2001: 107).

Auch wenn sich die jungen Frauen im Osten aus vielerlei Gründen in ihren Freizeitmöglichkeiten besonders beschränkt sehen, liegt der Anteil der jungen Frauen im Osten, die angeben, mit ihrer Lebensgestaltung insgesamt unzufrieden zu sein, nicht über dem Durchschnitt in dieser

Altersgruppe (eigene Berechnungen nach Daten des DJI-Surveys 1992 und 1997). Unauffällig arrangieren sie sich mit den ungünstigeren Lebensbedingungen im Osten. Dementsprechend konzentrieren sich sozialpolitische Programme auf Hilfen für junge Männer besonders auf solche, die mit Gewaltbereitschaft und Fremdenfeindlichkeit öffentlich auf sich aufmerksam machen. Angesichts knapper Kassen besteht die Gefahr, daß dies auf Kosten einer Verbesserung der Infrastruktur geschieht, die junge Frauen für ihre Freizeitgestaltung gerne nutzen würden.

4.5 Geschlechtsgebundene Prioritätensetzung in der Freizeit

Nachdem in den vorangegangenen Abschnitten gezeigt wurde, daß das Interesse an frei verfügbarer Zeit bei jungen Frauen und Männern ähnlich hoch ist, junge Frauen aber eher bereit scheinen, Freizeit zugunsten anderer Lebensbereiche einzuschränken, und junge Frauen im Endeffekt tatsächlich über weniger Freizeit verfügen und sich in ihrer Freizeitgestaltung insbesondere im Osten Deutschlands häufiger als junge Männer beschränkt sehen, soll nun der Frage nachgegangen werden, wie und mit wem junge Frauen und Männer ihre Freizeit verbringen.

Der sich immer weiter ausdifferenzierende Freizeitbereich bietet für Mädchen wie Jungen in breiten Schichten der Gesellschaft viele Gelegenheiten, identitätsstiftende soziale Praktiken und hochindividualisierte Fähigkeiten auszubilden. Solche optimistischen Einschätzungen von Handlungs- und Entwicklungsspielräumen im Freizeitbereich sind mit Blick auf die enge Verbindung, die Kommerz und Freizeit in der Erlebnisgesellschaft eingegangen sind, allerdings auch wieder zu relativieren. Die wachsende Kommerzialisierung der Freizeit erzeugt Freizeitklassen, die aber kaum wahrgenommen werden, weil sich die einzelnen Bevölkerungsgruppen in „ihre" Nischen und Cliquen zurückziehen. Die objektiv vorhandenen Ungleichheiten werden durch die Angebots- und Aktivitätsvielfalt auf den unterschiedlichen ökonomischen Niveaus entschärft.

Der Individualisierung im Freizeitbereich wird durch die Werbung entgegengewirkt, die mit ihren Botschaften an alters-, geschlechts- und milieuspezifische Lebensstilkonzepte anknüpft und auch Jugendlichen Massenprodukte und -erlebnisse zur zielgruppenspezifischen Imagebildung und Lebensgestaltung anbietet. Dies läßt den Lebensstil von jugendlichen Werbezielgruppen nicht unberührt, was sich zum Beispiel daran ablesen läßt, daß die Markenkleidung für viele Jugendliche eine hohe Bedeutung hat.[8] Werbung trägt zur Homogenisierung des Lebensstils in jugendlichen Subkulturen bei. Gleichzeitig schafft sie auch Symbole und Produkte, die zur Markierung von Gruppengrenzen geeignet sind. Die Marketingforscher der Industrie haben allein in Deutschland über 400 existierende Jugendkulturen ausfindig gemacht, nicht wenige davon haben sie selbst erschaffen (vgl. Farin 1997).

Im Laufe der 90er Jahre haben sich viele neue Jugendkulturen herausgebildet, ohne daß die älteren gänzlich verschwunden wären. Musikrichtungen und Sportarten sind für Jugendszenen weiterhin identitätsstiftend; auch die Nutzer/innen nicht-auditiver Medien werden zu Kristallisationspunkten von Fangemeinschaften, wie zum Beispiel die Computerfreaks oder die Videokids.

Abbildung 4.7 zeigt nur einen kleinen Ausschnitt aus der unübersehbaren Fülle an Jugendkulturen und -szenen. Eine umfassende Typologie der Jugendszenen scheint kaum mehr möglich. Abbildung 4.7 läßt geschlechtstypische Affinitäten zu einzelnen Jugendszenen und/oder zu deren Mitgliedern erkennen. So erweist sich die Anhängerschaft von Fußballfans und Computerfreaks als deutlich jungendominiert. Dies gilt auch für die Sympathisanten der Heavy-Metal-Rocker, der Videokids und für die kleine Anhängerschaft der rechtsextremen Gruppierung der Skinheads.

Neben den Entwicklungschancen, die der Freizeitbereich jungen Menschen zweifellos bietet, sind auch die Risiken, die für Jugendliche in diesem Handlungsfeld liegen, zu sehen. Jugendliche Freizeitgestaltung ist zu einem Lebensbereich geworden, in den Erwachsene wenig Einblick haben, in dem zumindest ein Teil der Jugendlichen auch Extrembelastungen und Grenzerlebnisse sucht, die Jungen mehr noch als die Mädchen.[9] Der Spaß am Risiko und die Suche nach dem „thrill" sind „zentrale kulturelle Metaphern für einen Kern jugendlicher Entwicklung

---

8 Die Tatsache, daß sich eine jugendliche Gegenbewegung unter dem Motto „No Logo" artikuliert, belegt, daß einigen die Vereinnahmung durch die Mode- und Textilindustrie zu weit geht. Auch Opaschowski meint den eigenen Befragungen von Jugendlichen entnehmen zu können, daß die ständig steigende Bedeutung von Mode und Konsum im Verlauf der 90er Jahre kippte. Er konstatiert seit 1993 einen „deutlichen Einbruch der Konsumorientierung" (vgl. Opaschowski 1997: 36).

9 Auf die Frage: „Manche Leute haben Spaß, einmal Dinge zu tun, die ‚vernünftige Menschen' eigentlich nicht tun. Machen Sie/Machst Du auch solche Dinge?" bekennen sich weit mehr Jugendliche als Erwachsene zu „unvernünftig viel Alkohol trinken", „mit anderen die Nacht bis zum Morgen durchmachen", oder zu „seinen Körper mal bis zum letzten verausgaben (z.B. Training, Sport)" (vgl. Fuchs 1985, Bd. 2: 28).

und Lebensstile" (vgl. Franzkowiak 1996). Dies scheint besonders für junge Männer zu gelten (vgl. Helfferich 2001).

Abbildung 4.7: Bewertung ausgewählter Jugendszenen durch 12- bis 19jährige nach Geschlecht („finde ich gut" in %)

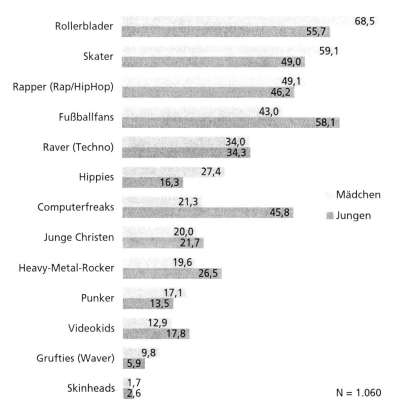

Quelle: BR-/BRW-Medienforschung, zit. nach: Eimeren/Maier-Lesch 1997: 591

Die männliche Sozialisation und die in vielen Peer-Groups noch immer fest verankerten Männlichkeitsbilder schaffen jungen Männern Anreize zu demonstrativ-riskantem Verhalten. Das offen zur Schau gestellte und später (oft übertreibend) wiedererzählte Risikoverhalten erlaubt es ihnen, „männlichen" Mut und Unverwundbarkeit zu demonstrieren. Fuchs zeigte in der Shell-Studie 1985, daß junge Frauen wie Männer gerne mal „ausflippen", daß junge Männer gesundheitsgefährdende Aktivitäten aber deutlich häufiger nennen als junge Frauen (vgl. Fuchs 1985: 28). Durch riskantes Verhalten gefährden sich (und andere) womöglich besonders solche jungen Männer, die nur über eine geringere Selbstwertschätzung und über weniger gute Beziehungen zu ihren Eltern verfügen oder unter vergleichsweise hohem schulischen Leistungsdruck stehen (vgl. Raithel 2001: 142).[10]

In den folgenden Abschnitten soll nun dargestellt werden, ob und worin sich die Freizeitgestaltung junger Frauen und Männer konkret unterscheidet. Dabei können hier nur Durchschnittswerte dokumentiert werden. Die unterschiedlichen Freizeitmuster von Mädchen und Jungen aus unterschiedlichen jugendkulturellen Szenen finden dagegen keine Beachtung.[11]

Die Zeitbudgetstudie des Statistischen Bundesamtes ermöglicht mit zusammenfassenden Aktivitätenkategorien einen ersten Überblick über die Freizeitverwendung junger Frauen und Männer 1992. Danach erweist sich die Mediennutzung, auf die später noch ausführlich eingegangen wird, rein quantitativ betrachtet als die beherrschende Freizeitaktivität junger Frauen und Männer, wobei sich die jungen Männer entsprechend ihrem größeren Freizeitbudget *(absolut betrachtet)*, deutlich mehr Zeit als die jungen Frauen für Medien nehmen. Die 24- bis 29jährigen jungen Erwachsenen im Osten verbringen einen besonders großen *Anteil* ihrer Freizeit mit Medien (vgl. Abbildung 4.8). Dies kann als Folge ihrer ansonsten eher beschränkten Möglichkeiten der Freizeitgestaltung gesehen werden (vgl. Abbildung 4.6). Die breite Mediennutzung hat auch eine qualitative Bedeutung: Ohne die hohe Reichweite der Medien unter Jugendlichen wäre die überregionale, ja internationale Verbreitung der Jugendkulturen undenkbar. Die Massenmedien sind es, die dafür sorgen, daß sich Symbole, Moden und Trends verbreiten und zum gemeinsamen identitätsstiftenden Standard in jungen Szenen und evtl. auch zum Mittel, Gesinnungen zu signalisieren, werden.[12]

---

10 Die Ende der 90er Jahre von Raithel durchgeführte Studie, die zu diesem Befund kommt, basiert auf einer Befragung von knapp 300 männlichen Jugendlichen im Alter von 16 bis 18 Jahren an Berufsschulen. Das hier referierte Ergebnis basiert auf den Antworten von 137 jugendlichen Motorzweiradfahrern; es bedürfte also einer breiteren empirischen Basis.

11 Freizeitaktivitäten, die in den repräsentativen, gut nachvollziehbaren Jugendstudien vernachlässigt wurden, finden hier höchstens am Rande Beachtung. Das gilt zum Beispiel für das Reisen im Jugendalter, für das nur wenig verläßliche Daten vorliegen.

12 Vorbild für die deutschen Sprayer, die in den 80er Jahren begannen, der Bundesbahn zu schaffen zu machen, waren die Sprayer, die die New Yorker U-Bahn mit ihren bunten Gemälden „verzierten". Dabei waren deutsche Graffiti-Künstler sicher nur vereinzelt selbst in den USA gewesen. Viele kannten Graffiti erst einmal nur aus den Medien (vgl. Janke/Niehues 1994: 34).

Abbildung 4.8: Zeitbudgets für Freizeitaktivitäten* von 12- bis 29jährigen nach Altersgruppen und Geschlecht in West- und Ostdeutschland (in Minuten/Tag und in %)

	12 bis 23 Jahre				24 bis 29 Jahre			
	Frauen		Männer		Frauen		Männer	
	Min.	%	Min.	%	Min.	%	Min.	%
	Westdeutschland (n = 6.073)							
Kontakte	36	11	23	6	39	13	26	8
Geselligkeit	60	18	66	18	57	20	66	21
Mediennutzung	123	36	149	40	113	39	128	40
Spiel und Sport	53	16	68	18	34	12	39	12
Musik und Kultur	23	7	22	6	13	4	22	7
Wegezeiten	32	9	35	9	26	9	32	10
Rüstzeiten	3	1	3	1	2	1	3	1
sonstige Aktivitäten	10	3	7	2	7	2	4	1
Freizeitbudget insgesamt	340	100	373	100	291	100	320	100
	Ostdeutschland (n = 1.857)							
Kontakte	25	8	16	4	21	9	17	6
Geselligkeit	48	16	68	19	51	23	60	23
Mediennutzung	124	41	138	39	102	45	129	48
Spiel und Sport	52	17	77	22	22	10	24	9
Musik und Kultur	10	3	9	3	2	1	9	3
Wegezeiten	29	10	37	10	19	8	19	7
Rüstzeiten	2	1	3	1	2	1	4	2
sonstige Aktivitäten	11	4	7	2	5	2	4	2
Freizeitbudget insgesamt	300	100	356	100	225	100	266	100

* Kontakte = direkte Gespräche, Telefonate; Geselligkeit = zu Besuch/Besuch empfangen, Familienfestlichkeiten, Ausgehen, sonstige gesellige Freizeitaktivität; Spiel und Sport = Sport, Spazierengehen, Ausflüge, Spielen, Besuch von Freizeitveranstaltungen in Schulen/Jugendzentren/Gemeinden für Kinder/Jugendliche, sonstige Aktivitäten im Bereich Spiel und Sport; Musik und Kultur = Musizieren, Besuch von politischen/religiösen/kulturellen/sportlichen Veranstaltungen, Besuch von Ausstellungen/Museen/Theater/Kino/Kabarett, sonstige Aktivitäten im Bereich Musik und Kultur.
Quelle: Eigene Berechnungen nach Daten der Zeitbudgetstudie des Statistischen Bundesamtes 1991/92

Nach der Mediennutzung füllt geselliges Beisammensein – in Form von wechselseitigen Besuchen, Familienfestlichkeiten, dem Ausgehen sowie gemeinsamen Ausflügen – den größten Teil der Freizeit von Jugendlichen (vgl. Abbildung 4.8). Sie hat im Zeitbudget der jungen Männer eine ähnlich hohe Bedeutung wie im Zeitbudget der jungen Frauen.

Von der „Geselligkeit" in der Freizeit unterscheidet die Zeitbudgetstudie die Zeit für „Kontakte", ein Zeitkontingent, das dem Zwiegespräch gewidmet ist. Es fällt bei den jungen Leuten deutlich knapper aus als das, das sie dem geselligen Beisammensein widmen. Die jungen Frauen investieren einen deutlich größeren Teil ihrer Freizeit als ihre männlichen Altersgenossen in „Kontakte".

Wie Abbildung 4.8 ebenfalls zeigt, nehmen „Spiel und Sport" einen erheblichen Teil des Freizeitbudgets von Jugendlichen in Anspruch, bei den 12- bis 23jährigen ähnlich viel wie die „Geselligkeit". Für junge Erwachsene gilt dies nicht mehr. Die 12- bis 23jährigen Frauen treiben weniger Sport als die gleichaltrigen Jungen. Bei den jungen 24- bis 29jährigen Erwachsenen verringern sich die Geschlechterdifferenzen deutlich, weil die sportlichen Aktivitäten der Männer mit dem Alter erheblich stärker nachlassen als die der Frauen (vgl. Abbildung 4.8). Diese Zahlen vermitteln den Eindruck, der Schul- und Vereinssport fördere einseitig das Sportinteresse von jungen Männern, verfehle aber auch bei ihnen eine nachhaltige Wirkung (hierzu mehr im Abschnitt 4.5.2).

Der gestalterisch-kreative Bereich, von dem man annimmt, daß er die Mädchen mehr als die Jungen beschäftigt, ist in der Zeitbudgetstudie unter den Freizeitaktivitäten nicht ausgewiesen, es läßt sich nur ein Überblick über Aktivitäten im Bereich „Musik und Kultur" (Musizieren, Besuch von politischen, religiösen, kulturellen und sportlichen Veranstaltungen von Ausstellungen, Museen, Theater, Kino und Kabarett) herstellen. Hierfür nehmen sich die Jugendlichen beiderlei Geschlechts verhältnismäßig wenig Zeit, im Osten gilt dies ganz besonders. Vielleicht muß man annehmen, daß das traditionell stark subventionierte hochkulturelle Angebot aus DDR-Zeiten zum Erhebungszeitpunkt 1991/1992 zum Teil zusammengebrochen war oder als wenig jugendgemäß gemieden wurde, während sich jugendkulturelle Szenen und kommerzielle Kulturangebote für Jugendliche noch wenig etabliert hatten. Auffallend ist, daß die 24- bis 29jährigen Frauen ihre Zeit für „Musik und Kultur" im Vergleich zu den jüngeren Frauen aber auch im Vergleich zu den gleichaltrigen Männern erheblich einschränken. Es ist anzunehmen, daß ihren kulturellen Interessen vor allem familiäre Rollenzuweisungen entgegenstehen (vgl. Abbildung 4.8).

Auch die aktuelle Jugendmedienstudie des Medienpädagogischen Forschungsverbundes Südwest versucht, einen breiten Überblick über die Freizeitverwendung Jugendlicher zu gewinnen. Dabei bedient sie sich einer telefonischen Umfrage. Bei dieser Befragung wird 12- bis 19jährigen eine vorgefertigte Liste mit 15 möglichen nichtmedialen Freizeitaktivitäten vorgelesen mit der Bitte, deren Häufigkeit (täglich/ mehrmals pro Woche/seltener als einmal pro Monat) anzugeben.[13] Die Antworten ergeben eine Rangfolge nichtmedialer Freizeitaktivitäten, an deren Spitze steht „sich mit Freunden/Leuten treffen", gefolgt von „Sport treiben", „nichts tun, sich ausruhen" und dann mit einigem Abstand „sich künstlerisch betätigen/malen/Musik machen", „mit Freunden etwas trinken/essen gehen" (vgl. Feierabend/Klingler JIM 2000: 7). Geschlechtsspezifische Unterschiede werden insofern deutlich, als 39% der Mädchen aber nur 27% der Jungen musischen Tätigkeiten mehrmals in der Woche nachgehen. Mädchen berichten auch häufiger von einem Einkaufsbummel oder von Unternehmungen mit der Familie. Bei den Aktivitäten, die besonders selten (seltener als einmal pro Monat bzw. nie) ausgeübt werden, zeigen sich die größten geschlechtsspezifischen Differenzen bei den kreativen Tätigkeiten, denen 56% der Jungen sehr selten oder nie nachgehen und bei dem Besuch von Bibliotheken, von dem 71% der Jungen und 56% der Mädchen sagen, sie unternähmen ihn seltener als einmal im Monat bzw. nie (ebenda). Mädchen nehmen danach also häufiger als Jungen die hochkulturellen Angebote für diese Altersgruppe in Anspruch. Jungen geben sehr viel häufiger als Mädchen (3%) an, in ihrer Freizeit mit dem Mofa/Moped unterwegs zu sein (17%). Auch beim Sport erweisen sich Jungen (67%) breiter aktiv als Mädchen (58%) (vgl. Feierabend/Klingler JIM 2000: 7). Motoren und Sport gehören danach schon früh zu den geschlechtstypischen Interessen junger Männer.

Während man nach den Tagebuchaufzeichnungen der Zeitbudgetstudie zu dem Schluß kommen muß, daß Jugendliche den größten Teil ihrer Freizeit mit Medien zubringen, vermitteln Antworten auf Fragen nach den häufig ausgeübten Freizeitaktivitäten in anderen Studien den Eindruck, daß in der Selbstwahrnehmung der Jugendlichen ihre geselligen Aktivitäten ebenso bedeutsame Bestandteile ihrer Freizeitgestaltung sind. In einer entsprechenden Befragung von Lange aus dem Jahr 1996 ergibt sich eine Rangfolge von besonders häufig ausgeübten Freizeitaktivitäten von 15- bis 20jährigen, an deren Spitze „Musikhören", „mit Freunden klönen, diskutieren", „Entspannen, Ausruhen, nichts

---

13 Dieses Verfahren gibt über die Konturen der Freizeitgestaltungen mit Sicherheit weniger genau Auskunft als die Tagebuchaufzeichnungen der Zeitbudgetstudie des Statistischen Bundesamtes.

tun", „Fernsehen" und „Diskotheken besuchen, tanzen" stehen (vgl. Lange 1997: 92).

Die Ergebnisse, die auf typische Unterschiede bei den Freizeitaktivitäten von jungen Frauen und Männern verweisen, resümiert Lange mit folgenden Sätzen:

> „Mädchen pflegen die Geselligkeitskultur stärker als die Jungen. Sie lesen deutlich mehr Bücher als die Jungen und gehen häufiger spazieren oder bummeln durch Straßen und Geschäfte, durch Cafés und Eisdielen. Auch ist die Haus- und Gartenarbeit bei ihnen weiter verbreitet als bei den Jungen. Auf der anderen Seite treiben die Jungen wesentlich häufiger Sport und besuchen Sportveranstaltungen häufiger als die Mädchen. Sie sitzen deutlich länger am Computer..." (Lange 1997: 93)

Darüber hinaus machen die Ergebnisse deutlich, daß Jungen häufiger selbst Musik machen und Mädchen häufiger malen und zeichnen (Lange 1997: 92).

Einen anderen Zugang zu den Freizeitaktivitäten Jugendlicher liefert die Shell-Studie 2000. Sie erlaubt zwischen Aktivitäten zu unterscheiden, denen die Befragten „gar nicht" nachgehen und solchen, die sie „allein", mit „deutschen" oder mit „ausländischen Freunden" oder „gemischt, je nachdem" nachgehen.[14] Sie gestattet auch, die Freizeitgewohnheiten deutscher und ausländischer Jugendlicher zu unterscheiden. Die Shell-Studie 2000 gibt den jugendlichen Befragten 14 Freizeitaktivitäten vor. Hier soll erst einmal dargestellt werden, was junge Frauen und Männer nach eigenen Angaben *gar nicht* machen.

Abbildung 4.9 zeigt, daß die deutschen jungen Frauen und Männer ihre Freizeit in vielen Bereichen ähnlich gestalten. Auffallende Differenzen zeigen sich wiederum beim Sport, den knapp ein Viertel der jungen Frauen aber nur 14% der jungen Männer ganz aus ihrem Freizeitrepertoire verbannen. Umgekehrt gibt ein Drittel der Männer an, nie spazierenzugehen, während nur 10% der jungen Frauen diese Form der Freizeitgestaltung für sich ausschließen. Vom Einkaufsbummel als Freizeitbeschäftigung distanziert sich kaum eine junge Frau, aber 14% der jungen Männer. Aus der Tatsache, daß 62% der jungen Frauen angeben, nie ein Jugendzentrum zu besuchen, muß man schließen, daß diese Zentren heute nur eine begrenzte, überwiegend männliche Klientel anziehen. Erhebliche geschlechtsspezifische Diskrepanzen in der Freizeitgestaltung zeigen sich auch beim Umgang mit dem Computer. Noch

---

14 Leider ermöglicht sie nicht, Aktivitäten in geschlechtshomogenen und solche in gemischtgeschlechtlichen Konstellationen zu unterscheiden.

immer distanzieren sich viel mehr junge Frauen als junge Männer vom Umgang mit dieser berufsrelevanten Technologie (Näheres dazu im Abschnitt 4.5.1).

Abbildung 4.9: Freizeitaktivitäten von 15- bis 23jährigen Deutschen und Ausländern* nach Geschlecht – Wer ihnen „gar nicht" nachgeht (in %)

	Deutsche n = 3.484		Ausländer n = 406	
	Frauen	Männer	Frauen	Männer
Discobesuch	14,4	15,9	26,0	11,8
Sport	23,0	14,4	33,3	12,7
Rumhängen	11,6	10,0	19,8	12,7
Spazierengehen	10,3	32,1	5,1	16,6
Einkaufsbummel	1,8	13,5	1,1	8,3
Besuch im Jugendzentrum	61,6	54,5	57,1	51,1
Konzertbesuch	26,0	30,9	39,5	36,2
Hausaufgaben/Lernen	26,3	27,4	31,6	35,8
am PC arbeiten/spielen	37,6	21,5	56,5	40,2
Kneipen besuchen	19,8	18,2	44,1	18,3
Urlaubsreisen	12,9	15,7	17,5	18,8
Musik machen/Band	76,3	74,0	75,7	69,4
zu Hause quatschen/Musik hören	2,8	4,7	5,6	4,4

* Deutsche = Jugendliche, die nur einen deutschen Paß haben, Ausländer = alle Jugendliche ohne deutsche Staatsangehörigkeit. Über die Aktivitäten der Ausländer ohne deutschen Paß in den neuen Bundesländern sagt diese Tabelle gar nichts, weil diese Gruppe nur mit 6 Fällen vertreten ist. Jugendliche, die eine deutsche und eine ausländische Staatsangehörigkeit haben, wurden aus dem Sample ausgeschlossen.

Quelle: Eigene Berechnungen nach Daten der Shell-Studie 2000

Die jungen Ausländer und Ausländerinnen (ohne deutschen Paß) setzen in ihrer Freizeitgestaltung zum Teil andere Akzente. Vor allem fällt auf, daß die Geschlechterdifferenzen in dieser Gruppe sehr viel größer ausfallen. Vom Discobesuch nehmen sich ein Viertel aller ausländischen Frauen aus, vom aktiven Sporttreiben sogar ein Drittel, vom Kneipenbesuch fast die Hälfte. Der (spielerische) Umgang mit dem PC ist nur einer knappen Hälfte der weiblichen ausländischen Jugend zugänglich, während die männlichen ausländischen Jugendlichen sich doch wenigstens den Zugang verschaffen, den weibliche deutsche Jugendliche haben. In vieler Hinsicht zeigen sich die ausländischen jungen Männer genauso unternehmend wie die jungen deutschen Männer, während die ausländischen jungen Frauen zurückgezogener leben.

Einen noch differenzierteren Einblick in die geschlechtsspezifischen Freizeitmuster Jugendlicher vermittelt Lange (vgl. Lange 1997: 92). Sein Datensatz berücksichtigt allerdings nur die 15- bis 20jährigen und beruht auf einer im Vergleich zur Shell-Studie weniger umfangreichen Stichprobe aus dem Jahr 1995/96. Hier werden die Freizeitmuster auch im Zusammenhang mit anderen strukturellen Merkmalen wie Alter, regionale Herkunft, soziale und schulische Herkunft sowie mit freizeit- und konsumrelevanten Einstellungen, Werthaltungen und Lebensstilen betrachtet (vgl. Lange 1997: 96).

Die IPOS-Jugendstudie hält ebenfalls eine Liste von Freizeitaktivitäten bereit. Hier sollen die Jugendlichen entscheiden, was sie „gern" und was sie „nicht gern" machen: „Sport treiben", „Sportveranstaltungen besuchen", „ins Kino gehen", „Theater/Konzerte besuchen", „Musik hören/lesen", „in Kneipen gehen", „in die Disco gehen" oder „einfach nur rumhängen".[15]

Die Ergebnisse dieser Studie sind insofern interessant, als Ergebnisse von 1992, 1995 und 1999 einen Rückblick auf die Freizeitvorlieben Anfang und Mitte der 90er erlauben. Dabei zeigt sich, daß die Beliebtheit der vorgegebenen Freizeitaktivitäten bei den 14- bis 27jährigen über die 90er Jahre im Westen sehr konstant blieb, nur ihr Interesse am Discobesuch steigerten die Jugendlichen hier im Laufe der 90er deutlich. Die Entwicklung im Osten zeigt mehr Dynamik. Viele Freizeitaktivitäten erreichen 1999 höhere Werte auf der Beliebtheitsskala als Anfang der 90er. Zu diesen zunehmend beliebteren Aktivitäten gehört im Osten Deutschlands allerdings nicht der Discobesuch, sondern vormals weniger beliebtes Sporttreiben, der Kinobesuch und der Kneipenbesuch, der Anfang der 90er im Osten noch die unbeliebteste unter den vorgegebenen Freizeitaktivitäten war. Musik hören und lesen haben im Osten im Laufe der 90er an Beliebtheit verloren. In beiden Teilen Deutschlands, besonders aber im Osten, gewannen die Unternehmungen außer Hause an Beliebtheit hinzu. Ost-West-Differenzen haben sich weitgehend angeglichen, geblieben sind deutliche Geschlechterdifferenzen, die in Ost und West zum Teil etwas unterschiedlich ausfallen. Dem Kino-

---

15 Diese Liste ist sicher nicht sehr befriedigend, gehören doch „Musik hören" und „Lesen", die hier zusammengefaßt wurden, völlig unterschiedlichen jugendkulturellen Stilen an. Ferner fehlen auf der Liste Aktivitäten, von denen man annehmen muß, daß sie im Alltag der Jugendlichen sicher eine größere Rolle spielen als der Besuch von Sportveranstaltungen.

besuch gilt die Wertschätzung der meisten Frauen (76%) und dem Sporttreiben die Wertschätzung der meisten Männer (75%) (vgl. IPOS-Bericht 1999 und Sonderauswertung 1999).

Während die Zeitbudgetstudie erkennen ließ, daß junge Männer und Frauen einen sehr großen Teil ihrer Freizeit für die Mediennutzung und deutlich weniger Zeit für den Sport verwenden, gewinnt man nach der IPOS-Studie den Eindruck, daß der Sport dennoch die *beliebteste* Freizeitaktivität der jungen Männer und speziell der Kinobesuch die beliebteste Aktivität der jungen Frauen ist.

Die IPOS-Studie bestätigt zudem, daß das bei Jungen und jungen Männern gegenüber Frauen ausgeprägtere Interesse am Sport mit zunehmendem Alter deutlich sinkt und sich gegen Ende des zweiten Lebensjahrzehntes dem der Frauen weitgehend annähert. Neben dem Kinobesuch scheinen junge 14- bis 23jährige Frauen viel Wert auch auf andere Aktivitäten außer Hause zu legen. So signalisieren sie sowohl gegenüber dem Theater- und Konzertbesuch als auch gegenüber dem Kneipenbesuch und der Disconacht mehr Wertschätzung als junge Männer (vgl. Sonderauswertung IPOS 1999). Wenn junge Frauen dennoch weniger unternehmen als junge Männer, liegt das wohl weniger an geringerem Interesse – so muß man aus diesen Daten schließen –, sondern hat vielmehr andere Gründe (vgl. z.B. Abbildung 4.6).

Bei den potentiell benachteiligten 14- bis 27jährigen, zu denen in der IPOS-Studie 1999 Jugendliche und junge Erwachsene gezählt werden, die zum Zeitpunkt der Untersuchung entweder arbeitslos sind oder aber eine Hauptschule besuchen bzw. nur über einen Hauptschulabschluß verfügen, rangiert das „Musik hören und lesen" allerdings an erster Stelle, gefolgt vom Kinobesuch und dem Ausüben von Sport. An vierter Stelle folgt bei ihnen bereits das „einfach mal nur so Herumhängen" (vgl. IPOS-Bericht 1999). In dieser Rangfolge könnten sich die Restriktionen knapper finanzieller Mittel, unter Umständen auch eine schlechtere Infrastruktur im Wohngebiet, mangelnde Mobilität, die Notwendigkeit der Überwindung größerer Entfernungen zu Kino und Sportstätten oder auch mangelnde Initiative bei den benachteiligten Jugendlichen ausdrücken.

Insgesamt bieten die Jugendstudien kein in sich konsistentes Bild geschlechtsspezifischer Prioritätensetzung. Dies liegt daran, daß die Studien teils die Einstellungsebene (Präferenzen) erfassen, teils geschätzte Häufigkeiten von Aktivitäten und teils deren zeitlichen Umfang erheben. Bei diesen unterschiedlichen Messungen ist keine einheitliche Rangfolge von Aktivitäten zu erwarten. Problematischer noch ist, daß die meisten Befragungen mit *vorgegebenen* Aktivitätenlisten arbeiten und ihre Ergebnisse deshalb in Abhängigkeit von diesen Antwortvorgaben variieren *müssen*.

Wenn eingangs die These von der Freizeit als Ort auch der Profilierung und der Extrembelastung referiert wurde, so fällt nach der Darstellung von Ergebnissen aus verschiedenen Jugendstudien und der Zeitbudgetstudie doch auf, daß körperlich passive und rezeptive Freizeitbeschäftigungen in der Jugendphase breiten Raum einnehmen. Immerhin über 40% der Jugendlichen rechnen „einfach nur rumhängen" zu ihren beliebten Freizeitmöglichkeiten. Ähnlich hoch ist der Anteil derer, die die Mediennutzung oder den Kneipenbesuch zu ihren beliebten Freizeitbeschäftigungen rechnen. Dies *muß* allerdings kein Widerspruch zum Interesse an Profilierung und am „thrill" sein. Das „Rumhängen" an öffentlichen Treffpunkten etwa kann mit dem Sehen und Gesehenwerden, mit Gelegenheiten zur erotischen Annäherung, zum Angeben und zum Prügeln verbunden sein. Im Rahmen von geselligen Abenden können Konkurrenzen auf verbaler Ebene ausgefochten werden und die Mediennutzung kann, etwa wenn ein Horrorvideo gesehen oder ein kniffliges Problem am PC gelöst wird, eine hohe Beanspruchung darstellen und Gelegenheit zur profilierten Selbstinszenierung bieten. Ein genauerer Blick auf die Freizeitaktivitäten der Jugendlichen ist also sinnvoll.

4.5.1 Mediennutzung und Technikfaszination

Die Pluralisierung und die Individualisierung von Lebensentwürfen ist ganz wesentlich auf Instanzen angewiesen, die einerseits eine Vielfalt von Optionen erfahrbar machen und andererseits notwendige Orientierung bieten. Zu diesen Instanzen zählen zweifellos die Medien. Es wäre falsch, deren Nutzung ausschließlich als Chance für die Erweiterung von Handlungsspielräumen zu betrachten. Die Medien globalisieren auch Standards und reproduzieren Zwänge. Dies belegt etwa die fragwürdige Orientierung vieler Mädchen und Frauen an einheitlichen medienvermittelten Schönheitsidealen (vgl. Botta 1999). Generell ist allerdings davon auszugehen, daß mediale Präsentationen nicht umstandslos zu Leitbildern avancieren. Sie werden vielmehr in komplexe Prozesse der Herausbildung von Gruppenidentitäten eingebaut. Sie werden zum Anlaß für Gespräche im Alltag, in denen Jugendliche eigene Standpunkte vorläufig zu bestimmen wagen.[16] In der Anschlußkommunikation

---

16 Die Medienforschung bemühte sich in den letzten zehn Jahren, den komplexen Wirkungszusammenhängen in Studien nachzugehen, die die Verarbeitung von konkreten

dienen mediale Inszenierungen als Folie, vor der sich die eigenen Identitätsentwürfe überprüfen und eigene Lebenserfahrungen interpretieren lassen (vgl. Paus-Haase 2000, Barthelmes/Sander 2001). Der folgende Text wird diesen Aneignungsweisen nicht weiter nachgehen können, sondern sich auf die Frage beschränken müssen, welchen Medien sich Jugendliche zuwenden. Hierzu liegt sowohl aus einigen repräsentativen Jugendstudien als auch aus speziellen Jugendmedienstudien vergleichsweise reiches Datenmaterial bereit.[17]

Wie bereits in der Abbildung 4.8 dokumentiert, beansprucht die Mediennutzung einen großen Teil jugendlicher Freizeit, der Kinobesuch gehört zu den beliebtesten Freizeitbeschäftigungen Jugendlicher. Das Musikhören, Fernsehen und Lesen und zunehmend auch das Arbeiten und Spielen am PC gehören zu den häufigsten Freizeitaktivitäten von Jugendlichen (vgl. Abbildung 4.10 und IPOS Sonderauswertungen 1999). Die *regelmäßigste* Aufmerksamkeit scheint noch immer dem Fernsehen zu gelten. Hierin unterscheiden sich die Jugendlichen im Prinzip nicht von den Erwachsenen. Doch im Alltag der Erwachsenen hat das Fernsehen einen deutlich höheren Stellenwert. Die aktuelle Basisuntersuchung[18] zum Medienumgang 12- bis 19jähriger in Deutschland (JIM 2000) ergibt folgendes Bild:

Während Mädchen und Jungen ähnlich häufig das Fernsehen, CDs und Musikkassetten nutzen, fühlen sich die Mädchen zum Radio mehr hingezogen als die Jungen. Auch Bücher üben nach wie vor mehr Anziehungskraft auf Mädchen als auf Jungen aus. Extrem unterschiedlich sind die Angaben von Jungen und Mädchen zur Computernutzung (vgl. Abbildung 4.10). Im Vergleich zu Erhebungen aus den frühen 90ern zeigt sich, daß Jugendliche mit dem Aufkommen von Video- und Computerspielen und mit dem breiteren Zugang zum Internet im Laufe der 90er Jahre vor allem die Printmedien als Freizeitlektüre vernachlässigten (vgl. Gerhards/Klingler 1999: 566, Tabelle 7). Das Fernsehen und die

---

Medieninhalten rekonstruieren. Die *geschlechtsspezifische* Aneignung von medialen Präsentationen findet dabei nur gelegentlich Beachtung (vgl. Cornelißen 1998).

17 Besonders hervorzuheben ist hier die Studie „Jugend, Information, (Multi-)Media" (JIM) des medienpädagogischen Forschungsverbundes Südwest, die den Medienumgang 12- bis 19jähriger in Deutschland im jährlichen Abstand, im Jahr 2000 zum dritten Mal, erhob. Sie basierte im Jahr 2000 auf einer repräsentativen Stichprobe von 1.200 Jugendlichen in West- und Ostdeutschland, die telefonisch befragt wurden.

18 Diese Studie orientiert sich an der sehr viel engeren Fassung der Jugendphase in der Medienforschung. Dort wird die Jugendforschung in der Regel auf die 14- bis 19jährigen begrenzt.

zwei auditiven Medien halten der Konkurrenz der neuen Medien im Alltag von Jugendlichen noch relativ gut stand. Gemessen an der Sehdauer weiteten Mädchen und Jungen ihren Fernsehgebrauch gegenüber 1992 noch einmal aus (vgl. Abbildung 4.11), wobei allerdings einiges dafür spricht, daß gerade Jugendliche das Fernsehen verstärkt begleitend zu anderen Beschäftigungen nutzen (vgl. Opaschowski 2001: 130, van Eimeren/Maier-Lesch 1999: 596).

Abbildung 4.10: Mediale Freizeitaktivitäten 12- bis 19jähriger nach Geschlecht 2000 („täglich"/„mehrmals pro Woche" in %)

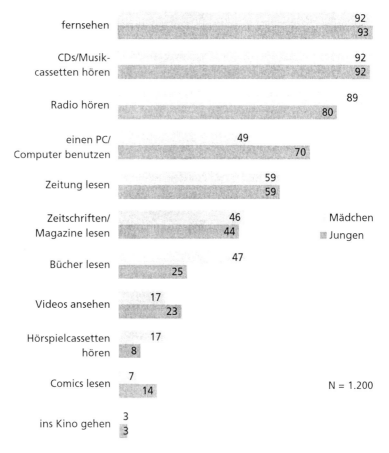

Quelle: Medienpädagogischer Forschungsverbund Südwest JIM 2000: 13

Abbildung 4.11: Gemessene Fernsehnutzung 12- bis 19jähriger nach Geschlecht und Altersgruppen 1992 und 1998 (in %)

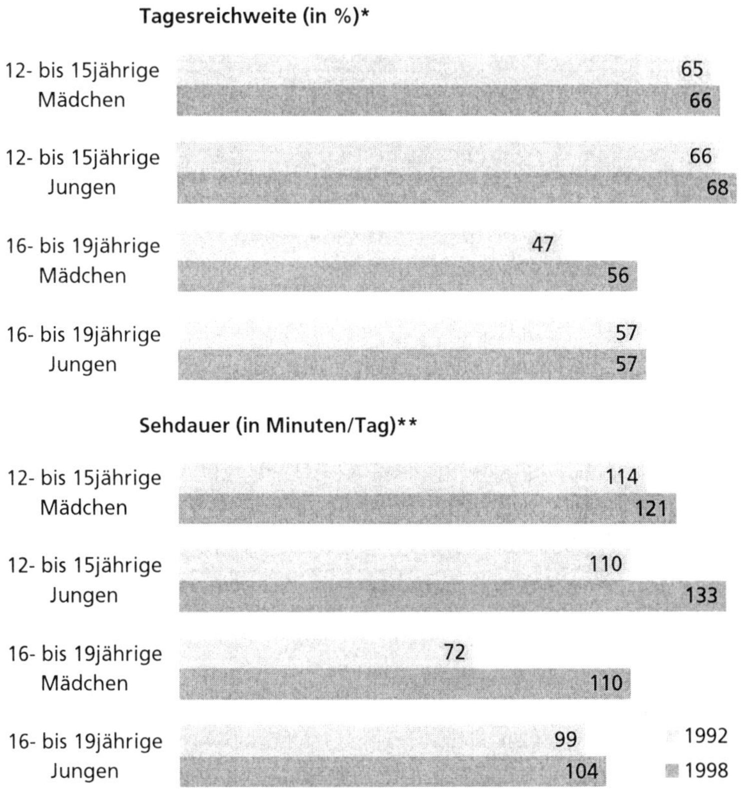

Tagesreichweite (in %)*

	1992	1998
12- bis 15jährige Mädchen	65	66
12- bis 15jährige Jungen	66	68
16- bis 19jährige Mädchen	47	56
16- bis 19jährige Jungen	57	57

Sehdauer (in Minuten/Tag)**

	1992	1998
12- bis 15jährige Mädchen	114	121
12- bis 15jährige Jungen	110	133
16- bis 19jährige Mädchen	72	110
16- bis 19jährige Jungen	99	104

* Die Tagesreichweite gibt an, wie viel Prozent der Jugendlichen täglich mindestens einmal das Fernsehen nutzen.
** Die Sehdauer gibt die durchschnittliche Fernsehnutzung der Jugendlichen an. In die Berechnung gehen auch all jene Personen ein, die das Medium am Stichtag überhaupt nicht genutzt haben.
Quelle: Gerhards/Klingler 1999: 567, Tab. 9; Berechnungen von Gerhards und Klingler nach AGF/GfK-Daten

Wie Abbildung 4.11 zeigt, werden Mädchen und Jungen vom Fernsehen 1998 ähnlich regelmäßig erreicht. Die 16- bis 19jährigen beiderlei Geschlechts nutzen das Fernsehen insgesamt seltener als die jüngere Altersgruppe. Auch beschränkt sich ihr Kontakt 1998 auf weniger als zwei Stunden pro Tag, während in der jüngeren Altersgruppe 1998 die Zwei-Stunden-Marke überschritten wurde. Während in der jüngeren Altersgruppe die Jungen mehr vom Fernsehen Gebrauch machen, sind es in der älteren Gruppe eher die Mädchen. 2001 wiesen Gerhards und Klingler Geschlechterdifferenzen nicht mehr aus (vgl. Gerhards/ Klingler 2001: 66).

Im Ost-West-Vergleich zeigt sich, daß die Jugendlichen im Westen zwischen 1992 und 2000 ihren Fernsehkonsum erweitert haben, so daß sie nun eher an die höhere Tagesreichweite und die längere Sehdauer im Osten heranreichen. Die Steigerung der Fernsehnutzung von Jugendlichen entspricht in etwa der, die auch bei den Erwachsenen in den 90er Jahren – allerdings auf deutlich höherem Ausgangsniveau – zu verzeichnen war (vgl. Gerhards/Klinger 2001: 66).

Jugendliche, die aus Elternhäusern mit gehobener Bildung stammen, sehen Befragungsergebnissen zufolge weniger fern als solche aus Elternhäusern mit mittlerer und niedriger Bildung. Überdurchschnittlich lange Fernsehzeiten geben arbeitslose und nicht berufstätige Jugendliche an (Fritzsche 2000b: 204).

Wenn man die Befragungsergebnisse von Jugendlichen unterschiedlicher Nationalität vergleicht, wie dies in der Shell-Studie 2000 geschah, so stellt man fest, daß deutsche und italienische Jugendliche kürzere Fernsehzeiten angeben als türkische und andere ausländische Jugendliche. Den Sendern aus dem Herkunftsland der Familie zeigen sich die weiblichen Jugendlichen stärker verbunden als die männlichen. So geben z.B. 23% der türkischen jungen Frauen aber nur 10% der gleichaltrigen jungen Türken an, überwiegend Sender aus ihrem Herkunftsland zu nutzen (vgl. Fritzsche 2000: 204). Zu der Distanzierung von vielen außerhäuslichen Freizeitaktionen gehört bei manchen Gruppen junger Ausländerinnen in Deutschland also auch eine stärkere Distanzierung von bundesdeutschen Medienangeboten. Im Vergleich zu erwachsenen Migranten und Migrantinnen zeigen sich die jungen allerdings deutlich stärker an deutschsprachigen Medien interessiert (vgl. taz vom 19.6.2001).

Das Fernsehen verlor bei den Jugendlichen wie bei den Erwachsenen seine Bedeutung als Informationsmedium und gewann als Unterhaltungsmedium (mit Fiction, Shows und Musiksendungen) Gewicht (vgl. Gerhards/Klingler 2001: 73).[19] Auch als Werbeträger drängte sich das Fernsehen den Jugendlichen in den 90ern immer mehr auf (vgl. Gerhards/Klingler 1999: 70, Tabelle 11), zumal sich die jungen Leute beiderlei Geschlechts immer mehr zu den privaten Fernsehangeboten

---

19 Näheres zum Fernsehen als Informationsmedium Jugendlicher vgl. Eggert (2001).

hingezogen fühlen. Ihre Lieblingssender sind PRO7, RTL und Viva[20] (vgl. JIM 1998: 12, Abbildung 6).

Nach ihren Nutzungsgewohnheiten gefragt verweisen Mädchen und Jungen an erster Stelle auf Spielfilme, Serien und Krimis. Ansonsten nennen sie geschlechtsspezifische Favoriten. Nach ihren eigenen Angaben nutzen Mädchen Pop- und Rockmusiksendungen im Fernsehen deutlich häufiger als Jungen. Sie scheinen also an den nationalen und internationalen Jugendmusikkulturen interessierter als die Jungen. Letztere rechnen Sportsendungen sehr viel häufiger als die gleichaltrigen Mädchen zu den Sendungen, die sie „häufig" sehen. Die Jungen folgen damit schon ganz den geschlechtsspezifischen Programmvorlieben erwachsener Männer. Auch Nachrichten rechnen die 12- bis 19jährigen Jungen häufiger als die Mädchen zu den von ihnen häufig gesehenen Sendungen. Ob dies als erste Einübung eines politisch bedeutsamen Informationsgewinns interpretiert werden kann, sei dahingestellt. Zumindest scheinen die Aussagen der Jungen und Mädchen ein Reflex auf das alte Stereotyp, Politik sei „Männersache". Spezielle Jugendsendungen und noch deutlicher die Talkshows werden viel häufiger von Mädchen als von Jungen genannt (vgl. JIM 1998: 11).

Drückt sich schon in den erfragten Fernsehvorlieben der Jugendlichen das hohe Interesse der Jugendlichen an Rock- und Popmusik aus, so gilt dies erst recht im Rahmen ihrer Radionutzung. 92% der Jungen und 95% der Mädchen ist die Musik im Radio „sehr wichtig" oder „wichtig". Damit messen Mädchen und Jungen der Musik die höchste Bedeutung im Hörfunkprogramm bei.[21] Manche der berichteten Präferenzen für einzelne Radioprogramme(bestandteile) oder Radiosendungen lassen geschlechtsspezifische Prioritätensetzungen erkennen. So gelten Sportberichte und humorvolle Beiträge/Sketche insbesondere den Jungen als wichtig. Die Mädchen bekunden hingegen ein verstärktes Interesse an ausführlichen thematischen Sendungen, an Sendungen, in denen auf Hörerwünsche eingegangen wird, an Spielen und Quiz und an der Moderation (vgl. JIM 2000: 13, Abbildung 7).

Um die Bindung von Zielgruppen an spezifische Medien zu ermitteln, wird regelmäßig gefragt, auf welche Medien die Befragten am

---

20 Wobei die Mädchen RTL und VIVA mehr Interesse entgegenbringen als die Jungen und die Jungen PRO7 besonders bevorzugen.
21 Bekannt ist auch, daß insbesondere bei Jugendlichen die „Musikfarbe" das entscheidende Kriterium für die Wahl „ihrer" Sender ist. Dabei gibt es deutliche Hinweise auf geschlechtsspezifische Präferenzen für verschiedene Musikrichtungen (vgl. Lange 1997: 98).

wenigsten verzichten können. Bei dieser Frage steht das Fernsehen bei Jungen und Mädchen noch immer an erster Stelle. Wie schon bei der Frage nach der Häufigkeit der Nutzung zeichnen sich auch bei der Bindung an die Medien einige geschlechtsspezifische Unterschiede ab (vgl. Abbildung 4.12).

Abbildung 4.12: Bindung an Medien bei 12- bis 19jährigen nach Geschlecht 2000 (in %)

Quelle: Medienpädagogischer Forschungsverbund Südwest JIM 2000: 18

Medien und ihre Inhalte werden vielfach zum Gegenstand von Gesprächen mit Freunden bzw. Freundinnen, am regelmäßigsten gilt dies offensichtlich noch immer für das Fernsehen bzw. das Fernsehprogramm. Auf Platz 2 folgen Zeitschriften, vor allem von den Mädchen genannt. Eine massive geschlechtsspezifische Differenzierung zeigt sich beim Thema Computer-/Videospiele (vgl. Abbildung 4.13).

Die Untersuchung JIM 2000 belegt, daß auch im Jahr 2000 Computernutzung in erster Linie zu Hause stattfindet (95%). Für viele Jugendliche sind aber auch das Zuhause von Freundinnen bzw. Freunden (81%) und die Schule (70%) relevante Nutzungsorte (vgl. JIM 2000: 23).

Was die Verfügbarkeit eines Computers zu Hause betrifft, so sind die jungen Männer auch im Jahr 2000 noch eindeutig im Vorteil. Rund zwei Drittel der jungen Männer, aber nur die Hälfte der jungen Frauen kann zu Hause auf ein Gerät zurückgreifen. Zudem sind junge Frauen häufiger als junge Männer nur Mitnutzer/innen und haben seltener die alleinige Verfügungsgewalt über ein Gerät zu Hause. Generell ist die PC-Ausstattung der ostdeutschen Jugendlichen schlechter als die der westdeutschen (vgl. Abbildung 4.14).

Abbildung 4.13: Gesprächsthemen mit Freund(inne)n bei 12- bis 19jährigen nach Geschlecht und Medien 1998 („täglich"/„mehrmals pro Woche" in %)

Quelle: Medienpädagogischer Forschungsverbund Südwest JIM 1998: 47

Da die jungen Frauen zu Hause seltener auf einen PC zurückgreifen können, Mädchen- und Frauengruppen eher andere Hobbys pflegen und Internetcafés und Freizeiteinrichtungen oft stark von jungen Männern dominiert werden (vgl. Fritzsche 2000b: 207), dürfte es für junge Frauen deutlich schwieriger als für junge Männer sein, einen Ort für die Aneignung von Computerkenntnissen zu finden. Tatsächlich geben 44% der 12- bis 19jährigen Jungen an, PCs bei Freunden und Freundinnen mindestens einmal pro Woche zu nutzen. Entsprechendes gilt nur für 24% der Mädchen. Um so wichtiger dürfte für Mädchen das Angebot von Schulen sein, Computer zu nutzen. Diese Annahme wird durch Befunde der JIM-Studie 2000 bestätigt, in der 28% der Jungen und 42% (!) der Mädchen angeben, in der Schule mindestens einmal pro

Woche Gelegenheit zu erhalten, einen Computer zu benutzen (vgl. JIM 2000: 24).[22]

Abbildung 4.14: Verfügbarkeit eines Computers zu Hause
bei 15- bis 23jährigen nach Geschlecht in West- und Ostdeutschland (in %)

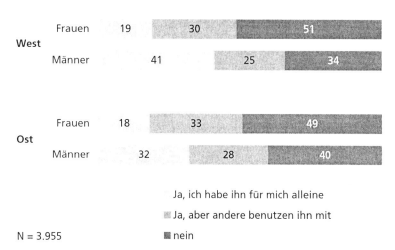

N = 3.955

Quelle: Eigene Berechnungen nach Daten der Shell-Studie 2000

Im Frühjahr 2000 zählen sich 81% der Jugendlichen zu den Computer-Erfahrenen, die in ihrer Freizeit zumindest einmal im Monat das Medium nutzen. Im Vergleich zu 1998 bedeutet dies einen Anstieg um 10%. Den Unterschied zwischen Mädchen und Jungen beziffert die JIM-Studie 2000 noch mit 10 Prozentpunkten. 1998 betrug er noch 15 Prozentpunkte (vgl. Abbildung 4.15). Mädchen holen also auf.

Die technische Ausstattung der heimischen PCs wird in der Untersuchung JIM 2000 als „ausgesprochen gut" bezeichnet. In einigen Bereichen (Soundkarte, Joystick und 3D-Karte) erweist sich die Ausrüstung der Jungen als besser als die der Mädchen (vgl. JIM 2000: 29). Ihrem großen Interesse an Computerspielen könnten die Jungen ohne dieses Zubehör nicht nachkommen.

---

22 Dieses Ergebnis ist für sich betrachtet unglaubwürdig, erhalten doch Jungen in der Schule sicher den gleichen Zugang wie Mädchen. Vermutlich aber erwähnen Mädchen ihren Computerzugang in der Schule häufiger als Jungen, weil dieser für Mädchen häufiger als für Jungen den *einzigen* Zugang zu diesem Medium darstellt.

Abbildung 4.15: 12- bis 19jährige PC-Nutzer/-innen* nach Geschlecht, Altersgruppen und Bildung 1998, 1999 und 2000 (in %)

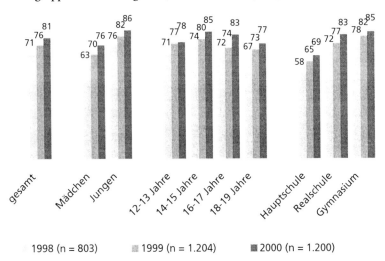

* Dargestellt sind die Anteile von Befragten, die angegeben haben, mindestens einmal im Monat in ihrer Freizeit einen PC zu benutzen.

Quelle: Medienpädagogischer Forschungsverbund Südwest JIM 2000: 19

Im Rahmen der Shell-Studie 2000 wurden Jugendliche gefragt, wofür sie ihren PC nutzen. Dabei ergaben sich auffallende geschlechtstypische Nutzungsmuster. Während über 70% der computererfahrenen Mädchen sich schon in jungen Jahren der Textverarbeitung bedienen, dominiert bei den 15- bis 19jährigen Jungen die Nutzung von Computerspielen. Die Abbildung 4.16 vermittelt insgesamt den Eindruck, daß die jungen Frauen den PC stärker zum Lernen und Arbeiten und weniger unterhaltungsorientiert nutzen. In Ostdeutschland sind diese Geschlechterdiskrepanzen zum Teil weniger ausgeprägt.

Die telefonische Befragung des medienpädagogischen Forschungsverbundes Südwest bestätigt die Ergebnisse der Shell-Studie 2000 für die jüngere Altersgruppe (vgl. JIM 2000: 26). Hier zeigt sich ebenfalls, daß Mädchen den Computer sehr viel regelmäßiger für das Erstellen von Texten aber auch für andere Schularbeiten nutzen. Bei den Jungen erweisen sich die Computerspiele auch hier als absoluter Favorit. 65% der computererfahrenen Jungen geben an, „täglich bzw. mehrmals pro Woche" Computerspiele zu spielen. Dies gilt gerade einmal für 28% der jungen PC-Nutzerinnen (vgl. ebd.). Die Studie JIM 2000 gibt auch Hinweise auf geschlechtstypische Vorlieben für spezifische Spiele bzw.

Spielkategorien. Mädchen bevorzugen danach eindeutig Denk- und Geschicklichkeitsspiele, Jungen Action- und Simulationsspiele (vgl. JIM 2000: 27 f).

Abbildung 4.16: Computeranwendungen* von 15- bis 23jährigen nach Altersgruppen und Geschlecht in West- und Ostdeutschland (in %)

N = 3.955	15 bis 19 Jahre		20 bis 23 Jahre	
	Frauen	Männer	Frauen	Männer
	Westdeutschland			
Textverarbeitung	70,6	57,6	76,6	74,2
Computerspiele	45,3	75,2	30,1	59,9
Tabellenkalkulation	23,3	25,6	38,3	44,8
Lernprogramme	30,5	26,4	31,6	31,2
Internet	19,9	28,7	33,2	45,9
Sprachprogramme	18,9	15,8	24,1	23,2
Musikbearbeitung	8,5	21,8	12,0	24,9
Software-Entwicklung	3,0	7,3	4,4	13,1
	Ostdeutschland			
Textverarbeitung	77,8	73,8	85,0	68,5
Computerspiele	54,7	75,9	33,3	57,6
Tabellenkalkulation	34,2	29,8	46,7	37,0
Lernprogramme	29,9	25,5	25,0	25,0
Internet	12,8	17,7	38,3	37,0
Sprachprogramme	21,4	17,0	15,0	12,0
Musikbearbeitung	10,3	22,0	3,3	23,9
Software-Entwicklung	1,7	9,2	3,3	7,6

* Fragetext: „Wofür benutzt Du Deinen Computer?". Dargestellt sind die Anteile von Befragten, die „häufig" und „sehr häufig" für die jeweilige Anwendung angegeben haben. Basis für die Prozentanteile sind alle 15- bis 23jährigen, die zuhause einen Computer haben (= 57% der Altersgruppe insgesamt).

Quelle: Eigene Berechnungen nach Daten der Shell-Studie 2000

Die heutige Generation wird gerne schon als „Generation @" als „Net Kids", als „digitale Generation" oder auch als „Net-Generation" bezeichnet (vgl. z.B. Tapscott 1998). Solche Etikettierungen einer ganzen Generation waren schon immer problematisch und sind es gegenwärtig sicher auch.[23] Zu konzedieren ist allerdings, daß die heute unter 20jährigen die

---

23 Tapscott verwendet die Bezeichnung „Netz-Generation" für alle Kinder und Jugend-

erste Generation bilden, die in nennenswertem Umfang den Umgang mit den neuen Kommunikationstechnologien spielerisch und ohne Erfolgsdruck von Kind auf lernen können und diese Techniken sicher noch einmal anders in ihre Lebensführung integrieren werden als vorangegangene Generationen. Es lohnt sich deshalb, das Verhältnis der jungen Generation zum Internet näher zu beleuchten.

Abbildung 4.17: 12- bis 19jährige Internet-Nutzer/innen* nach Geschlecht, Altersgruppen und Bildung 1998, 1999 und 2000 (in %)

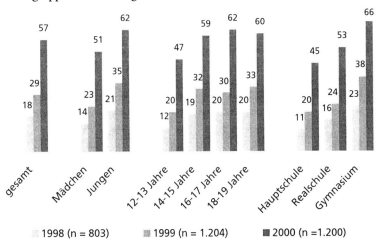

* Grundgesamtheit: alle 12- bis 19jährigen Computererfahrenen (= 81% der Altersgruppe). Würden die Prozentsätze nicht auf die Computererfahrenen, sondern auf die gesamte Altersgruppe bezogen, so ergäben sich niedrigere Prozentsätze für die Internetnutzung, für die Mädchen würden sich die Werte noch stärker reduzieren als für die Jungen. So läßt sich zum Beispiel aus den gegebenen Daten schließen, daß 46% der betrachteten Altersgruppe (zumindest selten) das Internet nutzen.

Quelle: Medienpädagogischer Forschungsverbund Südwest JIM 2000: 37

Der Anteil der Kinder und Jugendlichen, die das Internet nutzen, hat sich auch in Deutschland in den letzten Jahren vervielfacht. Der Anstieg fiel bei den Mädchen zuletzt etwas stärker aus als bei den Jungen, so daß sich die Geschlechterdiskrepanz zwischen 1998 und 2000 verringerte. Noch ist der Zugang zum Internet stark an den besuchten Schultyp

lichen, die im Jahr 1999 zwischen zwei und zweiundzwanzig Jahre alt sind und beschränkt den Begriff ausdrücklich nicht auf die aktiven Internet-Surfer. Obwohl er konzidiert, daß ein Großteil dieser Kinder (auch in den USA) noch keinen eigenen Zugang zum Netz hat, glaubt er doch, daß diese Generation letztlich von ihren Erfahrungen im Netz entscheidend geprägt sein wird.

gekoppelt. Hieraus speist sich die Sorge, daß das Internet die Wissenskluft auch in der bundesdeutschen Gesellschaft weiter verschärft (vgl. Abbildung 4.17).

Die aktuelle Shell-Studie läßt ebenfalls erkennen, daß sich noch immer mehr junge Männer als junge Frauen Zugang zum Internet verschaffen. Diesen Vorteil genießen allerdings nur die 15- bis 23jährigen Männer im Westen, von denen inzwischen fast jeder dritte angibt, wöchentlich mindestens ein bis zwei Stunden im Netz zu sein. Von den jungen Männern im Osten und den Frauen in Ost und West ist 2000 nur jede(r) fünfte so regelmäßig im Internet (eigene Berechnungen nach den Daten der Shell-Jugendstudie 2000). Die ausländischen jungen Männer nutzen das Internet ähnlich häufig wie die deutschen. Außer bei den italienischen Jugendlichen konstatiert die Shell-Studie bei jungen Ausländern in Deutschland ein noch ausgeprägteres Geschlechtergefälle bei der Internetnutzung als unter den Deutschen (vgl. Fritzsche 2000: 202 f). Die Shell-Studie, aber auch die ARD/ZDF-Online-Studie lassen vermuten, daß sich Jungen durchschnittlich länger im Internet aufhalten (vgl. van Eimeren/Maier-Lesch 1999: 595, Tabelle 8). Junge Männer dürften im Durchschnitt also im Umgang mit Internetdiensten versierter sein als gleichaltrige Frauen (vgl. auch JIM 2000: 42).

Wenn man den Umfang der wöchentlichen Internetnutzung zum Maßstab macht, kann noch nicht davon die Rede sein, daß das Internet von Jugendlichen in Deutschland für ein Leben in virtuellen Ersatzwelten genutzt wird. „Heavy user" – mehr als 20 Stunden pro Woche im Internet – kann man, wenn man den Daten der Shell-Studie 2000 folgt, in der Altersgruppe der 15- bis 23jährigen nicht nachweisen.[24] Auf der Basis einer Online-Befragung sind Hahn und Jerusalem zwar zu dem Ergebnis gelangt, daß insgesamt 3,2% aller Befragten als internetsüchtig zu bezeichnen seien, und diese Rate bei den befragten Jugendlichen mit 10,3% am höchsten lag. Doch diese Ergebnisse sind schwer zu bewerten, da sie nicht auf der Basis eines repräsentativen Bevölkerungsquerschnittes erhoben wurden, sondern in der durch hohe Selbstselektion charakterisierten Gruppe der Internetnutzer/innen. Letzten Endes sind mögliche Gefahren des Internet wohl auch nicht an der Dauer der Internetnutzung und der Gefahr der Internetsucht festzumachen, sondern an

---

24 Eigene Berechnungen nach Daten der Shell-Studie 2000.

den Themen und Kontakten im Netz.²⁵ Von den 12- bis 19jährigen Internetnutzern und -nutzerinnen geben 11% an, schon einmal auf rechtsextremistische Inhalte gestoßen zu sein und 31% fanden pornographisches Material (vgl. JIM 2000: 48).²⁶ Zu diesen problematischen Angeboten hatten Jungen deutlich mehr Kontakte als Mädchen (vgl. ebd.).

Während die Gesamtheit der Online-Anwender und Anwenderinnen als Gründe für einen Internetanschluß eher Gebrauchswert und Informationswert des Internet hervorheben, nennen 14- bis 19jährige eher die kommunikative Funktion und den Unterhaltungswert des Internet. Entsprechend setzen Jugendliche das Internet auch anders ein (vgl. van Eimeren/Maier-Lesch 1999: 594). Das Versenden von e-Mails steht bei computererfahrenen Mädchen wie Jungen an erster Stelle, gefolgt von der Suche nach Informationen zu bestimmten Themen und dem Chatten. Auch von diesen beiden Funktionen machen Mädchen und Jungen gleich viel Gebrauch. Viele andere speziellere Funktionen nutzen Jungen allerdings häufiger als Mädchen (vgl. JIM 2000: 42).

Im Zuge der zu erwartenden steigenden Versorgung von Privathaushalten mit den neuen Technologien wird der Einfluß des Internet auf den Alltag, die Kommunikation und vielleicht auch auf die Wertvorstellungen Jugendlicher in den nächsten Jahren zweifellos größer werden. Es werden zunehmend mehr ökonomisch benachteiligte Gruppen Zugang zum Internet erhalten. Ob auf diese Weise die ungleiche Verfügung über Wissen abgebaut werden kann, oder ob sich darüber neue für die soziale Integration von Jugendlichen problematische Formen der Internetnutzung verstärkt herausbilden, wird sich zeigen.

Ein Kapitel über Mediennutzung darf das Mobiltelefon nicht außer acht lassen. Hier verläuft die technische Aneignung so rasant, daß Befragungen innerhalb kürzester Zeit sehr widersprüchliche Zahlen über den Handy-Besitz junger Frauen und Männer produzieren. Gemäß der Shell-Studie 2000 besitzen 32% der 15- bis 23jährigen jungen Männer und 22% der gleichaltrigen Frauen ein Handy (eigene Berechnungen nach Daten der Shell-Studie 2000). Die telefonische Befragung des medienpädagogischen Forschungsverbundes Südwest kommt zu dem Ergebnis, daß 14- bis 19jährige Mädchen und junge Frauen im Jahr

---

25 Der *Spiegel* machte kürzlich zum Beispiel auf Internet-Foren aufmerksam, auf denen auch Minderjährigen Anleitungen zum Selbstmord zugänglich sind und tödliche Medikamente angeboten werden (vgl. Der Spiegel 9/2001: 78 ff).

26 Da der Begriff „pornographisch" in der Befragung nicht definiert war, ist natürlich fraglich, welche Inhalte die Jugendlichen dieser Rubrik zuordnen. Dies ist auch den Autorinnen und Autoren der Studie JIM 2000 bewußt (vgl. ebd.).

2000 häufiger (zu 51%) als junge Männer (46%) mit einem Mobiltelefon ausgestattet sind. Aus dem Handy als verpöntem Statussymbol geltungsbedürftiger junger Männer scheint bei den Jugendlichen mehr und mehr ein Alltagsmedium zu werden. Neben der von jedem Ort losgelösten kommunikativen Erreichbarkeit bietet es die Möglichkeit, preiswert schriftliche Kurzbotschaften zu versenden. Die integrierten elektronischen Spiele bieten einen weiteren Zusatznutzen. Für die jugendliche Spontankultur mit ihrer Mobilität und dem Interesse an koordiniertem Handeln auf großen Events ist das Handy ein wichtiges Hilfsmittel, um Gemeinsamkeit in der Peergroup situationsbezogen und zeitnah immer wieder herzustellen.[27] Besonders beliebt scheint das Handy bei italienischen Jugendlichen. Unter den türkischen Jugendlichen finden sich ähnlich viele Handybesitzer/innen wie unter den deutschen, doch die Geschlechterdifferenzen sind hier sehr viel ausgeprägter (vgl. Fritzsche 2000b: 200). Studien über die Bedeutung des Handys für die Lebensführung junger Frauen und Männer sowie über den Wandel auch von Aushandlungs- und Abstimmungsprozessen in Beziehungen und Cliquen stehen noch aus (vgl. Logemann/Feldhaus 2001).

Die Tatsache, daß neue Kommunikationsmedien (zuletzt das Internet und das Handy) immer erst von Männern in Gebrauch genommen werden und sich dann später erst unter Frauen verbreiten, muß im Zusammenhang mit geschlechtsspezifisch ausgeprägter Technikfaszination und Technikdistanz gesehen werden. Nach gängigen Vorstellungen hat sich ein Junge für Technik zu interessieren, von einem Mädchen wird dies nicht erwartet. Diese Stereotypen scheinen das Interesse von jungen Frauen und Männern noch immer deutlich zu prägen (vgl. Abbildung 4.18).

Die Diskrepanzen zwischen dem Technikinteresse von jungen Frauen und dem von jungen Männern sind in den alten wie in den neuen Bundesländern auch im Jahr 2000 noch immer groß. Mit Hilfe der Ergebnisse der Shell-Studie '85 läßt sich allerdings rekonstruieren, daß das Technikinteresse junger Frauen in der Zwischenzeit deutlich zugenommen hat. Damals gaben 39% der 15- bis 24jährigen Frauen an, sich „gar nicht" für Technik zu interessieren; heute sind dies allenfalls 25%. Damals schätzten sich nur 2% als sehr interessiert ein, heute immerhin

---

27 Auch Eltern wissen den Vorteil von Handys zu schätzen, kann ein Anruf der Kinder doch manche Sorge über deren Verbleib nehmen und „Abholdienste" können flexibel organisiert werden. Manche Unzuverlässigkeit öffentlicher Verkehrsmittel kann so durch erhöhte private Verfügbarkeit kompensiert werden.

5% (vgl. Fischer 1985: 52, Abbildung 4.18). Es fällt auf, daß sich die Frauen im Osten gegenwärtig interessierter zeigen als die im Westen.

Abbildung 4.18: Technikinteresse von 15- bis 23jährigen nach Altersgruppen und Geschlecht in West- und Ostdeutschland (in %)

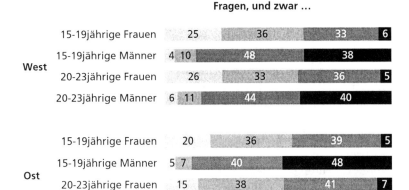

Quelle: Eigene Berechnungen nach dem Datensatz der Shell-Jugendstudie 2000

Antworten auf eine Zusatzfrage in der Shell-Studie 2000 belegen, daß sich junge Frauen keineswegs pauschal von Technik oder technischen Fragen distanzieren, daß es vielmehr sogar Technikfelder gibt, die junge Frauen mehr interessieren als junge Männer. In der von uns betrachteten Altersgruppe (15 bis 23 Jahre) zeigt sich dies bei „Technik im Haushalt", „Photo, Optik" und „Umweltschutz" (eigene Berechnungen nach dem Datensatz der Shell-Studie 2000). Frauen könnten sich hier noch mehr Lern- und Erfahrungsspielräume erobern.

4.5.2 Spiel und Sport

In den großen Jugendstudien findet das Spiel Jugendlicher fast nur als Teil sportlicher Aktivitäten Beachtung. Dabei sieht die Zeitbudgetstudie doch zumindest bei den 12- bis 15jährigen einen beachtlichen Teil der Freizeit mit „Spielen" ausgefüllt. Nach dieser Studie widmen 12- bis 15jährige Mädchen täglich eine gute halbe Stunde und gleichaltrige Jungen eineinviertel Stunden dem Spiel. Bei den 16- bis 19jährigen verliert das Spielen an Bedeutung, hat im Freizeitbudget der Jungen aber noch immer mehr Gewicht als in dem der Mädchen (eigene Berechnungen nach Daten der Zeitbudgetstudie 1991/92). Hier gibt es offenbar erhebliche Unterschiede im Aufwachsen von jungen Frauen und Männern, die aber nicht spezifiziert werden können. Über die Spiele in der späten Kindheit wissen wir mehr. Sie tragen deutlich geschlechtsspezifische Züge. Unklar bleibt allerdings, welche Bedeutung kindliche Interessen, Spielzeugwerbung und das pädagogische Handeln von Eltern sowie Erzieherinnen und Erziehern bei der Herstellung dieser geschlechtsspezifischen Spielaktivitäten haben (vgl. Ledig 1992: 69, Todt 1992: 302).

Auch dem Sport widmen sich Jungen mehr als Mädchen. Seit längerem wird allerdings schon beobachtet, daß Mädchen und junge Frauen an dem Trend zur sportlichen Lebensweise partizipieren und dabei eigene Muster sportlicher Betätigung entwickeln (vgl. Berndt 1998: 23).

Die Ergebnisse der Zeitbudgetstudie zeigen, daß sich Mädchen 1991/92 deutlich weniger Zeit für sportliche Aktivitäten nehmen als Jungen. Bei beiden Geschlechtern hatte der Sport in der frühen Jugend seine größte Bedeutung.[28] Dies bestätigen auch Untersuchungen des BAT-Freizeitforschungsinstituts und die aktuelle NRW-Sportstudie von Brettschneider und Kleine (vgl. Opaschowski/Duncker 1996: 46 f, Brettschneider/Kleine 2001: 115).

Mit zunehmendem Alter nimmt auch die Mitgliedschaft in Sportvereinen ab. Wie andere Freizeitvereine haben auch die Sportvereine heute mehr Schwierigkeiten als früher, jugendliche Mitglieder zu gewinnen und zu halten. Den Rückgang der Mitglieder unter den Schülern der 6. Klasse beziffern Brettschneider und Kleine in NRW zwischen 1998 und 2000 auf 20% (vgl. Brettschneider/Kleine 2001: 490). Während kommerzielle Freizeitangebote mit der Diversifizierung jugendlicher Freizeitinteressen Schritt halten, diese vermutlich sogar steuern, haben es die Vereine schwer, flexibel auf die Vervielfältigung von Freizeitinteressen Jugendlicher zu reagieren (vgl. Oesterdiekhoff/Papcke 1999: 11). Das traditionelle Selbstverständnis der Sportvereine läuft solchen Erwartungen auch entgegen (vgl. Müller 2001: 126 f).

---

28 Während 12- bis 15jährige Mädchen im Durchschnitt täglich eine halbe Stunde und die Jungen eine dreiviertel Stunde Sport treiben, liegen diese Werte für die 16- bis 19jährigen schon deutlich niedriger. Junge Frauen treiben in dieser Altersgruppe täglich noch durchschnittlich 17 Minuten Sport, die gleichaltrigen jungen Männer noch 25 Minuten. Bis zum Ende des zweiten Lebensjahrzehnts nimmt die Zeit, die für den aktiven Sport aufgewandt wird, weiter ab (eigene Berechnungen nach Daten der Zeitbudgetstudie 1991/92).

Die Befragungsergebnisse von Brettschneider et al. weisen darauf hin, daß das Sporttreiben außerhalb der Vereine für Jugendliche auch deshalb attraktiv ist, weil sie hier mehr Gelegenheit sehen, gemeinsam mit ihren Freunden Sport zu treiben und über die Sportart und die Zeit selbst bestimmen können. Die jungen Leute wünschen sich offenbar mehr Autonomie bei der Entscheidung, wo, wann und mit wem sie Sport treiben, als die Vereine bisher gewähren. Für die jungen Frauen zählt als weiterer Grund für ihre Vereinsabstinenz, daß sie seltener Wettkampfsport betreiben wollen (vgl. Brettschneider/Kleine 2001: 121).

Sport aktiv zu betreiben, ist eine Form der Freizeitgestaltung, die von männlichen und weiblichen Jugendlichen sehr unterschiedlich bewertet wird. Mehrere Jugendstudien weisen den Sport als Lieblingsbeschäftigung speziell der jungen Männer aus. Der Sport rangiert unter den Lieblingsbeschäftigungen der Mädchen und jungen Frauen dagegen nur an zweiter oder dritter Stelle (abhängig davon, wie Freizeitaktivitäten erhoben werden) (vgl. z.B. IPOS-Bericht Nr. 1203).

Nach Ergebnissen einer Studie aus den frühen 80er Jahren wird das erste Interesse am aktiven Sporttreiben schon relativ früh und deutlich geschlechtsspezifisch entwickelt (vgl. Klein 1982 zit. nach Klein 1991: 26). Auffallend in dieser Studie aus den 80er Jahren ist der hohe Prozentsatz von weiblichen Personen (21% gegenüber 4% der männlichen Befragten), die danach „nie" Interesse am aktiven Sporttreiben entwickelten.

Die Gründe hierfür sind sicher vielfältig. Pfister macht darauf aufmerksam, daß sich die mit dem eigenen Körper verbundenen Vorstellungen und Praktiken bei Mädchen und Jungen schon in der Kindheit unterscheiden:

> „Mädchen verfügen beispielsweise über differenziertere Körpervorstellungen und sie achten mehr auf ihr Aussehen als Jungen, die wiederum ihre sportliche Leistungsfähigkeit positiver als Mädchen einschätzen." (vgl. Pfister 1999)

Pfister geht davon aus, daß sich in der Jugendphase die Auseinandersetzung von Mädchen mit den Ambivalenzen im Zusammenhang von Weiblichkeit und Sport verschärft. In diese Phase fallen verstärkt Vereinsein- und -austritte, Sportartenwechsel oder auch Phasen der Sportabstinenz. So empfinden Mädchen zwischen 11 und 15 Jahren, die sich bis dahin in männlich dominierten Sportarten (z.B. Fußball oder Judo) engagierten, ihre Sportarten oft als nicht mehr „passend". Der geforderte Kampfgeist und die notwendige Aggressivität sind mit kulturell verankerten Weiblichkeitsidealen, die die jungen Frauen nicht mehr ignorieren können, schwer vereinbar (vgl. Pfister 1999: 104).

Für junge Frauen, die im Ballett oder auch in der rhythmischen Sportgymnastik aktiv sind, halten Pubertät und Adoleszenz ebenfalls Probleme bereit. Die notwendige Präsentation des Körpers in körperbetonter Kleidung scheint oft mit der Angst verbunden, diesem Ideal nicht (mehr) entsprechen zu können. So verzichten die von Pfister befragten Gymnastinnen im Alter von 14 bis 15 Jahren häufig auf Einzelwettkämpfe und nehmen nur noch an Gruppenwettkämpfen teil, bei denen sie nicht mehr allein im Rampenlicht der Öffentlichkeit stehen (vgl. Pfister 1999: 106). Sowohl die als „männlich" etikettierten Sportarten, als auch die typisch weiblichen stellen junge Frauen also vor spezifische Probleme, die ihre Sportartenwechsel und ihre Ausstiegs- bzw. Unterbrechermentalität in Sportvereinen zum Teil erklären können.

Auch wenn der Anteil der Frauen an den Mitgliedern der Vereine des Deutschen Sportbundes mit nahe 40% angegeben wird, so liegt der Anteil der Frauen in Führungspositionen nach wie vor bei ca. 10%.[29] Sportbünde sind, wenn man deren hierarchische Struktur berücksichtigt, noch immer Männerbünde. Den traditionellen Männlichkeitskonzepten entsprechend rücken Vereine jene Sportarten in den Mittelpunkt, in denen harter Körpereinsatz und Wettkampforientierung inszeniert werden. Entsprechend der historisch-kulturell einseitigen Verknüpfung von Männlichkeit, Kampf und Kraft stoßen medial inszenierte Sportarten fast nur in der männlich besetzten Variante auf Zuschauerinteresse. Diese Publikumsmagnete werden über Medien und Werbung zur finanziellen Grundlage der Vereine und erfahren dort ihre gesonderte Förderung. So darf es nicht verwundern, daß Männer und Frauen am Vereinssport sehr unterschiedliche Interessen haben und daß der von Männern ausgeübte Sport als der „richtige Sport" gilt, was junge ambitionierte Sportlerinnen frustrieren kann.

Menze-Sonneck sieht im Vereinssport der weiblichen Jugendlichen eine „neue Form der Vereinsbindung", die Zugehörigkeiten subjektiven Interessen nachordnet (vgl. Menze-Sonneck 1996: 8).

---

29 Wie der frauenpolitische Dienst meldet, will eine Anfang 2001 gebildete Arbeitsgruppe „Europäische Frauen und Sport", die aus der Europäischen Sportkonferenz (ESK) hervorgegangen ist, „Frauen ermutigen, Verantwortung in Führungspositionen des Sports in Europa zu übernehmen". Sicher ist auch erforderlich, männlichen Sportfunktionären die einseitige Orientierung des Sports an männlichen Interessen und den Widerspruch dieser Praxis zum Gebot der Chancengleichheit zu verdeutlichen (vgl. frauenpolitischer Dienst 2/2001: 3).

1992 fiel bereits auf, daß sich die Mädchen ausgeprägter als die Jungen Strukturen im Sport jenseits der Vereine schaffen und nutzen. Dies wurde zum Beispiel an dem relativ hohen Stellenwert der kommerziellen Anbieter im Sport der jungen Frauen deutlich (vgl. Kurz/Sack/Brinkhoff 1992). Allerdings können hiervon in erster Linie die Mädchen in privilegierter sozialer Lage Gebrauch machen (vgl. Kurz/Sack/Brinkhoff 1992).

Die aktuelle NRW-Sportlängsschnittstudie kommt zu dem Ergebnis, daß Schülerinnen und Schüler bis zur 6. Klasse noch relativ ausgewogen in Sportvereinen vertreten sind, die Jungen aber ab der 8. Klasse deutlich zu dominieren beginnen. Die Jungen intensivieren ihr Engagement im Verein und die Mädchen beginnen, sich zurückzuziehen (vgl. Brettschneider/Kleine 2001: 82). Die Schülerinnen sehen die Sportvereine kritischer als die Schüler, teurer, weniger gut ausgestattet, weniger modern und freizügig (ebd.: 87). Die Studie zeigt ferner, daß sich schon die Mädchen des 7. bis 13. Schuljahres stärker auf den Breitensport hin orientierten als die gleichaltrigen Jungen. So waren „nur" 45% der Mädchen dieser Altersgruppe im Wettkampfsport und 50% im Breitensport aktiv. Bei den Jungen betätigten sich 1992 66% der Vereinsmitglieder dieser Altersgruppe im Wettkampfsport.

Auf der Basis einer aktuellen Befragung von SchülerInnen der 6., 8. und 10. Klassen verschiedener Schultypen in NRW liefern Brettschneider und Kleine Angaben über die derzeit beliebtesten Sportarten (vgl. Abbildung 4.19). Die Ergebnisse zeigen, daß sich das Interesse der Jungen auch außerhalb der Sportvereine sehr stark auf das Fußballspiel konzentriert, während sich bei den Mädchen fünf Sportarten als relativ beliebt erweisen, nach dem Radsport das Schwimmen, Inlineskaten, Skateboarden, das Joggen und das Reiten.

Das in Vereinen erwartete sportartenbezogene Wettkampfverhalten scheint dem Bedürfnis von Mädchen nach gelungenen sozialen Beziehungen im Sport nicht zu entsprechen (vgl. Klein 1991: 60, Berndt 1998: 31). Es käme wohl darauf an, für Mädchen *und* Jungen den Erfahrungsraum, den der Sport bietet, zu erweitern. Den differenzierten und individualisierten, von Moden abhängigen Interessen muß bei der Gestaltung des Sportunterrichts und bei den Angeboten des Vereinssports ein höherer Stellenwert eingeräumt werden. Die Nachfrage von jungen Frauen nach Slim-dance, fat-burner-Gymnastik, Bauch-weg-Übungen und Problemzonentraining scheint dies zu bestätigen. In den negativen Erinnerungen an den Schulsport sind Leistungsdruck, Über- und Unterforderung, sowie das Nicht-Berücksichtigen von Schülerinteressen wach (Berndt 1998: 31). Für junge Frauen wären neben einem regelmäßigen Leistungstraining auch andere Bewegungserfahrungen sinnvoll. Hierzu gehören das Lernen, die eigenen Fähigkeiten realistisch abzuschätzen, das Lernen, in den eigenen Körper hineinzufühlen, die eigene Figur realistisch einzuschätzen und zu akzeptieren, die Beherrschung von Entspannungstechniken, die Einübung komplexer Situationsbeurteilung und geistesgegenwärtigen Handelns im Spiel (vgl. hierzu Kugelmann 1998).

Abbildung 4.19: Die beliebtesten Sportaktivitäten von Schüler(inne)n der 6., 8. und 10. Klasse außerhalb des Vereins nach Geschlecht (in %)

	Top Ten bei den Jungen			Top Ten bei den Mädchen	
1	Fußball	47,4	1	Radsport	16,9
2	Basketball/Streetball	10,2	2	Schwimmen	13,9
3	Radsport	8,8	3	Inlineskaten/Skateboarden/Rollschuhlaufen	13,5
4	Schwimmen	8,3	4	Joggen	12,0
5	Inlineskaten/Skateboarden/Rollschuhlaufen	7,4	5	Reiten	12,0
6	Joggen	5,6	6	(Beach-)Volleyball	4,1
7	Tischtennis	2,3	7	Badminton	3,7
8	Kraftsport	2,3	8	Tischtennis	3,0
9	(Beach-)Volleyball	1,4	9	Basketball/Streetball	2,6
10	Badminton	0,9	10	Tanzsport	2,2

Quelle: Brettschneider/Kleine 2001: 110, N = 1.565.

Obwohl es inzwischen manche innovative Mädchensportprojekte gibt, ist es den Sportvereinen bisher im allgemeinen kaum gelungen, sich einem breitangelegten Sport- und Bewegungsbedürfnis, wie Mädchen es artikulieren, anzupassen.[30]

Das Interesse von Frauen, sportlich aktiv zu sein, scheint gegenwärtig mit der allgemeinen Fitnessbegeisterung zu steigen, allerdings jenseits der Vereinsstrukturen. So registrierte der Deutsche Sportbund, daß der Anteil der Frauen, die sich 1999 für das Sportabzeichen interessierten,

---

30 Recht etabliert sind inzwischen die Selbstverteidigungskurse für Mädchen. Die Sportjugend Niedersachsen bot 2000 zum Beispiel Fortbildungen für Jugendleiterinnen und Übungsleiterinnen an, die Kletter- und Segelkurse für Mädchen unter erlebnispädagogischer Perspektive konzipieren wollen (vgl. Broschüre Sportjugend Niedersachsen, Mädchenarbeit Maßnahmen 2000).

höher war als der Anteil der Frauen, die in Turn- und Sportvereinen sportlich aktiv sind (38,6%). Der Anteil der Frauen und Mädchen an den Sportabzeichenverleihungen 1999 lag bei 44,1%. Dies gilt als neue Rekordmarke seit 1913, als das Abzeichen eingeführt wurde (vgl. Frauenpolitischer Dienst 2/2001: 3).

Mit der hohen Bedeutung des „Freizeitsports" jenseits der Vereine geht eine enorme Ausdifferenzierung der Sportarten und gleichzeitig ein Aufweichen des Begriffs „Sport" einher.[31] Die Grenzen des Sports zu anderen körperzentrierten Aktivitäten werden immer offener. Dies zeigt sich etwa daran, daß es neben den Fitness-Angeboten inzwischen auch Wellness-Programme gibt.

Die Shell-Studie aus dem Jahr 1985 unternahm den Versuch, Entspannungstechniken im Alltag der Jugendlichen zu erfassen und fragte: „Tun Sie etwas für die Gesundheit/den Körper? nicht nur Sportarten…?" und „Wie erreichen Sie eigentlich körperliches Wohlgefühl?": Diese Fragen führten zu einer Fülle von Techniken, von „mal richtig ausschlafen" über „in der Badewanne herumliegen und dösen" zu „im Garten arbeiten". Neben solchen Entspannungsformen, denen allein nachgegangen wird, können auch kommunikative und gesellige Aktivitäten als entspannend erlebt werden (vgl. Fuchs 1985: 9). Die jungen Frauen nannten eine breitere Palette solcher subjektiv wirksamen Entspannungstechniken und gaben an, häufiger von ihnen Gebrauch zu machen (vgl. Fuchs 1985: 20).

Ganz ohne Zweifel verbindet die junge Generation heute vielfältigere Bedürfnisse nach Bewegung und körperlicher Leistungsfähigkeit, solche nach dem ultimativen Kick in Risikosportarten, solche nach (lebenslanger) Gesundheit, nach körperlichem Wohlbefinden und body styling (mit Musik). Dabei scheinen sich junge Frauen und Männer auf unterschiedliche Weise von traditionellen Sportangeboten zu lösen und nach neuen körperzentrierten Aktivitäten Ausschau zu halten. Eine aktuelle Längsschnittstudie belegt, daß junge Frauen und Männer Kompetenzen, deren Förderung den Sportvereinen zugeschrieben wurden, auch jenseits von Vereinsstrukturen entwickeln konnten (vgl. Brettschneider/ Kleine 2001: 30 ff).

---

31 Gab es in den sechziger Jahren noch etwa 30 Sportarten, so nennt Opaschowski inzwischen 240 (zit. nach Freese 2001).

4.5.3 Konsum und Freizeit

Auch wenn sich ein Teil der Jugendlichen beklagt, in ihrer Freizeitgestaltung wegen zu geringer finanzieller Mittel eingeschränkt zu sein, so ist doch im historischen Rückblick zu konstatieren, daß keine Jugendgeneration sich mit ähnlich kostspieligen Hobbys befaßt hat, wie die der 90er Jahre. Neben Musikanlagen und Tonträgern, Gaststätten- und Kinobesuchen, Markenbekleidung und Sportgeräten sind nun auch noch elektronische Spielkonsolen, Handys und Computer als feste Bestandteile von jugendlichen Freizeitkulturen getreten. Im Laufe der 90er Jahre hat das Taschengeld, das Jungen und Mädchen von ihren Eltern bekommen, noch einmal an Bedeutung gewonnen; längere Schul- und Ausbildungszeiten reduzierten nämlich die Anteile von Ausbildungsvergütungen und regulären beruflichen Einkommen an den Einkünften Jugendlicher (vgl. Lange 1997: 52 f). Im Zuge dieser Entwicklung scheinen Eltern im Westen, nicht aber die im Osten, die Einkommensbenachteiligung der Mädchen bei Ausbildungsvergütungen, Löhnen und unregelmäßigen Jobs in den letzten Jahren mit einem höheren Taschengeld an die Mädchen mehr als zu kompensieren (vgl. Lange 1997: 54).

Die Zahlungsbereitschaft der Eltern stößt in einkommensschwachen Schichten immer häufiger an Grenzen. Haushalte mit Kindern sind unter den verschuldeten Privathaushalten überproportional häufig vertreten. Verschuldete, alleinerziehende Haushalte sind sogar sechsmal häufiger als nach ihrem Anteil an allen Privathaushalten zu erwarten ist (http://www.forum-schuldnerberatung.de/veroeff/v0024.htm).[32]

Die Möglichkeit sich zu verschulden, schafft erweiterte, aber nicht unproblematische Konsumspielräume auch für die Jugendlichen selbst. Zwar versucht das BGB unter 18jährige vor Verschuldung zu schützen, indem es Kreditverträge Nichtvolljähriger generell für unwirksam erklärt, doch ab dem 18. Lebensjahr können Jugendliche mit Kreditangeboten in die Verschuldung gelockt werden. Lange kommt zu dem Ergebnis, daß sich Jungen zwischen dem 18. und 20. Lebensjahr (jedenfalls 1996) häufiger verschuldeten als Mädchen (vgl. Lange 1997: 59). In dieser Altersgruppe werden häufig bereits Kredite für Wohnungseinrich-

---

32 Von 1994 bis 2000, so schätzt die Arbeitsgemeinschaft Schuldnerberatung, ist die Zahl der verschuldeten Privathaushalte bundesweit auf die Rekordzahl von mehr als 2,7 Millionen gestiegen. Eine starke Zunahme verzeichnete sie vor allem in den neuen Bundesländern. Deutschland hat nach Großbritannien die zweithöchste Rate an überschuldeten Privatpersonen in Europa (vgl. Hildesheimer Zeitung vom 12.06.2001).

tungen und Autos aufgenommen. Zur Überschuldung führen diese Kredite bei ca. 5% der Jugendlichen (vgl. Lange 1997: 60).

Neben den Haushalten, die am Existenzminimum leben und ihre Kinder nur schlecht versorgen können, gibt es viele, die ihre Kinder erstaunlich gut ausstatten. Opaschowski konstatiert, daß sich die monatlichen Freizeitaufwendungen eines Vier-Personen-Arbeitnehmerhaushalts mit mittlerem Einkommen schon zwischen den 60er und 90er Jahren mehr als verachtfacht haben (vgl. Opaschowski 2001: 99).

Die vorrangigen Konsumgüter, für die Jugendliche zwischen 14 und 21 Jahren Geld ausgeben, sind: Bekleidung, Gaststättenbesuche, Auto bzw. Motorrad oder Fahrrad, sowie Tonträger und Abspielgeräte, Kosmetik und Körperpflege sowie Getränke. Die Marktforschung machte in den 90ern deutliche geschlechtsspezifische Unterschiede aus: „Während die Jungen fast Dreiviertel der jugendlichen Konsumenten im Segment Auto/Motorrad/Fahrrad stellen, sind die Mädchen bei Kosmetik/Körperpflege mit 84% klar in der Mehrheit" (vgl. Janke/Niehus 1994: 28). In der Jugendkonsumstudie von Lange entsteht ein ähnliches Bild. Hier hatten Jugendliche die Möglichkeit bezogen auf vorgegebene Konsumgüter anzugeben, ob sie hierfür im Monat eher viel, nicht so viel oder fast gar nichts an Geld ausgeben (vgl. Abbildung 4.20).

Neben dem Alter der Jugendlichen hat auch deren Bildungsniveau Einfluß auf ihre Konsummuster; das Bildungsniveau der Eltern hat dagegen kaum einen Effekt. Die Jugendlichen scheinen sich in ihren Konsummustern also wenig an der Elterngeneration zu orientieren (vgl. Lange 1997: 63).

In den letzten Jahren haben Jungen und Mädchen ihre Ausgaben für Computer und Zubehör enorm gesteigert, und das Handy ist für viele zu einem erheblichen Kostenfaktor geworden (vgl. JIM 2000: 36, 54).

Soweit scheint der Konsum im Dienste anderer Hobbys zu stehen, doch das Einkaufen bzw. „Shopping" selbst gilt Jugendlichen (und nicht nur diesen) als Freizeitbeschäftigung. Fast die Hälfte der Bevölkerung und 68% der unter 30jährigen zählt Opaschowski im Jahr 2000 zu den „Erlebniskonsumenten". Sie kaufen nach eigener Einschätzung oft mehr als eigentlich notwendig ist (vgl. Opaschowski 2001: 99 f). Immerhin 23% der 14 bis 24 Jahre alten Frauen und 14% der gleichaltrigen Männer bekennen: „manchmal kaufe ich einfach aus Frust oder aus einem inneren Zwang heraus irgend etwas – unabhängig davon, ob ich es wirklich brauche" (Quelle: Sonderauswertung der Repräsentativbefragung des B.A.T. Freizeit-Forschungsinstituts 2000). Auf der Basis eines besonders sorgfältig abgesicherten Verfahrens kommt Lange zu dem Ergebnis,

Abbildung 4.20: Art und Umfang der Konsumausgaben 15- bis 20jähriger nach Geschlecht in West- und Ostdeutschland 1996 (Mittelwerte und Rangkorrelationskoeffizienten Kendall-Tau-c*)

N 1990 West = 169 N 1996 West = 287 N 1996 Ost = 261	insgesamt			Geschlecht	
	West 1990	West 1996	Ost 1996	West 1996	Ost 1996
	Mw.	Mw.	Mw.	Korr.	Korr.
Kleidung	2,0	2,2	2,3	+.23	+.12
Schallplatten	2,1	2,1	2,2	-.26	-.18
Kinobesuche	1,9	2,1	2,1	—	—
Discotheken	1,9	2,1	2,0	—	—
Geschenke	1,9	2,0	2,0	+.27	+.29
Zigaretten	1,9	1,9	1,9	—	—
Gaststätten	2,0	1,9	1,8	—	—
Süßigkeiten	1,8	1,8	1,8	—	—
Reisen	1,8	1,8	1,7	+.16	—
Bücher	1,8	1,7	1,6	+.16	+.23
Grundnahrungsmittel**	2,0	1,7	1,7	—	—
Alkohol	1,7	1,6	1,7	-.22	-.26
Fahrzeuge	1,9	1,5	1,7	-.32	-.38
Kosmetik	1,4	1,5	1,6	+.49	+.43
Gesundheit	1,5	1,5	1,5	+.18	+.14
Sportveranstaltungen	1,5	1,5	1,3	-.22	-.24
Einrichtung	1,6	1,4	1,4	+.18	—
Schmuck	1,4	1,4	1,4	+.40	+.35
Blumen	1,5	1,3	1,4	+.15	+.14
Theater	1,4	1,3	1,3	—	+.17
Spielwaren	1,2	1,2	1,1	—	—
Spenden	1,2	1,2	1,1	+.13	—
Drogen	1,2	1,2	1,2	—	—

* Je höher der Mittelwert, desto höher die monatlichen Konsumausgaben. Hinsichtlich des Geschlechts gilt: positive Vorzeichen: Mädchen geben mehr Geld aus als Jungen, negative Vorzeichen: umgekehrt. Aufgenommen wurden nur Koeffizienten >.10; diese sind zugleich auf dem 95%-Niveau signifikant, Koeffizienten >.20 auf dem 99%-Niveau.
** In der Untersuchung 1990 war nur nach „Nahrungsmitteln" gefragt worden. Der seinerzeit relativ hohe Wert dürfte damit darauf zurückzuführen sein, daß mit Nahrungsmitteln allgemein auch das Essen und Trinken in Restaurants und Gaststätten assoziiert wird.

Quelle: Lange 1997: 62, Ausschnitt aus Tabelle 6.1

daß etwa 6% der Jugendlichen im Alter zwischen 15 und 20 Jahren als kaufsüchtig zu bezeichnen sind, während weitere 12% zu Kompensationskäufen neigen (vgl. Lange 1997: 141). Auch in dieser Studie erweisen sich die jungen Frauen als weniger rational in ihren Kaufentscheidungen. Allerdings fallen die geschlechtsspezifischen Unterschiede weniger gravierend aus als in der Umfrage des B.A.T. Freizeit-Forschungsinstituts (vgl. Lange 1997: 153).

Der Einkaufsbummel gehört zu den wenigen Freizeitbeschäftigungen, von denen sich im Jahr 2000 fast keine junge Frau ausschließt. Nur zwei Prozent der 15- bis 24jährigen deutschen und ein Prozent der ausländischen jungen Frauen geben an, nie einen Einkaufsbummel zu machen. Unter den jungen Männern scheint Shopping als Freizeitbeschäftigung weniger verbreitet (vgl. Abbildung 4.9).

Für viele bedeutet der „Erlebniseinkauf", sich an anderer Stelle besonders einschränken zu müssen. Eine deutliche Mehrheit der 14- bis 29jährigen hat mittlerweile das Gefühl, daß sie „zu viel Geld ausgibt" (1995: 50% – 2000: 62%). Ferner klagen sie zunehmend darüber, daß sie in ihrer Freizeitgestaltung mehr „von Angeboten, die Geld kosten, abhängig sind als ihnen lieb ist" (1995: 49% – 2000: 55%). Dies bestätigen junge Männer noch etwas häufiger als junge Frauen (vgl. Opaschowski 2001: 107, Sonderauswertung der Daten des B.A.T. Freizeit-Forschungsinstituts). Die finanziellen Probleme junger Menschen werden in den nächsten Jahren vermutlich nicht nachlassen, und man muß davon ausgehen, daß die finanziellen Spielräume von jungen Frauen knapper sind als die der jungen Männer, sofern nicht Eltern die ökonomische Benachteiligung ihrer Töchter in Ausbildung und Beruf noch durch erhöhte finanzielle Zuwendungen an sie kompensieren.

4.6 Private und öffentliche Räume der Freizeitgestaltung

In der Geschlechterforschung hat die Trennung sozialer Räume in private und öffentliche Räume viel Aufmerksamkeit gefunden, zumal die bürgerliche Gesellschaft mit dieser Kategorisierung eine Geschlechtstypisierung vornahm, die bis heute nachwirkt und Männern die Bewährung im öffentlichen Raum, Frauen dagegen den privaten Raum zuwies.[33] Daß

---

33 Prototypisch für diese Zuordnungen sind Schillers Verse in seinem Lied an die Glocke: „Der Mann muß hinaus ins feindliche Leben…" „Und drinnen waltet die züchtige Hausfrau, die Mutter der Kinder, und herrschet weise im häuslichen Kreise…".

diese Geschlechtertrennung im Bereich notwendiger Basisverpflichtungen noch heute auch unter Jugendlichen und jungen Erwachsenen wirksam ist, wurde bereits erwähnt (vgl. Abschnitt 4.3.). Nun geht es um die Frage, wo junge Frauen und Männer ihre *Freizeit* verbringen. Ist diese frei von solchen Zuweisungen?

Seit den 50er Jahren dieses Jahrhunderts hat sich der öffentliche Raum für Kinder und Jugendliche in ihrer Freizeit weiter ausdifferenziert in öffentliche Freiräume (Grünflächen, Parks, Spielplätze, den Straßenraum) und in institutionalisierte öffentliche Räume (Sportanlagen, Vereine, Ballett-, Jugendkunst- und Musikschulen, Jugendzentren, Kirchenräume). Dieser Entwicklung wird in der Sozialisationsforschung erhebliche Bedeutung beigemessen, ganz besonders auch unter dem Geschlechteraspekt.

> „Was auf der ‚Straße', d.h. im öffentlichen Freiraum angeeignet werden kann, ist nur teilweise das Gleiche, was in institutionalisierten Räumen angeeignet werden kann, und auch die für die Aneignung der Räume einzusetzenden oder zu entwickelnden Fähigkeiten und Fertigkeiten sind nicht in beiden Formen der öffentlichen Räume gleichermaßen bedeutend. So sind für die Nutzung der öffentlichen Freiräume vor allem Mut, Selbstvertrauen, körperliche Gewandtheit, Einsatz- und Risikobereitschaft und Kraft einzusetzen, die Inanspruchnahme institutionalisierter Angebote mit ihren unterschiedlichen sozialen Kontexten dagegen fordert und fördert in erster Linie soziale Kompetenz und Fähigkeit zur Planung, Koordination, Zeitstrukturierung und Kommunikation." (Nissen 1999: 26)

Die Ausdifferenzierung von Freizeitangeboten für Kinder und Jugendliche hat bezogen auf die *geschlechtsspezifische* Sozialisation und Selbst-Bildung unterschiedliche Effekte. Während die Freizeit der Jungen in den letzten 50 Jahren also zunehmend von der Straße und anderen Orten im Freien weg unter pädagogische Kontrolle geriet, stellten die neuen institutionalisierten Freizeitangebote für Mädchen eine Chance dar, den traditionell häuslichen Rahmen ihrer Freizeitgestaltung vermehrt zu überschreiten und an einer – wenn auch eingegrenzten – pädagogisch kontrollierten Öffentlichkeit teilzuhaben (vgl. Nissen 1998).[34]

Hinweise auf eine geschlechtsgebundene Wahl von Freizeitorten im Jugendalter finden sich in der Zeitbudgetstudie: An den Freizeitaktivitäten, die in dieser Analyse unter dem Stichwort „Geselligkeit" zusammengefaßt wurden, partizipieren junge Frauen jedenfalls im Westen – trotz ihres insgesamt im Vergleich zu den jungen Männern knapperen

---

34 Nissen belegt diese Entwicklung für 8- bis 14jährige Kinder (vgl. Nissen 1998).

Zeitbudgets – dann im gleichen Maße, wenn die Aktivitäten *in privaten Räumen* stattfinden. Dies gilt z.B. für die Kategorie „zu Besuch gehen" oder „Besuch empfangen". An den geselligen Outdoor-Aktivitäten, dem „Ausgehen", sind sie dagegen generell in deutlich geringerem Umfang beteiligt (vgl. Abbildung 4.21).

Abbildung 4.21: Gesellige Aktivitäten 12- bis 29jähriger nach Geschlecht und Altersgruppen in West- und Ostdeutschland (in Minuten/Tag)

	n = 7.930	West		Ost		BRD insgesamt	
		Frauen	Männer	Frauen	Männer	Frauen	Männer
12-23 Jahre	Besuch	37	36	35	46	36	38
	Familienfeste	3	3	2	2	3	3
	Ausgehen	19	27	12	21	17	25
	Nicht zuteilbar	0	1	0	0	0	1
	Gesamt	59	67	9	69	56	67
24-29 Jahre	Besuch	42	37	42	51	42	40
	Familienfeste	2	6	4	0	3	5
	Ausgehen	13	23	5	9	11	20
	Nicht zuteilbar	0	0	0	0	0	0
	Gesamt	57	56	51	60	56	65

Quelle: Eigene Berechnungen nach Daten der Zeitbudgetstudie 1991/92 des Statistischen Bundesamtes

Abbildung 4.21 zeigt, daß sich die geselligen Aktivitäten von jungen Frauen und Männern mit zunehmendem Alter stärker in private Räume verlagern. Dies gilt allerdings für die Frauen ausgeprägter als für die Männer. Man muß annehmen, daß diese Verlagerung vor allem für Frauen mit vermehrter Hausarbeit verbunden ist. Dies gilt etwa beim Empfangen von Gästen und dem Ausführen von Familienfesten.

Auch Ausflüge und Spaziergänge haben im Zeitbudget von Jugendlichen und jungen Erwachsenen einen geschlechtstypischen Stellenwert. Der „Spaziergang", diese eher auf gewohnten leichten Wegen, vielleicht ohne Anfahrt und im Gespräch verbrachte Zeit, spielt schon im Zeitbudget der 12- bis 15jährigen Mädchen in Ost und West eine deutlich größere Rolle als im Zeitbudget der Jungen. Dies gilt auch für die gesamte uns interessierende Altersgruppe der 12- bis 23jährigen (eigene Berechnung nach Daten der Zeitbudgetstudie 1991/92).

Sehr viel seltener als die Spaziergänge gehören Ausflüge zur Freizeitbeschäftigung der jungen Leute. Das vielleicht mit längeren Anfahrten und größeren Anstrengungen verbundene Durchstreifen unbekannter Räume nimmt im Zeitbudget der 14- bis 23jährigen jungen Männer einen größeren Raum ein. Interessant ist, daß sich dies bei den 24- bis 29jährigen ändert.[35]

Auch wenn man die Daten der Shell-Studie 2000 heranzieht, die Auskunft darüber geben, von welchen Freizeitaktivitäten sich junge Frauen und Männer distanzieren, so fällt auf, daß die (Selbst-)Ausgrenzung von Frauen und die Distanzierung von Männern sich nicht eindeutig dem Schema *private* versus *öffentliche Räume* fügt. Einige Outdoor-Aktivitäten wie der Einkaufsbummel und das Spazierengehen werden von deutlich mehr jungen Frauen als Männern zu ihren Freizeitaktivitäten gerechnet. Den überschaubaren Nahraum nehmen sie gerne, meist in Gesellschaft, in Anspruch. Andere Aktivitäten im öffentlichen Raum wie das Sporttreiben und der Besuch eines Jugendzentrums sind unter den jungen Männern allerdings verbreiteter als unter den jungen Frauen (vgl. Abbildung 4.9).

Die Freizeitaktivitäten der ausländischen Jugendlichen spiegeln die traditionellen Beschränkungen von jungen Frauen auf den familiären Bereich deutlicher wider (vgl. Abbildung 4.9). Die Shell-Studie 2000 belegt, daß sich ein erheblicher Teil ausländischer, insbesondere türkischer junger Frauen deutlich vom Disco- und Kneipenbesuch distanziert, Jugendzentren deutlich seltener besucht als junge ausländische, insbesondere türkische Männer und erheblich seltener Sport treibt. Familiale und/oder nachbarschaftliche Kontrolle scheinen das Freizeitverhalten der türkischen jungen Frauen also deutlich mitzubestimmen. Einkaufsbummel und Spaziergänge sind dagegen Freizeitaktivitäten in öffentlichen Räumen, zu denen sich auch ausländische junge Frauen uneingeschränkt bekennen (vgl. Fritzsche 2000b: 206, Abbildung 4.9).

Während die erhobenen *geselligen Aktivitäten* von jungen Frauen und Männern Hinweise auf eine geringere Teilhabe junger in Deutschland lebender Frauen an Freizeitaktivitäten im öffentlichen Raum geben, läßt sich dieser Befund *nicht* für die Freizeitaktivitäten Jugendlicher *insgesamt* bestätigen.

---

35 Hier darf man annehmen, daß im Zeitbudget der jungen erwachsenen Frauen besonders im Osten Ausflüge mit Kindern zu Buche schlagen. Doch mögen sich auch Frauen ohne Kinder vermehrt auf größere Unternehmungen einlassen. Spaziergänge und Ausflüge sind Beispiele dafür, daß sich die Frauen schon in jungen Jahren gerne auch in öffentlichen Räumen aufhalten, fremdes Terrain auf womöglich abgelegenen Wegen aber eher meiden, aber dieses Terrain als junge Erwachsene noch erobern (eigene Berechnungen nach Daten der Zeitbudgetstudie).

Die Zeitbudgetstudie erlaubt keine durchgehende Unterscheidung zwischen der Freizeit an privaten und der an öffentlichen Orten. Sie ermöglicht aber immerhin, zwischen Freizeit zu Hause (in den eigenen vier Wänden, im eigenen Garten) und Freizeit außer Haus zu differenzieren.[36] Dabei zeigen sich junge Frauen kaum mehr als junge Männer mit ihrer Freizeitgestaltung an die eigene Wohnung gebunden. Die 12- bis 19jährigen Jungen verbringen sogar einen etwas größeren Teil ihrer Freizeit zu Hause als die gleichaltrigen Mädchen (vgl. Abbildung 4.22). Erst die einsetzende Familienphase kehrt diese Relation allmählich um. Über viele Jahre hinweg haben junge Frauen in der Bundesrepublik Deutschland also durchaus die gleichen Chancen wie junge Männer, fremde Haushalte und öffentliche Räume kennenzulernen, und sie machen davon auch Gebrauch.

Abbildung 4.22: Wo 12- bis 29jährige ihre Freizeit verbringen nach Altersgruppen und Geschlecht (in Minuten/Tag und in %)

	n = 7.930	zu Hause		außer Haus		Freizeit insges.	
		Min.	%	Min.	%	Min.	%
12-15 Jahre	Frauen	208	56,4	161	43,6	369	100,0
	Männer	240	60,0	158	40,0	398	100,0
16-19 Jahre	Frauen	158	46,9	179	53,1	337	100,0
	Männer	181	49,1	188	50,1	369	100,0
20-23 Jahre	Frauen	131	44,1	166	55,9	297	100,0
	Männer	147	42,0	203	58,0	350	100,0
24-29 Jahre	Frauen	148	54,2	125	45,8	273	100,0
	Männer	156	50,6	152	49,4	308	100,0

Quelle: Eigene Berechnungen nach Daten der Zeitbudgetstudie 1991/92 des Statistischen Bundesamtes

Der stärkere Rückzug von 24- bis 29jährigen Frauen auf Freizeit in den eigenen vier Wänden läßt sich mit den in erster Linie an sie gerichteten Verpflichtungen zu Hausarbeit und Kinderbetreuung erklären. Andererseits muß auch in Betracht gezogen werden, daß manch öffentliches Vergnügen (z.B. Sport treiben, Jugendzentren oder Sportveranstaltungen besuchen) für einen Teil der Frauen tatsächlich weniger attraktiv

---

36 Die Freizeit „außer Haus" muß nicht im öffentlichen Raum, sie kann z.B. in der Wohnung von Freunden verbracht werden. Dies könnte besonders für junge Frauen gelten. Auf die Frage: „Wenn du in deiner Freizeit nicht zu Hause bist, wo gehst du dann am meisten hin?" antworteten 1982 56% der 14- bis 19jährigen Mädchen: „zu einer Freundin" (vgl. Brigitte/DJI: Mädchen '82: 46).

(als für Männer) ist. Es fällt immerhin auf, daß sich junge Frauen sowohl mit Jugendzentren als auch mit Sportstätten, Discos und öffentlichen Verkehrsmitteln unzufriedener zeigen als junge Männer (vgl. Abbildung 4.23).

Abbildung 4.23: Unzufriedenheit mit Freizeitangeboten und Verkehrsmitteln* bei 14- bis 23jährigen nach Geschlecht in West- und Ostdeutschland (in %)

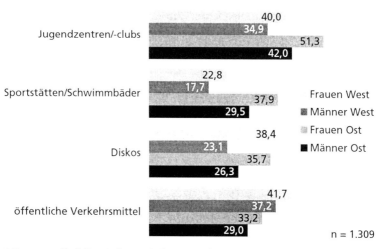

* Fragetext: „Sind Sie mit dem verfügbaren Angebot an…zufrieden, sind Sie damit nicht zufrieden oder ist das für Sie nicht so wichtig?". Antwortvorgaben: „zufrieden", „unzufrieden", „nicht so wichtig", „weiß nicht". Dargestellt sind die Anteile von Befragten, die „unzufrieden" angegeben haben.

Quelle: Daten der IPOS-Jugendstudie 1999, Sonderauswertung

Die höhere Unzufriedenheit junger Frauen sollte dazu anregen zu prüfen, ob kommunale und regionale Förderkonzepte sich nicht völlig unbedacht vor allem an männlichen Freizeitinteressen orientieren.

Das verfügbare Angebot an öffentlichen Einrichtungen wird von potentiell benachteiligten 14- bis 27jährigen, zu denen die IPOS-Studie Arbeitslose und Hauptschüler/innen rechnet, zum größten Teil ähnlich beurteilt wie vom repräsentativen Teil dieser Altersgruppe. Auch sie äußern sich mehrheitlich unzufrieden mit Jugendzentren (vgl. IPOS-Bericht 1999: 136).

Im Zusammenhang mit der Diskussion um die Bedeutung der Eroberung des öffentlichen Raumes in der Jugendphase sind auch die im Rahmen der Freizeitgestaltung zurückgelegten Wege und die verwandten

Verkehrsmittel von Interesse. Die Zeitbudgetstudie zeigt, daß Jugendliche im Alter zwischen 16 und 23 in ihrer Freizeit so viel unterwegs sind wie keine andere Altersgruppe (über eine halbe Stunde pro Tag).[37] Angesichts der Tatsache, daß junge Frauen insgesamt weniger Freizeit zur Verfügung haben als junge Männer, reichen die belegbaren geschlechtsspezifischen Unterschiede kaum aus, um jungen Frauen ein geringeres Interesse an Mobilität in der Freizeit zu unterstellen (vgl. Abbildung 4.24).

Abbildung 4.24: Wegezeiten und Verkehrsmittelnutzung in der Freizeit bei 12- bis 29jährigen nach Altersgruppen und Geschlecht (in Minuten/Tag)

	n = 7.930	12-15 Jahre	16-19 Jahre	20-23 Jahre	24-29 Jahre
Frauen	private Verkehrsmittel	21	25	28	21
	öffentliche Verkehrsmittel	4	6	3	2
	sonstige Verkehrsmittel	0	1	1	1
	Summe	25	32	32	24
Männer	private Verkehrsmittel	20	28	32	25
	öffentliche Verkehrsmittel	4	9	3	3
	sonstige Verkehrsmittel	0	0	0	0
	Summe	24	37	35	28

Quelle: Eigene Berechnungen nach Daten der Zeitbudgeterhebung 1991/92 des Statistischen Bundesamtes

Die jungen Leute legen ihre Wege ganz überwiegend mit privaten Verkehrsmitteln zurück. Nur die Gruppe der 16- bis 19jährigen nutzt die öffentlichen Verkehrsmittel etwas intensiver. In jenen Jahren läßt wohl die Bereitschaft der Eltern nach, die Kinder zu ihren Freizeitaktivitäten zu chauffieren, gleichzeitig ist der Wunsch nach Mobilität hoch und die Jugendlichen und ihre Freunde sind noch verhältnismäßig selten selbst motorisiert. Nach dem 20. Lebensjahr – so scheint es –, werden die öffentlichen Verkehrmittel für die Freizeitgestaltung junger Frauen und Männer nahezu bedeutungslos (vgl. Abbildung 4.24). Die Unzufriedenheit mit öffentlichen Verkehrsmitteln dürfte in diesem Zusammenhang von Relevanz sein (vgl. Abbildung 4.23), sicher aber auch die

---

37 Die jüngeren Erwachsenen (die 25- bis 30jährigen) und die mittlere Generation der 30- bis unter 45jährigen sind gemäß ihren eigenen Tagebuchaufzeichnungen in ihrer Freizeit nur solange unterwegs wie die 12- bis 15jährigen (vgl. Holz 1998: 696).

Faszination, die Motorräder und Autos auf junge vor allem männliche Führerscheininhaber ausüben (vgl. Tully 1998).

4.7 Freundschaften und Freizeitcliquen

Die Freizeit Jugendlicher wird im öffentlichen Bewußtsein, aber auch von den Jugendlichen selbst gern mit *gemeinsam* verbrachter Zeit, mit Zeit für Freundschaftsbeziehungen und Freizeitcliquen assoziiert. Wie der DJI-Jugendsurvey belegt, sind „Freunde und Bekannte" für die 16- bis 23jährigen Frauen und Männer von außerordentlich hoher Bedeutung (vgl. Abbildung 4.1). Eine aktuelle Telefonumfrage ergab denn auch, „sich mit Freunden/Leuten treffen" sei die häufigste (nichtmediale) Freizeitaktivität (vgl. JIM 2000: 7). Tatsächlich begreifen sich Jugendliche zunehmend als in Gleichaltrigengruppen integriert. Auf die Frage: „Sind Sie in einem Kreis von jungen Leuten, der sich regelmäßig oder öfter trifft und sich zusammengehörig fühlt? Ich meine nicht einen Verein oder Verband." antworteten in der Shell-Studie '64 nur 51% „ja, regelmäßig" oder „ja, öfter", in der Shell-Studie '84 antworteten 76% so, und in der Shell-Studie '91 (West) war der Anteil derjenigen, die so ihre Zugehörigkeit zu einer Clique dokumentierten, auf 82% gestiegen. Vor allem die Mädchen zeigen sich Anfang der 80er Jahre deutlich häufiger in Gleichaltrigengruppen eingebunden als Anfang der 60er Jahre, konstatiert Kolip (vgl. Kolip 1994c). Die Entwicklung in den 90er Jahren läßt sich anhand der IPOS-Daten sehr gut nachvollziehen (vgl. Abbildung 4.25).

In den alten Bundesländern scheint sich die Integration von Jugendlichen in Cliquen auf hohem Niveau stabilisiert zu haben. In den neuen Bundesländern zeigen sich in den 90er Jahren gravierende Veränderungen im Antwortverhalten, die zumindest an der Oberfläche eine starke Annäherung an westdeutsche Verhältnisse signalisieren. Womöglich steckt hinter dem veränderten Antwortverhalten im Osten insbesondere zwischen 1995 und 1999 nur eine sehr oberflächliche Anpassung ostdeutscher Jugendlicher an ein im Westen dominantes Selbstverständnis. Ende der 90er Jahre zeigen sich in Ost und West ca. drei Viertel der Mädchen und ein ähnlich hoher Anteil der Jungen in eine Clique integriert (vgl. Abbildung 4.26).

Freizeit – freie Zeit?

Abbildung 4.25: Zugehörigkeit zu eine Clique* bei 14- bis 27jährigen in West- und Ostdeutschland 1993, 1995 und 1999 (in %)

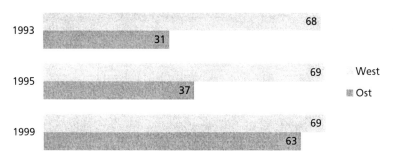

* Fragetext: „Gehören Sie zu einer Clique, also einer Gruppe, die sich häufig in der Freizeit trifft, aber nicht fest organisiert ist?". Dargestellt sind die Anteile von Befragten, die „Ja" geantwortet haben. N (1993) = 2.205, N (1995) = 2.048, N (1999) = 2.011.

Quelle: IPOS-Berichte 1993, 1995, 1999

Abbildung 4.26: Zugehörigkeit zu einer Clique* bei 14- bis 27jährigen nach Altersgruppen und Geschlecht in West- und Ostdeutschland 1999 (in %)

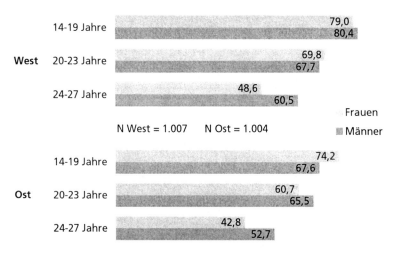

* Fragetext: „Gehören Sie zu einer Clique, also einer Gruppe, die sich häufig in der Freizeit trifft, aber nicht fest organisiert ist?". Dargestellt sind die Anteile von Befragten, die „Ja" geantwortet haben.

Quelle: IPOS-Sonderauswertungen

Abbildung 4.26 zeigt, daß die Cliquenbildung unter den 14- bis 19jährigen am ausgeprägtesten ist. Es wird ferner deutlich, daß diese Integration bei jungen Frauen ab dem 20. Lebensjahr stärker nachläßt als bei den gleichaltrigen Männern. Für Frauen scheint das Eingehen von Paarbeziehungen schwerer mit der Zugehörigkeit zu einer Freizeitclique vereinbar als für Männer.

Neben Cliquen haben enge Freundschaften und intime Beziehungen einen hohen Stellenwert im Jugendalter. Von den 1982 befragten 14- bis 19jährigen Mädchen der Brigitte-Studie '82 verbrachte die Mehrheit (54%) nach eigenen Angaben die meiste Zeit mit einer Freundin, 45% mit einem Freund und nur für ein knappes Drittel (29%) war die Clique der Personenkreis, mit dem sie die meiste Freizeit verbrachten (vgl. Brigitte/DJI: Mädchen '82, Tabellenband: 72).

Fritzsche konstatiert auf der Basis eines Vergleichs von Befragungsergebnissen 1991 und 1999, daß der Prozentsatz der 15- bis 24jährigen jungen Frauen, die angeben, eine „wirkliche Freundin" zu haben, mit 87 bzw. 88% im Westen anhaltend hoch ist, im Osten konstant mit 84% etwas niedriger liegt. Für junge Männer, die Anfang der 90er Jahre noch signifikant seltener angaben, einen „wirklichen Freund" zu besitzen, haben diese Beziehungen offensichtlich an Bedeutung gewonnen (vgl. Fritzsche 2000b: 209).

Mit zunehmendem Alter wird auch gegengeschlechtlichen Beziehungen mehr Gewicht beigemessen. Dabei zeigen sich die jungen Frauen nicht nur am Beginn der Jugendphase sondern auch an deren Ende wesentlich häufiger in solche Beziehungen involviert. In der Shell-Studie 2000 etwa geben 71% der 22- bis 24jährigen deutschen Frauen an, einen „festen Freund" zu haben. Dies berichten „nur" 59% der gleichaltrigen jungen Männer. Unter den ausländischen Jugendlichen zeigt sich eine ähnliche Diskrepanz zwischen jungen Frauen und jungen Männern, wenn auch in abgeschwächter Form. Die 15- bis 17jährigen türkischen Mädchen sind allerdings auffällig selten mit einem Freund zusammen, viel seltener als die gleichaltrigen deutschen Mädchen (vgl. Fritzsche 2000b: 209).

Das verbreitete Gefühl, enge Freunde bzw. feste Freundinnen zu haben und in eine Freizeitclique integriert zu sein, bedeutet nicht, daß die Freizeit vornehmlich in der Gleichaltrigengruppe verbracht wird. Dies belegt die Zeitbudgetstudie für die Jahre 1991 bzw. 1992 (vgl. Abbildung 4.27).

Abbildung 4.27 zeigt, daß die 12- bis 15jährigen den größten Teil ihrer Freizeit mit Haushaltsmitgliedern, in der Regel mit Eltern und Geschwistern, verbringen und daß auch die 16- bis 19jährigen noch über 20% ihrer Freizeit so gestalten. Auch wird deutlich, daß über 20% der Freizeit alleine verbracht wird. Dieser Freizeitanteil ist schon bei den 16- bis 19jährigen Mädchen geringer als bei den Jungen. Mädchen bzw. junge Frauen suchen und finden mehr Freizeitpartner/innen im eigenen Haushalt und vor allem verbringen sie deutlich mehr Freizeit mit Freundinnen bzw. Freunden.

Abbildung 4.27: Mit wem 12- bis 29jährige ihre Freizeit verbringen nach Altersgruppen und Geschlecht (in Minuten/Tag)

	n = 7.930	mit HH-Mitgl.*	nur mit Kindern	mit Freunden	mit Nicht-HH-Mitgl.**	alleine
Frauen	12-15 Jahre	150	13	57	113	97
	16-19 Jahre	88	3	100	110	78
	20-23 Jahre	87	10	95	93	68
	24-29 Jahre	157	43	45	91	60
Männer	12-15 Jahre	176	23	58	104	113
	16-19 Jahre	85	5	83	123	114
	20-23 Jahre	85	5	103	115	92
	24-29 Jahre	114	19	60	97	93

* Einschließlich Kindern.
** Mit sonstigen nicht im Haushalt lebenden Personen: Verwandten, Nachbarn, Kollegen/Kolleginnen und sonstigen Personen.

Quelle: Eigene Berechnungen nach Daten der Zeitbudgeterhebung 1991/92 des Statistischen Bundesamtes

24- bis 29jährige Frauen verbringen den größten Teil ihrer Freizeit mit Haushaltsmitgliedern (einschließlich Kindern), einen anderen Teil verbringen sie nur mit Kindern (vgl. Abbildung 4.27). Diese „Freizeit" dürfte sehr deutlich von Pflichten durchsetzt sein, zumindest von der Pflicht, Kinder zu beschäftigen und zu betreuen. Der Anteil, den die gleichaltrigen Männer mit Kindern verbringen, ist erheblich geringer. Ihnen bleibt ein Anteil von alleine verbrachter Freizeit, der dem der jüngeren Altersgruppen ganz entspricht, während den jungen Frauen ein großer Teil dieser Zeit über die betrachtete Lebensphase hinweg verlorengeht. Falls diese alleine verbrachte Freizeit als die am meisten selbstbestimmte Zeit gelten dürfte, erweisen sich Mädchen und vor allem junge Frauen als deutlich unterprivilegiert. Ihr geringes Insistieren auf eigener Zeit, das sich in den Fragen der Shell-Studie 2000 zur Freizeitorientierung ausdrückte (vgl. Abschnitt 4.2), führt nicht nur dazu, daß Frauen in der Regel über weniger Freizeit als Männer verfügen, sondern daß ihre freie Zeit vermutlich auch weniger selbstbestimmt verläuft.

Trotz der Relativierung der Bedeutung des Zusammenseins mit Gleichaltrigen durch die Zeitbudgetstudie steht außer Frage, daß Peer-Beziehungen in der Jugendphase in den letzten Jahrzehnten einen höheren subjektiven Stellenwert gewonnen haben.

Das Netzwerk unter Jugendlichen in Deutschland scheint auch insofern dichter geworden zu sein als gegengeschlechtliche Freundschaften heute früher beginnen und die Jugendphase durchgängiger prägen als noch in den 60ern. 1963 gaben lediglich 2,7% bis 27,6% der Mädchen (je nach Altersstufe) an, einen festen Freund zu haben, 1983 taten dies 26,8 bis 42,9% der Mädchen (vgl. Kolip 1994c: 23). Im Jahr 2000 geben 35% der 15- bis 17jährigen Frauen und 71% der 22- bis 24jährigen Frauen an, einen festen Freund zu haben (vgl. Fritzsche 2000b: 209).

In den 80er Jahren zeigten amerikanische Untersuchungen, daß Freundschaften zwischen Jungen eher über gemeinsame, nach außen gerichtete Aktivitäten definiert werden, während die zentralen Merkmale von Mädchenfreundschaften gegenseitiges Vertrauen und emotionaler Rückhalt waren (vgl. Kolip 1994c: 23). Kolip berichtet aus einer amerikanischen Studie von Youniss/Smollar (1985), daß doppelt soviel weibliche wie männliche Jugendliche (60% gegenüber 30%) angaben, daß Diskussionen über persönliche und intime Themen enge Freundschaften kennzeichnen. Zwar gehen die befragten Mädchen und Jungen mit ihren Freundinnen bzw. Freunden am liebsten aus, aber für Mädchen waren gemeinsame Gespräche und für Jungen gemeinsames Sporttreiben weitere wichtige Aktivitäten (vgl. Youniss/Smollar 1985, zit. nach Kolip 1994c: 23). Kolip vermutet, daß sich die genannten Unterschiede bis ins Erwachsenenalter verfolgen lassen und verweist darauf, daß Wright (1982) die Freundschaften der Männer als „side-by-side"-Beziehungen typisiert, die der Frauen als „face-to-face"-Beziehungen (vgl. Wright 1982, zit. nach Kolip 1994c: 23). Aktuell bieten qualitative Studien exemplarischen Einblick in Mädchen- und Jungenfreundschaften, doch ein systematischer Vergleich steht noch aus (vgl. Meuser 1998, Breitenbach 2000).

Die Zeitbudgetstudie gibt Hinweise auf den unterschiedlichen Charakter der sozialen Beziehungen junger Frauen und Männer, *nicht* speziell auf den Charakter ihrer *geschlechtshomogenen* Freundschaft. So macht sie deutlich, daß junge Frauen und Männer „Geselligkeit" zwar in ähnlichem Umfang pflegen, das Zwiegespräch („Kontakte") im Zeitbudget der jungen Frauen aber deutlicher als in dem der jungen Männer zu Buche schlägt (vgl. Abbildung 4.8). Darüber hinaus scheinen die Themen, die im Rahmen der „Kontakte" verhandelt werden, bei jungen Frauen eher *persönlichen* Inhalts zu sein als bei den jungen Männern (eigene Berechnungen nach Daten der Zeitbudgetstudie 1991/92).

Die zuletzt genannten Zahlen deuten auf eine intimere Gesprächskultur junger Frauen hin. Sie ist bei den jüngsten, den 12- bis 15jährigen, schon deutlich sichtbar und kulminiert bei den jungen erwachsenen Frauen (24 bis 29 Jahre) im Westen. Letztere schätzen 38% ihrer „Kontaktzeiten" als Zeiten ein, die mit Gesprächen und Telefonaten *persönlichen* Inhalts gefüllt sind (eigene Berechnungen nach Daten der Zeitbudgetstudie 1991/92). Es ist zu vermuten, daß sehr persönlich gefärbte Netzwerke für junge Frauen besonders im Westen eine wichtige soziale Ressource darstellen.

Im Zuge der Debatte um Deutschland als Einwanderungsland und die Integrationsfähigkeit der deutschen Gesellschaft ist die Frage interessant, in welchem Umfang die Netzwerke deutscher und ausländischer Jugendlicher miteinander verknüpft sind. Um dieser Frage nachzugehen, wird hier zunächst auf die IPOS-Jugendstudie aus dem Jahr 1999 zurückgegriffen (vgl. Abbildung 4.28).

Abbildung 4.28: Ausländer im Freundeskreis* von 14- bis 23jährigen nach Geschlecht in West- und Ostdeutschland (in %)

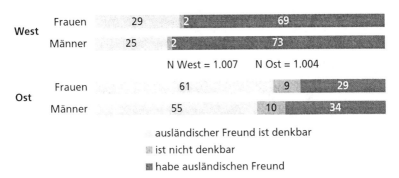

* Fragetext A: „Gibt es in Ihrem engeren Freundeskreis einen Ausländer?" Falls Frage A verneint wird, Fragetext B: „Können Sie sich vorstellen, daß ein Ausländer zu Ihrem engeren Freundeskreis gehört?"
Quelle: Sonderauswertung der IPOS-Jugendstudie 1999

Abbildung 4.28 zeigt, daß die Unterschiede zwischen Ost- und Westdeutschland gravierend sind. Im Westen rechnen rund zwei Drittel der

Jugendlichen einen Ausländer zu ihrem engen Freundeskreis, im Osten gilt dies nur für ein Drittel der Befragten. Die Ursache hierfür ist zum großen Teil darin zu suchen, daß der Ausländeranteil im Osten Deutschlands so gering ist, daß die Gelegenheit, dort ausländische Freunde zu wählen und zu gewinnen sehr viel ungünstiger ist als im Westen. Eine zweite Ursache für die Ost-West-Unterschiede ist allerdings darin zu sehen, daß die Vorbehalte gegenüber Ausländern und Ausländerinnen im eigenen Freundeskreis im Osten verbreiteter sind als im Westen. Im Osten geben nämlich wesentlich mehr junge Frauen und Männer als im Westen an, daß sie sich keinen Ausländer in ihrem engeren Freundeskreis vorstellen können Im Rückgriff auf die IPOS-Studien der frühen 90er Jahre läßt sich aber immerhin festhalten: Im Osten hat in den letzten Jahren der Anteil derjenigen Jugendlichen abgenommen, die einen ausländischen Freund als „undenkbar" für sich halten. Statt für 17% 1993 gilt dies 1999 „nur noch" für 10%. Im Westen waren solche Distanzierungsprozesse in den 90er Jahren kaum zu beobachten (vgl. IPOS-Bericht 1999 B44/B45 und Sonderauswertungen für 1999 sowie Abbildung 4.28). Das langjährige Nebeneinander deutscher und ausländischer Jugendlicher in Schule, Ausbildung und Beruf hat im Westen offenbar zu einem vielfältigen Miteinander geführt, an dem sich die jungen Männer mit deutschem Paß etwas stärker beteiligen als die jungen Frauen (vgl. Abbildung 4.28).

Die Ressentiments unter benachteiligten Jugendlichen gegenüber Ausländern im Freundeskreis sind vor allem in Ostdeutschland größer als im repräsentativen Querschnitt der Jugendlichen. In Westdeutschland können sich nur 3% der potentiell Benachteiligten nicht vorstellen, daß es in ihrem Freundeskreis Ausländer gibt. In Ostdeutschland gilt dies dagegen für 19% (!) der potentiell benachteiligten Jugendlichen (vgl. IPOS-Bericht 1999: 146). Während sich die westdeutschen Benachteiligten besonders häufig mit ausländischen Freunden zusammentun – 73% haben ausländische Freunde –, wahren die benachteiligten Ostdeutschen mehr Distanz zu ausländischen Freunden als der Querschnitt der Ostdeutschen (vgl. IPOS-Bericht 1999: 145). In Ost und West laufen also sehr unterschiedliche Solidarisierungs- und Distanzierungsprozesse gerade bei benachteiligten Jugendlichen ab.[38]

Die Shell-Studie 2000 ermöglicht es, die interethnischen Freundeskreise auch aus der Perspektive von ausländischen Jugendlichen zu

---

38 Deren geschlechtstypische Färbung kann auf der Basis des vorliegenden Berichtes allerdings nicht geklärt werden.

erfassen, da sie zusätzlich zur repräsentativen Befragung von deutschen Jugendlichen noch drei Migrantenpopulationen (Quotenstichprobe mit italienischen und türkischen Migrantenjugendlichen) befragt hat. In dieser Studie wurden Jugendliche danach gefragt, mit welchen Bekannten und Freunden sie welchen Freizeitaktivitäten nachgehen. Die Studie unterscheidet dabei Freizeitaktivitäten, die alleine ausgeübt werden, und solche, denen mit deutschen, mit ausländischen Freunden und in gemischten Freundeskreisen nachgegangen wird. Eine geschlechterdifferenzierende Auswertung kann Aufschluß darüber geben, ob die ethnische Separierung bei Jungen und Mädchen gleich verbreitet ist und welche Freizeitaktivitäten sie besonders betrifft (vgl. Abbildung 4.29).

Abbildung 4.29 zeigt, daß den in der Shell-Studie erhobenen Freizeitaktivitäten zumeist gemeinsam mit anderen nachgegangen wird. Neben dem Lernen und dem Erledigen von Hausaufgaben findet nur das Arbeiten/Spielen am PC in nennenswertem Umfang *alleine* statt. Ferner zeigt sich, daß es kaum Jugendliche gibt, die spezifische Freizeitaktivitäten einem Zusammensein mit ausländischen Freunden vorbehalten, doch viele Aktivitäten werden zusammen auch mit ausländischen Freunden („gemischt, je nachdem") verfolgt. Im Westen ist diese Beteiligung von Ausländern an den Aktivitäten deutscher Jugendlicher wesentlich ausgeprägter als im Osten. Interethnisch gepflegte Freizeitaktivitäten sind im Westen in erster Linie Parties, der Besuch von Jugendzentren, der Kneipenbesuch, gemeinsam Musik machen und Sport treiben. Auch andere Unternehmungen wie Disco- und Konzertbesuche finden oft in interethnischen Gruppen statt. Im Osten Deutschlands sind solche gemeinsamen Freizeitaktivitäten deutlich seltener. Das Musikmachen erscheint hier als erstes verbindendes Element, gefolgt von Parties und sportlichen Aktivitäten.

Geschlechtsspezifische Unterschiede scheinen weniger auf geschlechtstypische ethnisch motivierte Distanzierungsprozesse zurückzuführen zu sein als vielmehr darauf, daß die Freizeitaktivitäten selbst von deutschen und ausländischen jungen Frauen und Männern unterschiedlich häufig ausgeübt werden (vgl. Abbildung 4.9). So ist es zum Beispiel nicht verwunderlich, daß die jungen Männer häufiger als die jungen Frauen Sport auch mit ausländischen Freunden treiben, denn deutsche junge Frauen und besonders ausländische treiben seltener Sport als junge Männer (vgl. Abbildung 4.29).

1997 wurden auch im DJI-Ausländersurvey interethnische Freundeskreise aus der Perspektive von ausländischen Jugendlichen erfaßt. Auf die Frage: „Mit wem verbringen Sie hauptsächlich Ihre Freizeit? Denken

Abbildung 4.29: Freizeitaktivitäten von 15- bis 23jährigen Deutschen nach Geschlecht und Begleitung* in West- und Ostdeutschland (in %)

n = 3.955		West				Ost		
	allein	mit Deutschen	mit Ausländ.	gemischt	allein	mit Deutschen	mit Ausländ.	gemischt
Frauen Discobesuch	0	61	1	38	2	91	0	7
Sport	10	50	1	39	14	79	0	7
Rumhängen	12	53	1	34	11	79	0	9
Spazierengehen	11	60	1	28	10	85	1	5
Einkaufsbummel	10	62	1	27	18	78	0	4
Besuch im Jugendzentrum	1	56	2	40	3	87	1	10
Konzertbesuch	2	62	1	35	5	87	0	8
Hausaufgaben/Lernen	57	26	1	18	63	33	0	4
Am PC arbeiten/spielen	59	24	0	17	65	33	0	2
Feiern/Partys	1	50	1	49	0	86	0	14
Kneipen besuchen	1	54	1	44	0	90	1	8
Urlaubsreisen	5	67	1	28	6	86	1	7
Musik machen/Band	9	44	2	45	12	70	3	15
Zu Hause quatschen/ Musik hören	6	61	1	32	11	84	0	6
Männer Discobesuch	1	61	1	37	2	91	0	7
Sport	6	48	2	44	12	76	1	12
Rumhängen	10	54	1	35	11	81	0	8
Spazierengehen	13	58	1	28	9	84	0	7
Einkaufsbummel	19	54	1	26	21	74	0	5
Besuch im Jugendzentrum	3	54	2	42	3	90	0	7
Konzertbesuch	3	58	2	38	4	86	1	10
Hausaufgaben/Lernen	64	22	0	14	69	27	0	4
Am PC arbeiten/spielen	49	30	1	20	56	41	0	3
Feiern/Partys	0	48	1	51	0	87	0	13
Kneipen besuchen	1	54	1	44	1	90	0	9
Urlaubsreisen	7	65	1	27	8	81	0	10
Musik machen/Band	6	52	2	39	6	77	1	16
Zu Hause quatschen/ Musik hören	9	60	1	30	15	78	0	7

* Fragetext: „Mit welchen Bekannten und Freunden unternimmst Du die folgenden Aktivitäten?", Antwortvorgaben: „alleine", „mit deutschen Freunden", „mit ausländischen Freunden", „gemischt, je nachdem".

Quelle: Eigene Berechnungen nach Daten der Shell-Studie 2000

Sie hier nur an Menschen, mit denen Sie einen großen Teil der Freizeit verbringen?" nennen immerhin 59% der 18- bis 25jährigen italienischen Jugendlichen, 52% der gleichaltrigen griechischen Jugendlichen, aber nur 30% der gleichaltrigen türkischen Jugendlichen auch deutsche Kontaktpersonen (vgl. Heß-Meining 2001: 5). Während es bei den Freizeitkontakten von italienischen und griechischen Jugendlichen nur geringfügige geschlechtsspezifische Differenzen gibt, haben die jungen türkischen Frauen deutlich seltener als die gleichaltrigen türkischen Männer enge Kontakte zu Deutschen. Während 35% der Türken auch deutsche Freunde und Freundinnen als Freizeitkontakte aufführen, gilt dies nur für 26% der jungen türkischen Frauen (vgl. ebd.).[39] Für die schlechtere Integration türkischer Jugendlicher in die Generation der gleichaltrigen Deutschen macht Heß-Meining soziokulturell bedingte Gelegenheitsstrukturen verantwortlich. Von den türkischen Befragten leben verhältnismäßig viele in Häusern, in denen keine Deutschen leben. Ihre durchschnittlich schlechtere Bildungsstruktur führt sie auf den Besuch von Schulen mit einem durchschnittlich höheren Ausländeranteil zurück. Gelegenheiten, deutsche Freunde zu gewinnen, ergeben sich für sie also seltener. Die türkischen Jugendlichen haben zudem eine etwas schlechtere Sprachkompetenz, und ihre sozialen Netzwerke konzentrieren sie ohnehin in hohem Maße auf Mitglieder des eigenen Haushalts. Dadurch reduziert sich der interkulturelle Kontakt zwangsläufig (vgl. Heß-Meining 2001: 5 f). Junge islamische *Frauen* werden zudem mehr als junge Männer von ihren Familien in Anspruch genommen und kontrolliert.

Bei allen Schwierigkeiten, die es unter Jugendlichen unterschiedlicher Herkunft auch im Westen Deutschlands gibt, zeigen die Zahlen des Ausländersurveys doch, daß sich durch den gemeinsamen Schulbesuch viele interethnische Kontakte hergestellt haben, von denen zahlreiche auch langfristig tragfähig erscheinen. Deutlich ist allerdings, daß die Integration bei unterschiedlichen Gruppen unterschiedlich rasch voranschreitet. Auf deutscher Seite scheinen geschlechtsspezifische Distanzierungsprozesse ohne Relevanz, für die islamischen Einwanderungsgruppen aber sind sie von hoher Bedeutung. Ihr sozio-kultureller Hintergrund verlangt von den gläubigen islamischen Frauen, sich von vielen Freizeitaktivitäten der Gleichaltrigen in Deutschland fernzuhalten.

---

39 Es ist natürlich nicht auszuschließen, daß sich in solchen Antwortmustern weniger tatsächliche Verhaltensmuster als geschlechtsstereotype Selbstkonstruktionen widerspiegeln.

4.8 Resümee: Handlungsspielräume in der Freizeit und Chancengleichheit von jungen Frauen und Männern

Seit Anfang der 90er Jahre ist belegbar, daß Freizeit und Erholung bei jungen Frauen wie Männern einen sehr hohen Stellenwert haben. Werden die jungen Leute aber durch vergleichend zugespitzte Statements in Befragungen gedrängt, sich zu entscheiden, ob Freizeit „das Wichtigste" im Leben ist oder ob sie „wichtiger" als andere Lebensbereiche ist, so werden Geschlechterdifferenzen sichtbar. Junge westdeutsche Männer erweisen sich als diejenige Personengruppe, die ihren Anspruch auf Freizeit entschiedener als andere Gruppen gegen Anforderungen aus anderen Lebensbereichen verteidigen. Das Geschlecht zeigt sich zumindest im Zusammenspiel mit Alter und Region weiterhin als Kategorie, die die Einstellungen zur eigenen Zeit mitprägt. Dies trifft nicht nur auf den geltend gemachten Anspruch auf Freizeit, sondern auch auf die tatsächlich verfügbare Freizeit zu.

Die jungen Männer im Westen sichern sich das größte tägliche Freizeitbudget. Entsprechend der deutlich geringeren Entschlossenheit junger Frauen (insbesondere im Osten), ihre Freizeitwünsche wichtiger zu nehmen als Anforderungen in anderen Bereichen, erweist sich ihr Freizeitbudget als besonders gering. Die Chancen, sich jenseits von Ausbildung und Beruf Lern- und Erfahrungsspielräume, Muße- und Regenerationsspielräume zu eröffnen, sind für junge Frauen also noch immer ungünstiger als für junge Männer.

Das Freizeitbudget junger Frauen zeigt sich generell im Vergleich zu dem junger Männer quantitativ durch ein höheres Maß privater Alltagsarbeit beschränkt. Zusätzlich muß man davon ausgehen, daß die in Studien ermittelte Freizeit junger Frauen auch in qualitativer Hinsicht Differenzen zu der junger Männer aufweist. Dadurch, daß junge Frauen im Vergleich zu gleichaltrigen Männern einen deutlich kleineren Teil ihrer Freizeit alleine verbringen, ist ihr Risiko höher, auch in der sogenannten „Freizeit" vereinnahmt zu werden, zumal Geschlechterhierarchien und geschlechtsspezifische Arbeitsteilung dem Vorschub leisten.

Mit zunehmendem Alter wird das durchschnittliche Zeitbudget der jungen Leute knapper. Erwartungsgemäß zeigen sich junge Mütter und Väter hier besonders betroffen. Die mit der Geburt eines Kindes vermehrt anfallende private Alltagsarbeit beeinträchtigt nicht nur die subjektiv empfundene Zeitautonomie der Mütter, sondern auch die der Väter.

Obwohl die 14- bis 23jährigen im Vergleich zur Gruppe der Erwachsenen über vergleichsweise viel Freizeit verfügen, fühlen sich viele Jugendliche insbesondere durch einen Mangel an Zeit in ihrer Freizeitgestaltung eingeschränkt. Im Osten werden neben dem Zeitmangel häufiger auch das Fehlen gewünschter Freizeiteinrichtungen im Nahraum und fehlendes Geld als Restriktion genannt, dies gilt ganz besonders für die jungen Frauen dort.

Insgesamt muß man aus den Angaben der Jugendlichen schließen, daß junge Frauen seltener Gelegenheit finden, ihren Freizeitwünschen nachzugehen. Bei der Fortentwicklung des Freizeitangebots wären im Interesse von mehr Chancengleichheit also stärker als bisher die Freizeitvorstellungen von *Frauen* zu berücksichtigen und zwar ganz besonders in den neuen Bundesländern.

Die ausgewerteten Jugendstudien zeigen, daß Mädchen und Jungen in ihrer Freizeit geschlechtsspezifische Prioritäten setzen und daß sich diese teils recht konstant über die von uns betrachtete Lebensphase erhalten.

Daten, die Aufschluß über die Aktivitätsschwerpunkte von jungen Leuten in ihrer Freizeit geben, lassen erkennen, daß die Mediennutzung vom zeitlichen Umfang her im Alltag der Jugendlichen (mit mehr als zwei Stunden täglich) sehr breiten Raum einnimmt. Die 12- bis 23jährigen Männer wenden sich den Medien noch länger als die gleichaltrigen Frauen zu. Besonders auffällig ist das größere Interesse junger Männer an der Beschäftigung mit dem PC und dem Internet. Beim Zugang zum PC sind junge Frauen eindeutig benachteiligt. Ihnen steht zu Hause seltener ein Computer zur Verfügung als Jungen. Sie finden auch seltener als Jungen Gelegenheit, anderweitig ein Gerät zu benutzen. Im Frühjahr 2000 zählen über 80% der 12- bis 19jährigen Jugendlichen zu den „Computer-Erfahrenen". Den Rückstand der Mädchen beziffert die JIM-Studie 2000 noch mit 10 Prozentpunkten. Junge Frauen und Männer nutzen ihre Computer zu deutlich unterschiedlichen Zwecken. Textverarbeitungsprogramme werden von jungen Frauen häufiger verwandt. Das Internet, Musikbearbeitung und vor allem die Computerspiele werden von jungen Männern viel häufiger benutzt. Die Tatsache, daß Computerspiele die Anwendungen sind, mit denen die jungen Männer die meiste Erfahrung gewinnen, relativiert den Eindruck, sie verschafften sich enorme, beruflich wichtige Lernvorsprünge. Doch ohne Zweifel gewinnen sie einen Vorsprung im Umgang mit dem PC, weil sie sehr viele verschiedene Funktionen nutzen. Speziell die jungen Männer im Westen verfügen im Durchschnitt über vielfältigere Erfahrungen mit dem PC und dem Internet. Mit den neuen Informationstechnologien sind im Alltag von jungen Frauen und Männern also neue Anlässe zur Geschlechterdifferenzierung entstanden. Deren Abbau ist allerdings schon im Gang.

Für „Geselligkeit" in der Form von wechselseitigen Besuchen, Familienfestlichkeiten und dem Ausgehen wird von jungen Leuten täglich weniger Zeit als für die Mediennutzung aufgewandt, doch im Vergleich zu Erwachsenen verwenden Jugendliche viel Zeit auf gesellige Aktivitäten. Für formlose Kontakte, Telefonkontakte oder direkte Zwiegespräche nehmen sich junge Frauen mehr Zeit als junge Männer.

Auffallend ist, daß junge Männer wesentlich mehr Zeit für „Sport und Spiel" finden als junge Frauen. Während einige Studien Aufschluß über die sportlichen Aktivitäten von Mädchen und Jungen geben, wissen wir über die Spiele der Jugendlichen wenig. Sie könnten von hoher sozialisatorischer Bedeutung sein und entscheidend zur Herausbildung geschlechtsspezifischer Kompetenzen und Interessen beitragen (vgl. Hössl 2000).

Der Sport erweist sich in Befragungen immer wieder als beliebteste Freizeitaktivität von Männern, auch wenn junge Männer für Mediennutzung insgesamt mehr Zeit aufwenden.

Als beliebteste Freizeitbeschäftigung junger Frauen ermittelt die IPOS-Studie den Kinobesuch. Auch der Spaziergang und der Einkaufsbummel, musisch-kreative Beschäftigungen, Theater- und Konzertbesuche, Musik hören und lesen, und „einfach nur rumhängen" werden von den jungen Frauen deutlicher favorisiert als von den jungen Männern. Hier erwerben Mädchen kulturelles Kapital und soziale Kompetenzen, weniger aber technische Fertigkeiten.

Die Freizeitgestaltung junger Frauen und Männer bis 23 Jahren läßt noch Affinitäten zu der im 19. Jahrhundert in Europa etablierten Geschlechterideologie erkennen, die Frauen den häuslichen und Männern den öffentlichen Bereich zuweist. So sind junge Frauen an geselligen Aktivitäten wie „zu Besuch gehen/Besuch empfangen" wie junge Männer beteiligt. Auf das „Ausgehen" verwenden sie dagegen weniger Zeit als ihre männlichen Altersgenossen. Mit zunehmendem Alter, dem Einsetzen fester Partnerschaften und der Gründung einer Familie werden die geschlechtsspezifischen Muster immer rigider; Frauen verbringen zunehmend mehr Freizeit zu Hause.

Es wäre nicht ganz angemessen, die geringere Präsenz junger Frauen in der Öffentlichkeit allein auf deren internalisierte Rückzugstendenzen oder auf deren stärkere Vereinnahmungen durch Partnerschaft und Familie zurückzuführen. Hinzu kommt offensichtlich, daß viele öffentliche Einrichtungen für Frauen weniger attraktiv sind als für Männer. Jedenfalls äußern sich junge Frauen in West und Ost wesentlich unzufriedener als die jungen Männer über Jugendzentren, Sportstätten, Schwimmbäder, Discos und öffentliche Verkehrsmittel. Hier scheint die Kommunalpolitik gefragt, neue Wege bei der Stadtentwicklung zu beschreiten.

Seit den 60er Jahren zeichnet sich in der Bundesrepublik eine zunehmende Integration von Jugendlichen in Freizeitcliquen ab. Heute ist dieses Zugehörigkeitsgefühl kein Privileg von Jungen mehr. Auch die Mädchen leben heute vielfach in dichten sozialen Netzen von Gleichaltrigen. Mit zunehmendem Alter läßt das Eingebundensein in Peergruppen generell nach; besonders deutlich gilt dies allerdings für die jungen Frauen über 20.

Obwohl viele Jugendliche enge Freundschaften pflegen und vielfach in Cliquen integriert sind, verbringen sie auch nach dem 16. Lebensjahr immer noch ebenso viel Zeit mit Mitgliedern ihres Haushaltes wie mit ihren Freunden. Im Alter von 16 bis 19 Jahren nehmen sich Mädchen mehr Zeit als Jungen für Freunde und Freundinnen. Gleichzeitig verbringen sie mehr Zeit mit ihrer Herkunftsfamilie. Jungen verbringen mehr Freizeit alleine. In späteren Jahren verlieren die Freizeitaktivitäten mit Freundinnen und Freunden im Freizeitbudget der jungen Frauen schnell an Gewicht und ihre Freizeit wird zunehmend von Mitgliedern ihres eigenen Haushalts „okkupiert". Manch typische „Freizeitkonstellation" dürfte im Alltag junger Frauen von geschlechtsspezifischen Zuständigkeiten geprägt und von Pflichten durchsetzt sein.

Über alle biografischen Veränderungen hinweg bewahren sich junge Frauen ein enges Netz persönlicher Beziehungen, das für sie eine wichtige soziale Ressource darstellen dürfte. Auch wenn sie ihre „geselligen" Aktivitäten, insbesondere das Ausgehen einschränken (müssen), nehmen sie sich Zeit für Gespräche persönlichen Inhalts auch im jungen Erwachsenenalter und zwar mehr als die gleichaltrigen Männer.

Mit ihren stärker technikorientierten Freizeitinteressen schaffen sich junge Männer Lernvorsprünge für die von ihnen vielfach angestrebten technischen Berufsfelder. Umgekehrt verschaffen sich Mädchen und junge Frauen mehr Erfahrungen in engen Freundschaften und festen Beziehungen, beteiligen sich mehr an Hausarbeit und verbringen mehr Zeit mit Mitgliedern ihrer Herkunftsfamilie. Im Ergebnis dürften sie neben allen Qualifikationen, die sie in der Schule und in Ausbildungen formell erwerben, informell (über das Lernen in der Freizeit) besser als junge Männer auf die hausarbeitsnahen sozialen und pflegenden Berufe sowie auf Haushaltsführung, Partnerschaft und Familie vorbereitet sein. Eigene oder von ihrer Umgebung geforderte Prioritätensetzungen in der Freizeit stützen also tendenziell die geschlechtsspezifische Arbeitsteilung. Die Beobachtung, daß junge Frauen offensichtlich besonders viel Gelegenheit finden, partikularistische quasi-familiale Beziehungsmuster zu erproben, darf nicht über die Tatsache hinwegtäuschen, daß sich ein großer Teil junger Frauen in ihrer Freizeit auch in Cliquen und Vereinen bewegt, daß ihr Interesse an Technik zunimmt und daß umgekehrt viele junge Männer auch Erfahrungen mit Hausarbeit und Beziehungen gewinnen.

Gemeinsam sind beiden Geschlechtern in der Jugendphase ein hohes Maß an Mobilität, vielfältige Anlässe zu neuen sozialen Kontakten und ein hoher Grad an Integration in Freizeitcliquen. Die hier gewonnenen Erfahrungen können junge Frauen wie Männer nutzen, um in Phasen von Ausbildung und Berufseinstieg mit unbekannten Personen geschickt Kontakt aufzunehmen und ergebnisorientiert zusammenzuarbeiten.

Es ist unverkennbar, daß die geschlechtsspezifische Arbeitsteilung schon früh in die Lebensführung von Mädchen und Frauen hineinwirkt. Ihre Freizeit wird im Verlauf der Jugendphase verstärkt durch Hausarbeit und Kinderbetreuung eingeschränkt und selbst die Freizeitgestaltung ist mehr als die junger Männer mit der Übernahme von Pflichten gekoppelt. Dies muß als eine Benachteiligung junger Frauen bei der Erweiterung ihrer Kontakte und Erfahrungen und bei der Nutzung von Regenerationsmöglichkeiten gesehen werden. Der Abbau benachteiligender Strukturen und geschlechtstypischer Freizeitmuster scheint in Gang, ist aber längst noch nicht abgeschlossen.

5. Bürgerschaftliches Engagement junger Frauen und Männer

Martina Gille · Hannelore Queisser

5.1 Einleitung und Begriffsbestimmung

Freiwilliges, bürgerschaftliches Engagement in Deutschland möglichst umfassend darzustellen ist eine anspruchsvolle Aufgabe, die nicht leicht zu bewältigen ist. Es existieren eine Vielzahl von wissenschaftlichen Beiträgen zum bürgerschaftlichen Engagement, die die Thematik aus ganz verschiedenen Perspektiven beleuchten. Nähert man sich der Thematik sekundäranalytisch, so hat man es mit der Komplexität der Diskurse über das bürgerschaftliche Engagement und mit der vielfältigen Praxis dessen, was unter bürgerschaftlichem Engagement gefaßt wird, zu tun.

Die Vielfalt der Begriffe, mit denen heute bürgerschaftliches Engagement belegt wird, und deren Mehrdimensionalität macht eine Kategorisierung schwierig. In der vorliegenden Analyse wird der Begriff des bürgerschaftlichen Engagements in Anlehnung an neuere Studien zum bürgerschaftlichen Engagement als Sammelbegriff für alle Formen des freiwilligen gemeinwohlorientierten Engagements verwendet und wie folgt definiert (vgl. Zimmer/Nährlich 2000): Das bürgerschaftliche Engagement bewegt sich zwischen den Polen Staat, Markt und private Haushalte. In diesem Bereich übernehmen BürgerInnen Verantwortung im Rahmen von Gruppierungen, Initiativen, Organisationen oder Institutionen. Dies geschieht außerhalb ihrer beruflichen Tätigkeit und außerhalb des rein privaten, familiären Bereichs. Das bürgerschaftliche Engagement ist Teil der Gemeinschaftsaktivität im persönlichen Lebensumfeld.

Der Begriff „bürgerschaftliches Engagement" ist keineswegs eindeutig, eignet sich aber als wissenschaftlich analytischer Arbeitsbegriff, um historische und aktuelle Konzepte sowie politische Leitbilder in einen Zusammenhang zu bringen (vgl. Roth 2000: 30). Auf der empirischen Ebene umfaßt er alle Bereiche, in denen freiwillige Arbeit geleistet wird. Zum bürgerschaftlichen Engagement gehören demnach:

- konventionelle und neue Formen der bürgerlichen Beteiligung (z.B. ehrenamtliches Engagement im Gemeinderat, Mitarbeit in einer Partei, Bürgerinitiative, Runder Tisch);
- die ehrenamtliche Wahrnehmung einer öffentlichen Funktion (z.B. Elternbeirat);
- klassische und neue Formen des sozialen Engagements (z.B. soziales Ehrenamt in Wohlfahrtsverbänden, neue Ehrenamtlichkeit über Freiwilligenagenturen – „Die Tafel");
- klassische und neue Formen der gemeinschaftsorientierten, auf Prinzipien der Tauschgerechtigkeit basierende Eigenarbeit (z.B. Nachbarschaftshilfe, Tauschringe);
- klassische und neue Formen der gemeinschaftlichen Selbsthilfe und anderen gemeinschaftlichen Aktivitäten (z.B. Selbsthilfe-, Konflikt- und Informationsstellen).

Der Begriff bürgerschaftliches Engagement eignet sich auch, um eine Verbindung herzustellen zwischen der klassischen Gemeinderatstätigkeit und der modernen Protestpolitik in Bürgerinitiativen sowie zwischen religiös motiviertem Engagement in einer Kirchengemeinde und projektorientierter neuer Ehrenamtlichkeit (vgl. Roth 2000: 32).

Die genauere Bestimmung des bürgerschaftlichen Engagements junger Frauen und Männer orientiert sich an folgenden Fragen:

- In welchen Bereichen liegt das bürgerschaftliche Engagement junger Frauen und Männer?
- Welche Handlungsspielräume nehmen junge Frauen und Männer beim Zugang zu und in der bürgerschaftlichen Arbeit wahr?
- Welcher Partizipationsspielraum wird den jungen Frauen im Vergleich zu den Männern beim Zugang zu und in der bürgerschaftlichen Arbeit eingeräumt?
- Wirkt sich die Auflösung traditioneller Milieus und die Pluralisierung der Lebensformen auf die Beziehung Jugendlicher zum bürgerschaftlichen Engagement aus und eröffnen sich hier insbesondere für Frauen neue Handlungsspielräume?
- Bekommt das bürgerschaftliche Engagement angesichts der schwierigen Situation für Jugendliche auf dem Arbeitsmarkt einen neuen Stellenwert für junge Frauen und Männer?

Die in diesem Kapitel vorgenommene Beschreibung des bürgerschaftlichen Engagements junger Frauen und Männer gliedert sich in fünf Abschnitte:

- Im ersten wurde die Begriffsbestimmung vorgenommen und auf das Thema verwiesen.
- Im zweiten wird die gesellschaftliche Bedeutung des bürgerschaftlichen Engagements im Modernisierungsprozeß thematisiert und hier insbesondere auf die veränderte Lebenssituation von Frauen im gesellschaftlichen Wandlungsprozeß eingegangen.
- Im dritten Abschnitt werden die vorliegenden Befunde zum bürgerschaftlichen Engagement zusammengetragen.
- Im vierten Abschnitt wird das ehrenamtliche Engagement im politischen Bereich untersucht.
- Im abschließenden Abschnitt werden die Ergebnisse bilanziert und Wissenslücken aufgezeigt.

5.2 Bürgerschaftliches Engagement im Modernisierungsprozeß

In der politischen Debatte und im wissenschaftlichen Diskurs hat das bürgerschaftliche Engagement derzeit Hochkonjunktur. Dies zeigen die zahlreichen Symposien, Tagungen und Messen sowie die Einrichtung einer Enquêtekommission „Zukunft des bürgerschaftlichen Engagements" des Deutschen Bundestages im Februar 2000. Das Jahr 2001 wurde von den Vereinten Nationen zum Internationalen Jahr der Freiwilligen erklärt.

In westlichen Industrieländern durchgeführte repräsentative Bevölkerungsumfragen kommen übereinstimmend zu dem Ergebnis, daß das aktive freiwillige Engagement sowie die Bereitschaft der Bevölkerung sich zu engagieren, eine beträchtliche Rolle spielen. Die Höhe des Beteiligungsniveaus wird allerdings je nach Studie ganz unterschiedlich geschätzt (vgl. Abschnitt 5.3.2). Die Vereinsforschung verzeichnet ebenfalls positive Ergebnisse. Trotz zum Teil rückläufiger Mitgliederzahlen ist das Engagement der aktiven Mitglieder nach wie vor hoch. Im Bereich der sogenannten Dritten-Sektor-Forschung wird ebenfalls die Bedeutsamkeit der Arbeit zwischen Markt und Privathaushalt für die Bundesrepublik hervorgehoben (vgl. Rifkin 1998). Zudem verweisen die Ergebnisse der Wertewandelforschung auf einen generellen Trend zur aktiven Bürgerschaft (vgl. Inglehart 1998, Klages 1999). Auch Modernisierungstheorien wie Beck (1986) und Untersuchungen zur Bedeutung von Tätigkeiten außerhalb der Erwerbsarbeit (Heinze/Keupp 1997) sehen in der Freiwilligenarbeit einen expandierenden Sektor. Im Alltag der meisten Jugendlichen scheint das bürgerschaftliche Engagement allerdings keine große Rolle zu spielen, obwohl deren Freizeitbudget vergleichsweise groß ist (vgl. Kapitel 4).

Die Vielfalt der Bedeutung bürgerschaftlicher Tätigkeit spiegelt sich in den Begriffen wie „Bürgerarbeit", „Freiwilligenarbeit", „ehrenamtliche Mitarbeit", „Nebenarbeit", „gesellschaftliches Engagement" und dem angelsächsischen „Volunteering". Darüber hinaus sind immer mehr Schnittstellen zwischen ehrenamtlicher Arbeit und Honorartätigkeit sowie Billiglohnarbeit zu verzeichnen. Auch sind Berührungspunkte zwischen Ehrenamt und Zivildienst, „Freiwilligem Sozialen Jahr", „Freiwilligem Ökologischen Jahr" sowie ausbildungsrelevanten Praktika zu erkennen. Der altmodisch anmutende Begriff Ehrenamt verweist auf vergangene Zeiten, in denen hoheitliche Aufgaben und Befugnisse ohne Entgelt als Ehre auf höhergestellte Personen übertragen wurden, wobei die Selbstlosigkeit im Vordergrund stand (vgl. Olk 1987). Heute dient die bürgerschaftliche Tätigkeit den Individuen vermehrt der Selbstverwirklichung. Freiwilligenarbeit wird dann aufgenommen, wenn individuelle Motive, Lebenssituation und Engagementformen zusammenpassen. „Erst, wenn in einer spezifischen Lebensphase Motiv, Anlaß und Gelegenheit biografisch zusammenpassen, wird eine latente Bereitschaft zum Engagement manifest." (Beher/Liebig/Rauschenbach 2000: 12)

Das bürgerschaftliche Engagement wird in der Literatur von vielen Seiten betrachtet. Eine Betrachtungsweise zur Verdeutlichung des Sozialkontextes des bürgerschaftlichen Engagements ist der Lebenslagenansatz, denn „Lebenslagen markieren den subjektrelevanten Niederschlag gesellschaftlicher Verhältnisse, in denen sich konkrete Lebensverhältnisse von Personengruppen konstituieren" (Beher/Liebig/Rauschenbach 2000: 9). Die Lebenslage stellt den strukturellen Ausgangspunkt dar, vor dessen Hintergrund sich die Frage des bürgerschaftlichen Engagements stellt. Eine Analyse des bürgerschaftlichen Engagements muß deshalb die gewandelten Lebenslagen von Frauen als Rahmenbedingungen geschlechtsspezifischen Engagements in den Blick nehmen.

Gesellschaftliche Wandlungs- und Individualisierungsprozesse ermöglichen Frauen heute, vielfältige Lebensformen einzugehen. Wesentliche Veränderungen in den vergangenen Jahrzehnten – wie die Verlängerung der Lebenserwartung, die Verkürzung der Familienphase, die Umstrukturierung der Hausarbeit, die Bestimmbarkeit des Geburtszeitpunkts und der Anzahl der Kinder, die Befreiung der weiblichen Sexualität vom „Fatum der Mutterschaft", die Brüchigkeit der Ehe- und Familienversorgung, die Angleichung der Bildungschancen, die verstärkte berufliche Motivation junger Frauen und die zunehmende Integration von Müttern ins Erwerbsleben – drücken zusammengenommen vielleicht noch nicht die „Freisetzung" der Frauen aus der traditionellen Rollenzuweisung aus (vgl. Beck 1986: 182 ff), sie zeugen allerdings von einem allmählichen Bedeutungsverlust traditioneller Geschlechtsrollennormen.

Heute ist für junge Frauen selbst der doppelte Lebensentwurf nicht mehr generelles Leitbild. Zu den Lebensentwürfen von Beruf, Partnerschaft und Familie treten auch noch andere Lebensthemen, die für junge Frauen je nach biografischer Zielsetzung wichtig werden (vgl. Keddi et al. 1999: 215). Dabei scheint eine qualifizierte schulische und berufliche Ausbildung allerdings oberste Priorität zu haben. Ein erfolgreicher Berufseinstieg und danach eine aussichtsreiche Berufsperspektive hat zudem für junge Frauen Vorrang vor der Familiengründung (vgl. Gille 2000).

Die Individualisierung weiblicher Lebenszusammenhänge findet ihren Ausdruck in der steigenden Erwerbsorientierung und in der Zunahme der Erwerbsbeteiligung junger Frauen. Aber auch Arbeitslosigkeit, schlechte Beschäftigungschancen im Anschluß an die Berufsausbildung und Familienphase gehören heute selbstverständlich zur Biografie junger Frauen. In einer Lebenswelt, in der sich Lebensentwürfe anerkanntermaßen noch nicht oder nicht mehr ausschließlich auf Vollzeitberufstätigkeit richten, und Arbeit knapp ist, sind laut Beck Alternativen zur Erwerbsarbeit ausschlaggebend, um neue zentrale Inhalte der Lebensführung zu finden (vgl. Beck 2000: 29). Unter Alternativen versteht er nicht nur die Haus- und Familienarbeit, sondern auch Ehrenämter und Bürgerarbeit. Bedingt durch Arbeitslosigkeit und niedrige Beschäftigungschancen kommt dem bürgerschaftlichen Engagement im Leben junger Frauen heute eine zum Teil neue Bedeutung zu. Es dient jungen Frauen auch als Zugangsmöglichkeit zur Erwerbsarbeit. So nutzen beispielsweise Absolventinnen von sozialpädagogischen Studiengängen den Einstieg in die Erwerbsarbeit über das freiwillige Engagement oder das Ehrenamt im sozialen Bereich (vgl. Hering 1998, Wessels 1995).

Die Beschäftigung außerhalb von Haus- und Erwerbsarbeit ist politisch betrachtet eine widersprüchliche Arbeitsform für Frauen, da sie zum einen die materielle Abhängigkeit von einer anderen Person festigt und zum anderen Zugangschancen zur regulären Arbeitswelt bietet. Auch ist in Krisenzeiten auf dem Arbeitsmarkt zu befürchten, daß insbesondere Frauenarbeitsplätze durch ehrenamtliche Arbeit ersetzt werden. Angesichts der Veränderungen in der Erwerbsgesellschaft stellt sich die Frage, welches Gewicht bürgerschaftliches Engagement im Alltag junger Frauen und Männer hat und welche Funktion es dort erfüllt? Zeigen sich hier für junge Frauen und Männer unterschiedliche Entwicklungen und Chancen?

5.3 Empirische Forschung zum bürgerschaftlichen Engagement: Beteiligungsquoten und das Spektrum von Freiwilligenarbeit

5.3.1 Datenquellen zum bürgerschaftlichen Engagement

Möchte man empirische Studien zum Thema bürgerschaftliches Engagement der Bevölkerung zusammenstellen, so ist auffällig, daß erst seit Beginn der 90er Jahre auch quantitative Studien vorhanden sind, die das Geschlecht mit in den Blick nehmen. Maßgeblich sind hier folgende Untersuchungen:

- Zuerst sei hier die Zeitbudgetstudie des Statistischen Bundesamtes genannt, die in einer Erhebung 1991/92 den Gesamtumfang der „unbezahlten Arbeit" geschlechtsspezifisch differenziert erfaßt. Befragt zur täglichen Zeitverwendung wurden 7.200 Haushalte und hierin Personen ab 12 Jahre (vgl. Blanke/Ehling/Schwarz 1996). Neben mündlichen Einführungs- und Schlußinterviews, in denen grundlegende Informationen zu den befragten Haushaltsmitgliedern, sowie zur Wohn-, Haushaltssituation und der Ausstattung mit Gebrauchsgütern gewonnen wurden, gehörte zur Erhebung ein schriftliches Tagebuch, das alle Haushaltsmitglieder ab 12 Jahre für zwei aufeinander folgende vorgegebene Tage führten. In diesen Tagebüchern wurden „die Aktivitäten offen erfaßt, d.h. jeder Teilnehmer beschrieb seinen Tagesablauf mit eigenen Worten möglichst präzise, wobei als zeitliche Untergrenze für die einzelnen Aktivitäten 5 Minuten vorgegeben war" (Blanke/Ehling/Schwarz 1996: 241). Die offenen Antworten wurden nachträglich mit Hilfe einer aus über 200 Tätigkeiten bestehenden Aktivitätenliste verschlüsselt, so daß sich die genannten Tätigkeiten zehn Aktivitätsbereichen zuordnen ließen.
- Das Sozio-ökonomische Panel (SOEP) ist eine repräsentative Wiederholungsbefragung privater Haushalte in Deutschland. Sie wird im jährlichen Rhythmus seit 1984 bei denselben Personen und Familien durchgeführt. Seit 1990 wurden die Erhebungen auf die neuen Bundesländer ausgedehnt. Seit 1994/95 wurde eine „Zuwanderer-Stichprobe" eingeführt. Neben den regelmäßigen Themenschwerpunkten wie Wohn-, Erwerbs- und Einkommenssituation sowie Gesundheit

und Lebenszufriedenheit wurden in einzelnen Wellen auch Fragen zur ehrenamtlichen Mitarbeit in Vereinen, Verbänden und sozialen Diensten gestellt sowie die ehrenamtliche Beteiligung in der Kommunalpolitik, in Parteien und in Bürgerinitiativen erfaßt (vgl. Erlinghagen/Rinne/Schwarz 1997).

- Die „EuroVol-Studie": Repräsentative schriftliche Befragungen in zehn europäischen Ländern, in denen der Beteiligungsgrad von Personen ab 15 Jahren am „Volunteering" in den Jahren 1993 bis 1995 erhoben wurde. Untersucht wird die Gestaltung, das Ausmaß und die Bedeutung des Volunteering in Europa (vgl. Gaskin/Smith/Paulwitz 1996).
- Der Wertesurvey 1997: Eine repräsentative Befragung von ca. 3.000 Personen (ab 18 Jahren) zum Thema „Wertewandel und bürgerschaftliches Engagement" in alten und neuen Bundesländern, die von der Hochschule für Verwaltungswissenschaften Speyer durchgeführt wurde (vgl. Klages/Gensicke 1998, Klages 1999).
- Der Jugendsurvey des Deutschen Jugendinstituts: Eine repräsentative Befragung von ca. 7.000 Jugendlichen und jungen Erwachsenen im Alter von 16 bis 29 Jahren (anhand von mündlichen Interviews), die in alten und neuen Bundesländern 1992 und 1997 durchgeführt worden ist (finanziell gefördert vom Bundesministerium für Familie, Senioren, Frauen und Jugend). Forschungsschwerpunkte waren hier neben den Lebensverhältnissen und politischen Orientierungen junger Menschen auch deren politische Partizipation, Mitgliedschaften in verschiedenen Vereinen und Organisationen sowie eine breite Palette von Engagementformen in eher informellen Gruppierungen (vgl. Hoffmann-Lange 1995, Gille/Krüger 2000b).
- Der Ausländersurvey des Deutschen Jugendinstituts: Eine zum Jugendsurvey parallele Befragung von ca. 2.500 18- bis 25jährigen italienischen, griechischen und türkischen Migrantinnen und Migranten, die 1997 in den alten Bundesländern und Westberlin (mündliche standardisierte Interviews) durchgeführt worden ist. Neben Lebens- und Bildungssituation standen Fragen nach der sozialen und politischen Partizipation von Migrantenjugendlichen im Zentrum der Erhebung (vgl. Gille/Krüger 2000a, Weidacher 2000).
- Der Freiwilligensurvey 1999: Die repräsentative Erhebung zur „Freiwilligenarbeit, ehrenamtlicher Tätigkeit und bürgerschaftlichem Engagement" wurde vom Bundesministerium für Familie, Senioren, Frauen und Jugend in Auftrag gegeben. Die Befragung wurde im Sommer 1999 von Infratest Burke durchgeführt, das gemeinsam mit

einem Verbund weiterer Institute (Institut für Entwicklungsplanung und Strukturforschung [IES, Hannover], Institut für sozialwissenschaftliche Analysen und Beratung [ISAB, Köln], Forschungsinstitut für öffentliche Verwaltung [FÖV, Speyer]) auch für die Konzeption und Berichterstattung verantwortlich zeichnet (vgl. Braun/Klages 2000, Rosenbladt 2000b, Picot 2000b). Fast 15.000 Personen ab 14 Jahren in alten und neuen Bundesländern wurden telefonisch befragt.

5.3.2 Das Ausmaß bürgerschaftlicher Beteiligung und wichtige Einflußfaktoren

Die hier vorgestellten großen empirischen Studien sollen zunächst danach betrachtet werden, wie hoch der Anteil bürgerschaftlich Aktiver in der Bevölkerung jeweils beschrieben wird. Da solche Engagementquoten nur ein sehr grober Indikator für bürgerschaftliche Beteiligung sind, sollen weiterhin jene Einflußfaktoren beschrieben werden, die das Ausmaß bürgerschaftlichen Engagements mitbestimmen; hier sind vor allem die Regionszugehörigkeit, das Geschlecht sowie das Alter zu nennen.

Engagementquoten

Interessant ist, daß die ermittelten Quoten bürgerschaftlich aktiver Personengruppen in den unterschiedlichen Studien stark differieren. Die Ursachen hierfür liegen in den unterschiedlichen Operationalisierungen, den unterschiedlichen Altersabgrenzungen (vor allem nach unten), methodischen Problemen (z.B. wird in der Telefonumfrage von Infratest 1999 der Anteil Engagierter systematisch überschätzt) und in der jeweils eigenen Interpretation der Ergebnisse. So führen beispielsweise die zeitgleichen Erhebungen des Sozio-ökonomischen Panels und die des Statistischen Bundesamtes zu unterschiedlichen Quoten bürgerschaftlich tätiger Personen im Alter von 20 bis 40 Jahren. Diese unterscheiden sich um 15 Prozentpunkte (29% SOEP und 14% STBA; vgl. Santen 1999: 30). Auch der Umfang des ehrenamtlichen Engagements für die Gesamtbevölkerung erfährt ganz unterschiedliche Schätzungen: Das SOEP ermittelt für 1996 eine Beteiligungsrate von 33%, was einen deutlichen Anstieg bedeutet gegenüber dem Jahr 1985 als diese nur 25% betrug. Die Zeitbudgetstudie von 1991/92 kommt auf eine Engagementquote von 17%, die EuroVol-Studie auf 18%, der Wertesurvey 1997 auf 38% und der Freiwilligensurvey 1999 schließlich auf 34%, wobei – eine Ausnahme stellen hier allerdings die Ergebnisse der Euro-Vol-Studie dar – das Engagementniveau in den neuen Bundesländern immer geringer ausfällt als in den alten Ländern. Der geringere Anteil von Freiwilligenarbeit in den neuen Bundesländern wird zum einen auf den mit der deutsch-deutschen Vereinigung verknüpften Systemwandel zurückgeführt, der zu einer Auflösung bisheriger staatlicher und betriebsgebundener Engagementstrukturen führte, zum anderen stößt die Ausdehnung westdeutscher Organisations- und Vereinsstrukturen in den neuen Bundesländern nicht auf ein vergleichbares Interesse (vgl. Gaiser/de Rijke 2000, Gensicke 2000).

Die zwischen 1993 und 1995 durchgeführte EuroVol-Studie geht von 18% der Gesamtbevölkerung aus, die sich ehrenamtlich engagieren. Deutschland liegt laut der EuroVol-Studie im europäischen Vergleich am unteren Ende der Volunteeringskala (vgl. Abbildung 5.1). Dieses Ergebnis ist allerdings mit Vorsicht zu betrachten. Die nationalen Erhebungsverfahren waren nicht hinreichend aufeinander abgestimmt. So ist bei der EuroVol-Studie zum Beispiel in England jeder Befragter als ehrenamtlich Tätiger mitgerechnet worden, der beispielsweise Geld gespendet hat. Die Ergebnisse zum ehrenamtlichen Engagement sind also abhängig von der jeweils angewendeten Definition.[1]

Abbildung 5.1: Volunteering in Europa nach Land und Geschlecht (EuroVol-Studie, in % aller Antwortgebenden)

Land	Frauen	Männer	Insgesamt
Belgien	35	27	32
Bulgarien	18	21	19
Dänemark	27	29	28
Deutschland	17	18	18
West	*16*	*17*	*16*
Ost	*23*	*27*	*24*
Irland	24	28	25
Holland	34	43	38
Slowakei	12	12	12
Schweden	32	38	36
England	36	31	34
Insgesamt	**26**	**27**	**27**

Quelle: Gaskin u.a. 1996

---

[1] Vgl. Rauschenbach in: Podiumsdiskussion vom 15. Januar 1999, „Zur Begrifflichkeit des Ehrenamtes".

Engagementquoten von Frauen und Männern

Als übereinstimmendes Ergebnis in allen Studien findet sich, daß der Beteiligungsgrad von Frauen geringer ist als der der Männer. Nach den Ergebnissen der Zeitbudgetstudie beispielsweise liegt die Engagementquote der Männer bei 20%, die der Frauen bei nur 15% (vgl. Blanke/Ehling/Schwarz 1996: 172). Das geringere Engagement der Frauen wird zum einen mit der recht unklaren Begriffsverwendung „ehrenamtliches Engagement" begründet, die in dieser Studie zudem eine Ausklammerung des Bereichs der sozialen Hilfe – der als Domäne der Frauen gilt – beinhaltete. Zum anderen zeigte sich aber auch sehr deutlich, daß Frauen auf Grund der deutlich stärkeren zeitlichen Belastung durch Haus- und Familienarbeit ein viel geringeres frei verfügbares Zeitbudget hatten.

Eine wichtige Voraussetzung für bürgerschaftliche Tätigkeiten ist der Umfang frei verfügbarer Zeit. Wer stark durch familiäre Verpflichtungen in seiner erwerbsarbeitsfreien Zeit gebunden ist, dem bleibt keine Zeit für das bürgerschaftliche Engagement. Dies verdeutlicht die Betrachtung des durchschnittlichen wöchentlichen Zeitaufwandes für bürgerschaftliche Tätigkeiten in der Zeitbudget-Studie 1991/92 (vgl. Abbildung 5.2). Frauen haben in allen Altersgruppen hierfür ein geringeres wöchentliches Zeitbudget. Bei den 20- bis 39jährigen ist der Zeitaufwand für ehrenamtliche Tätigkeiten auf Grund veränderter Lebensverhältnisse – Einstieg in den Beruf sowie Familiengründung – besonders gering. In dieser Altersspanne sind insbesondere die Frauen durch familiäre Verpflichtungen in ihrer frei verfügbaren Zeit stark eingeschränkt.

Die Zeitbudgetstudie verdeutlicht, daß Frauen weit mehr unbezahlte Familienarbeit leisten als ihre männlichen Altersgenossen und daß die traditionelle Rollenverteilung insofern immer noch greift.

Betrachtet man den Beteiligungsgrad an ehrenamtlichen Tätigkeiten, der allerdings nichts über den zeitlichen Aufwand aussagt, so weisen die Frauen in allen Altersgruppen geringere Quoten auf als die männlichen Vergleichsgruppen (vgl. Blanke/Ehling/Schwarz 1996: 175). Hiernach übten von den 20- bis 39jährigen 12% der Frauen und 16% der Männer ein Ehrenamt aus. Die Altersgruppe der 40- bis 59jährigen ist jedoch deutlich aktiver: 18% der Frauen und 26% der Männer sind hier – in irgendeiner Art und Weise – ehrenamtlich engagiert.

In der EuroVol-Studie liegt in allen Ländern die Beteiligungsquote der Frauen unterhalb derjenigen der Männer. Die Geschlechterdifferenz fällt allerdings in Deutschland mit einem Prozentpunkt sehr gering aus. Nur in Belgien und Großbritannien waren die Frauen stärker aktiv.

Neben geschlechtsspezifischen Unterschieden werden in der EuroVol-Studie für Deutschland auch regionale Unterschiede sichtbar. So liegt der Anteil der Frauen, die Freiwilligenarbeit übernehmen, in den neuen Bundesländern bei 23% und in den alten Bundesländern bei 16%. In Ost- und Westdeutschland sind die Männer stärker bürgerschaftlich engagiert als die Frauen. Im Osten sind die Geschlechterdifferenzen dementsprechend sehr viel schwächer ausgeprägt als im Westen.

Abbildung 5.2: Durchschnittliche wöchentliche Zeitverwendung für Ehrenämter von ehrenamtlich Tätigen (ohne Wegzeiten) nach Altersgruppen und Geschlecht 1991/92 (in Stunden: Minuten)

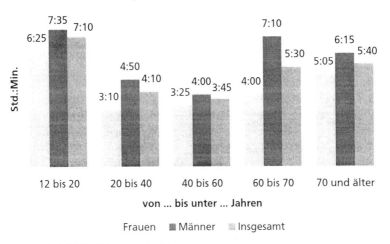

Quelle: Blanke/Ehling/Schwarz 1996: 177

Im Wertesurvey 1997 liegt die Quote für freiwilliges Engagement bei den Männern bei 42%, die Frauen haben einen Anteilswert von 35%. Im Sozio-ökonomischen Panel (SOEP) zeigen sich mit 10 bis 11 Prozentpunkten die größten Differenzen zwischen den Geschlechtern. Ein Vergleich der Beteiligungsquoten über einen längeren Zeitraum ergibt, daß das ehrenamtliche Engagement der Frauen und Männer in Westdeutschland zugenommen hat. Lag das ehrenamtliche Engagement bei den Frauen 1985 noch bei 18%, so ist es 1996 auf 30% angestiegen (vgl. Abbildung 5.3). Auch in Ostdeutschland ist eine Zunahme von 16% (1992) auf 19% (1996) zu verzeichnen. Die Steigerungsraten bei den Frauen sind auf die erhöhte Mitarbeit in den Vereinen, Verbänden oder sozialen Diensten zurückzuführen.

Abbildung 5.3: Ehrenamtliches Engagement nach Geschlecht in West- und Ostdeutschland 1985 bis 1996 – Sozio-ökonomisches Panel (in %)

		West		Ost	
		1985	1996	1992	1996
		Engagement			
In Vereinen, Verbänden oder sozialen Diensten	Frauen	16	28	13	17
	Männer	30	38	23	28
In Parteien, Bürgerinitiativen oder der Kommunalpolitik	Frauen	6	8	7	7
	Männer	12	15	11	12
Insgesamt	Frauen	18	30	16	19
	Männer	33	41	26	31
		darunter: regelmäßig*			
In Vereinen, Verbänden oder sozialen Diensten	Frauen	10	14	6	7
	Männer	20	21	13	15
In Parteien, Bürgerinitiativen oder der Kommunalpolitik	Frauen	2	1	2	2
	Männer	4	3	5	4
Insgesamt	Frauen	10	14	7	7
	Männer	21	22	14	17
		darunter: seltener			
In Vereinen, Verbänden oder sozialen Diensten	Frauen	7	14	7	10
	Männer	10	18	10	13
In Parteien, Bürgerinitiativen oder der Kommunalpolitik	Frauen	4	7	5	5
	Männer	7	12	6	8
Insgesamt	Frauen	8	16	9	12
	Männer	12	19	12	15

* Die Kategorie „regelmäßiges" Engagement umfaßt die Antwortmöglichkeiten „jede Woche" und „jeden Monat".
Quelle: Erlinghagen/Rinne/Schwarze 1997

Auch in den neuen Bundesländern engagieren sich die Frauen eher in den Vereinen, Verbänden oder sozialen Diensten (17%) als im politischen Bereich (7%). Die Erhebung von Erlinghagen et al. (1997) zeigt im Ergebnis, daß bei den Frauen das seltene Engagement überwiegt und daß die Männer eher zu einem regelmäßigen, d.h. wöchentlichen oder monatlichen, Engagement neigen. Die anteilsmäßige Zunahme des bürgerschaftlichen Engagements ist mehrheitlich auf einen Anstieg bei Frauen und Männern zurückzuführen, die sich unregelmäßig engagieren. Das regelmäßige Engagement hat sich in der Zeitreihe betrachtet nicht verändert.

Der Freiwilligensurvey 1999 geht von 34% der Bevölkerung aus, die sich ehrenamtlich engagieren. Der Beteiligungsgrad der Frauen wird mit 30%, der der Männer mit 38% angegeben (Picot 2000b).

Engagementquoten nach Altersgruppen und Geschlecht

Wie bereits beispielhaft anhand der Daten der Zeitbudgetstudie erläutert, spielt das Lebensalter für die Wahrnehmung bürgerschaftlicher Aktivitäten eine große Rolle. Mit dem Lebensalter sind bestimmte biografische Etappen verknüpft und damit ganz unterschiedliche zeitliche Inanspruchnahme durch Familien- und Erwerbsrolle sowie Freizeitaktivitäten. Natürlich spielt nicht nur das Freizeitbudget eine Rolle für die Möglichkeit, Freiwilligenarbeit zu leisten, sondern auch, wie familiäre und berufliche Aufgaben zwischen Frau und Mann verteilt werden. Hier zeigen sich für Frauen und Männer unterschiedliche Chancenstrukturen. „Je höher die zeitlichen Beanspruchungen sind, desto mehr wird der Aktivitätsrahmen, in dem Frauen freiwillig tätig werden können, begrenzt. Bei Männern dagegen zeigt eine hohe zeitliche Belastung im Erwerbsleben keine einengende Wirkung auf die Freiwilligenarbeit, da es ihnen besser gelingt, sich einen Zeitspielraum außerhalb des familiären Bereiches zu schaffen." (Zierau 2000: 29) Christine Klenner et al. (2001) ziehen aus ihrer repräsentativen Befragung von ca. 4.000 abhängig Beschäftigten zur Vereinbarkeit von Erwerbsarbeit und Ehrenamt den Schluß, daß ehrenamtliches Engagement von einem traditionellen Partnerschaftsarrangement profitiert: Der Rückzug der Frau aus dem Berufsleben nach der Geburt des Kindes – entweder ganz oder teilweise durch Reduzierung ihrer Arbeitszeit – begünstigt zum einen ein Engagement der Frau im Freiwilligenbereich. Zum anderen „basiert ein Teil des ehrenamtlichen Engagements von Männern, die häufig trotz sehr langer Arbeitszeiten ehrenamtlich tätig sind, auf der Entlastung durch ihre Partnerinnen" (Klenner/Pfahl/Seifert 2001: 307).

Im folgenden sollen anhand der Ergebnisse der Infratest-Studie 1999 die Engagementquoten von Frauen und Männern für verschiedene Altersgruppen betrachtet werden. Im Freiwilligensurvey wurden die Befragten zu vierzehn vorgegebenen Aktivitätsbereichen wie z.B. Sport und Bewegung, Kultur und Musik, Umwelt-/Natur-/Tierschutz, Politik, kirchlicher/religiöser Bereich danach gefragt, in welchen sie sich „aktiv beteiligen". Alle Personen, die Aktivitäten nannten, wurden dann in einem zweiten Schritt gefragt, ob sie in den jeweiligen Tätigkeitsbereichen „auch ehrenamtliche Tätigkeiten ausüben oder in Vereinen, Initiativen, Projekten oder Selbsthilfegruppen engagiert sind. Es geht um freiwillig übernommene Aufgaben und Arbeiten, die man unbezahlt oder gegen geringe Aufwandsentschädigung ausübt" (Rosenbladt 2000a: 43). Der Vorteil dieses Erhebungskonzepts ist es, daß sich unterschiedliche Aktivitätsniveaus ermitteln lassen. Die Untersuchungspersonen lassen sich danach in drei Gruppen einteilen: „Nicht-Aktive", „Aktive" und „freiwillig bzw. ehrenamtlich Engagierte". „Nicht-Aktive" sind also jene Befragte, die in keinem der vierzehn Bereiche mitmachen. „Aktive" sind jene, die mindestens in einem Bereich Freiwilligenarbeit leisten. „Freiwillig Engagierte" sind schließlich jene Befragte, die mindestens in einem Bereich aktiv und dort auch ehrenamtlich tätig sind. Die „freiwillig Engagierten" wurden ferner gebeten, alle ihre ehrenamtlichen Tätigkeiten zu nennen. Lag ein Mehrfachengagement vor, wurden im weiteren Interviewverlauf folgende zwei Ehrenämter ausgewählt und nach Merkmalen und Motiven genauer beschrieben: erstens die ehrenamtliche Tätigkeit, für die man am meisten Zeit aufwendete, zweitens eine aus den übrigen Tätigkeiten zufällig ausgewählte.

Betrachtet man nun die Verteilung dieser drei Gruppen für verschiedene Altersgruppen (vgl. Abbildung 5.4), so zeigt sich, daß die 14- bis 24jährigen das höchste Aktivitätsniveau aufweisen: sie haben mit 37% den höchsten Anteilswert bei den „Aktiven ohne Ehrenamt" und liegen mit einer Freiwilligenquote von 37% über dem Durchschnittswert der Gesamtbevölkerung und deutlich über der Freiwilligenquote der Senioren. Differenziert man die jüngste Altersgruppe noch einmal auf in die 14- bis 19jährigen und die 20- bis 24jährigen (tabellarisch nicht ausgewiesen), so zeigen sich noch einmal leichte Niveauverschiebungen zu Gunsten der Jüngeren: die Quote der ehrenamtliche Aktiven bei den 14- bis 19jährigen beträgt 38%, bei den 20- bis 24jährigen 36%. In den beiden jüngsten Altersgruppen gibt es am häufigsten „Hochengagierte" mit jeweils 14%. Dies sind Personen, die mehr als 5 Stunden pro Woche für ihr freiwilliges Engagement aufwenden (vgl. Picot 2000a: 126 f, 165). Oft ist dieses zeitlich große Engagement auch ein Mehrfachengagement in verschiedenen Bereichen. Jugendliche Hochengagierte üben im Durchschnitt 1,9 ehrenamtliche Tätigkeiten aus (Bevölkerungsdurchschnitt für Hochengagierte: 2,0). Für die Gruppe der 14- bis 24jährigen läßt sich auch die für die Gesamtbevölkerung gefundene Differenzierung nach alten und neuen Bundesländern bestätigen: die ostdeutschen Jugendlichen sind mit 31% geringer ehrenamtlich aktiv als die westdeutschen mit 39% (tabellarisch nur für Ost- und Westdeutsche insgesamt ausgewiesen; vgl. Picot 2000a: 175).

In West- und Ostdeutschland und in der dreistufigen Altersgruppierung, wie sie in Abbildung 5.4 vorgenommen worden ist, sind Frauen in einem geringeren Ausmaß ehrenamtlich engagiert als die männlichen Vergleichsgruppen (vgl. Abbildung 5.4). Die jüngeren Frauen sind jedoch aktiver als der Durchschnitt aller Frauen.

Abbildung 5.4: Ehrenamtliches Engagement* nach Geschlecht und Altersgruppen in West- und Ostdeutschland (in %)

	Nicht aktiv	Aktiv ohne Ehrenamt	Aktiv mit Ehrenamt	darunter: Hochengagierte
Bevölkerung gesamt	34	32	34	11
Westdeutschland	32	33	35	12
Ostdeutschland	45	27	28	9
Frauen	36	34	30	7
Männer	32	29	38	15
Bevölkerung 14-24 Jahre	26	37	37	14
Frauen 14-24 Jahre	28	39	33	10
Männer 14-24 Jahre	23	35	42	16
Bevölkerung 25-59 Jahre	32	31	37	12
Frauen 25-59 Jahre	33	34	33	8
Männer 25-59 Jahre	31	28	42	16
Bevölkerung ab 60 Jahren	44	30	26	9
Frauen ab 60 Jahren	48	31	21	5
Männer ab 60 Jahren	42	28	30	12

* Nicht aktiv = Anteil der Bevölkerung, der kein Ehrenamt ausübt und auch nicht Mitglied in einem Verband ist; Aktiv ohne ehrenamtliche Tätigkeit = Anteil der Bevölkerung, der Mitglied in einem Verband oder Verein oder einer Institution ist; Aktiv mit ehrenamtlicher Tätigkeit = Anteil der Bevölkerung, der ein Ehrenamt übernommen hat; Hochengagierte = Anteil der Bevölkerung, der ein Ehrenamt übernommen hat und einen Zeitaufwand von mehr als 5 Stunden pro Woche dafür angibt.

Quelle: Eigene Berechnungen nach Daten von Infratest Burke 1999

Betrachtet man jedoch die geschlechts- und altersspezifischen Engagementprofile in 10-Jahresschritten, so wird deutlich, daß die Frauen in zwei Altersgruppen, in denen von 30 bis 39 bzw. 40 bis 49 Jahren, ein etwas höheres Engagement zeigen als die Männer: Die Prozentsatzdifferenzen betragen jeweils 5 Prozentpunkte (vgl. Zierau 2000: 50). Die höhere Beteiligung dieser Gruppe von Frauen erklärt sich aus dem Kontext familiärer Aufgaben, die mit bestimmten Formen von Freiwilligenarbeit wie beispielsweise in den Bereichen Schule und Kindergarten verknüpft sind.

Weitere Bedingungsfaktoren

Das unterschiedliche Beteiligungsniveau von Frauen je nach Lebensalter steht auch in Zusammenhang mit der familiären Situation bzw. dem Vorhandensein von Kindern. Generell ist das Engagement in Mehrpersonenhaushalten größer als in Ein-Personenhaushalten. Während aber die Beteiligung von Männern unabhängig ist vom Alter der Kinder, reduziert sich die freiwillige Betätigung von Frauen, wenn ihre Kinder unter drei Jahren sind oder das Grundschulalter überschritten haben. Zierau (2000: 53 f) führt dies auf die häufig noch praktizierte traditionelle geschlechtsspezifische Arbeitsteilung in der Familie zurück, wo die Pflege und Kinderbetreuung überwiegend den Frauen zugewiesen wird. Freiwilligenarbeit von Frauen bezieht sich daher auch im Rahmen ihrer familiären Aufgaben auf die Bereiche Kindergarten und (Grund-)Schule.

Für die Bereitschaft junger Menschen, bürgerschaftlich aktiv zu werden, spielen jene Ressourcen – wie bereits in vielen Jugendstudien bestätigt (vgl. z.B. Fuchs-Heinritz 2000) – eine Rolle, die ganz allgemein die Fähigkeiten zur Zukunftsgestaltung sowie soziale und politische Kompetenzen befördern wie Schulbildung, ökonomische Sicherheit und soziale Integration. Für Frauen und Männer gilt gleichermaßen: Mit steigendem Bildungsniveau wächst der Anteil freiwillig Tätiger. Dieser Zusammenhang läßt sich auch für die Altersgruppe der 14- bis 24jährigen nachweisen, obwohl viele Jugendliche in dieser Lebensphase noch nicht ihren endgültigen Schulabschluß erreicht haben (vgl. Picot 2000a: 153). Höhere Bildung unterstützt ebenfalls die Entwicklung eines Interesses für öffentliche und politische Belange. Freiwillig Aktive und insbesondere Hochengagierte sind überdurchschnittlich stark politisch interessiert (vgl. Picot 2000a: 151). Dies ist deshalb besonders bemerkenswert, weil sich das Engagement Jugendlicher überwiegend auf nicht-politische Bereiche konzentriert. Trotzdem kann gerade die Freiwilligenarbeit als ein für die Gesellschaft wichtiger Bereich angesehen werden, in dem Werte und Tugenden des Gemeinwohls und der Verantwortungsübernahme für andere vermittelt und entwickelt werden. Diese Werte sind eine wichtige Voraussetzung, um Partizipationsprozesse für eine lebendige Demokratie in Gang zu setzen und aufrechtzuerhalten.

Weiterhin ist die soziale Integration eine Determinante für Freiwilligenarbeit. Das Eingebundensein in einen großen Freundes- und Bekanntenkreis, der lange Verbleib am Wohnort, die Konfessionszugehörigkeit und Kirchenbindung begünstigen das „Aktivsein mit freiwilligem Engagement". Bürgerarbeit trägt zum einen sicherlich dazu bei, daß der Freundes- und Bekanntenkreis wächst und der Wohnort positiver erlebt wird, andererseits werden gerade die jüngeren Altersgruppen durch ihren unmittelbaren Freundes- und Bekanntenkreis zu Engagement angeregt. Bemerkenswert ist, daß auch für junge Menschen die Konfessionszugehörigkeit und Kirchenbindung eine Rolle spielen (Picot 2000a: 152). Die Kirchen unterstützen hier offensichtlich nicht nur traditionelle Formen des Ehrenamts, sondern sind auch offen für jugendgemäße Formen oder auch „neue Formen" des Ehrenamts.

5.3.3 Das Spektrum ehrenamtlichen Engagements bei jungen Frauen und Männern

Im Freiwilligensurvey 1999 wurde versucht, eine möglichst breite Palette freiwilligen Engagements zu erfassen. Vierzehn Tätigkeitsfelder oder auch Engagementbereiche wurden unterschieden. In Abbildung 5.5 werden die Engagementprofile von Frauen und Männern – bezogen auf die zeitaufwendigste Tätigkeit – dargestellt.

Abbildung 5.5: Freiwilligenarbeit nach Bereichen und Geschlecht (zeitaufwendigste Tätigkeit) (in %)*

	Frauen	Männer
Sport und Bewegung	21	33
Schule/Kindergarten	16	6
Kirchlicher/religiöser Bereich	14	7
Sozialer Bereich	13	5
Freizeit und Geselligkeit	11	11
Kultur und Musik	8	12
Umwelt-/Natur-/Tierschutz	4	2
Gesundheitsbereich	3	1
Berufliche Interessenvertretung außerh. des Betriebs	2	5
Unfall-/Rettungsdienst, freiwillige Feuerwehr	2	7
Politik/politische Interessenvertretung	2	7
Außerschul. Jugendarbeit, Bildungsarbeit f. Erwachsene	2	2
Sonstige bürgerschaftliche Aktivität am Wohnort	1	1
Justiz/Kriminalitätsprobleme	0	1

* Basis: Alle freiwillig tätigen Frauen (n=2.290) und Männer (n=2.742).
Quelle: Infratest Burke 1999

Das wichtigste Tätigkeitsfeld für Freiwilligenarbeit ist für alle Befragten, für Frauen und Männer, der Bereich „Sport und Bewegung" gefolgt von den Bereichen „Schule und Kindergarten" sowie dem kirchlichen und sozialen Bereich. Die Bereiche „Freizeit und Geselligkeit" und „Kultur und Musik" erfahren noch Nennungen von 10% bis 11%. Geringere Bedeutung haben die Bereiche „Gesundheit", „Unfall-/Rettungsdienst, freiwillige Feuerwehr" sowie politische und berufliche Interessenvertretung. Die Engagementprofile von Frauen und Männern verdeutlichen, daß Freiwilligenarbeit nicht mit politisch-sozialem Engagement gleichgesetzt werden darf. „Letzteres spielt ohne Frage eine wichtige Rolle. Freiwilliges, ehrenamtliches Engagement ist jedoch häufig ganz unpolitisch, nämlich einfach Teil der Gemeinschaftsaktivität im persönlichen Lebensumfeld." (von Rosenbladt 2000b: 19)

Dies wird besonders deutlich, wenn die Beteiligung von Frauen und jüngeren Altersgruppen näher betrachtet wird, deren Engagement sehr viel stärker an das unmittelbare Lebensumfeld wie Schule und Kinderbetreuung anknüpft.

Im Folgenden sollen die geschlechtsspezifischen Engagementprofile und hier insbesondere die der jüngeren Befragten betrachtet werden. Wie in Abbildung 5.5 bereits für Frauen und Männer aller Altersgruppen deutlich wird, sind die Bereiche „Sport und Bewegung", „berufliche Interessenvertretung", „Unfall-/Rettungsdienst, Freiwillige Feuerwehr" sowie „Politik, politische Interessenvertretung" männlich dominiert, die Frauen hingegen haben ihre Engagementschwerpunkte – neben dem Sport – in den Bereichen „Schule/Kindergarten", „kirchlicher/religiöser Bereich" und bei den sozialen Aktivitäten.

Für die Jugendlichen im Alter von 14 bis 24 Jahren zeigen sich ganz ähnliche Engagementschwerpunkte und geschlechtsspezifische Verteilungen (siehe Abbildung 5.6).

Der Sport ist für diese jüngere Altersgruppe noch sehr viel wichtiger als für die Erwachsenen. Auch die Freizeit und Geselligkeit, der schulische, kulturelle und kirchliche Bereich sowie der Bereich der Rettungsdienste und der freiwilligen Feuerwehr sind bei Jugendlichen im Vergleich zu den Erwachsenen über-, der soziale und politische Bereich dagegen unterrepräsentiert. Freiwilliges Engagement Jugendlicher in den unterschiedlichen Tätigkeitsfeldern kommt vor allem Kindern und Jugendlichen zugute. Je älter die freiwillig Tätigen sind, desto weniger zielt ihr Engagement auf diese Personengruppe (vgl. Picot 2000a: 139).

Auch in der jüngsten Altersgruppe läßt sich eine geschlechtsspezifische Segmentierung der Freiwilligenarbeit nachweisen. Sport, Freizeit und Rettungsdienste/Feuerwehr sind eher männlich dominierte Bereiche. Schule, kirchliches und soziales Engagement, Umwelt und Naturschutz sind eher weiblich besetzte Aktivitätsfelder. Im Freiwilligensurvey 1999 finden sich kaum Anhaltspunkte für neue Beteiligungsformen, sondern es zeigen sich hier empirische Bestätigungen für traditionelle Formen und Strukturen des Engagements bei Jugendlichen. Entsprechend den traditionellen Tätigkeitsfeldern und Aufgaben sind Kinder und Jugendliche auch häufiger die Zielgruppe für weibliches Engagement (vgl. Abbildung 5.6).

Abbildung 5.6: Charakteristika des Engagements von 14- bis 24jährigen nach Geschlecht (in %, Basis: engagierte Jugendliche)

		Freiwillig engagierte Jugendliche	
		Frauen	Männer
	Engagement für Kinder/Jugendliche	68	59
	mehr männliches Engagement:		
	Sport und Bewegung	35	43
Tätigkeitsfelder	Freizeit und Geselligkeit	16	20
(Mehrfach-	Rettungsdienste/freiwill. Feuerwehr	3	17
nennungen)	*mehr weibliches Engagement:*		
	Schule	20	13
	Kirchlicher Bereich	17	10
	Sozialer Bereich	9	3
	Umwelt-/Natur-/Tierschutz	8	4
Voraussetzungen	Schulung	16	21
	Fachwissen	20	27
Anforderungen	*In starkem Maß gefordert ...*		
(Mehrfach-	Führungsqualitäten	19	30
nennungen)	Mit Menschen gut umgehen können	75	66
	Belastbarkeit	42	39
	Ersetzt berufliche/bezahlte Kraft	35	32
Bedingungen	Interesse an Tätigkeitsnachweis	42	37
	Kosten werden erstattet	41	50
Motivation	Engagem. ist für mich sehr wichtig	27	18
Erwartung	Anderen Menschen helfen	76	66
(sehr wichtig)	Etwas für das Gemeinwohl tun	73	64

Quelle: Infratest Burke 1999

Die wahrgenommenen Anforderungen und Erwartungen an Freiwilligenarbeit zeigen ebenfalls deutliche geschlechtsspezifische Muster. Mädchen und junge Frauen sind stärker prosozial motiviert. Sie geben den Aspekten „anderen Menschen helfen" und „etwas für das Gemeinwohl tun" in ihrem persönlichen Werteprofil mehr Gewicht. Soziale Kompetenzen, wie „mit Menschen gut umgehen können" sind für sie wichtiger. Obwohl sie sogar noch etwas häufiger als die männlichen Engagierten in ihrer Arbeit bezahlte Kräfte ersetzen, bewerten sie formalisierte Anforderungen und Voraussetzungen wie „Führungsqualitäten", „Fachwissen" und „Schulung" nicht so hoch.

Mädchen und junge Frauen nehmen ihr Engagement wichtiger als ihre männlichen Altersgenossen (vgl. Picot 2000a: 171). Sie sagen auch häufiger, daß der Anstoß zur Übernahme einer Freiwilligentätigkeit von ihnen selbst ausging: 48% gegenüber 40% bei den jungen Männern (vgl. Picot 2000a: 173). Männliche Jugendliche nennen demgegenüber häufiger ihren Freundes- und Bekanntenkreis, der sie zum Engagement ermutigt hat: 51% gegenüber 31%. Generell spielen für Jugendliche die Peers und Freunde eine größere Rolle zur Motivation: dies trifft auf 43% der 14- bis 24jährigen zu gegenüber 33% bei den über 25jährigen (vgl. Picot 2000a: 193).

Der organisatorische Rahmen von Freiwilligenarbeit Jugendlicher unterscheidet sich kaum von dem der Erwachsenen, wenn man die zeitaufwendigste Tätigkeit zugrunde legt. Fast 50% der Engagierten arbeiten in Vereinen, ca. ein Viertel in gesellschaftlichen Großorganisationen wie Verbänden, Gewerkschaften, Kirchen, Parteien etc. (vgl. Picot 2000a: 142). 9% der Jugendlichen sind in Initiativen, Projekten sowie selbstorganisierten Gruppen engagiert. Sie unterscheiden sich damit kaum von den Erwachsenen, die hier Anteilswerte von 10% haben. Obwohl der selbstorganisierte Bereich doch eher neue Engagementformen zuläßt und damit attraktiver für Jugendliche sein müßte, gibt es hier keinen Unterschied zwischen jugendlichen und erwachsenen Engagierten. Allerdings ist die zweite freiwillige Tätigkeit gerade bei den Jugendlichen stärker im Bereich der Selbstorganisationen eingebunden als bei den Erwachsenen.

Faßt man die Ergebnisse der quantitativen Studien zusammen, so wird anhand der doch weit voneinander abweichenden Schätzungen zum Umfang von Bürgerarbeit das methodische Problem der Erfassung solcher Aktivitäten deutlich. Übereinstimmendes Ergebnis ist jedoch: Das bürgerschaftliche Engagement ist insgesamt betrachtet bei den jüngeren Altersgruppen überdurchschnittlich hoch, bei den Frauen geringer als bei den Männern. Es gibt eine deutliche geschlechtsspezifische Segmentation der Freiwilligenarbeit. In den vergangenen Jahren ist bei den jungen Frauen kein Rückgang des bürgerschaftlichen Engagements, sondern vielmehr eine Zunahme des Engagements zu verzeichnen. Deutlich wird auch, daß sich die Struktur der bürgerschaftlichen Tätigkeit im Zeitverlauf verändert hat. Der Anstieg ist auf eine Ausweitung der projektbezogenen, sporadischen, wechselhafteren bürgerschaftlichen Arbeit zurückzuführen (vgl. Längsschnittauswertung des Sozio-ökonomischen Panels (SOEP) 1985 bis 1996).

Untersuchungen zu der Thematik „Frau und Ehrenamt" sind in der Regel inhaltlich auf den sozialen Bereich ausgerichtet, in dem aber hauptsächlich ältere Frauen tätig sind. Diese Untersuchungen verdeutlichen aber auch, daß das ehrenamtliche Engagement von Frauen häufig in Organisationen der freien Wohlfahrtspflege ausgeübt wird (vgl. Wessels 1995, Hering 1998). So belegt eine Untersuchung im Raum Trier – Koblenz – Saarbrücken, daß der Schwerpunkt der ehrenamtlichen Tätigkeit von Frauen mittleren Alters im Bereich Familie und Kinder liegt. Die Ausübung der Tätigkeit erfolgt in Anbindung an die Pfarrgemeinde, einen Wohlfahrtsverband oder die Familienbildungsstätten (vgl. Wessels 1995: 196 f). Die Ergebnisse des Freiwilligensurveys 1999 weisen ebenfalls in diese Richtung: das ehrenamtliche Engagement 30- bis 50jähriger Frauen übersteigt sogar das der Männer. Die Frauen dieser Altersgruppe nehmen vor allem Aufgaben für Kinder und Jugendliche wahr in den Bereichen Kindergarten, Schule und Kirche (vgl. Zierau 2000).

Untersuchungen zur Thematik Frauen und bürgerschaftliches Engagement, die sich kritisch mit der gesellschafts- und frauenpolitischen Bedeutung dieses Engagements auseinandersetzen, sind vor allem in den 80er Jahren publiziert worden. So von Ballhausen u.a. (1986), die das soziale und politische Engagement von Frauen im Hinblick auf ihre Motivationslagen untersuchen. Backes (1987) zeigt die objektiven Bedingungen und die subjektive Bedeutung des sozialen Ehrenamtes für Frauen auf. Notz (1987) schließlich greift die geschlechtsspezifischen Strukturen ehrenamtlicher und sozialer Arbeit auf. Die von uns untersuchte Altersgruppe spielt in diesen maßgeblichen qualitativen Studien zum weiblichen freiwilligen Engagement jedoch keine Rolle.

5.3.4 Junge Frauen und Männer und ihr bürgerschaftliches Engagement in der Verbands- und Vereinsarbeit

Neben den bereits genannten Veröffentlichungen thematisieren Untersuchungen zur Arbeit in den Jugendverbänden das bürgerschaftliche Engagement von jungen Frauen und Männern. Bereits seit den 60er Jahren gibt es empirische Untersuchungen zur Jugendverbandsarbeit, deren Zahl in den 90er Jahren noch einmal deutlich angestiegen ist. Trotz dieses Anstiegs der Forschungsarbeiten sind derzeit nur wenige empirisch abgesicherte Erkenntnisse über den quantitativen Umfang und die qualitative Bedeutung der ehrenamtlichen Arbeit in den Jugendverbänden vorhanden.[2] Untersuchungen zur Jugendverbandsarbeit sind in der Regel als Querschnittsstudien angelegt, wodurch eine Aussage zum Zeitverlauf erschwert ist. Häufig beziehen sich diese Untersuchungen auf eine regional begrenzte Grundgesamtheit. Zudem sind große Unterschiede in der zahlenmäßigen Erfassung der Ehrenamtlichen in den Studien festzustellen. Es bleibt unklar, wer überhaupt erfaßt wird: die Gruppenleiter/innen, die Funktionäre und Funktionärinnen, die Mitarbeiter/innen im Freizeitbereich. Ebenfalls unklar ist die Anzahl der Mitglieder, aus denen sich die ehrenamtlichen Mitarbeiter/innen rekrutieren. Das Geschlecht als Analysekategorie wurde in den Untersuchungen zur Jugendverbandsarbeit erst verstärkt seit den 90er Jahren eingeführt.

In der IPOS-Studie 1999 wurde die Mitgliedschaftsquote bei 14- bis 27jährigen erhoben.[3] Die jüngeren Befragten sind häufiger Mitglied als die älteren, die männlichen häufiger als die weiblichen und die westdeutschen häufiger als die ostdeutschen (vgl. Abbildung 5.7). Die Differenzen in den Mitgliedschaftsquoten der verschiedenen Gruppen entsprechen jenen, die bereits für die Freiwilligenarbeit ganz allgemein bei der Infratest-Studie ermittelt wurden.

Bezogen auf die Mitgliedschaftsquote steht der Sportverein an erster Stelle sowohl bei den Männern als auch bei den Frauen (vgl. IPOS 1999: 78 f). Anzumerken ist, daß es sich hier nur um die reine Mitgliedschaft

---

2 Das Projekt „Dauerbeobachtung von Jugendhilfe" des Deutschen Jugendinstituts erhebt in regelmäßigen Abständen bei den freien Trägern u.a. auch Daten über den Anteil von Ehrenamtlichen bei Mitarbeiter(inne)n in Vereinen/Initiativen, Jugendverbänden, Wohlfahrtsverbänden und Jugendringen (vgl. Seckinger u.a. 1998: 37 f).

3 Der Fragestimulus war ganz allgemein, ob der oder die Befragte „Mitglied in einer Jugendorganisation, einem Jugendverband oder einer Jugendabteilung eines Vereins oder einer sonstigen Organisation" ist.

handelt. Beim aktiven freiwilligen Engagement in den Sportvereinen sind Frauen unterrepräsentiert (vgl. Abschnitt 5.3.5).

Engagement, d.h. die Übernahme einer verbands- oder vereinsmäßigen Aufgabe, zeigen laut IPOS im Westen 59% der 14- bis 27jährigen Mitglieder und im Osten 50%. Nach Geschlecht unterschieden haben im Westen 57% der befragten männlichen Mitglieder und 62% der weiblichen eine Aufgabe im Verein oder Verband übernommen, im Osten sind es 52% der männlichen und 46% der weiblichen Mitglieder (vgl. IPOS 1999: 81). Für die jüngeren Altersgruppen ergeben sich hier tendenziell geringere Engagementquoten.

Abbildung 5.7: Mitgliedschaft in einer Jugendorganisation, einem Jugendverband oder einer Jugendabteilung eines Vereins oder einer sonstigen Organisation nach Altersgruppen und Geschlecht in West- und Ostdeutschland (in %)

	West		Ost	
	Frauen	Männer	Frauen	Männer
14-23 Jahre	30,9	49,8	22,1	37,4
24-27 Jahre	22,9	39,1	8,3	24,4
n	497	510	481	523

Quelle: Eigene Berechnungen nach Daten der IPOS-Studie 1999

Während ein Vergleich der Ergebnisse der IPOS-Studie 1999 mit der IPOS-Studie 1995 kaum Veränderungen in der Mitgliedschaftsquote bei den 14- bis 27jährigen erbringt, konstatiert die 13. Shell-Jugendstudie im Vergleich mit der 12. einen leichten Anstieg: Zwischen den Jahren 1996 und 1999 stieg im Westen die Mitgliedschaftsquote bei den 15- bis 24jährigen von 43% auf 44%, im Osten von 27% auf 30% (vgl. Fischer 2000: 275 f). Die unterschiedlichen Engagementniveaus und Trends in den Studien lassen sich zum einen damit erklären, daß die erfaßten Altersgruppen nicht deckungsgleich sind, zum anderen aber auch, daß die Fragestimuli nicht übereinstimmen.[4] Ein Anstieg von Vereinsmitgliedschaften bei jungen Leuten scheint eher unrealistisch.

Mit Hilfe des DJI-Jugendsurveys ist es möglich, Trends über die Entwicklung verbandlichen Engagements von Jugendlichen und jungen Erwachsenen derselben Altersgruppe anhand eines Fragestimulus nach-

---

4 In den Shell-Studien wurde gefragt „Gehörst Du zur Zeit einem Verein oder einer Organisation an?" mit den Antwortmöglichkeiten „Ja" und „Nein". Bei einer solch offenen Fragestellung ist die Gefahr groß, daß der Befragte eine Mitgliedschaft vergißt.

zuzeichnen.[5] Innerhalb von fünf Jahren ging die Mitgliedschaftsquote bei den 16- bis 29jährigen um 7 Prozentpunkte in den alten Bundesländern und um 11 Prozentpunkte in den neuen zurück (vgl. Gaiser/de Rijke 2000: 287). Dabei blieb aber das Engagementgefälle West – Ost sowie Männer – Frauen bestehen. In der Abbildung 5.8 sind die Mitgliedschaftsquoten 1997 nach Altersgruppen und Geschlecht dargestellt.

Abbildung 5.8: Anzahl der Mitgliedschaften* bei 16- bis 29jährigen nach Geschlecht und Altersgruppen 1997 (Spaltenprozent)

	Frauen			Männer		
	16-23	24-29	gesamt	16-23	24-29	gesamt
	West					
keine Mitgliedschaft	54,9	55,5	55,2	42,8	39,9	41,4
1 Mitgliedschaft	27,5	28,0	27,7	33,7	29,2	31,4
2 Mitgliedschaften	11,4	10,5	10,9	15,6	18,3	17,0
3 und mehr	6,2	6,0	6,1	7,9	12,6	10,3
n	972	1163	2135	1122	1169	2291
	Ost					
keine Mitgliedschaft	65,5	65,1	65,3	55,9	59,1	57,2
1 Mitgliedschaft	24,4	25,4	24,9	29,0	25,5	27,6
2 Mitgliedschaften	7,4	7,2	7,3	11,6	10,3	11,1
3 und mehr	2,7	2,3	2,5	3,6	5,1	4,2
n	631	570	1201	759	533	1292

* Die Mitgliedschaften beziehen sich auf die Organisationen und Vereine/Verbände, die in Abbildung 5.9 aufgelistet sind.
Quelle: DJI-Jugendsurvey 1997

Die geschlechtsspezifischen Differenzen erweisen sich hier als bedeutsamer als die altersspezifischen. Betrachtet man jedoch im einzelnen, in welchen Verbänden, Vereinen oder Organisationen Jugendliche und junge Erwachsene Mitglied sind, so zeigen sich auch deutliche Alterseffekte (vgl. Abbildung 5.8).

Sportvereine erweisen sich auch in dieser Untersuchung als die mitgliedsstärksten Vereine. Sie mußten jedoch gegenüber 1992 Mitgliederverluste hinnehmen. Im Westen fand eine Abnahme um 5 Prozentpunkte statt, im Osten um 2 Prozentpunkte. Diese Entwicklung

---

5 Im DJI-Jugendsurvey wurde die Mitgliedschaft erfaßt, indem der/die Befragte zu 11 verschiedenen Organisationen und Vereinen/Verbänden sagen sollte, ob er/sie dort jeweils Mitglied ist oder nicht (vgl. Abbildung 5.9).

kann vielfältige Ursachen haben: „verkrustete, verbandliche Strukturen, veränderte Sportinteressen der Jugend, neue Freizeitsportarten, die nicht auf verbandliche Organisation angewiesen sind (z.b. Inline-Skating) oder auch kommerzielle Konkurrenz (z.B. Fitnesscenter)" (Gaiser/ de Rijke 2000: 286). Die jüngere Altersgruppe der 16- bis 23jährigen ist insbesondere in den neuen Bundesländern noch stärker engagiert als die 24- bis 29jährigen. Und für beide Altersgruppen wie auch für beide Erhebungszeitpunkte ist das deutlich geringere Engagement der Mädchen und jungen Frauen in den Sportvereinen ein konstantes Ergebnis. Für die männlich dominierten Sportvereinsstrukturen sprechen indirekt auch die Ergebnisse des Freiwilligensurvey 1999. Dort wurde das Aktivitätspotential mit folgender Frage erhoben: „Sind Sie irgendwo aktiv im Bereich Sport und Bewegung, zum Beispiel in einem Sportverein oder in einer Bewegungsgruppe?" (vgl. Rosenbladt/Blanke 2000: 311). Nahezu 50% der 14- bis 24jährigen sind im Sportbereich aktiv, junge Männer und Frauen gleichermaßen (vgl. Rosenbladt/Blanke 2000: 311 f). Die Geschlechtergleichheit kommt hier aber nur dadurch zustande, daß Frauen ihre Bewegungsaktivitäten zu einem erheblichen Teil außerhalb von Sportvereinen organisieren und durch die weite Fragestellung in der Infratest-Erhebung eben diese frauenspezifische Sportbetätigung nicht ausgegrenzt wurde. Beim ehrenamtlichen Engagement im Sportbereich zeigen sich deutliche Geschlechterdifferenzen: die Frauen stellen hier 34% der Vorstände, Übungsleiter und Helfer und sind insbesondere bei den höhergestellten Freiwilligenarbeiten unterrepräsentiert. Insofern ist es nach wie vor gerechtfertigt, den Sportbereich als Männerdomäne zu charakterisieren.

Die Gewerkschaften, die zweitwichtigste Organisation für Jugendliche und junge Erwachsene im DJI-Jugendsurvey (vgl. Abbildung 5.9), haben den stärksten Mitgliederschwund zu verzeichnen: im Westen ging die Mitgliedschaftsquote von 15% auf 7%, im Osten von 22% auf 8% zurück (vgl. Gaiser/de Rijke 2000: 285 f). In den neuen Bundesländern haben sich überdurchschnittlich stark die jungen Frauen aus dieser Organisation zurückgezogen: ihre Mitgliedschaftsquote sank von 22% im Jahr 1992 auf 6% im Jahr 1997. 1992 waren die jungen Frauen in den neuen Bundesländern mit einer Quote von 22% fast gleich stark engagiert wie die jungen Männer (23%) (vgl. Schneider 1995: 285). Damit sind nun 1997 die Gewerkschaften in Ost wie West deutlich männlich dominiert. Die Mitgliederverluste im Osten müssen sicherlich in Zusammenhang mit den strukturellen Veränderungen in der Arbeitswelt gesehen werden, wo vielfach gewerkschaftliche Zuordnungen verloren

Abbildung 5.9: Mitgliedschaftsquoten von 16- bis 29jährigen in Organisationen und Verbänden nach Geschlecht und Altersgruppen in West- und Ostdeutschland (in %)

	Frauen			Männer		
	16-23	24-29	gesamt	16-23	24-29	gesamt
	West					
Gewerkschaften	3,1	5,0	4,1	5,0	13,7	9,4
Berufsverbände	2,2	4,9	3,6	1,2	4,8	3,0
politische Parteien	2,1	1,9	2,0	3,4	6,6	5,0
kirchliche/religiöse Vereine und Verbände	8,8	4,9	6,7	7,0	1,7	1,7
Wohlfahrtsverbände	1,2	1,7	1,5	1,7	1,7	1,7
Heimat- u. Bürgervereine	5,9	5,6	5,7	10,6	11,8	11,2
Jugend- und Studentenverbände	5,7	3,4	4,4	7,7	5,8	6,7
Sportvereine	29,1	26,9	27,9	39,7	36,7	38,2
sonstige gesellige Vereinigungen	8,4	10,2	9,4	9,1	15,3	12,2
Bürgerinitiativen	1,4	1,4	1,4	1,5	2,3	1,9
andere Vereine/Verbände	6,3	7,3	6,8	6,7	7,6	7,1
n	972	1163	2135	1122	1169	2291
	Ost					
Gewerkschaften	1,4	10,0	5,5	7,9	12,7	9,9
Berufsverbände	1,9	2,9	2,4	2,0	5,2	3,3
politische Parteien	0,2	0,9	0,5	1,2	1,2	1,2
kirchliche/religiöse Vereine und Verbände	4,0	3,6	3,8	2,8	2,5	2,7
Wohlfahrtsverbände	1,0	1,4	1,2	0,7	1,3	0,9
Heimat- u. Bürgervereine	4,5	3,2	3,9	7,5	5,0	6,5
Jugend- und Studentenverbände	6,9	2,7	4,9	4,3	3,9	4,1
Sportvereine	17,9	13,1	15,6	27,1	18,2	23,4
sonstige gesellige Vereinigungen	5,1	3,8	4,5	7,0	7,5	7,2
Bürgerinitiativen	0,5	1,1	0,8	0,1	0,1	0,2
andere Vereine/Verbände	4,8	5,8	5,3	4,5	5,4	4,9
n	631	570	1201	759	533	1292

Quelle: DJI-Jugendsurvey 1997

gegangen sind. Gewerkschaftliche Bindungen spielen – insgesamt gesehen – für ältere Befragte, die 24- bis 29jährigen, eine größere Rolle. Die

16- bis 23jährigen befinden sich vielfach noch in Schule, Ausbildung, Studium usw.

Auch die kirchlichen Gruppierungen erfuhren einen Rückgang in der Mitgliedschaftsquote und zwar von 9% auf 7% (West) bzw. 8% auf 3% (Ost). Die Jugend- und Studentenverbände blieben dagegen im Westen bei 6% stabil und konnten im Osten einen Zuwachs von 3% auf 5% verzeichnen, was auch mit der Angleichung der Studierendenquoten zusammenhängen dürfte.

Das bürgerschaftliche Engagement aus feministischer Sicht greifen Trauernicht und Wieneke Anfang der 90er Jahre auf, indem sie sich die Frage nach der geschlechtsspezifischen Bedeutung der Jugendverbände für die Sozialisation und Identitätsentwicklung der Ehrenamtlichen stellen (vgl. Trauernicht/Wieneke 1990). Auch andere Studien setzen sich in den 90er Jahren mit der Rolle der Frau in den Verbänden auseinander.

Sekundäranalytisch nach Geschlecht aufgearbeitet ist das bürgerschaftliche Engagement in den Jugendverbänden in einer Studie von Beher/Liebig/Rauschenbach (2000). 25 ausgewählte verbandsspezifische Studien wurden auf das Zahlenverhältnis der Geschlechter untersucht. Diese Analyse zeigt, daß die jungen Frauen in der evangelischen Jugendarbeit und beim Jugendrotkreuz überdurchschnittlich engagiert sind (vgl. Abbildung 5.10). In der Gewerkschaftsjugend und in den politischen Jugendverbänden engagieren sich prozentual betrachtet die wenigsten Frauen. In der Sportjugend sind gut ein Drittel der Ehrenamtlichen Frauen (vgl. Beher/Liebig/Rauschenbach 2000:124). Das Zahlenverhältnis in Jugendverbänden zeigt in den letzten Jahren eine Verschiebung zugunsten der Mädchen und jungen Frauen. Überprüfbar ist aber nicht, ob es sich hier um eine Zunahme der Absolutzahlen weiblicher Ehrenamtlicher handelt oder ob die Anzahl der männlichen Ehrenamtlichen zurückgegangen ist.

Die Sekundäranalyse von Beher/Liebig/Rauschenbach (2000) verdeutlicht, daß die Handlungsfelder junger Menschen in den Jugendverbänden entlang traditioneller Geschlechtsrollenzuschreibung gegliedert sind. Die jungen Männer engagieren sich im technischen Bereich (Feuerwehr, Rettungsdienst) und in den politischen Verbänden, die jungen Frauen eher in den sozialen Verbänden. Das Interessenfeld der Befragten aus dem Freiwilligensurvey 1999 bestätigt dies. Die Frauen zeigen sich hier besonders an einer freiwilligen Tätigkeit im sozialen Bereich interessiert, mit Abstand folgt dann der Bereich Schule/Kindergarten, der Gesundheitsbereich und der Umweltschutz. Die berufliche Interessenvertretung, die Feuerwehr und der Rettungsdienst sind den befragten Frauen nicht so wichtig (vgl. Zierau 2000: 33 f). Die Aufgabenverteilung in den Verbänden weist eine klare Geschlechtertrennung auf. Die jungen Männer organisieren Veranstaltungen, leiten Sitzungen, nehmen öffentliche Aufgaben wahr; die jungen Frauen führen Protokoll, räumen auf und bereiten die Gruppenabende vor (vgl. Beher/Liebig/Rauschenbach 2000: 126).

Abbildung 5.10: Das Geschlechterverhältnis beim ehrenamtlichen Engagement – Ergebnisse aus 25 Untersuchungen

Jahr	AutorInnen	Männer:Frauen in %	Verband*
1978	Sielert	71:29	–
1982	Hamburger u.a.	67:33	–
1983	Beck/Wulf	67:33	–
1983	Kliemann	60:40	Ev. Jugendarbeit
1984	Gernert	63:37	–
1985	Beck/Wulf	67:33	BDKJ (katholisch)
1985	Niklaus	67:33	VCP (evangelisch)
1985	Dierkes	67:33	Sportjugend
1986	Sauter	86:14	–
1986	Wulf	68:32	–
1992	Reichwein/Freund	65:35	DLRG
1993	Lang	58:42	–
1993	Schulz	62:38	Ev. Jugendarbeit
1994	Niemeyer	50:50	–
1994/95	Sass	63:37	–
1995	Homfeldt u.a.	96:4	Jugendfeuerwehr
1996	Flösser u.a.	50:50	Ev. Jugendarbeit
1997	Auerbach/Wiedemann	42:58	–
1997	Jugendrotkreuz	46:54	Jugendrotkreuz
1997	KJR Pinneberg	51:49	–
1997	KJR Rems-Murr	50:50	–
1997	Stein/Schneider	65:35	Kath. Jugendarbeit
1997	Vogt/Ziergiebel	66:34	Sportjugend
1997	Nörber	53:47	–
1998	Nörber	59:41	–

* Untersuchungen, die mit „-" gekennzeichnet sind, haben keinen speziellen Verband zum Ziel, sondern regionalspezifische Verbandsstrukturen; z.B. Lang: Mitarbeiter in Nürnberger Jugendverbänden.

Quelle: Beher/Liebig/Rauschenbach (2000): Strukturwandel des Ehrenamts

Die ehrenamtliche Kinderarbeit ist ganz klar eine Frauendomäne, was auch in einem Reader des Landesjugendringes NRW (1999) zur Mädchen- und Frauenarbeit in den Jugendverbänden deutlich wird. Es zeigt sich zudem: Je höher die Ebene, desto weniger sind Mädchen und Frauen in den „koedukativen Verbänden" anzutreffen (vgl. Studie des Landesjugendrings NRW 1999).

Auffällig ist, daß sich die jungen Frauen weniger als die jungen Männer an der Verbandstradition orientieren. Sie treten progressiver auf als die Männer und sind eher den sozialen Bewegungen zugeneigt. Frauen wählen für ihr bürgerschaftliches Engagement eher offene Organisationsformen wie Initiativen und selbstorganisierte Gruppen (vgl. Zierau 2000: 69). Sie möchten sich während der ehrenamtlichen Tätigkeit beruflich qualifizieren, geschult werden und Zusatzqualifikationen erwerben (vgl. Beher/Liebig/Rauschenbach 2000: 216 f, Wessels 1995: 202). Die Anerkennung des freiwilligen Engagements als berufliches Praktikum oder Weiterbildung wünschen sich 46% der insgesamt im Freiwilligensurvey 1999 Befragten (vgl. Rosenbladt 2000a: 129) und 55% der 14- bis 24jährigen (Picot 2000a: 189).

Bürgerbewegungen werden immer stärker ein Feld für Frauen; hier können sie sich problem- und projektorientiert engagieren. 52% der befragten Jugendlichen in der neuesten Allensbach-Studie empfinden Bürgerbewegungen als eine moderne Form der politischen Willensäußerung. Für modern halten 64% dieser Befragten „Verantwortung zu übernehmen" (Allensbach 2000). „Nicht mehr das lebenslange Engagement in Kirchen und Wohlfahrtsverbänden ist en vogue, sondern eher das themenbezogene, zeitlich begrenzte Engagement, das je nach biografischer Passung gewählt werden kann" (vgl. Rudolph 2000: 302).

Die bisher dargestellte Entwicklung von Mitgliedschaften in unterschiedlichen gesellschaftlichen und politischen Institutionen sowie der jeweiligen Geschlechteranteile sind gute Indikatoren dafür, wie es mit der Integration deutscher junger Frauen und Männer in das intermediäre System bestellt ist. Parteien, wirtschaftliche Interessenverbände, Vereine, Kirchen wie auch andere Interessengemeinschaften von Bürgern wirken als „Vermittlungsinstanzen" zwischen Bürger und Staat. Aber wie sieht das Verhältnis junger Migrantinnen und Migranten zum intermediären System der Aufnahmegesellschaft aus? Hierzu gibt es bisher nur wenige Untersuchungen. Der DJI-Ausländersurvey 1997, der als Ergänzung des Jugendsurveys konzipiert wurde, hat hier erstmals in der Bundesrepublik den Versuch unternommen, die gesellschaftliche und politische Partizipation junger italienischer, griechischer und türkischer

Migrant(inn)en im Alter von 18 bis 25 Jahren näher zu bestimmen (vgl. Gille/Krüger 2000a, Weidacher 2000). In Abbildung 5.11 sind die Mitgliedschaftsquoten 18- bis 25jähriger Deutscher und Migranten im Vergleich dargestellt. Die Mitgliedschaften beziehen sich auf deutsche Organisationen und Vereine wie Gewerkschaften, Berufsverband, Sportvereine etc. (vgl. Anmerkung in Abbildung 5.11).

Abbildung 5.11: Anzahl der Mitgliedschaften* 18- bis 25jähriger nach Nationalität und Geschlecht 1997 (in %)

	Italiener	Griechen	Türken	Ost-deutsche	West-deutsche
Frauen					
keine Mitgliedschaft	59,3	61,7	75,9	68,0	58,0
1 Mitgliedschaft	22,0	19,1	14,5	23,0	28,0
2 und mehr Mitgliedschaften	18,7	19,1	9,6	9,0	14,0
n	423	397	407	564	1063
Männer					
keine Mitgliedschaft	48,6	44,2	48,1	59,0	45,0
1 Mitgliedschaft	30,9	31,1	32,0	28,0	36,0
2 und mehr Mitgliedschaften	20,5	24,8	19,9	13,0	19,0
n	424	428	422	685	1171

* Mitgliedschaften in deutschen Organisationen und Vereinen: Gewerkschaft, Berufsverband, politische Partei, kirchlicher/religiöser Verein oder Verband, Wohlfahrtsverband, Heimat- und Bürgerverein, Jugendverband/Studentenverband, Sportverein, Bürgerinitiative, andere Vereine, Verbände oder sonstige gesellige Vereinigungen.

Quelle: Eigene Berechnungen nach Daten des DJI-Jugendsurvey 1997 (ungewichteter Datensatz) und des DJI-Ausländersurvey 1997

Die jungen Migranten und besonders deutlich die jungen Türken sind viel seltener Mitglied in einer Organisation oder in einem Verein/Verband als ihre westdeutschen Altersgenossen. Auch zeigt sich wie bei den deutschen Jugendlichen, daß die Mädchen und jungen Frauen aus Migrantenfamilien geringere Mitgliedschaftsquoten aufweisen als die männlichen Vergleichsgruppen. Der Unterschied in den Beteiligungsraten von Frauen und Männern ist am größten in der Gruppe der jungen Türken.

Die insgesamt geringen Mitgliedschaftsquoten junger Migranten erlauben aber nicht den unmittelbaren Schluß einer größeren Distanz dieser Gruppen zum intermediären System. Diese größere Distanz wird relativiert durch verschiedene Faktoren: Zum einen muß berücksichtigt werden, daß junge Migranten dieser Altersgruppe zu einem erheblich größeren Anteil als Deutsche bereits erwerbstätig sind und somit über ein deutlich geringeres Freizeitbudget verfügen. Sie sind zwar stärker gewerkschaftlich organisiert, aber dies vermag nicht ihr geringeres Engagement in anderen Bereichen auszugleichen. Zum anderen sind sie im Hinblick auf den Erwerb schulischer und beruflicher Qualifikationen deutlich benachteiligt im Vergleich zu ihren deutschen Altersgenossen. Geringe Bildungs- und Ausbildungsqualifikationen gehen aber generell mit einer größeren Distanz zum intermediären System einher. Darüber hinaus spielen eigenethnische Vereine und Verbände für junge Migrantengruppen – wenn man Mitgliedschaften zugrunde legt – eine größere Rolle als für Deutsche (tabellarisch nicht ausgewiesen; vgl. Weidacher 2000: 213 f).

5.3.5 Junge Frauen in Ehrenämtern des Sports

Die empirische Erfassung des sportlichen Ehrenamtes steht im Rahmen der Sportvereinsforschung bisher eher im Abseits. Eine Ausnahme ist allerdings der Freiwilligensurvey 1999, der auf quantitative Weise und auf für die Bundesrepublik repräsentativer Ebene versucht, das sportliche Engagement von Frauen und Männern genauer zu beschreiben. In vielen Untersuchungen wird das sportliche Ehrenamt lokal begrenzt und landesbezogen untersucht. Empirische Befunde zum Thema sind als Kurzbeiträge in Sammelbänden oder in speziellen Verbandszeitschriften veröffentlicht. Da junge Frauen im Sport- und Bewegungsbereich jedoch eher als in karitativen Organisationen erwartet werden können, der Sportbereich für Mädchen und junge Frauen also auch in quantitativer Hinsicht, was Mitgliedschaftsquoten und Aktivitäten angeht, sehr wichtig ist, soll auf das sportliche Engagement von jungen Frauen hier gesondert eingegangen werden.

Werden Vereinsvertreter/innen aus Sportvereinen zu den Problemen des Ehrenamts im Verein befragt, nennen 72% die Rekrutierungsschwierigkeiten ehrenamtlicher Mitarbeiter/innen an erster Stelle (vgl. Beher/Liebig/Rauschenbach 2000: 160). Insbesondere wird die Schwierigkeit benannt, Heranwachsende aus der vereinseigenen Jugendarbeit für die ehrenamtliche Mitarbeit zu gewinnen.

Angesichts dieses Mangels an Freiwilligen für die sportlichen Ehrenämter sollte das Interesse an aufstiegswilligen Frauen und Mädchen eigentlich groß sein. Tatsächlich ist zu beobachten, daß die einflußreichen Positionen nach wie vor von Männern besetzt sind und den Frauen die arbeitsintensiven Positionen überlassen werden. Am offenkundigsten wird dies auf den Führungsebenen des Sports. Hier sind vorwiegend die stark beruflich engagierten Männer zu finden, die beruflichen Erfolg und die Karriere im Ehrenamt koppeln. So ergab eine Untersuchung zum ehrenamtlichen Engagement von Verbandsfunktionären, daß die Führungsebene des Sports stark männlich zentriert ist. Die ehrenamtlichen Positionen in den Spitzenverbänden des Sports sind nur zu 9% von Frauen besetzt. Von diesen Frauen waren 35,5% für den Frauensport, 16,4% für den Jugendsport und 10,9% für den Leistungssport zuständig (vgl. Winkler 1988, 1990). Mitte der 90er Jahre hat sich die Situation nur unwesentlich verbessert (vgl. Berndt 1998). Im Freiwilligensurvey 1999 wird das Sozialprofil der überwiegend von Männern besetzten Vorstandspositionen wie folgt beschrieben: „Unter den Vorstandsmitgliedern der Sportvereine sind Beamte und Selbständige deutlich überrepräsentiert, Arbeiter auf der anderen Seite unterrepräsentiert" (Rosenbladt/Blanke 2000: 331). Jedes vierte Vorstandsmitglied sagt, „die ehrenamtliche Tätigkeit habe mit der eigenen beruflichen Tätigkeit zu tun und berufliche Erfahrung in dem Tätigkeitsfeld sei Voraussetzung für die ehrenamtliche Funktion" (Rosenbladt/Blanke 2000: 336). Männern gelingt es also sehr viel besser als Frauen, berufliche Interessen mit ehrenamtlichem Engagement zu verknüpfen. Somit werden geschlechtsspezifische Segmentationsprozesse aus dem Berufsbereich auf das Gebiet der Freiwilligenarbeit übertragen und führen auch dort zu einer Ausgrenzung von Frauen aus attraktiven Karrieren des Ehrenamts.

Der Vereinssport und somit auch das sportliche Ehrenamt weisen eindeutig männerdominierte Strukturen auf, die sich an – dem männlichen Geschlechtsrollenstereotyp zugeschriebenen – Attributen wie Leistung, Stärke, Konkurrenz und Durchsetzungsvermögen orientieren und in denen Mädchen und Frauen entsprechend weniger Wertschätzung erfahren. Der weibliche Lebenszusammenhang findet in den Sportvereinen mangelhaft Berücksichtigung. Für die Übernahme eines Ehrenamtes im Sport sind Faktoren wie Mobilität, finanzielle und organisatorische Ressourcen sowie für den Verein nützliche Außenkontakte von Bedeutung. Familienpflichten, oft verbunden mit Doppelbelastungen, nehmen Frauen die Zeit sich im Ehrenamt zu engagieren. Selten haben Frauen einen Partner, der ihnen den Rücken für die ehrenamtliche Arbeit freihält. Sie haben seltener als Männer ein Auto zur Verfügung, um zu den abendlichen Sitzungen zu gelangen. Sie verfügen seltener als Männer über Verbindungen zu Stadtverwaltung, Parteien und Industrieverbänden, die auf beruflicher Ebene gewachsen sind und für die Vergabe von Ehrenämtern durchaus ausschlaggebend sein können. Es ist somit nicht verwunderlich, daß Mädchen und Frauen nicht entsprechend ihrer Mitgliedszahlen in Ehrenämtern der Sportvereine vertreten sind (vgl. Berndt 1998). Das Dilemma ist: Auf Grund der Unterrepräsentanz von Mädchen und jungen Frauen – selbst in Verbänden des Frauensports – mangelt es für Mädchen an Vorbildern des eigenen Geschlechts, mit denen sie sich identifizieren können und die ihrerseits Mädchen in der Artikulation und Durchsetzung ihrer Interessen unterstützen können (vgl. Berndt u.a. 1998).

Frauenkarrieren sind bisher in Ehrenämtern des Sports nur dann möglich, wenn Frauen sich den Zielen, Vorstellungen und Strukturen der Organisation unterordnen und auf eigene Initiativen verzichten (vgl. Kraus 1995: 61). In einer Befragung von Kraus berichten Frauen, die frauenpolitische Ziele im Sport verwirklichen wollten, von großen Schwierigkeiten, die letztlich dazu führten, daß sie ihr ehrenamtliches Engagement aufgaben (vgl. Kraus 1995: 64). Hier werden engagierte Frauen vor dem Hintergrund knapper personeller Ressourcen für das Ehrenamt ausgegrenzt. Die Randposition von Frauen in Ehrenämtern des Sports ließe sich wahrscheinlich überwinden, wenn ihnen in den Organisationen des Sports die Chancen eingeräumt würden, ihre Ideen, Konzeptionen und Vorstellungen durchzusetzen.

5.4 Politische Partizipation junger Frauen und Männer

Die moderne bürgerliche Öffentlichkeit konstituierte sich historisch u.a. durch den Ausschluß von Frauen, und sie ging mit der Geringschätzung alles Weiblichen im öffentlichen Raum einher. So besehen scheint die geringe Partizipation von Frauen an der politischen Öffentlichkeit noch heute Folge einer tradierten Geschlechterideologie zu sein. Sie ließ Frauen Distanz zur Öffentlichkeit wahren und legte Männern die Ausgrenzung von Frauen aus den traditionellen Männerbünden nahe (vgl. Meyer 1997). Wollen Frauen sich an der Lösung gesellschaftlicher Fragen im politisch-administrativen System beteiligen, so sind sie hier noch immer mit Regeln konfrontiert, die sich eine vorwiegend männliche Elite selbst gegeben hat. Diese Erfahrungen beeinflussen das Interesse von Frauen an institutionalisierter Politik (vgl. Cornelißen 1993, Achatz/ Gaiser/Gille 1999). Deshalb ist bei der Betrachtung geschlechtsspezifischer Differenzen politischer Partizipation der Blick nicht auf die Beteiligung von Frauen am politisch-administrativen System zu beschränken, sondern auch auf Aktivitäten im sogenannten „vorpolitischen" Raum zu erweitern. Unter politischer Partizipation soll deshalb in Anlehnung an den DJI-Jugendsurvey ein „auf kollektive Ziele hin orientiertes soziales Verhalten, das in einem komplexen Zusammenspiel zwischen institutionellen Strukturen, konkreten politischen Ereignissen, Gruppeneinbindungen und individuellen Merkmalen zustande kommt", verstanden werden (Kaase 1996: 525). Dieser Partizipationsbegriff unterscheidet nach konventioneller bzw. verfaßter Partizipation, d.h. Wählen, Mitgliedschaft bzw. Mitarbeit in Parteien und unkonventioneller (unverfaßter) politischer Partizipation wie z.B. Mitarbeit in Bürgerinitiativen, Teilnahme an Demonstrationen u.ä. (Cordes 1996: 58).

In der wissenschaftlichen Literatur wird der Forschungsstand zur politischen Partizipation von Frauen als „verstreut und thematisch segmentiert" bezeichnet (Hoecker 1995: 9). In verschärftem Maße scheint dies für die von uns fokussierte Altersgruppe zu gelten. So wird konstatiert, daß „Beteiligungsbereitschaft und Beteiligungsformen junger Frauen bisher selten Thema der Sozialforschung" waren (Ristau 1995: 32). Zur Erklärung der Entwicklung der Aktivitäten von Frauen in der institutionalisierten Politik gibt es bislang ebenfalls nur wenige systematische Erkenntnisse. Es sind wenige empirische Studien über Politisierungsprozesse vorhanden (Geißel 1999: 5). Die „Untersuchung des Prozesses der Mobilisierung zum Handeln" ist ein „weitgehend unerfülltes Forschungsdesiderat, längerfristige Entwicklungsverläufe" bleiben eine „black box" (Geißel 1999: 5).

Die vorhandenen Studien berücksichtigen die von uns fokussierte Altersgruppe zum größten Teil nicht bzw. differenzieren bei der Auswahl ihrer Zielgruppe nicht nach Alter (z.B. Ballhausen u.a. 1986) oder sind nicht geschlechtsspezifisch angelegt (z.B. viele Studien über Kinder- und Jugendlichenbeteiligung). Andere erfassen die unterschiedlichen Arten gesellschaftspolitischen Engagements nicht genau genug. Beispielsweise unterscheiden sie nicht die verschiedenen Arten von Jugendverbänden, so daß unklar bleibt, inwieweit es sich bei diesen Verbänden um politische handelt (z.B. Bezirksjugendwerk der AWO 1997).

Folgenden Forschungsfragen bezüglich der politischen Partizipation Jugendlicher soll hier nachgegangen werden:

- Was für ein Politikverständnis haben junge Frauen? Ist das Interesse junger Frauen an Politik tatsächlich geringer als das der Männer?
- In welchem Verhältnis steht dazu die bei den Jugendlichen häufig konstatierte Politikverdrossenheit?
- Gibt es einen Wandel des Politikverständnisses bei der jüngeren Generation?

- Welche Alternativen sehen junge Frauen, wenn sie sich von den Parteien abwenden?

5.4.1 Konventionelles Engagement

Im folgenden werden einige Ergebnisse der Forschung zur konventionellen politischen Partizipation von Frauen dargestellt, auch wenn die von uns fokussierte Altersgruppe in diesen zur Verfügung stehenden Materialien nicht immer gesondert berücksichtigt wird. Aber diese Forschungsergebnisse geben zunächst einen Überblick über die Situation der im Bereich der etablierten Politik aktiven Frauen. Der Bereich der konventionellen gesellschaftspolitischen Partizipation soll hier auf Mitgliedschaft, Mitarbeit und Übernahme von Funktionen in Parteien konzentriert werden. Zunächst wird das politische Interesse bei jungen Frauen und Männern beschrieben, da dies ein wichtiger Indikator für die Bereitschaft ist, sich politisch zu engagieren – im konventionellen und unkonventionellen Sinne.

Übereinstimmend bewerten alle neueren Studien das Interesse der jungen Frauen und Männer an politischer Partizipation als gering. So stellt die neue IPOS-Studie ein grundsätzliches Defizit der jungen Generation beim Interesse für Politik im Vergleich zur Gesamtheit der Wahlberechtigten in Deutschland fest. 26% der befragten 14- bis 27jährigen im Westen zeigen ein starkes Interesse für Politik, im Osten Deutschlands sind es nur 19% (vgl. IPOS 1999: 87). Nach Geschlecht differenziert interessieren sich im Westen nur 18% der befragten jungen Frauen gegenüber 33% der befragten Männer stark für Politik. Im Osten fallen die Prozentwerte noch geringer aus: 12% junge Frauen und 26% junge Männer sind an Politik interessiert. Eine neuere Studie des Instituts für Demoskopie Allensbach (2000), das im Auftrag der Redaktion der Wirtschaftswoche die Orientierung der Jungwähler untersuchte, konstatiert, daß die unter 25jährigen am Ende der neunziger Jahre überwiegend „unpolitisch" sind; nur 33% interessieren sich für Politik, gegenüber 52% der Gesamtbevölkerung.[6] Der über die letzten Jahrzehnte steigende Anteil junger Menschen, die angeben, sich nicht „für Politik zu interessieren", läßt allerdings offen, was diese jungen Menschen unter Politik verstehen. In der neuen Shell-Studie wird vor allem ein immenser Rück-

---

6 Die Prozentwerte der Allensbach- und der IPOS-Studie bewegen sich auf einem unterschiedlichen Niveau, da der Fragestimulus für das politische Interesse und die vorgegebenen Antwortkategorien nicht identisch sind.

gang des politischen Interesses in den neuen Bundesländern beklagt (vgl. Fischer 2000: 264).

Der DJI-Jugendsurvey erlaubt durch seine replikative Anlage sowie durch die Größe seiner Stichprobe eine detaillierte Analyse des gewandelten Verhältnisses junger Frauen und Männer zum politischen System (vgl. Gille/Krüger/de Rijke 2000). Das Interesse an Politik gilt als Indikator für die Zuwendung der Befragten zu Politik, ihre Bereitschaft, sich politisch zu informieren. Die Aufgeschlossenheit gegenüber politischen Belangen wurde im Jugendsurvey durch mehrere Statements erfaßt:

- die direkte Frage nach dem politischen Interesse,
- die Frage nach der Wichtigkeit des Lebensbereichs Politik im Kontext anderer Lebensbereiche,
- die Bewertung der eigenen politischen Kompetenz („Ich verstehe eine Menge von Politik", „Manchmal finde ich die Politik viel zu kompliziert, als daß ein normaler Mensch sie noch verstehen könnte"),
- und Fragen, die konkretere Tätigkeiten erfassen, etwa die Nutzung von Informationsquellen zu politischen Themen und die Häufigkeit von Gesprächen über Politik mit relevanten Personen aus dem sozialen Umfeld (Eltern, Bekannte, Kollegen/Kolleginnen u.a.).

Die Antworten zu diesen Fragen bestätigen die Qualität des Indikators Interesse an Politik. Politische Kompetenz, die Bereitschaft sich über Politik zu informieren und die subjektive Relevanz des Lebensbereichs Politik sind eng mit dem politischen Interesse verknüpft. Seine Bedeutung erhält dieser Indikator u.a. dadurch, daß sich das Interesse an Politik als wichtige Voraussetzung für Engagementbereitschaft und konkretes Verhalten in der Politik erweist. Im Jugendsurvey wurde das politische Interesse mit Hilfe einer fünfstufigen Skala[7] erfaßt – analog wie in den regelmäßig stattfindenden repräsentativen Befragungen der ALLBUS-Studien (den Allgemeinen Bevölkerungsumfragen der Sozialwissenschaften), in denen Personen ab 18 Jahren in alten und neuen Bundesländern erfaßt werden (vgl. Gille/Krüger/de Rijke 2000: 213).

Das politische Interesse bei den 16- bis 29jährigen ist 1992 in Ost und West etwa gleich hoch. 21% bzw. 22% zeigen sehr starkes oder starkes Interesse. Im Jahre 1997 hingegen ergeben sich Ost-West-Differenzen. Im Westen ist das politische Interesse etwas gestiegen, im Osten hingegen gesunken, was einen deutlichen Ost-West-Unterschied zur Folge hat. Starkes politisches Interesse bekunden 1997 also 25% der

---

7 Vgl. Anmerkung in Abbildung 5.12.

westdeutschen und 17% der ostdeutschen Befragten. Ein Vergleich der Jugendsurvey-Ergebnisse mit den fünf Erhebungswellen der ALLBUS-Studien von 1991 bis 1998 bestätigt für die unter 29jährigen die beschriebene Entwicklung bis zum Zeitpunkt 1996 (von 1994 auf 1996 ein geringer Anstieg im Westen, ein Absinken im Osten), zeigt allerdings für das Erhebungsjahr 1998 eine Zunahme des politischen Interesses im Osten, während sich das Niveau im Westen kaum verändert hat. Somit kann die Entwicklung als nicht linear beschrieben werden.

Das politische Interesse steigt mit dem Lebensalter an (vgl. Abbildung 5.12). Dies läßt sich mit den Daten des Jugendsurveys klar nachweisen, wenn man die 16- bis 17jährigen beispielsweise mit den 27- bis 29jährigen vergleicht, ist aber auch noch sichtbar bei einem Vergleich mit den Erwachsenen der ALLBUS-Studien (ab 30 Jahren).

Abbildung 5.12: **Starkes politisches Interesse* nach Altersgruppen und Geschlecht in West- und Ostdeutschland 1997 (in %)**

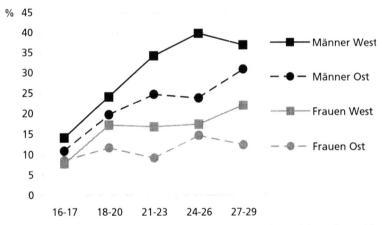

* Das politische Interesse wurde mittels fünf Antwortvorgaben erfaßt: „sehr stark", „stark", „mittel", „wenig", „überhaupt nicht". Für diese Abbildung wurden die Kategorien „sehr stark" und „stark" zusammengefaßt.

Quelle: DJI-Jugendsurvey 1997

Die geringere politische Interessiertheit der jüngeren Altersgruppen muß wohl darauf zurückgeführt werden, daß das Verständnis für Politik Ergebnis eines längeren Sozialisationsprozesses ist, in dessen Verlauf Jugendliche sich Wissen aneignen, zunehmend in öffentliche Räume hineinwachsen und schließlich Verantwortungsrollen im familiären, beruflichen und öffentlichen Bereich übernehmen. Ein längerer Verbleib in Bildungsinstitutionen, d.h. der Erwerb höherer schulischer Bildung, begünstigt darüber hinaus eine Aufgeschlossenheit junger Frauen und Männer gegenüber der Politik.

Neben dem Lebensalter und der erworbenen Bildung ist aber das Geschlecht ein weiterer wichtiger Einflußfaktor (vgl. Abbildung 5.12). In Abbildung 5.13 ist zu sehen, daß die Entwicklung des politischen Interesses von 1992 zu 1997 bei jungen Frauen und Männern gleich verläuft, aber auf unterschiedlichem Niveau: stets sind die weiblichen Befragten weniger an Politik interessiert als die männlichen (Differenz von 10 bis 14 Prozentpunkten).

Abbildung 5.13: Starkes politisches Interesse* von 16- bis 29jährigen nach Geschlecht in West- und Ostdeutschland 1992 und 1997 (in %)

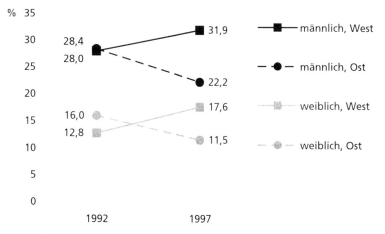

* Das politische Interesse wurde mittels einer fünfstufigen Skala erfaßt: sehr stark/stark/mittel/wenig/überhaupt nicht. Für dieses Schaubild wurden die Kategorien „sehr stark" und „stark" zusammengefaßt.

Quelle: DJI-Jugendsurvey 1992 und 1997

Allerdings wird mit der Selbstzuschreibung als „politisch Interessierte" von den Befragten möglicherweise ein Politikbegriff assoziiert, der Frauen weniger Identifikationsmöglichkeiten bietet, da er in seiner gesellschaftlichen Definition Frauen eher ausschließt. In dieser Art politischen Interesses reproduziert sich die Trennung von privaten und öffentlichen Lebenswelten. Das geringe politische Interesse der Frauen kann daher nicht als ein den Frauen als Individuen anzulastendes Defizit interpretiert werden, sondern als ein strukturelles Defizit der politischen Kultur.

Frauen und Männer in Parteien

Obwohl nur 3% aller Wahlberechtigten in der Bundesrepublik Mitglied in einer Partei sind (vgl. Statistisches Bundesamt 2000b: 165) und für die jüngeren Altersgruppen die Mitgliedschaftsquoten noch geringer sind, soll hier dennoch das Thema Parteien und insbesondere die Rolle von Frauen in Parteien Berücksichtigung finden. Die politischen Parteien spielen nämlich in ihrer Funktion der Bündelung politischer Standpunkte und der Repräsentation durch Kandidatenrekrutierung in dem parlamentarischen Prozeß eine wichtige Rolle im politischen Vermittlungsprozeß und in der Politikwahrnehmung der Bürger und Bürgerinnen. Sie verlieren jedoch, wenn man den Schwund insbesondere an jüngeren Mitgliedern in den letzten Jahrzehnten in Rechnung stellt, offensichtlich an Attraktivität zur Mitarbeit gerade bei Jugendlichen und jungen Erwachsenen (vgl. Wiesendahl 2001). Eine wichtige Frage ist es daher, ob und inwieweit für Frauen und Männer, für Jugendliche und Erwachsene gleichberechtigte Zugangschancen zu den politischen Parteien sowie für die Übernahme von Parteiämtern und -funktionen gewährleistet sind.

Nach wie vor ist die politische Repräsentation von Frauen – obwohl in den letzten Jahrzehnten gestiegen – sowohl in Parteien und Parlamenten als auch im Bundestag als gering anzusehen (Hoecker 1998: 66). So stehen Frauen einer Parteimitgliedschaft deutlich distanzierter gegenüber als Männer. Sie stellen zur Zeit insgesamt lediglich 27% der Parteimitglieder (Hoecker 1998: 68). Im Jahr 1990 waren 9% der Frauen gegenüber 15% der Männer bereit, in eine Partei einzutreten (in den neuen Bundesländern 3% der Frauen und 8% der Männer). Im gleichen Jahr waren 4% aller männlichen Wahlberechtigten Mitglied einer Bundestagspartei (einschließlich PDS), während nur etwa 2% der weiblichen Wahlberechtigten ein Parteibuch einer Bundestagspartei besaßen (Hoecker 1995: 76, zit. nach Institut für Demoskopie Allensbach 1993).

Im DJI-Jugendsurvey zeigen sich für jüngere Altersgruppen hinsichtlich der Bereitschaft zu Parteiarbeit etwas höhere Werte: So erklärten 1997 23% der westdeutschen Befragten und 15% der ostdeutschen, daß sie bereit seien, „in eine Partei einzutreten und dort aktiv mitzuarbeiten", wenn sie in einer ihnen wichtigen Sache politischen Einfluß nehmen wollen. Die Mädchen und jungen Frauen sind jedoch deutlich zurückhaltender: 19% im Westen und 11% im Osten erklären hierzu ihre Bereitschaft, bei den Männern sind dies dagegen 28% bzw. 19%. Für die 16- bis 23jährigen weiblichen Befragten betragen die entsprechenden

Prozentwerte 20% bzw. 10%. Hier ergeben sich kaum Abweichungen gegenüber den 24- bis 29jährigen Frauen. Der Jugendsurvey konstatiert insgesamt für verschiedene konventionelle politische Beteiligungsformen – neben der Mitarbeit in einer Partei gehört hier auch beispielsweise dazu „ein politisches Amt übernehmen" – ein geringeres Engagementniveau bei den jungen Frauen und generell bei den Jugendlichen und jungen Erwachsenen in den neuen Bundesländern.

Die politischen Parteien unterscheiden sich deutlich sowohl im Hinblick auf die Anzahl ihrer weiblichen Mitglieder als auch im Hinblick auf die gezielte Förderung dieser. Die Höhe des Frauenanteils betrug im Jahr 1999 bzw. 2000 45,3% bei der PDS, 36,2% bei den Grünen, 29,4% bei der SPD, 25,2% bei der CDU, 24,4% bei der FDP und 17,4% bei der CSU (vgl. Niedermayer 2001: 438). Etwas andere Ergebnisse erhält man allerdings, wenn man die neuen Bundesländer allein betrachtet: So bringt es die CDU dort auf einen Frauenanteil von 33,9% und die Grünen auf einen von 34,2%, während die SPD nur 24,6% weibliche Mitglieder hat. Die PDS hat im Osten einen Frauenanteil von 43%, im Westen hingegen nur ein Viertel (vgl. Hoecker 1998: 67 f). Gegenüber den 70er Jahren ist der Frauenanteil unter den Parteimitgliedern, der 1974 durchschnittlich 18,2% betrug, deutlich gestiegen. Hierzu trugen die Gleichstellungsbemühungen mancher etablierter Parteien und die Offenheit der Parteistrukturen bei Neugründungen bei (vgl. Cornelißen 1993: 333 ff).

Frauen in innerparteilichen Ämtern

Folgende Ergebnisse sprechen für ungleiche Chancen von Frauen und Männern, in den hierarchischen Parteistrukturen zu reüssieren. Von den weiblichen Parteimitgliedern wird nur eine Minderheit parteipolitisch aktiv und nur einzelne kandidieren für Mandate (Geißel 1999: 5). Je nach Partei fällt der Anteil der Frauen, die innerparteiliche Funktionen wahrnehmen, sehr unterschiedlich aus. Die weiblichen und männlichen Parteimitglieder unterscheiden sich nicht in bezug auf ihre Motivation zur Übernahme eines Amtes, so daß „von einem ‚Selbstausschluß' der Frauen ... (keine) Rede sein kann" (Hoecker 1998: 68), vielmehr muß von einem sozialen Schließungsprozeß ausgegangen werden. Bei SPD und Grünen findet man mehr Frauen in innerparteilichen Ämtern, als es ihrem Anteil an der Mitgliederstruktur entspricht. Bei der SPD stieg der Frauenanteil im Vorstand von 17,5% (1988) auf ca. 38% (1993), was allerdings auch auf die 1988 gefaßten Quotenbeschlüsse zurückzuführen ist. In den Vorständen der Ortsvereine, Unterbezirke, Bezirke und Landesverbände der SPD sind Frauen ebenso zunehmend vertreten, wobei die Quotierung nicht überall verwirklicht wurde. Die als Schlüsselpositionen geltenden Vorsitzendenposten sind allerdings fast nur durch Männer besetzt. 1993 waren nur fünf der insgesamt 25 Vorsitzenden Frauen. Ebenso sind in hauptamtlichen Spitzenpositionen nur wenig Frauen vertreten (vgl. Hoecker 1995: 77 ff). Bei den Grünen erreichte der Frauenanteil 1986 in den Kreisvorständen 37%, in den Landesvorständen 44% und in den geschäftsführenden Landesvorständen 41%. Die als einflußreich geltende Position des Kassierers war jedoch eine Männerdomäne. Bei CDU, CSU und FDP klafft zwischen dem Anteil weiblicher Parteimitglieder und ihrer Präsenz in innerparteilichen Ämtern eine große Lücke (Hoecker 1998: 68).

Auf die Präsenz von Frauen in Abgeordnetenpositionen in Landtagen und im Bundestag soll an dieser Stelle nicht gesondert eingegangen werden, da diese Art von Partizipation für die von uns zu untersuchende Altersgruppe von untergeordneter Bedeutung ist.

Frauen sind im Bereich der konventionellen politischen Partizipation noch immer unterrepräsentiert, sowohl bezüglich des Anteils der Frauen an den Parteimitgliedern als auch hinsichtlich der Übernahme innerparteilicher Funktionen. Zudem handelt es sich möglicherweise bei den von Frauen besetzten Positionen um solche, denen weniger Einfluß zugesprochen wird und/oder von denen real weniger Einfluß ausgeht. Zur Überprüfung dieser Hypothese und zur Klärung der Frage, ob dies insbesondere für junge Frauen gilt, wurde bei allen großen Volksparteien nachgefragt, ob Studien vorliegen zu folgenden Themenkomplexen: Wie viele weibliche jugendliche Parteimitglieder gibt es überhaupt? Wie lange bleiben diese in den Parteien? Übernehmen weibliche Parteimitglieder dieser Altersgruppe parteipolitische Funktionen, und wenn ja, welcher Art sind diese Funktionen? Mündet ihre parteipolitische Aktivität eher in eine langjährige Mitarbeit, vielleicht sogar in eine politische Karriere, oder neigen weibliche Parteimitglieder dazu, nach einiger Zeit zunehmend passiver zu werden? Nur die SPD legte eine kleine Studie zu jungen Frauen in der SPD vor, aus der die wichtigsten Ergebnisse dargestellt werden (vgl. Ristau 1994, 1995). Zunächst wird aber auf den politischen Rekrutierungsprozeß eingegangen.

Rekrutierungsprozesse

Eine gute Voraussetzung für eine Karriere im politischen System ist die „erfolgreiche Tätigkeit in Jugendgruppen des vorpolitischen Raums" (Hoecker 1998: 80). Der Rekrutierungsprozeß scheint weitestgehend auf die männliche Biografie zugeschnitten (Hoecker 1998: 81). So sind die „langjährige Bewährung als aktives Parteimitglied", ein „politiknaher Beruf" und die persönliche „Abkömmlichkeit" entscheidende Voraussetzungen einer politischen Karriere, was eine „zentrale Barriere für aufstiegsorientierte Frauen" darstellt (Hoecker 1998: 80 f). „Allerdings entscheiden nicht allein subjektive Eigenschaften und Qualifikationen … über eine politische Karriere, vielmehr spielen Machtverhältnisse, Interessenshierarchien und Ausgrenzungsmechanismen gleichfalls eine wichtige Rolle und beeinflussen das Ausmaß" (Hoecker 1998: 82) der politischen Partizipation von Frauen.

Von Interesse ist in diesem Zusammenhang auch eine Studie von Brigitte Geißel (1999). Sie untersuchte Politisierungsprozesse vom Parteieintritt bis zur Annahme eines kommunalen Mandates und die Entwicklung weitergehender Partizipations- und Ämterinteressen sowie Kompetenzüberzeugungen. Geißel interviewte dazu in den Jahren 1993/94 26 Westberliner Politikerinnen aus CDU, SPD, AL und FDP, die zum Zeitpunkt der Kandidatur nicht älter als 43 Jahre waren. Auch wenn diese Untersuchung nicht auf die uns interessierende Altersgruppe zugeschnitten ist, sollen die Ergebnisse umrissen werden, um Forschungslücken bezogen auf die jüngeren Frauen aufzeigen zu können.

Die meisten interviewten Frauen hatten bei ihrem Parteieintritt „wenige oder keine expliziten Interessen an einem Mandat oder … einer politischen Karriere", sondern traten eher aus Neugier und ohne besondere Ziele, z.B. auch auf Grund von Motivation durch den Partner, in eine Partei ein (Geißel 1999: 6). Oft wurden die Frauen dann durch Parteikolleginnen und -kollegen explizit aufgefordert, innerparteiliche Funktionen zu übernehmen. Diese Frauen sagten von sich, daß sie „da reingerutscht" seien oder daß es sich so ergeben habe. Offen bleibt hier, welchen Ausgrenzungsprozessen diejenigen jungen Frauen ausgesetzt sind, die nicht „reinrutschen".

Längerfristige Partizipationsinteressen entwickelten sich vor allem bei Frauen, die Mitglieder quotierter Parteien wie der SPD und der AL waren. Bezüglich der Zukunftsplanungen der Interviewten fällt auf, daß „die Befragten der SPD und der AL sich häufiger bei der nächsten Wahl wieder wählen lassen oder weitergehende Ämter einnehmen wollen, (während) die meisten Befragten der CDU den Ausstieg aus dem kommunalen Parlament (planen) oder ihn bereits vollzogen" haben. Geißel zieht aus ihrer Untersuchung den Schluß, daß Quotenregelungen „offensichtlich zur Förderung von Frauen führen", wenn auf diesem Wege auch nicht die vollkommene Gleichberechtigung der Frauen in der Politik hergestellt werden kann (Geißel 1999: 11). Es ist festzuhalten: Quotierungen scheinen für die parteipolitischen Aktivitäten von Frauen nicht ganz unbedeutend zu sein.

Exkurs: Junge Frauen in der SPD
Jugendliche Parteimitglieder waren bisher kaum Forschungsgegenstand. Die Anfrage bei den großen Volksparteien ergab nur eine relevante neuere Veröffentlichung. Dies ist erstaunlich, da die junge Generation in den Parteien doch eine gewichtige Rolle für die Rekrutierung des politischen Nachwuchses spielen sollte.

Bei der einzig zugänglichen Parteistudie, deren Ergebnisse an dieser Stelle knapp referiert werden, handelt es sich um eine Untersuchung des SPD-Parteivorstandes, bei der 6.500 weibliche SPD-Mitglieder zwischen 16 und 28 Jahren im gesamten Bundesgebiet befragt wurden. Zum Erhebungszeitpunkt gab es in der SPD ca. 23.500 junge Frauen im Alter zwischen 16 und 30 Jahren. Ihr Anteil an den Gesamtmitgliedern beträgt 2,7% (Ristau 1994: 15). Die jungen Frauen in der SPD sind überdurchschnittlich qualifiziert. Diejenigen Frauen, die noch die Schule besuchen, gehen zum größten Teil auf das Gymnasium. Eine beträchtliche Zahl hat ein Hochschul- (20%) oder Fachhochschulstudium (12%) abgeschlossen. Dies entspricht anderen Ergebnissen, wonach politisch aktive junge Frauen (wie auch die aktiven jungen Männer) meist ein höheres Bildungsniveau aufweisen (vgl. Gaiser/de Rijke 2000: 281 ff). Die Ausbildungs- und Berufsperspektiven der befragten jungen Frauen liegen zu 92% im Bereich der Dienstleistungsberufe (Ristau 1994: 17). Weitere Charakteristika der jungen SPD-Frauen sind:

- 56% der jungen Frauen traten im Alter von 16 bis 21 Jahren in die SPD ein, 29% waren zwischen 21 und 25 Jahren alt.
- Mehr als ein Drittel der jungen Frauen ist aus eigener Initiative in die SPD eingetreten, knapp ein weiteres Drittel wurde von Familienangehörigen motiviert. Dabei ist zu beachten, daß Eigeninitiative verstärkt bei jungen Frauen aus Städten eine Rolle spielt, während bei jungen Frauen aus ländlichen Gebieten häufiger die Familienangehörigen ausschlaggebend sind.
- Ristau stellt fest, daß die Jusos einen „überraschend schwachen Rekrutierungsweg" darstellen, denn nur 16% der jungen Frauen sind über die Jusos zur SPD gekommen. Allerdings bleibt zu bedenken, daß nur in etwa 25% aller SPD-Ortsvereine Juso-Gruppen existieren (1995: 33).

- Was den jungen SPD-Frauen wichtig ist, zeigt folgendes Antwortprofil: Fast alle Befragten unterstützen die Aussage „Wille, etwas zu ändern". „Der Kontakt mit Gleichgesinnten" wird von 46% der Befragten genannt. „Eine generelle politische Übereinstimmung mit der SPD" ist für 26% der jungen Frauen sehr wichtig (ebd.).
- Ein Drittel der befragten Frauen bezeichnet sich als aktives Mitglied, fast ein Fünftel als gelegentlich aktives Mitglied. Dies ist verglichen mit anderen SPD-Befragungen ein „überdurchschnittlicher Aktivitätsgrad". 33% der 16- bis 21jährigen, 42% der 22- bis 25jährigen und 59% der 26- bis 28jährigen regelmäßig aktiven Frauen sind Vorstandsmitglieder im Ortsverein.
- Nach Ansicht von 68% der jungen Frauen hat die Frauenquote die Situation der Frauen verbessert (Ristau 1994: 41). Kritischer beurteilen dies die früher Aktiven mit längerer Parteizugehörigkeit, aber nur eine Minderheit der Befragten spricht von Alibi- oder Quotenfrauen. Resultat der Frauenquote seien allerdings auch Ämterhäufungen und hohe Arbeitsbelastungen bei den Parteifrauen.
- 60% der früher aktiven jungen Frauen begründen ihren Rückzug aus der Partei mit ihrer Ausbildungs- bzw. ihrer beruflichen Situation. Allerdings gibt auch die Hälfte der früher aktiven Frauen eine „sehr kritische Beurteilung" ihrer aktiven Zeit ab: „Ich hatte den Eindruck, nichts bewegen zu können" (Ristau 1994: 23).

Interessant ist, daß die jungen Frauen, die in der SPD regelmäßig aktiv sind (35%), mindestens in zwei Arbeitsfeldern tätig sind, ca. ein Drittel ist zudem außerhalb der SPD politisch aktiv. Auch in ihrer übrigen Freizeit neigt diese Gruppe zu bürgerschaftlicher Aktivität und scheint weiterhin über ausgebaute soziale Kontakte zu verfügen (Ristau 1994: 26). Auch dieses allgemein höhere Aktivitätsniveau politisch aktiver junger Frauen entspricht den Ergebnissen anderer Studien.

5.4.2 Unkonventionelles Engagement und die Bedeutung informeller Gruppierungen

Das politische Engagement von Mädchen und jungen Frauen jenseits der konventionellen parteipolitischen Kategorien bewegt sich z.B. in den lokalen Gruppen von Organisationen wie Greenpeace oder Amnesty International oder auch in autonomen, d.h. nicht in einem institutionellen Rahmen irgendeiner Art eingebundene, Gruppen. Der DJI-Jugendsurvey erfaßt sowohl verschiedene unkonventionelle Beteiligungsformen wie auch die Sympathie gegenüber und das Engagement in informellen Gruppierungen. Das Engagement von Frauen ist im unkonventionellen Bereich meist stärker als im konventionellen Bereich, die Geschlechtsunterschiede scheinen im unkonventionellen Bereich politischer Partizipation kaum noch eine Rolle zu spielen (vgl. Hoecker 1995: 163, Fischer 2000: 276).

Unkonventionelle Partizipationsformen
Unter unkonventionellen Partizipationsformen soll hier die Beteiligung an Unterschriftensammlungen, genehmigten und nicht genehmigten Demonstrationen, gewerkschaftlich organisierten und wilden Streiks, Boykotts und Hausbesetzungen verstanden werden. Als wichtigste Ergebnisse des DJI-Jugendsurveys sind festzuhalten, daß sich hier bei den Jugendlichen generell eine höhere Beteiligungsbereitschaft zeigt als bei konventionellen Formen und daß die geschlechtsspezifischen Unterschiede „durchgängig recht gering ausfallen" (Gaiser/de Rijke 2000: 276).

Unkonventionelle Beteiligungsformen sind für jüngere Befragte wichtiger als für ältere. Dies wird deutlich, wenn man die Altersgruppe des Jugendsurveys mit den ab 30jährigen aus der ALLBUS-Umfrage 1998 vergleicht. Die Partizipationsbereitschaft an unkonventionellen Formen steigt bei Jugendlichen mit höheren Bildungsabschlüssen (ebd.: 281). Die Geschlechtszugehörigkeit stellt hier kein differenzierendes Merkmal dar. Insbesondere die für junge Menschen wichtige Engagementform „Mitarbeit in einer Bürgerinitiative" wird von jungen Frauen noch etwas häufiger in Betracht gezogen.

Zusammenfassend läßt sich sagen, daß wichtige Einflußgrößen auf konventionelle und unkonventionelle Partizipationsbereitschaften die Bildung, das Lebensalter und das Geschlecht sind. Die jungen Männer ziehen eher jene Formen politischen Engagements in Betracht,

- die entweder mit traditionellen organisatorischen Bindungen einhergehen (Parteiarbeit, Übernahme eines politischen Amtes, Teilnahme an einem gewerkschaftlich organisierten Streik)
- oder auf Konfrontation und direkte Formen der Durchsetzung gerichtet sind (Teilnahme an einer nicht genehmigten Demonstration, an einem wilden Streik, Hausbesetzung, Boykott).

Die unterschiedlichen Partizipationsprofile junger Frauen und Männer erhärten die These verschiedener Zugangswege, die auf wahrgenommene institutionelle Hürden wie auf unterschiedliche Relevanz durchsetzungsorientierter Verhaltensformen zurückzuführen sind. Ein guter

Beleg für diese These ist die hohe Bereitschaft junger Frauen, in einer Bürgerinitiative mitzuarbeiten. Vor allem in solchen Formen unkonventioneller Partizipation lassen sich gleichberechtigte Zugangs- und Umgangsweisen von Frauen und Männern realisieren.

Abbildung 5.14: Ausgewählte politische Verhaltensbereitschaften 16- bis 29jähriger nach Geschlecht in West- und Ostdeutschland 1997 (in %)

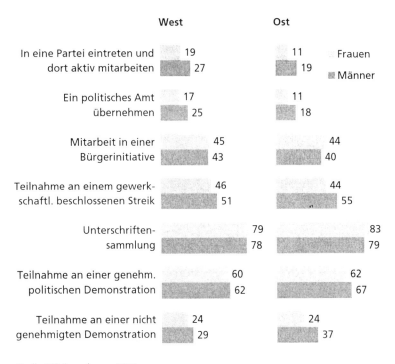

Quelle: DJI-Jugendsurvey 1997

Die Geschlechtszugehörigkeit – in Ost und West gleichermaßen – erweist sich als eine soziale Strukturkategorie, die unterschiedliche gesellschaftliche Gestaltungsmöglichkeiten eröffnet (vgl. Sauer 1995). Aus der Perspektive des sozialen Wandels sind vor allem zwei Ergebnisse festzuhalten: Einmal die weitgehend stabilen geschlechtsspezifischen Partizipationsprofile, die darauf verweisen, daß die Geschlechterhierarchie hoch institutionalisiert ist und nur allmähliche Veränderungen der Rollenmodelle von Frau und Mann erlaubt. Zum anderen zeigen die jüngeren Befragten – und hier junge Frauen mindestens im gleichen Ausmaß wie junge Männer – deutlich stärker Präferenzen für nichtinstitutionalisierte Aktivitäten und Themen der neuen sozialen Bewegungen (vgl. folgender Abschnitt).

Die Neigung junger Frauen zu unkonventionellen politischen Partizipationsformen ist nicht neu. Schon in der Ersten Frauenbewegung waren „spontane Versammlungen, Aufrufe, das Verfassen von Flugblättern und die Entwicklung spektakulärer Strategien im Kampf um Frauenrechte aus historischer Perspektive gesehen die *klassischen politischen Partizipationsformen...*" (Hoecker 1995: 175, Hervorhg. i. O.). Auch die neuen sozialen Bewegungen entsprechen eher der spezifischen politischen Motivation von Frauen, da diese oft Problemlagen entspringen, mit denen Frauen in ihrem Alltag konfrontiert werden. Dies gilt für die Frauen- und Friedensbewegung, die Anti-Atombewegung und die § 218-Bewegung (vgl. Cornelißen 1993: 327). Möglicherweise kommen die neuen Partizipationsangebote der neuen sozialen Bewegungen den Lebensformen von Frauen mehr entgegen, da sie „spontane Teilnahme, intermittierende Mitwirkung, zeitlich abgestimmt auf die anderen Ansprüche, die Familie und Beruf an die Frauen stellen mögen", gestatten (Schmidtchen 1984: 67, zit. nach Hoecker 1995: 176). Weiterhin könnte der geringere Institutionalisierungsgrad der neuen sozialen Bewegungen im Gegensatz zur formalen Organisation der Parteien den Interessen von Frauen an einer sachorientierten Mitarbeit entgegenkommen (Molitor 1992: 176). Vor diesem Hintergrund ist davor zu warnen, die marginale Rolle von Frauen in den politischen Institutionen als Ergebnis geringeren weiblichen Interesses an Politik zu interpretieren. Eher ist mit einem „anderen" Politikverständnis zu rechnen, das Frauen mehr Distanz zu den politischen Institutionen wahren läßt (vgl. Meyer 1992, 1999).

Informelle Gruppierungen

Insgesamt zeigt sich, daß vor allem Gruppen, die gesellschaftliche Probleme aufgreifen und politisch thematisieren auf breite Sympathie stoßen. Insbesondere den Umweltschutz-, Friedens- und Dritte-Welt-Initiativen, Kernkraftgegnern sowie Menschenrechts- und Selbsthilfegruppen wird große Sympathie entgegengebracht. Frauen unterstützen diese noch mehr als Männer (vgl. Abbildung 5.15).

Mit „verhaltener" Zustimmung wird Frauen-/Männergruppen begegnet. Auffallend ist der Widerspruch zwischen dem hohen Maß an Sympathie, das diesen Gruppen entgegengebracht wird, die hohe positive Bewertung einer sozialen, humanitären, nachbarschaftlichen, ökologischen oder pazifistischen Aktivität und die gleichzeitig geringe tatsächliche Beteiligung. Treffen dieser Gruppen werden von maximal 10% besucht und höchstens 2% arbeiten aktiv mit.

Junge Frauen sympathisieren stärker noch als junge Männer mit den neuen sozialen Bewegungen und sind entschiedener in ihren Einstellungen gegenüber informellen Gruppierungen. Wenn man die geschlechtsspezifischen Engagementprofile betrachtet, werden Behauptungen der größeren Nähe von Männern zur Politik relativiert (vgl. Abbildung 5.16).

Abbildung 5.15: Einstellungen zu und Aktivität in informellen Gruppierungen bei 16- bis 29jährigen nach Geschlecht in West- und Ostdeutschland (in %)

	Frauen			Männer		
	finde ich gut, ...			finde ich gut, ...		
	arbeite aktiv mit	besuche Treffen	mache nicht mit	arbeite aktiv mit	besuche Treffen	mache nicht mit
West						
Umweltschutzgruppen	2	12	74	3	8	71
Friedensinitiativen	1	6	73	1	4	67
Anti-AKW-Initiativen	1	4	52	1	4	42
Selbsthilfegruppen	1	4	67	1	2	56
Frauen-/Männergruppen	1	3	41	1	1	30
Dritte-Welt-Initiativen	1	6	65	1	4	59
Menschenrechtsgruppen	1	5	68	1	3	66
Nachbarschafts-/regionale Initiativen	2	8	52	1	6	48
Tierschützer/Tierschutzinitiativen	3	10	71	2	6	68
Ost						
Umweltschutzgruppen	1	6	79	1	7	67
Friedensinitiativen	0	4	78	1	5	69
Anti-AKW-Initiativen	1	1	54	0	2	43
Selbsthilfegruppen	1	3	71	1	3	56
Frauen-/Männergruppen	0	3	40	0	1	27
Dritte-Welt-Initiativen	1	4	62	1	3	49
Menschenrechtsgruppen	0	2	64	0	4	56
Nachbarschafts-/regionale Initiativen	1	6	54	1	6	47
Tierschützer/Tierschutzinitiativen	1	7	77	1	5	66

Quelle: DJI-Jugendsurvey 1997

Obwohl die männlichen Befragten größeres politisches Interesse bekunden als weibliche, sind sie weniger entschlossen in ihren Einstellungen gegenüber informellen Gruppierungen und auch inaktiver hinsichtlich des Besuchs von entsprechenden Treffen oder der Mitarbeit. Die Mädchen und jungen Frauen sind es, die hier häufiger zu positiven Einstellungen kommen und sich tatsächlich engagieren (vgl. Gaiser/de Rijke 2000: 290 f).

Zu ähnlichen Ergebnissen kam auch schon Kaase nach einer Sichtung internationaler Studien über soziale Bewegungen (vgl. Kaase 1983). Mit steigendem Alter (bis Ende 20) und höherem Bildungsniveau finden sich besonders in den alten Bundesländern viele junge Frauen in informellen Gruppierungen (vgl. Gaiser/de Rijke 2000: 293). Eine Studie aus dem Jahr 1984 ergab schon, daß bei höherem Bildungsniveau jüngere Frauen in größerem Umfang als jüngere Männer bereit sind, in Bürgerinitiativen mitzuarbeiten (vgl. Roth 1984).

Abbildung 5.16: Aktivität in neuen sozialen Bewegungen*
bei 16- bis 29jährigen nach Altersgruppen und Geschlecht
in West- und Ostdeutschland (in %)

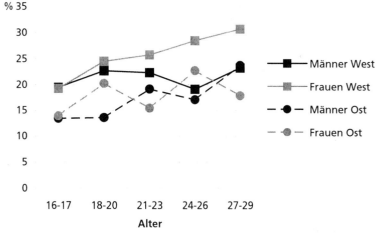

* Entspricht der Mitarbeit bzw. ab und zu dem Besuch eines Treffens/einer Veranstaltung bei mindestens einer der folgenden Gruppen: Umweltschutzgruppen, Friedensinitiativen, Anti-AKW-Initiativen, Selbsthilfegruppen, Frauen-/Männergruppen, Dritte-Welt-Initiativen, Menschenrechtsgruppen, Stadtteil-/regionale Initiativen.
Quelle: DJI-Jugendsurvey 1997

Die Ergebnisse des neuesten DJI-Jugendsurveys zeigen: „Die Bereitschaft, sich für andere im Familien- und Freundeskreis wie auch im weiteren gesellschaftlichen Umfeld zu engagieren, ist in beiden Landesteilen bei Frauen und Männern gleichermaßen stark ausgeprägt" (Gille 2000:

197). Aus dem generell großen Engagement der Frauen in den neuen sozialen Bewegungen kann man nicht schließen, daß sie innerhalb der Gruppen gleichberechtigt mit Männern agieren. Möglicherweise übernehmen auch hier oftmals Männer die Führungsrollen, setzen sich in Diskussionen leichter durch und bestimmen, was gemacht wird.

5.5 Resümee

Junge Menschen sind deutlich stärker freiwillig tätig als Erwachsene. Betrachtet man zunächst die reine Mitgliedschaft in einem Verein oder Verband, so liegt bei jungen Menschen der Sportverein ganz vorne gefolgt von den Gewerkschaften und kirchlichen und anderen Vereinen/Verbänden. Nicht nur bei den Mitgliedschaften sondern auch beim freiwilligen Engagement zeigen sich deutlich geschlechtsspezifische Muster. Bei den Frauen überwiegt das Engagement im sozialen Bereich, z.B. in karitativen Vereinen und Verbänden, im Kindergarten und in der Schule, im Gesundheitsbereich, aber auch im Tier-, Natur- und Umweltschutz. Männer engagieren sich bevorzugt im Rettungsdienst, bei der Feuerwehr und in sportlichen und politischen Ämtern. „Frauen sind diejenigen, deren Leistungsprofil persönliche Hilfe vergleichsweise stärker enthält und im Aufgabenspektrum der Männer nehmen verwaltungsbezogene Aufgaben eine wichtigere Position ein." (vgl. Zierau 2000: 76) Frauen üben ihre Freiwilligentätigkeit öfter als Männer nur in einem gering formalisierten Rahmen aus, Männer übernehmen häufiger Funktionen bzw. Ämter, in die sie gewählt werden. Dies führt auch dazu, daß Frauen ihre „Arbeit" weniger häufig als „ehrenamtliche" verstehen: 26% der Frauen und 36% der Männer wählen für ihre Tätigkeit die Bezeichnung „Ehrenamt" (vgl. Zierau 2000: 67). Die Jugendlichen grenzen sich in ihrer Begriffswahl ganz deutlich von den Erwachsenen ab: Während nur 20% der 14- bis 24jährigen ihre Freiwilligenarbeit als Ehrenamt verstehen, sind dies 36% bei den über 60jährigen (vgl. Picot 2000a: 132).

Die Tätigkeitsfelder bürgerschaftlicher Arbeit reproduzieren somit das traditionelle Geschlechtsrollenverhalten. Die Mädchen und jungen Frauen sind im helfenden Ehrenamt zu finden, die Jungen und jungen Männer dort, wo technischer Einsatz und politisches Agieren gefragt ist. Dies ist vor allem in den Jugendverbänden so. Die stärkere strukturelle Verankerung der Männer in einflußreichen Positionen führt dazu, daß Frauen auch dort, wo sie in der Überzahl sind, kaum Teilhabechancen an Macht- und Entscheidungsprozessen haben. Partiell brechen Mädchen und junge Frauen aus der vorhandenen Rollenzuweisung bezüglich der bürgerschaftlichen Tätigkeit aus. Dies zeigt die geringer werdende Orientierung an der Verbandsarbeit und die Teilhabe an der „neuen Ehrenamtlichkeit", die von der Arbeit in Selbsthilfegruppen, Initiativen und Projekten gekennzeichnet ist. Themenbezogenes, zeitlich befristetes Engagement paßt den jungen Frauen eher in ihren Lebensentwurf als langfristiges Engagement in einer Vereinshierarchie mit wenig Partizipationsspielraum. Auch möchten junge Menschen mit Blick auf die schwierige Arbeitsmarktlage über das freiwillige Engagement Zusatzqualifikationen erwerben. Ein beruflich verwertbarer Nachweis über das bürgerschaftliche Engagement ist den Jugendlichen und insbesondere den ostdeutschen wichtig.

Das geäußerte politische Interesse der jungen Generation der 90er Jahre ist gering. Das parteipolitische Engagement der jüngeren Altersgruppen, besonders der jungen Frauen, hält sich in Grenzen. Während sich Mädchen und junge Frauen im Bereich der institutionalisierten Politik zurückhalten, erreicht ihr Engagement im unkonventionellen und informellen Bereich mindestens das Niveau ihrer männlichen Altersgenossen. Auch ist das Interesse an eher „modernen Formen" des Ehrenamts innerhalb des weniger formalisierten Bereichs der neuen sozialen Bewegungen größer als an der traditionellen Mitarbeit in Parteien oder politischen Gruppierungen.

In allen Untersuchungen wird das geringere Engagement in den neuen Bundesländern offenkundig. Für die ostdeutschen Frauen, die zu einem erheblichen Teil von Arbeitslosigkeit betroffen sind, stellen unbezahlte Tätigkeiten keinen akzeptablen Ersatz für Erwerbsarbeit dar. Jene Engagementbereiche, die sich aus bestimmten Berufsfeldern erschließen, sind ostdeutschen Frauen – aber auch Männern – verschlossen. Die durch den Systemumbruch verursachten Strukturdefizite eröffnen allerdings auch Chancen für die Entwicklung von Verbands- und Organisationsstrukturen, die nicht mehr durch Geschlechterhierarchie gekennzeichnet sind, sowie die Ausweitung des Bereichs der Selbstorganisation (vgl. Gensicke 2000, 2001).

Nicht nur die ostdeutschen Jugendlichen und jungen Erwachsenen stellen eine im Hinblick auf Bürgerarbeit wenig partizipierende Gruppe dar, sondern auch die jungen Migrant(inn)en (vgl. Gille/Krüger 2000a, Weidacher 2000). Der Ausländersurvey 1997 des Deutschen Jugendinstituts ist bisher die einzige Untersuchung in Deutschland, die in quantitativer Hinsicht die gesellschaftliche und politische Partizipation junger Griechen, Italiener und Türken im Vergleich mit jungen Deutschen analysierte. Innerhalb der Migrantengruppen fallen insbesondere die türkischen jungen Frauen durch eine besondere Distanz zum öffentlichen und politischen Bereich auf.

Die sekundäranalytisch betrachteten Studien geben wenig und zum Teil gar keinen Einblick, welche Handlungsspielräume jungen Frauen und Männern beim Zugang zur bürgerschaftlichen Arbeit eingeräumt werden und welche sie wahrnehmen. Hier besteht noch deutlicher Forschungsbedarf. In diesem Zusammenhang könnte auch der Fragestellung nachgegangen werden, ob junge Frauen ein anderes Politikverständnis haben als junge Männer. Daß das Politikverständnis von Jugendlichen häufig an der Politik der Parteien vorbeiläuft, zeigt ihr Engagement in Umweltgruppen, Friedensinitiativen und Menschenrechtsorganisationen, wobei Mädchen und junge Frauen hier engagierter sind. Das parteipolitische Engagement junger Frauen und Männer, ihre Karriereverläufe sowie die objektiven Chancenstrukturen sollten eingehender untersucht werden. Weiterführende qualitative als auch quantitative Studien hierzu würden zusammengenommen ein geschlossenes Bild der gesellschaftlichen und politischen Partizipation junger Frauen und Männer ergeben.

Auf der Ebene großer quantitativer Erhebungen gibt es zwar relativ gute Informationen über Ausmaß, Motivationen und Tätigkeitsbereiche bürgerschaftlichen Engagements junger Frauen und Männer. Damit werden aber nicht Fragen beantwortet nach der zeitlichen Dauer und biografischen Abfolge bürgerschaftlicher Tätigkeiten. Die biografische Fragestellung setzt Längsschnittsudien voraus – quantitatives und/oder qualitatives Design –, die die Abfolge, die Beendigung, Wiederaufnahme und das Wechseln von Freiwilligentätigkeiten im Lebenslauf junger Menschen erfassen. Zusätzlich sollten die Motive für, die Erwartungen an und die Enttäuschungen über ehrenamtliche Tätigkeiten sowie die Wahrnehmung fördernder oder hemmender Rahmenbedingungen unter einer Genderperspektive untersucht werden. Dabei ist von besonderem Interesse, jene biografischen Schwellen und gesellschaftlichen Strukturen zu ermitteln, die Mädchen und junge Frauen zu einer Aufgabe ehrenamtlicher Aktivitäten veranlassen bzw. sie in typisch weibliche Tätigkeitsfelder drängen.

6. Zum Gesundheitsstatus junger Frauen und Männer

Holger Knothe

6.1. Grundlagen geschlechtsspezifischer Jugendgesundheitsforschung: Jugend, Gesundheit, Geschlecht

Die Phase der Adoleszenz gilt im wesentlichen und in Relation zu anderen Lebensabschnitten, namentlich der Kindheit und dem Erwachsenenalter, als „... vergleichsweise gesunder Lebensabschnitt" (Kolip et al. 1995: 8). Auch in langfristiger, historischer Perspektive erscheint der jetzige Zustand als außerordentlich günstig: „Kennzeichnend für die Entwicklung der Gesundheitslage von Kindern und Jugendlichen im zurückliegenden Jahrhundert ist ein historisch beispielloser Rückgang der Säuglings-, Kinder- und Müttersterblichkeit" (Robert-Koch-Institut 2001: 1). Andererseits erzeugen die Entwicklungen, die diesen Befunden zugrunde liegen, auch Effekte, die geeignet scheinen, dieses Bild zu relativieren. So haben z.B. die von Industrialisierung und Modernisierung mit verursachten Umweltbeeinträchtigungen Auswirkungen auf die Gesundheit Jugendlicher. Gesundheit und Wohlbefinden kann also bei aller Bedingtheit durch die individuelle Konstitution immer auch als Hinweis auf günstige Lebensbedingungen gesehen werden.

Grundlage dieses Kapitels ist folglich ein psychosozialer Begriff von Gesundheit, der Gesundheit nicht nur als Abwesenheit von Krankheit versteht, sondern diese in eine dynamische Beziehung setzt zu gesellschaftlichen, sozialen Strukturen, ein Kontinuum von Krankheit und Gesundheit behauptet und insbesondere objektive Lebenslage und subjektive Befindlichkeit zu integrieren versucht.[1] Demzufolge gilt auch für Jugendliche und junge Erwachsene zwischen 14 und 23 Jahren:

---

1 Diese Definition entstand in Abgrenzung zur bekannten WHO-Gesundheitsdefinition von 1946: „Gesundheit ist der Zustand des vollständigen körperlichen, geistigen und sozialen Wohlbefindens und nicht nur das Freisein von Krankheit und Gebrechen. Sich des bestmöglichen Gesundheitszustandes zu erfreuen ist eines der Grundrechte jedes Menschen, ohne Unterschied der Rasse, der Religion, der politischen

„Gesundheit wird ... als ein Gleichgewicht verstanden, als der Zustand des objektiven und subjektiven Befindens einer Person, der dann gegeben ist, wenn diese Person sich in den physischen und sozialen Bereichen ihrer Entwicklung in Einklang mit den eigenen Möglichkeiten und Zielvorstellungen und auch in Einklang mit den gegebenen äußeren Lebensbedingungen befindet. Die Gesundheit ist beeinträchtigt, wenn sich in einem oder mehreren dieser Bereiche Anforderungen ergeben, die von der Person nicht erfüllt und nicht bewältigt werden können. Die Beeinträchtigung kann sich, muß aber nicht, in Symptomen der sozialen, psychischen und somatischen Auffälligkeit äußern. Gesundheit ist demnach ein Balancezustand, der zu jedem lebensgeschichtlichen Zeitpunkt immer erneut hergestellt werden muß. Die sozialen, wirtschaftlichen, ökologischen und kulturellen Lebensbedingungen bilden dabei den Rahmen für die Entwicklungsmöglichkeiten von Gesundheit." (Kolip et al. 1995: 7)

Dementsprechend müssen Krankheiten im Kindes- und Jugendalter auch als Folge schlechter Wohnverhältnisse, schlechter Ernährung, unzureichender Bekleidung, ungünstiger Umweltbedingungen sowie psychischer Belastungen durch persönliche oder rollenbedingte Konflikte, Unter- oder Überforderungen angesehen werden. Im Übergang von der Kindheit zum Jugendalter gewinnt das eigene gesundheitsrelevante Verhalten (zum Beispiel angemessene Kleidung und Ernährung, Umgang mit Drogen, ausreichender Schlaf, Risikosportarten) zunehmend Bedeutung. Bezogen auf diese Verhaltensweisen darf man mit geschlechtsspezifischen Mustern rechnen, die sich in der Adoleszenz verfestigen und zu geschlechtsspezifischen Gesundheitsrisiken führen. Bedeutsam ist die zu Beginn der Pubertät stattfindende Umkehrung des gesundheitlichen Geschlechterverhältnisses: Sind Jungen bis zu dem Erreichen dieser Lebensphase das eindeutig „schwache Geschlecht" mit höherer Säuglingssterblichkeit in den ersten Lebensjahren sowie entsprechend mehr Arztbesuchen und höherer Krankheitsbelastung, so findet in dieser Phase ein „denkwürdiger Wandel" (vgl. Kolip 1994b) statt: Ab Beginn der Pubertät sind es Mädchen und junge Frauen, die vermehrt Krankheitsbelastungen ausgesetzt sind, ein schlechteres subjektives Gesundheitsempfinden haben und häufiger medizinische Unterstützung in Anspruch nehmen. Dieser Umbruch ist nicht nur allein deswegen bedeutsam, weil er die außerordentliche Relevanz von Geschlecht als Strukturvariable für den Gesundheitsstatus junger Menschen belegt, sondern auch, weil sich die in diesem Umbruch manifest werdenden

---

Überzeugung, der wirtschaftlichen oder sozialen Stellung." (BzgA 1996: 25) Zur weiteren Kritik an dieser Definition vgl. Wipplinger/Amman 1998 und Franzkowiak 1999.

Unterschiede bis in das Erwachsenenalter fortpflanzen. Neuere Erklärungsansätze für diesen Wandel stellen auf eine konstruktivistische Perspektive ab (vgl. Kolip: 1997b), d.h. nicht nur daß im geschlechtsspezifischen Umgang mit Krankheit und Gesundheit die Konstruktion von Geschlecht offenbar wird, sondern auch, daß Weiblichkeit und Männlichkeit durch bestimmte gesundheits- und krankheitsrelevante Verhaltensweisen mit erzeugt werden.

Diese werden in der Literatur (vgl. Kolip 1997a, Helfferich 1997) mit der Unterscheidung externalisierend/männlich und internalisierend/weiblich beschrieben. Damit ist gemeint, daß Jungen ab der Pubertät eher zu Risiken neigen und körperliche Grenzerfahrungen suchen, während Mädchen eher Exzesse meiden und unauffälliges gegen sich selbst gerichtetes Verhalten wie z.b. inadäquaten Medikamentenkonsum an den Tag legen. Wichtig an dieser Form des geschlechtsspezifischen Risikoverhaltens ist, daß dieses Verhalten als soziales Zeichen fungiert, mit dem eine Repräsentation als Frau oder Mann bestärkt oder aber auch gebrochen werden kann.[2]

Die in der Gesundheitsberichterstattung zusammengetragenen Befunde sollen nicht umstandslos als objektive Hinweise auf Gesundheit oder Krankheit benutzt werden. Zu offensichtlich ist, daß die Medizin mit ihren Kategorien und Normalitätsvorstellungen, ihren Diagnose- und Behandlungsverfahren Krankheitsbilder historisch erzeugt und so auch an dem Bewußtsein gesundheitlicher Beeinträchtigungen und der scheinbar notwendigen Behandlung mitwirkt. Jeder Geschlechtervergleich wird zudem dadurch erschwert, daß junge Frauen und Männer die Beeinträchtigung ihres Wohlbefindens wahrscheinlich unterschiedlich sensibel wahrnehmen und womöglich unterschiedlich häufig und detailliert darüber berichten. Das vorhandene Datenmaterial muß als Produkt objektiv meßbarer körperlicher Befunde und kulturell wie professionell normierter Diskurse verstanden werden, die zudem von jungen Männern und Frauen unterschiedlich angeeignet und verwendet werden. Als Konsequenz aus diesen Überlegungen ist ein Blick auf die subjektive Einschätzungen der jungen Frauen und jungen Männer über ihren Gesundheitsstatus notwendig, sagen diese doch mehr über Hand-

---

2 Damit ist also nicht ausgeschlossen, daß junge Frauen bestrebt sein können, ein solches Verhaltensmuster an den Tag zu legen, z.B. um an „männlichen" Verhaltensweisen zu partizipieren oder um sich von „typisch weiblichen" Verhaltensweisen zu entfernen. Dem Phänomen, wie dieses Verhalten kulturell von anderen an der Interaktion Beteiligten (z.B. jungen Männern) bewertet wird und welche Zuschreibungen stattfinden, kann an dieser Stelle nicht erschöpfend nachgegangen werden.

lungsspielräume und deren Wahrnehmung aus als durch Expertenwissen generierte medizinische Statistiken.[3] Die Tatsache, daß diese Erkenntnisse erst langsam in gesundheitswissenschaftliche Diskurse diffundieren, zeigt sich u.a. in der Absenz entsprechender aktueller Studien, die unter den oben formulierten Prämissen die Zusammenhänge zwischen Jugendphase, Geschlecht und Gesundheit ausleuchten.

Deshalb ist es notwendig – neben der Berücksichtigung von Aspekten der Chancengleichheit zwischen jungen Frauen und Männern – mögliche Wechselwirkungen zwischen der Herstellung von Geschlechterverhältnissen und der Existenz somatischer Kulturen darzustellen.

6.2 Daten zur gesundheitlichen Situation von jungen Frauen und jungen Männern

6.2.1 Mortalität und Geschlecht

Das Jugendalter als solches, weist – im Gegensatz zu späteren Lebensphasen und den riskanten ersten Lebensjahren – eine geringe Mortalitätsrate auf, d.h. die Wahrscheinlichkeit zu sterben ist für Jugendliche zwischen 15 und 23 Jahren im Vergleich zu anderen Altersgruppen gering. Allerdings fällt auf, daß mit dem Beginn dieser Lebensphase die Sterbeziffern im Vergleich zur Lebensphase der Kindheit deutlich ansteigen. Überdies sind in diesem Altersabschnitt bereits ausgeprägte geschlechtsspezifische Unterschiede ersichtlich: So ist die Wahrscheinlichkeit für junge Männer zwischen 14 und 24 Jahren zu sterben um ein Vielfaches höher als für junge Frauen (vgl. Abbildung 6.1).

---

3 Gesundheitswissenschaftliche Argumentationen, welche auf die zweifelhafte Validität dieser subjektiver Daten abstellen, blenden oftmals mehrere Aspekte aus (vgl. Kolip 1997b: 137 ff): Erstens beinhaltet die Unterscheidung zwischen „objektiv" und „subjektiv" keinen Hinweis auf die Güte der Daten, sondern referiert vielmehr über die Datenquelle. Zweitens ist ein hervorragendes Kennzeichen subjektiver Daten, trotz vorkommender Antworttendenzen, die „ökologische Validität", die Daten sind also durch die Reflexion des eigenen Gesundheitszustandes „lebensnäher". Drittens ist durch zahlreiche Studien belegt, daß gerade subjektiven Indikatoren wie z.B. dem wahrgenommenen und eingeschätzten Gesundheitszustand „progostische Relevanz" zukommt (vgl. Bowling 1991). Viertens ist bei einer wie in dieser Sekundäranalyse eingenommenen Perspektive der objektiven Handlungsspielräume und deren Wahrnehmung weniger die Frage relevant, ob junge Frauen z.B. „tatsächlich" psychosomatische Beschwerden haben, sondern ob und wieviele davon angeben, unter diesen Schmerzen zu leiden.

Abbildung 6.1: Altersspezifische Sterbeziffern nach Geschlecht in West- und Ostdeutschland 1995 (Anzahl je 100.000 Frauen/Männer)

Alter	West		Ost	
	Frauen	Männer	Frauen	Männer
unter 1	458	588	508	606
1 - 4	26	34	28	44
5 - 9	14	15	16	20
10 - 14	13	17	14	21
15 - 19	31	67	40	101
20 - 24	34	95	41	129
25 - 29	37	95	40	118
30 - 34	54	116	67	173
35 - 39	85	172	103	283
40 - 44	144	266	163	401
45 - 49	214	400	246	560
50 - 54	342	659	344	833
55 - 59	479	1.023	531	1.312
60 - 64	780	1.707	912	2.135
65 - 69	1.289	2.737	1.539	3.239
70 - 74	2.236	4.333	2.755	4.966
75 - 79	3.931	6.798	4.704	7.619
80 - 84	7.419	11.256	8.705	13.131
85 - 89	13.417	17.694	14.856	19.801
über 89	24.240	26.552	25.334	31.895
Insgesamt	1.116	1.017	1.190	1.104

Quelle: Statistisches Bundesamt, Todesursachenstatistik

Dieser Befund mutet, zusammen mit der Tatsache, daß z.B. junge Frauen im Alter von 20 Jahren im Mittel eine 6 bis 7 Jahre höhere Lebenserwartung als Männer haben (vgl. Hackauf/Winzen 1999: 10), auf den ersten Blick merkwürdig an, wenn man sich die in Abschnitt 6.2.2 dargestellte deutlich negativere Bewertung des Gesundheitsempfindens bei jungen Frauen vergegenwärtigt. Des weiteren sind die Ost-West-Unterschiede auffällig: So weisen junge Frauen und junge Männer in den neuen Bundesländern jeweils eine erheblich höhere Sterberate als ihre Altersgenoss(inn)en in den alten Ländern auf, wobei dies besonders für die jungen Männer in den neuen Ländern zutrifft. Dies könnte mit der schlechteren ökonomischen und sozialen Lage in den neuen Ländern und der daraus resultierenden Einschränkung des Handlungsspielraums Jugendlicher zusammenhängen.

Darüber hinaus scheinen neben den Mortalitätsraten junger Frauen und junger Männer auch die Todesursachen mit dem Geschlecht zu variieren (vgl. Abbildung 6.2):

Abbildung 6.2: Todesursachen von Sterbefällen 1997 nach Geschlecht und Altersgruppe der Gestorbenen

	Gestorbene Frauen		Gestorbene Männer	
	5-14 Jahre	15-24 Jahre	5-14 Jahre	15-24 Jahre
Unfälle	135	532	264	2.009
Kfz-Unfälle innerh. d. Straßenverkehrs	72	473	23	1.744
Unfälle durch Sturz	7	8	13	50
Selbstmord und Selbstbeschädigung	8	142	28	600
sonstige Gewalteinwirkungen	20	58	26	168

Quelle: Statistisches Bundesamt, Statistisches Jahrbuch 1999

Hier stehen an erster Stelle Kraftfahrzeugunfälle im Straßenverkehr, gefolgt von Suizid und sonstigen Gewalteinwirkungen. Die unterschiedlichen Sterberaten bei den Todesursachen junger Frauen und junger Männern können als Hinweis auf unterschiedliches geschlechtsspezifisches Risikoverhalten gedeutet werden. Nicht nur daß junge Männer offensichtlich mobiler sind als junge Frauen,[4] sie legen außerdem auch in der Mobilität andere Verhaltensweisen an den Tag, wie z.B. aggressiveres Fahrverhalten, häufig in Kombination mit dem Konsum von Alkohol (vgl. auch Abschnitt 6.3.7 in diesem Kapitel). Es sind also bereits bei den Todesursachen Hinweise auf geschlechtsspezifisch unterschiedlich riskante gesundheitsrelevante Verhaltensweisen zu finden.

Bei der zweithäufigsten Todesursache, dem Suizid, ist vor allen Dingen die Tatsache zu beachten, daß die Anzahl der unternommenen Suizidversuche zusätzlich berücksichtigt werden müßte, diese dürfte weit höher sein als die der Suizide. Im allgemeinen wird diese Todesursache und die im Vorfeld vorkommenden Suizidversuche tendenziell tabuisiert bzw. ausgeblendet. Auch hier gibt es einen klaren geschlechtsspezifischen Trend: Junge Männer verüben bei weitem häufiger Suizid. Allerdings

---

4 Die Unterschiede in der Mobilität zwischen jungen Frauen und jungen Männern werden im Kapitel „Freizeit" detailliert erörtert.

gibt es Hinweise darauf (vgl. Reuband 1997), daß sich dieses Verhältnis bei den Selbstmordversuchen umkehrt. Der Zusammenhang zwischen Suizid(versuch) einerseits und sozialen und ökonomischen Belastungen in der Jugendphase andererseits gilt als wenig erforscht.

6.2.2 Subjektive Befindlichkeit und Geschlecht

Wie eingangs bereits erwähnt kommt den subjektiven Befindlichkeitsindikatoren im Zusammenhang mit der Ausgestaltung der wahrgenommenen Handlungsspielräume junger Frauen und junger Männer besondere Bedeutung zu. So gilt die Frage nach der persönlichen Einschätzung des Gesundheitszustandes „… als einer, wenn nicht der aussagekräftigste Indikator für Gesundheit" (Marstedt et al. 2000: 21). Dies ist u.a. damit begründet, daß bei diesem Indikator die Prognosefähigkeit ausgeprägter ist als bei medizinischen Risikofaktoren:

> „Wer aufgrund hoher medizinischer Risikofaktoren (Blutdruck, Cholesterin, Rauchen usw.) gleichwohl eine positive (optimistische) Gesundheitseinschätzung hat, weist auch ein geringes Sterbe-Risiko auf. Und umgekehrt: Wenn bei niedrigen medizinischen Risikofaktoren gleichwohl eine negative, also pessimistische Gesundheits-Einschätzung vorlag, so ist auch das Sterbe-Risiko höher." (a.a.O.: 22)

Im Vergleich zu späteren Lebensphasen ist die subjektive Gesundheitseinschätzung in der Jugendphase als gut zu beschreiben, wobei Alter ein wesentliches Korrelat für diesen Indikator darstellt. Zwei Erhebungen, die diesem Indikator zentralen Stellenwert zukommen lassen, sind die Studie „Problembelastung Jugendlicher in unterschiedlichen sozialen Lebenslagen"[5], nachfolgend Jugendgesundheitssurvey genannt, und die „Studie über Belastungen und Probleme, Gesundheitsbeschwerden und Wertorientierungen 14- bis 25jähriger GEK-Versicherter"[6], im nachfolgenden auch GEK-Studie genannt. Ein erster Blick auf Abbildung 6.3

---

5 Diese repräsentative Erhebung 12- bis 16jähriger Jugendlicher beiderlei Geschlechts wurde 1993 im Rahmen des Sonderforschungsbereichs 227 „Prävention und Intervention im Kindes- und Jugendalter" als erste gesamtdeutsche Jugendgesundheitsbefragung durchgeführt. Die Fallzahl betrug 2.330. Zur Anlage, Methodik und weiterführenden Ergebnissen vgl. Kolip 1997b.

6 Diese im Jahr 1998 von der Gmünder Ersatzkasse (GEK) in Zusammenarbeit mit der Abteilung Gesundheitspolitik, Arbeits- und Sozialmedizin des Zentrums für Sozialpolitik der Universität Bremen erhobene Studie umfaßt 9.311 GEK-Versicherte im Alter zwischen 14 und 25 Jahren. Aufgrund des niedrigen Rücklaufs (10%) kann die Studie zwar nicht als repräsentativ bezeichnet werden, aber dennoch wichtige Hinweise über aktuelle Trends in der Jugendgesundheitsberichterstattung liefern.

belegt, daß den Ergebnissen der erstgenannten Studie zufolge gut zwei Drittel aller Jugendlichen zwischen 12 und 16 Jahren ihren Gesundheitszustand als sehr gut oder gut beurteilen.

Abbildung 6.3: Einschätzung des Gesundheitszustandes
von 12- bis 16jährigen nach Geschlecht und Altersjahren (in %)

n = 2.319	Insgesamt	Geschlecht		Alter				
		Frauen	Männer	12	13	14	15	16
sehr gut	19,6	15,8	23,7	20,4	22,6	19,3	18,0	15,1
gut	49,6	47,0	52,5	50,5	47,5	47,7	53,4	47,8
zufriedenstellend	25,9	30,3	21,2	26,5	25,9	27,7	22,7	29,6
schlecht	4,3	6,0	2,4	1,8	3,6	4,8	5,4	6,3
sehr schlecht	0,6	1,0	0,2	0,7	0,5	0,5	0,6	1,3

Quelle: Kolip 1997b: 154

Mädchen dieser Altersgruppe schätzen ihren Gesundheitszustand signifikant schlechter ein als Jungen, der Anteil der jungen Frauen, die ihren Gesundheitszustand als „gut" oder „sehr gut" einschätzen, ist deutlich geringer als der Anteil der jungen Männer. Es lassen sich also bereits in dieser Lebensphase augenscheinliche Geschlechtsunterschiede in der Selbsteinschätzung ausmachen. Dieser Befund wird durch die Ergebnisse der GEK-Studie erhärtet (vgl. Abbildung 6.4):

Abbildung 6.4: 14- bis 25jährige mit eher negativer Einschätzung
des Gesundheitszustandes* nach Altersgruppen und Geschlecht (in %)

n = 9.311	Altersgruppe	Frauen	Männer	Insgesamt
	14 bis 15 Jahre	23,1	17,5	21,8
	16 bis 17 Jahre	32,1	21,6	29,2
	18 bis 19 Jahre	31,8	28,0	30,3
	20 bis 21 Jahre	29,6	28,4	29,0
	Insgesamt	28,9	23,9	27,6

* Von den fünf Ausprägungen „sehr gut", „gut", „zufriedenstellend", „schlecht" und „sehr schlecht" wurden die letzten drei zusammengefaßt.
Quelle: Marstedt et al. 2000: 24

Auch bei den 14- bis 25jährigen, betrachtet man sie nach Altergruppen, sind die Unterschiede zwischen jungen Frauen und jungen Männern bei den jüngeren Altersgruppen am größten, während sich die Einschätzungen bei den 22- bis 25jährigen in etwa angleichen. Auffällig ist aber auch, daß in allen Altersgruppen, junge Frauen ihren Gesundheitszustand schlechter bewerten als junge Männer. Eine plausible Interpretation für diese geschlechtsspezifischen Differenzen besteht darin, daß junge Männer über ein Körperbild verfügen, das eng mit der Herstellung von traditionellen Männlichkeitsnormen verknüpft ist. Das Sprichwort „Ein Indianer kennt keinen Schmerz" ist prominenter Ausdruck dieser durch Sozialisation und durch Interaktion in Peergroups vermittelten und erzeugten Wahrnehmung von Schmerzen als zu vernachlässigender „nicht-männlicher" Gebrechen. Eine weitere Einflußvariable dürfte im Erwerbsstatus zu sehen sein:

> „Im Alter von 14 bis 17 Jahren liegen Frauen mit negativer Bewertung ihrer Gesundheit durchweg über den Männern, wobei erwerbstätige Frauen am kritischsten eingestellt sind. Offensichtlich ist gerade in diesem Alter die Eingewöhnung in betriebliche Normen und die Bewältigung von Arbeitsbelastungen für junge Frauen schwieriger ..." (Marstedt et al. 2000: 26)

Ein weiterer Grund für die geschlechtsspezifischen Differenzen kann in dem unterschiedlichen Zeitaufwand, den Jungen und Mädchen dieser Altersstufe, für die Hausarbeit im elterlichen Haushalt aufbringen, gesehen werden.[7] Darüber hinaus ist eine Erwerbstätigkeit in dieser Alterstufe an ein niedriges Bildungsniveau und somit auch vermutlich an relativ unbefriedigende Arbeitsbedingungen geknüpft. Ein Blick auf Abbildung 6.5 belegt, daß der jeweilige Erwerbs- und Ausbildungsstatus erheblichen Einfluß auf die Wahrnehmung des eigenen Gesundheitszustandes hat.

Im Vergleich mit den europäischen Daten der HBSC-Studie[8] für 15jährige Schüler/innen aus dem Jahr 1996 werden zwei Tendenzen sichtbar: Erstens finden sich die geschlechtsspezifischen Differenzen in allen untersuchten europäischen Ländern, zweitens bewegt sich der deutsche Wert im Mittelfeld der relativ disparaten beschriebenen Werte (vgl. King et al. 1996).

---

7 Eine detaillierte Darstellung der Ergebnisse der Zeitbudgetstudie des Statistischen Bundesamts findet sich in Kapitel 3 „Junge Frauen und junge Männer zwischen Herkunftsfamilie und eigener Lebensform".

8 Die internationale Erhebung „Health Behaviour in School-aged Children" von King et al., kurz HBSC genannt, stellt im Auftrag der WHO vergleichende Daten aus mehreren europäischen Ländern her. Leider beziehen sich diese Angaben nur auf 15jährige Mädchen und Jungen, decken also die Altersgruppe der 15- bis 23jährigen nur teilweise ab, dennoch kann hier von Trends im gesundheitsrelevanten Verhalten im europäischen Vergleich gesprochen werden.

Abbildung 6.5: 14- bis 25jährige mit eher negativer Einschätzung
des Gesundheitszustands* nach sozioökonomischer Lage (in %)

Status	%	Bildungsabschluß	%	Nur Erwerbstätige	%
Gymnasiasten	24	noch in Schulausbildung	24	selbständig	41
Studenten	26	Abitur	25	einfache Angestellte	35
Haupt-/Realschüler	27	Fachhochschule	30	qualifizierte Angestellte	33
Auszubildende	29	Mittlere Reife	31	hochqualif. Angestellte	30
Erwerbstätige	32	Haupt-/Volksschule	34	angelernte Arbeiter	37
Sonstige**	32	ohne Abschluß	39	Facharbeiter	27

* Von den fünf Ausprägungen „sehr gut", „gut", „zufriedenstellend", „schlecht" und „sehr schlecht" wurden die letzten drei zusammengefaßt. n = 9.311.

Quelle: Marstedt et al. 2000: 28

Die bisher dargestellte Selbsteinschätzung des Gesundheitszustandes bei jungen Frauen und jungen Männern sagt allerdings noch nichts darüber aus, von welcher Art die Beschwerden sind. Bezogen auf die GEK-Studie treten dabei folgende selbstberichtete gesundheitliche Beeinträchtigungen auf (vgl. Abbildung 6.6):

Abbildung 6.6: Vorherrschende Befindlichkeitsstörungen
bei 14- bis 25jährigen nach Geschlecht (in %)*

n = 9.311	Frauen	Männer	Insgesamt
sich schnell müde fühlen	36	27	33
Nervosität	30	17	20
Rückenschmerzen	21	15	19
Nacken-/Schulterschmerzen	21	12	18
Kopfschmerzen	18	6	15
Schwindelgefühle	17	8	15
Konzentrationsstörungen	14	12	13
empfindlich reagierender Magen	10	6	10
Schlafstörungen	11	7	10
allergische Beschwerden	10	7	9
Schmerzen in der Herzgegend	3	3	3

* Von den fünf Ausprägungen „fast täglich", „alle paar Tage", „alle paar Wochen", „alle paar Monate" und „fast nie" wurden die ersten zwei zusammengefaßt.

Quelle: Marstedt et al. 2000: 32

An erster Stelle werden hier mit Müdigkeit und Nervosität emotionale und vegetative psychosomatische Befindlichkeitsstörungen angegeben, gefolgt von bereichsspezifischen psychosomatischen Beschwerden wie Rücken- Nacken- und Schulterschmerzen. Die bereits festgestellte geschlechtsspezifische Verteilung hält insofern an, als daß von jeder angegebenen gesundheitliche Beeinträchtigung junge Frauen häufiger betroffen sind als junge Männer. Dies legt den Schluß nahe, daß die wesentlich schlechtere Selbsteinschätzung des Gesundheitsstatus durch junge Frauen nicht auf das häufigere Auftreten einzelner Beeinträchtigungen zurückzuführen ist, vielmehr kann bei der geschlechtsspezifisch unterschiedlichen Beurteilung des eigenen Gesundheitsstatus von einer heterogene Beeinträchtigungen umfassenden Tendenz gesprochen werden. Um dieses Bild zu vervollständigen erscheint es allerdings notwendig, einzelne körperliche Beschwerden noch genauer zu betrachten, auch um zu zeigen, in welche Richtung sich Mädchen und Jungen unterscheiden (vgl. Abbildung 6.7)

Abbildung 6.7: Geschlechtsunterschiede in selbstberichteten Krankheiten und Beschwerden bei 12- bis 16jährigen nach Geschlecht und Inanspruchnahme medizinischer Hilfe oder Behandlung im Laiensystem (in %)*

n = 2.319	Mädchen		Jungen	
	Inanspruchnahme ärztlicher Hilfe			
	ja	nein	ja	nein
Erkältung/Schnupfen/Grippe	31,3	41,1	24,8	35,1
Bronchitis	11,9	6,1	9,0	5,1
Allerg. Hautausschlag/Ekzem	10,5	6,1	7,5	5,1
Heuschnupfen	6,8	5,4	7,5	7,6
Gelenkerkrankung/-beschwerden	6,5	4,9	3,6	5,2
Knochenbrüche/Prellungen	15,3	8,4	15,7	12,0
Kreislauf-/Durchblutungsstörungen	7,1	9,1	2,1	4,1
Akne	9,1	14,2	5,9	12,1
Migräne	3,8	11,9	2,4	6,8
Menstruationsbeschwerden	8,4	31,2	—	—

* Angegeben ist der Prozentsatz derjenigen, die angaben in den letzten 12 Monaten unter der jeweiligen Beschwerde gelitten zu haben (12-Monats-Prävalenz), jeweils spezifiert danach, ob sie ärztliche Hilfe in Anspruch genommen haben oder nicht.

Quelle: Kolip 1997b: 157

Von den zehn hier referierten Beschwerden unterscheiden sich acht signifikant dahingehend, daß Mädchen diese häufiger berichten als Jungen. Allein Heuschnupfen und Knochenbrüche werden von Jungen häufiger angegeben. Offensichtlich wird auch, daß zwischen dem generell schlechteren Gesundheitsempfinden junger Frauen und den auftretenden Menstruationsbeschwerden ein Zusammenhang besteht. Überdies wird deutlich, daß Menstruationsbeschwerden, die von den Mädchen am zweithäufigsten genannte Beschwerdeart, überwiegend nicht von Ärzten, sondern im Laiensystem behandelt werden.

Im allgemeinen jedoch unterscheiden sich Mädchen und Jungen bei den hier referierten Beschwerden weder generell noch bei einzelnen Beeinträchtigungen in ihrer Bereitschaft zum Arzt zu gehen.

Insgesamt sollte also deutlich geworden sein, daß trotz einiger weniger Ausnahmen, in denen Jungen und junge Männer häufiger angeben, beeinträchtigt zu sein, der Trend sowohl bei der allgemeinen Selbsteinschätzung des Gesundheitszustandes als auch bei den einzelnen Beschwerden eindeutig ist: Junge Frauen geben signifikant häufiger an, von Beeinträchtigungen betroffen zu sein als junge Männer und stufen ihren eigenen Gesundheitszustand signifikant schlechter ein als junge Männer.

6.2.3 Gesundheit und soziale Ungleichheit

Ressourcen zur Herstellung einer gesundheitlichen Balance sind eng mit Bedingungen der jeweiligen sozialen Lage verknüpft. Mehrere Studien (vgl. Siegrist 1995, Klein/Unger 2001, Mansel 1998) belegen diesen Zusammenhang nachdrücklich, sowohl für die Bundesrepublik Deutschland als auch für andere Industrienationen. Betrachtet man wie z.B. in Abschnitt 6.2.2 dieses Kapitels diejenigen Gruppen unter den jungen Frauen und jungen Männern, die über ein niedriges Bildungsniveau verfügen und deren subjektive Gesundheitseinschätzung, so wird deutlich, daß auch Jugendliche davon betroffen sind. Dieser Befund bezieht sich sowohl auf subjektive als auch auf objektive Indikatoren. Da man erstens davon ausgehen kann, daß sich in der Entwicklungsphase des Jugendalters gesundheitliche Beeinträchtigungen besonders nachhaltig auswirken, und zweitens, daß der Anteil von Kindern und Jugendlichen an der Armutsbevölkerung[9] in den letzten Jahren zugenommen

---

9 Diesem Ausdruck liegt ein mehrdimensionaler Armutsbegriff zugrunde, der sich von klassischen Konzepten wie z.B. der Einkommensarmut absetzt. Unter Armutsbevölkerung wird hier also nicht allein der Personenkreis verstanden, der weniger als die Hälfte des Durchschnittseinkommens zur Verfügung hat. Der hier verwendete

hat, ist es von besonderer Notwendigkeit, den Zusammenhang zwischen sozialer Ungleichheit, Jugend und Gesundheit anhand einer ausgesuchten Studie kurz zu skizzieren und zu erläutern. Da soziale Ungleichheit bei Jugendlichen nicht konventionell (Einkommen, Bildung, Berufsstatus) gemessen werden kann, wurde in der der Abbildung 6.8 zugrundeliegenden HBSC-Studie ein Schichtindex gebildet, der sich aus Befragungen der Jugendlichen über ihr soziales Herkunftsmilieu ergibt.[10]

Abbildung 6.8: Gesundheitsbefinden 11- bis 15jähriger Schüler/innen nach subjektiver Schichteinstufung (in %)

Gesundheitsindikatoren	N = 2.491	Subjektive Schichteinstufung					Insgesamt
		1 (unten)	2	3	4	5 (oben)	
Subjektiv bewerteter Gesundheitszustand „sehr gesund"		21	34	37	43	47	37
Rauchen täglich/öfters die Woche		17	14	10	9	7	12
Ernährung Obst täglich		65	67	68	71	73	68
Kopfschmerzen täglich/öfters die Woche		22	11	13	11	9	12
Nervös täglich/öfters die Woche		22	12	15	13	8	13

Quelle: Hurrelmann/Klocke 1997: 7

Anhand einiger Gesundheitsindikatoren, von denen die jeweilige Ausprägung „sehr positiv" und „sehr oft" herangezogen wurden, erweist sich der Einfluß der sozialen Lage als durchgängig stark auf das selbst berichtete Befinden der Jugendlichen. Insbesondere der Unterschied zwischen den jeweiligen Extremgruppen ist auffällig, da hier Differenzen bis zu 20% erkennbar sind.

Bei fast allen Indikatoren kann darüber hinaus sogar noch von einem linearen Zusammenhang zwischen sozialer Lage und dem wahrgenommenen Ausmaß von Gesundheit gesprochen werden. Offensichtlich mangelt es Jugendlichen aus schlechten sozialen Lagen an finanziellen, sozialen und kulturellen Ressourcen, die es ihnen erlauben würden, einen adäquaten gesundheitlichen Balancezustand herzustellen. Für

---

Armutsbegriff stellt vielmehr auf Kumulation von Unterversorgungslagen und mangelnden Teilhabemöglichkeiten ab.
10 Auch wenn es sich hierbei notwendigerweise um subjektive Indikatoren handelt, kann anhand der Tabelle ein enger Zusammenhang zwischen Schicht und Gesundheitszustand interpretiert werden. Für genauere Informationen zur Indexbildung vgl. Hurrelmann/Klocke 1997.

Jugendliche in einer älteren Lebensphase kann dieser Befund ebenso angenommen werden. Die Nichtberücksichtigung der Struturkategorie Geschlecht in (den meisten) Jugendstudien über soziale Lage und Gesundheit erscheint an dieser Stelle als Forschungsdesiderat; die Wechselwirkungen zwischen der aktiven Herstellung und Aushandlung von Geschlechtsrollen einerseits und der sozialen Schichtzugehörigkeit und dem Gesundheitsstatus andererseits müssen, so scheint es, erst noch erforscht werden.

6.3 Gesundheitsrelevantes Risikoverhalten und Geschlecht

Gesundheitsrelevantes Risikoverhalten ist zumeist auch ein Problemverhalten, das zum einen für Jugendliche subjektiv funktional für die Anforderungen der Lebensgestaltung ist und zum anderen auf objektiv schwierige Ausgangslagen bei der Bewältigung von Aufgaben der Lebensgestaltung verweist. Das trifft auch auf die hier referierten Bereiche gesundheitsrelevanten Risikoverhaltens zu. Neben dem Nikotin-, und Alkoholkonsum sowie dem Konsum illegaler Drogen wird auch der Medikamentenkonsum berücksichtigt. Dieses sogenannte Drogenquartett (vgl. Kolip 1997a: 144) wird ergänzt mit Daten zum Ernährungsverhalten, zum Risikoverhalten im Bereich der Sexualität und zum Risikoverhalten im Bereich der Mobilität. Dies geschieht aus der Überzeugung heraus, daß ein alleiniger Blick auf die erstgenannten Varianten gesundheitlichen Risikoverhaltens zu sehr androzentrisch[11] fundiert ist. Mit der Berücksichtigung wenigstens eines „mädchenrelevanten" Risikoverhaltens, nämlich dem Diätverhalten, kann zumindest auf diesen „Geschlechterbias" aufmerksam gemacht und die Lücke etwas verkleinert werden. Alle Bereiche gesundheitsrelevanten Verhaltens sollten im Sinne einer herzustellenden Gesundheitsbalance interpretiert werden:

---

11 Androzentrismus ist in der Gesundheitsforschung sowohl in Theorie als auch in Empirie weit verbreitet. Als Beleg sei an dieser Stelle auf die Ausblendung des Geschlechterverhältnisses in theoretischen Konzeptionen hingewiesen, die sich insbesondere in der Anlage einiger klinischer Untersuchungen und den daraus gewonnenen „Schlußfolgerungen" widerspiegelt: „So werden fast alle großen klinischen und Beobachtungsstudien mit ausschließlich männlichen Probanden durchgeführt ...." (Kolip 1997b: 9 f). Die (anerkannte) Notwendigkeit eines Frauengesundheitsberichts ist ein weiteres Indiz für diese These.

„Verstehen wir Gesundheit als die produktive, immer wieder erneut betriebene Lebensbewältigung, dann besteht sie aus der Balance zwischen den inneren körperlichen und psychischen Bedingungen (Veranlagung, Temperament, Anforderungen des Körpers, psychische Bedürfnisse und Antriebe, Selbstwertgefühl) und den äußeren Lebensbedingungen der sozialen und natürlichen Umwelt (Familie, Freundschaftsgruppe, schulische Situation, Arbeitssituation, Wohnumwelt, ökologische Lebensbedingungen)." (a.a.O.)

6.3.1 Rauchen

Im Blickfeld der gesellschaftlichen Diskussion um die gesundheitliche Situation junger Frauen und junger Männer kommt dem Konsum legaler und illegaler Drogen und dem damit verbundenen Mißbrauch prominente Bedeutung zu. Sieht man davon ab, daß es sich an dieser Stelle beileibe nicht um ein jugendspezifisches Problem, sondern vielmehr um ein gesamtgesellschaftliches Phänomen handelt, so bleibt dennoch zu konstatieren, daß die „… legalen psychoaktiven Substanzen … in dieser Umbruchsphase des Lebensalters, die durch die körperliche Geschlechtsreife und die seelisch-psychische Identitätssuche charakterisiert ist, eine hohe Attraktivität besitzen, weil sie geeignet sind, den schwierigen Umordnungsprozeß mit seinen körperlichen, psychischen und sozialen Unsicherheiten und Aufbruchsperspektiven zu begleiten" (Hurrelmann 2000: 452).

Der Konsum psychoaktiver Substanzen wird in dieser Perspektive ebenso wie andere gesundheitsrelevante Verhaltensweisen als subjektiv funktional für die Herstellung einer Gesundheitsbalance begriffen.

Die Datenbasis besteht hierbei vornehmlich aus der Drogenaffinitätsstudie[12] der BzgA für Jugendliche von 12 bis 25 Jahren sowie der Repräsentativerhebung bei der 18- bis 59jährigen Wohnbevölkerung, der sogenannten Bundesstudie[13].

Was den Konsum von legalen Suchtmitteln anbelangt, so ist bei Nikotin langfristig ein leichter Rückgang zu verzeichnen, wie Ergebnisse der regelmäßig durchgeführten Drogenaffinitätsstudie der BZgA nahelegen (vgl. Abbildung 6.10); gleichwohl kommt dieser psychoaktiven

---

12 Diese repräsentative Befragung wird seit 1973 im Abstand von 3 bis 4 Jahren von der BzgA durchgeführt. Letztmals wurde sie 1997/98 erhoben. Die Stichprobengröße betrug 2.000 Fälle im Westen und 1.000 im Osten.
13 Die Repräsentativerhebung zum Gebrauch psychoaktiver Substanzen wird seit 1982 in regelmäßigen Abständen durchgeführt, letztmals 1997.

Substanz bei jungen Frauen und jungen Männern nach wie vor eine wachsende Bedeutung zu (vgl. Abbildung 6.9):

Abbildung 6.9: Raucherquote (ständige und gelegentliche Raucher) bei 12- bis 25jährigen in West- und Ostdeutschland 1993 und 1997 (in %)

	West		Ost	
	1993	1997	1993	1997
Insgesamt	38	40	33	45
Frauen	36	38	27	47
Männer	41	43	38	45
12-17 Jahre	21	26	19	34
18-25 Jahre	49	49	42	56

Quelle: BZgA-Repräsentativerhebungen zur Drogenaffinität Jugendlicher 1993, 1997

So bezeichnen sich 1997 43% der männlichen Jugendlichen und 40% der weiblichen Jugendlichen zwischen 12 und 25 Jahren als ständige oder gelegentliche Raucher/innen (BzgA 1998: 20). Dies steht im Verhältnis zu 43% der Männer und 30% der Frauen bei der 18- bis 59jährigen Wohnbevölkerung, die sich als ständige oder gelegentliche Raucher bezeichnen (BMG 2000: 13). Trotz einer langfristigen Abflachung der Raucherquote bei jungen Frauen und jungen Männern ist aktuell wieder ein Anstieg zu verzeichnen (vgl. Abbildung 6.10).
An dieser Stelle fällt besonders der rapide Zuwachs von 27% auf 47% bei den Mädchen und jungen Frauen zwischen 12 und 25 Jahren in den neuen Ländern auf. Allerdings ist dieser Anstieg in der Raucherquote wenig aussagekräftig, was die Art des Nikotinkonsums angeht. Hier ist von unterschiedlichen geschlechtsspezifischen Konsummustern auszugehen: „So rauchen Jungen häufiger als Mädchen filterlose oder selbstgedrehte Zigaretten ..." (Kolip 1997a: 136). Offensichtlich wird an dieser Stelle, daß es zunehmend schwerer wird, mit homogenisierenden Kategorien wie z.B. „den Frauen" und „den Männern" fortlaufende Begründungszusammenhänge herzustellen. Vielmehr ist dieser Befund, legt man der Entwicklung den Sachverhalt zugrunde, daß Nikotinkonsum erhebliche gesundheitliche Folgen zeitigt und als Risikofaktor anzusehen ist, als alarmierend einzustufen. Zusammenhänge für diese Entwicklung können in der vergleichsweise schlechten wirtschaftlichen Situation in den neuen Ländern gesehen werden:

"Höhere Raten hatten arbeitslose Frauen, Frauen, die unterhalb der Armutsgrenze lebten und Sozialhilfeempfängerinnen, aber auch Frauen mit niedriger Schulausbildung und Arbeiterinnen gegenüber einfachen und qualifizierten Angestellten." (BMFSFJ 2001b: 216)

Abbildung 6.10: Raucherquoten bei 12- bis 25jährigen nach Geschlecht, Zeitverlaufsdaten für Westdeutschland (in %)

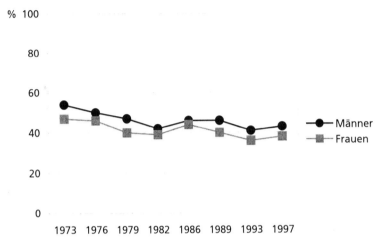

Quelle: BZgA-Repräsentativerhebungen zur Drogenaffinität Jugendlicher 1998

Um die Situation angemessen beurteilen zu können, ist es wichtig, nicht nur die Raucher/innen unter den jungen Frauen und Männern zu beobachten, sondern auch die Gruppe der sogenannten Nie-Raucher ins Blickfeld zu nehmen: Hier hat sich der Anteil derjenigen, die von sich behaupten, noch nie geraucht zu haben, langfristig gesehen, verdoppelt, von 20% 1973 auf 42% 1997 (vgl. BzgA 1999: 27), wobei der Anteil der jungen Frauen kontinuierlich etwas höher ist als der der jungen Männer. Allgemein bleibt zu konstatieren, daß die Entscheidung für oder gegen den Konsum von Nikotin heute bewußter getroffen wird als früher und somit (dies trifft besonders auf die Raucher/innen zu) seltener revidiert wird:

"Offenbar entscheiden sich mehr und mehr Jugendliche dafür, von Anfang an grundsätzlich nicht zu rauchen. Die verbleibenden Raucher scheinen sich ebenfalls grundsätzlicher für das Rauchen zu entscheiden." (BzgA 1998: 29)

Diese grundsätzliche und bewußte Entscheidung für den Konsum von Nikotin geht offensichtlich mit einem gestiegenen Konsum einher, oder mit anderen Worten: Es gibt zwar weniger Raucher/innen, diese rauchen aber mehr und öfter.

Als Gründe für die Entscheidung zu rauchen werden mit „mache ich gerne", „schmeckt", „beruhigt" an erster Stelle solche genannt, die auch in der Werbung für Tabak Verwendung finden, nachrangig solche, die auf die Bedeutung des Rauchens für das soziale und gesellschaftliche Miteinander abzielen (vgl. Abbildung 6.11).

Abbildung 6.11: Gründe für das Rauchen bei 12- bis 25jährigen 1993 und 1997 (in %)

* 1993 nicht erfragt

Quelle: BZgA-Repräsentativerhebungen zur Drogenaffinität Jugendlicher 1993, 1997

Bei den Gründen für das Nichtrauchen (vgl. Abbildung 6.12) überwiegt eindeutig das Argument der Gesundheitsgefährdung, es folgen die Aussagen, daß „es nicht schmeckt" und daß „es zu teuer sei". Diese Begründungen könnten in unmittelbarem Zusammenhang mit oder als Effekte von gesundheitspolitischen Präventionsbemühungen gesehen werden. Bedauerlicherweise sind diese Daten ebenso wie jene zu den Gründen für den Konsum von Alkohol nicht nach Geschlecht spezifiziert, so daß diesbezüglich keine Aussagen getroffen werden können.

Abbildung 6.12: Gründe für das Nichtrauchen bei 12- bis 25jährigen 1993 und 1997 (in %)

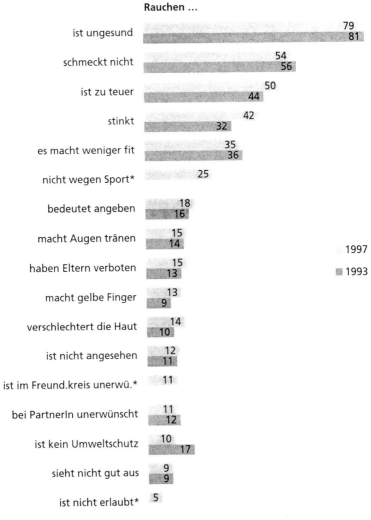

* 1993 nicht erfragt
Quelle: BZgA-Repräsentativerhebungen zur Drogenaffinität Jugendlicher 1993, 1997

6.3.2 Alkohol

Neben der Gefährdung durch den Tabakkonsum stellt der Konsum von Alkohol das größte Risikopotential im Sinne einer Gesundheitsgefährdung dar. Auch hier scheint es unabdingbar, darauf hinzuweisen, daß Alkoholmißbrauch kein jugendspezifisches Problem ist, sondern vielmehr ein gesamtgesellschaftliches. Dies wird besonders dann deutlich, wenn man sich vor Augen hält, daß legale und illegale psychoaktive Substanzen sowohl im öffentlichen Diskurs als auch in der konkreten Praxis unterschiedlich gewichtet werden. Exemplarisch läßt sich das an den ersten Erfahrungen Jugendlicher mit Alkohol belegen, die sich ja zumeist mit Duldung der Erwachsenen vollziehen oder gar von diesen als Reife im Sinne einer Annäherung an das Erwachsensein begriffen werden. Damit geht eine Unterschätzung der Gefahren und Risiken, die Alkoholkonsum mit sich bringen kann, einher. So ist es evident, daß Alkoholmißbrauch und Alkoholabhängigkeit die Handlungsspielräume junger Frauen und junger Männer langfristig erheblich beeinflussen, sei es durch erhöhtes Krankheitsrisiko, sei es durch soziale Folgeschäden.

Allgemein ist zu sagen, daß sich der Alkoholkonsum junger Frauen und junger Männer zwischen 12 und 25 Jahren langfristig gesehen verringert hat: „So sagten 1973 42 Prozent der 12- bis 25jährigen im früheren Bundesgebiet, sie würden mindestens einmal in der Woche Bier trinken. 1997 beträgt dieser Anteil 27 Prozent." (BzgA 1998: 13)

Ähnlich verhält es sich mit dem Konsum anderer alkoholartiger Getränke wie Wein/Sekt (21:10), Spirituosen (17:5) und alkoholhaltigen Mixgetränken (10:7). Dieser Rückgang muß allerdings auch in Zusammenhang mit bestimmten Mustern des Konsums gesehen werden: So besteht ein „klassisches" Konsummuster vieler Jugendlicher offenbar darin, am Wochenende verstärkt Alkohol zu konsumieren und diesen Konsum unter der Woche deutlich zu reduzieren. Im Vergleich zur 18- bis 59jährigen Wohnbevölkerung bleibt festzustellen, daß starker Alkoholkonsum mit steigendem Alter zunimmt.

Um etwaige geschlechtsspezifische Differenzen und die Entwicklung in den neuen Bundesländern in den Blick zu bekommen, ist es ratsam, auf andere Daten wie z.B den Bierkonsum der 12- bis 25jährigen Jugendlichen zurückzugreifen (vgl. Abbildung 6.13).

Abzüglich der Tatsache, daß junge Frauen und junge Männer unterschiedliche Arten von Alkohol bevorzugen und Bier – im Gegensatz zu Wein und Sekt – eher von jungen Männern präferiert wird, werden hier

Trends sichtbar, die auch und ähnlich beim Konsum anderer alkoholartiger Getränke auffallen: So ist der Anteil der regelmäßigen Konsument(inn)en bei den jungen Männern zwischen 1993 und 1997 deutlich zurückgegangen, während gegenläufig dazu bei den jungen Frauen in den neuen Bundesländern ausgehend von einem sehr niedrigem Konsumniveau ein Anstieg zu beobachten ist. Auch wenn junge Männer, gerade was den Konsum von legalen psychoaktiven Substanzen angeht, qualitativ andere, nämlich härtere Konsummuster bevorzugen (vgl. z.B. Kolip 1997a) und diesbezüglich gefährdeter erscheinen, so ist der Trend bei den jungen Frauen in den neuen Bundesländern als bedenklich einzustufen. Andererseits könnte der Anstieg auch als Angleichungsprozeß interpretiert werden. Möglicherweise kommt dem Konsum von Alkohol neue und gestiegene Bedeutung für die subjektive Bewältigung dieser Lebensphase zu. Darüber hinaus muß an dieser Stelle auf das bereits erbrachte Argument sozialer und ökonomischer Faktoren als Rahmenbedingung für den Konsum von Alkohol verwiesen werden.

Abbildung 6.13: Bierkonsum bei 12- bis 25jährigen 1993 und 1997 (in %)

		Es trinken Bier...			
		mind. einmal pro Woche		selten oder nie	
		1993	1997	1993	1997
West	Insgesamt	32	17	52	57
	Frauen	12	11	69	75
	Männer	51	43	35	40
	13-17 Jahre	13	13	76	74
	18-25 Jahre	43	37	38	46
Ost	Insgesamt	28	23	61	64
	Frauen	5	9	82	81
	Männer	48	35	41	50
	13-17 Jahre	14	8	77	81
	18-25 Jahre	38	36	48	50

Quelle: BZgA-Repräsentativerhebungen zur Drogenaffinität Jugendlicher 1993, 1997

Der vordergründige Trend des abnehmendem Alkoholkonsums wird auch durch Zahlen zum intensiven und starken Konsum, dem sogenannten Alkoholrausch bestätigt (vgl. Abbildung 6.14).

Abbildung 6.14: Alkoholrausch-Erfahrung bei 12- bis 25jährigen 1993 und 1997 (in %)

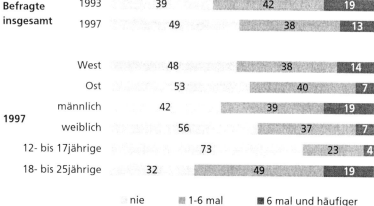

Quelle: BZgA-Repräsentativerhebungen zur Drogenaffinität Jugendlicher 1993, 1997

So stieg der Anteil derjenigen 12- bis 25jährigen, die angaben, noch nie einen Alkoholrausch gehabt zu haben von 39% im Jahr 1993 auf 49% im Jahr 1997, während sich der Anteil derjenigen, die angaben, ein- bis sechsmal oder öfter einen Alkoholrausch gehabt zu haben, deutlich verringerte. Des weiteren zeigen sich hier auch die (vermuteten) geschlechtsspezifischen Unterschiede dahingehend, daß junge Männer zwischen 12 und 25 Jahren häufiger einen Alkoholrausch hatten als junge Frauen zwischen 12 und 25 Jahren.

Für junge Frauen und junge Männer zwischen 12 und 25 Jahren ist die Herstellung von Geselligkeit dominantes Motiv des eigenen Alkoholkonsums (vgl. Abbildung 6.15), gefolgt von Motiven der Alltagsbewältigung.

Setzt man die nationalen, aus der letzten Drogenaffinitätsstudie hervorgegangenen Daten in Bezug zu Untersuchungen wie der HBSC-Studie aus dem Jahre 1996, die eine europäische, vergleichende Perspektive einzunehmen bemüht sind, gelangt man zu widersprüchlichen Ergebnissen (vgl. Abbildung 6.16).

Abbildung 6.15: Einschätzung von Alkoholwirkungen bei 12- bis 25jährigen 1993 und 1997 (in %)

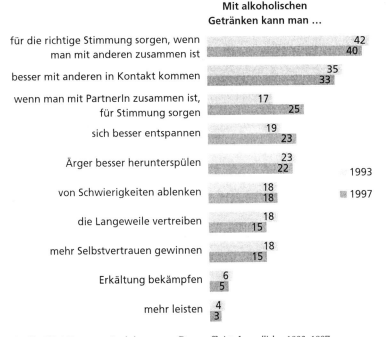

Quelle: BZgA-Repräsentativerhebungen zur Drogenaffinität Jugendlicher 1993, 1997

So beträgt der Anteil derjenigen, die mindestens einmal in der Woche alkoholhaltige Getränke konsumieren, bei den 15jährigen Schüler(in- ne)n in Deutschland bei den Mädchen 18% und bei den Jungen 25%. Dies – bedenkt man das Alter der Befragten und stellt gleichzeitig einen Anstieg des starken Alkoholkonsums mit steigendem Alter in Rechnung – ist als ernstzunehmender Befund dahingehend zu deuten, daß ent- gegen der Trends der Affinitätsstudie mittelfristig wieder mit einem Anstieg, zumindest aber nicht mit einem weiterem Abflachen des Alko- holkonsums junger Frauen und junger Männer zu rechnen sein wird. Im europäischen Vergleich allerdings nehmen sich die für die Bundesrepu- blik Deutschland ermittelten Werte beinahe maßvoll aus, insbesondere im Vergleich zu den verschiedenen Regionen Großbritanniens. Nach

Ansicht der Autor(inn)en der HBSC-Studie liegt Alkoholmißbrauch dann vor, wenn Jugendliche einen Rausch hatten, von Risikogruppe sprechen sie bei Jugendlichen, bei denen dies öfters vorkommt bzw. vorgekommen ist. Demzufolge gehören in Deutschland 34% der 15jährigen Jungen und 26% der 15jährigen Mädchen zu dieser Risikogruppe (vgl. Abbildung 6.17).

Abbildung 6.16: Anteil 15jähriger, die mindestens einmal pro Woche Alkohol trinken, im europäischen Vergleich nach Geschlecht (in %)

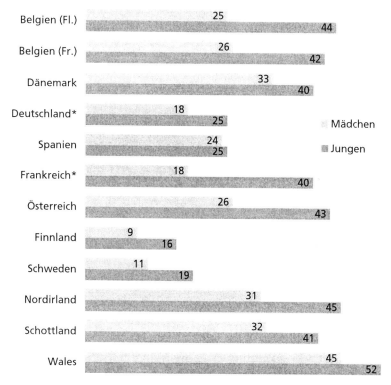

* Deutschland und Frankreich sind durch regionale Daten vertreten.
Quelle: King et al. 1996

Diese Werte, obwohl deutlich von denjenigen der Drogenaffinitätsstudie abweichend, bestätigen die unterschiedlichen geschlechtsspezifischen Konsummuster dahingehend, daß Jungen und junge Männer eher zu exzessivem Konsum von Alkohol neigen als Mädchen und junge Frauen.

Abbildung 6.17: Anteil 15jähriger, die bereits zweimal oder öfter einen Alkoholrausch hatten, im europäischen Vergleich nach Geschlecht (in %)

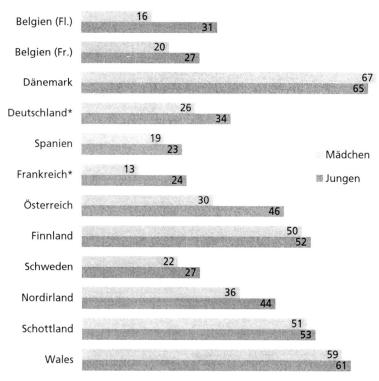

* Deutschland und Frankreich sind durch regionale Daten vertreten.
Quelle: King et al. 1996

6.3.3 Konsum illegaler Drogen

Obwohl die vorgefundenen Daten nahelegen, insgesamt und in langfristiger Perspektive von einem langsamen Rückgang des durchschnittlichen, sichtbaren Konsums zu sprechen, so ist doch gleichzeitig eine Vergrößerung der Angebots der illegalen psychoaktiven Substanzen zu beobachten. Bei näherer Betrachtung des Konsums einzelner psychoaktiver Substanzen stellen sich verschiedene gegenläufige, nur schwer zu interpretierende Tendenzen heraus. Erschwert wird die Einschätzung zudem durch methodische Probleme,[14] die nahelegen, von Trends und weniger von Ergebnissen zu reden.

---

14 Bei standardisierten Befragungen zu diesem Thema können soziokulturell erzeugte

Abbildung 6.18: Illegale Drogenerfahrung bei 12- bis 25jährigen
nach Geschlecht – Zeitverlaufsdaten für Westdeutschland (in %)

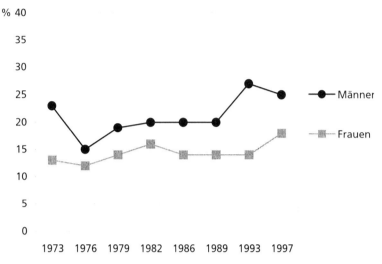

Quelle: BZgA-Repräsentativerhebungen zur Drogenaffinität Jugendlicher

Was den Konsum illegaler psychoaktiver Substanzen anbelangt, so sind außerdem mehrere Aspekte zu beachten:

Erstens besagt die Unterscheidung zwischen legalen und illegalen Drogen wenig über die medizinischen und gesundheitlichen Folgen des Konsums oder über Wirkungsweise und Wirkungsgrad der jeweiligen Substanz, wohl aber über die sozialen Folgen des Konsums illegaler Substanzen: Dieser wird per se und in der Gesamtheit der Substanzen als Signum sozialer Abweichung und als gesundheitsgefährdendes Verhalten interpretiert und gilt als prekär, insbesondere für die Entwicklung im Jugendalter. Daraus folgt zweitens, daß die Frage nach dem Konsum der aufgrund dieser Unterscheidung unter den illegalen Drogen zusammengefaßten Substanzen wenig aussagekräftig ist, weil unterschiedliche Wirkungsweisen und Abhängigkeitspotentiale der unterschiedlichen Substanzen nicht berücksichtigt werden. Drittens werden auch verschiedene geschlechtsspezifische Konsummuster damit nicht erfaßt. Deswegen soll an dieser Stelle im Anschluß an eine allgemeine Übersicht über die wichtigsten Trends beim Konsum illegaler Substanzen zum einen

---

und gestützte Antwortmuster zu Verzerrungen führen. Insbesondere bei Erhebungsinstrumenten zu psychoaktiven Substanzen im Sinne des Betäubungsmittelgesetzes darf man berechtigterweise solche Effekte vermuten.

über den Konsum der zwei am häufigsten konsumierten Substanzen, nämlich Haschisch und Ecstasy, informiert werden, und zum anderen sollen geschlechtsspezifische Konsummuster, soweit es die Datenlage zuläßt, in den Blick genommen werden.

Unter diesen Voraussetzungen sind in den letzten Jahren allgemein mehrere Trends zu beobachten: Insgesamt hat die Zahl derjeniger unter den 12- bis 25jährigen, die angaben Erfahrungen mit illegalen Drogen gemacht zu haben, nach einem Rückgang in den 80er Jahren wieder zugenommen (vgl. Abbildung 6.18).

Auch wenn diese Abbildung nur Westdeutschland berücksichtigt, so ist davon auszugehen, daß es bei niedrigerem Niveau in Ostdeutschland zu Angleichungstendenzen kommt, sowohl allgemein als auch bei den geschlechtsspezifischen Unterschieden, wie Abbildung 6.19 belegt.

Abbildung 6.19: Erfahrungen mit illegalen Drogen bei 12- bis 25jährigen in West- und Ostdeutschland 1993 und 1997 (in %)

	Es haben schon einmal Rauschmittel genommen			
	1993		1997	
	West	Ost	West	Ost
Insgesamt	21	6	22	17
Frauen	14	2	18	16
Männer	27	10	25	19
12-17 Jahre	8	3	11	10
18-25 Jahre	28	9	29	24

Quelle: BZgA-Repräsentativerhebungen zur Drogenaffinität Jugendlicher

Junge Männer geben und gaben grundsätzlich häufiger an, illegale Drogen genommen zu haben, als junge Frauen. Der hier referierte Indikator der Lebenszeitprävalenz ist alleine nur bedingt aussagekräftig, um den Entscheidungsprozeß junger Frauen und junger Männer vom ersten Angebot bis zum regelmäßigen Konsum nachzeichnen zu können. Die in Abbildung 6.20 dargestellten Indikatoren illustrieren den Ablauf dieses Entscheidungsprozesses.

In der ersten Zeile wird deutlich, daß 45% der männlichen Jugendlichen und 38% der weiblichen Jugendlichen zwischen 12 und 25 Jahren bereits Drogen angeboten wurden. Neben dem Geschlecht ist das Alter ein weiterer wichtiger Faktor: Ältere erhalten eher das Angebot, illegale Drogen zu konsumieren, als Jüngere. Der Ost-West-Unterschied ist dagegen zu vernachlässigen, da im Osten mit einem Anstieg des Drogenkonsums von 17% im Jahr 1993 auf 33% im Jahr 1997 (vgl. BZgA 1998: 41) starke Angleichungstendenzen zu beobachten sind.

Abbildung 6.20: Konsum illegaler Drogen bei 12- bis 25jährigen nach Geschlecht und Altersgruppen in West- und Ostdeutschland (in %)

N = 3.000	Insg.	Region		Geschlecht		Alter	
		West	Ost	Frau.	Män.	15-17	18-25
Es haben Drogen angeboten bekommen	41	43	33	38	45	29	50
Lebenszeit-Prävalenz*							
a) Es geben an, Rauschmittel probiert zu haben	21	22	17	18	24	11	28
b) Es haben mindestens eine illegale Droge genommen	22	24	18	20	25	13	29
12-Monats-Prävalenz	15	15	14	12	17	10	18
Aktueller Konsum: Nehme zur Zeit Drogen	10	10	9	8	12	6	13
regelmäßiger Konsum (mehr als 20mal im letzten Jahr)	3	3	5	2	4	2	4
Von denen, die ein Angebot erhalten haben, haben sofort Drogen genommen	30	32	22	27	33	24	33
Von denen, die ein Angebot erhalten haben, haben irgendw. Drogen probiert	51	51	51	47	53	38	56
Von denen, die irgendwann Drogen probiert haben, nehmen z.Zt. Drogen	48	45	53	44	56	55	46
Von denen, die im letzten Jahr Drogen konsumiert h., haben dies regelm. getan	20	20	36	17	24	20	22
Von denen, die ein Angebot erhalten haben, nehmen regelmäßig Drogen	7	7	15	5	9	7	8

* Unter Prävalenz wird die (relative) Häufigkeit von Krankheitsfällen zu einem bestimmten Zeitpunkt verstanden. Dementsprechend beeinhaltet hier die Lebenszeit-Prävalenz die Häufigkeit von Konsumerfahrungen in der Spanne der gesamten Lebenszeit bis zum Zeitpunkt der Befragung.

Quelle: BZgA-Repräsentativerhebungen zur Drogenaffinität Jugendlicher 1997

In der zweiten und dritten Zeile der Abbildung 6.20 finden sich ebenfalls wie in den darauffolgenden Antworten auf die Frage, ob in den letzten 12 Monaten illegale Drogen konsumiert worden sind, die bekannten geschlechtsspezifischen Unterschiede. Diese ziehen sich auch durch die Antworten zum aktuellen Konsum und zum regelmäßigen Konsum bei naturgemäß niedrigerem Niveau: Der Unterschied zwischen 12-Monats-Prävalenz und aktuellem Konsum besagt, daß ein Teil der Jugendlichen (5%) den Konsum wieder beendet oder zumindest ausgesetzt hat. Der untere Abschnitt der Abbildung 6.20 stellt auf die Entscheidungen der jungen Frauen und jungen Männer in den Situationen ab, in denen Drogen angeboten werden. Dabei wird deutlich, daß ein großer Teil der Jugendlichen, die Drogen angeboten bekommenhaben, diese entweder ablehnt oder den Konsum später wieder beendet haben, auch wenn die Zahl derjenigen, die nicht sofort in der Angebotssituation, sondern irgendwann später Drogen genommen haben, deutlich höher liegt. Durchgängig zeigen sich auch hier geschlechtsspezifische Effekte: Weniger junge Frauen als junge Männer nehmen bei einem Angebot illegaler Substanzen dieses wahr, egal ob sofort oder irgendwann später. Diese Tendenz zeigt sich auch bei den anderen Ergebnissen dieses Abschnitts: Auch beim nächsten Übergang von denjenigen, die irgendwann mal Drogen probiert haben, zu denjenigen, die aktuell Drogen nehmen, halbiert sich zwar insgesamt die Anzahl, aber bei den jungen Frauen findet sich ein signifikant geringerer Anteil (44%) als bei den jungen Männern (56%). Der Anteil der regelmäßigen Konsument(inn)en bestätigt dieses Bild ebenso wie der dokumentierte Anteil derjenigen, die aktuell und regelmäßig Drogen nehmen. 9% der jungen Männer und 5% der jungen Frauen sind davon betroffen. Die Wahrscheinlichkeit, zum engeren Kern der Drogenkonsument(inn)en zu gehören, ist bei weiblichen Jugendlichen also immer geringer als bei männlichen Jugendlichen. Im Ost-West-Vergleich zeigt sich, daß ein höherer Anteil in den neuen Ländern als in den alten Ländern dazu tendiert, weiterhin regelmäßig Drogen zu nehmen. Dies kann im Zuge eines Angleichungsprozesses interpretiert werden oder aber als Anzeichen dafür, daß andere Ressourcen, die für die Lebensführung dieses Altersabschnitts notwendig sind, entweder nicht vorhanden sind oder als wenig attraktiv eingestuft werden:

> „Kommt es zu einer intensiven gewohnheitsmäßigen Nutzung von Drogen, dann ist das meist ein Zeichen dafür, daß die spontanen Fähigkeiten und Kompetenzen der Lebensgestaltung und Lebensbewältigung zurückgedrängt und nicht etwa, wie es sich der Konsument wünscht, gestärkt und gekräftigt werden." (Hurrelmann 2000: 453)

Da über die Motive für den Konsum illegaler Drogen sowohl von Seiten der BzgA-Studie als auch in der Bundesstudie keine geschlechtsspezifisch differenzierten Daten vorliegen, werden diese Motive hier nur kurz referiert und mit Erkenntnissen über eine geschlechtsgebundene Funktionalität von Problemverhalten, angereichert, um so zu einem annähernd gesicherten Bild über geschlechtsspezifisch unterschiedliche Motivlagen zu gelangen.

Abbildung 6.21: Gründe für den Drogenkonsum bei 12- bis 25jährigen (in %)*

Grund	mit Drogenerfahrung	ohne Drogenerfahrung
Weil ich es einmal ausprobieren wollte	75	82
Weil Rauschmittel die Stimmung heben	53	39
Weil man sich dabei gut entspannt	45	19
Weil sich dabei Glücksgefühle einstellen	41	38
Weil man dabei Hemmungen überwindet	32	38
Weil man dabei den Alltag leichter vergessen kann	29	33
Weil man mitreden können muß	27	24
Weil Rauschmittel das Bewußtsein erweitern	23	15
Weil man leichter Kontakt zueinander bekommt	20	19
Weil man neue Ideen bekommt	19	6
Weil man damit intensiver hört und sieht	16	5
Weil es sexuell erregt	16	9
Weil sie die Fähigkeit zu Durchhaltevermögen und Ausdauer schaffen	15	14
Weil man dann sich selbst besser kennt	10	4
Weil die älteren Leute dagegen sind	6	7
Weil in unserer Gesellschaft soviel falsch ist, daß man neue Wege geht	4	7

N = 3.000

* Basis: 12- bis 25jährige Jugendliche mit und ohne Drogenerfahrung
Quelle: BZgA-Repräsentativerhebungen zur Drogenaffinität Jugendlicher 1997

Das am häufigsten genannte Motiv für den Konsum illegaler Substanzen ist Neugier (vgl. Abbildung 6.21), gefolgt von Motiven, die auf emotionale Entspannung und Anhebung der Stimmung abstellen sowie solchen, die auf Überwindung von Hemmungen und Flucht aus dem Alltag abzielen. Motive, die auf Leistungssteigerung referieren, werden dagegen weniger häufig genannt. Auffällig an den Unterschieden zwischen denjenigen mit Drogenerfahrung und denjenigen ohne

Drogenerfahrung ist, daß Jugendliche ohne Drogenerfahrung illegalen Substanzen Wirkungen wie Entspannung, Verbesserung der Stimmung, Erweiterung des Bewußtseins signifikant seltener zuschreiben, wenn es um die Nennung von Motiven für den Konsum geht. Eine Interpretation für diese Kluft könnte lauten, daß die Kommunikation zwischen diesen beiden Gruppen möglicherweise unterentwickelt ist und die Gruppe der Drogenerfahrenen eine eigene Subkultur darstellt.

Um ein differenzierteres Bild von den Gründen für den Konsum illegaler Drogen zu bekommen, ist es allerdings nicht ausreichend, sich alleine auf die von den Befragten genannten Motive zu beschränken. Neueste Ergebnisse der Suchtmittelforschung wie diejenigen der EDSP[15] verweisen z.B. für Cannabismißbrauch und -abhängigkeit auf unterschiedliche individuumspezifische Prädiktoren: „In den erwähnten Longitudinalstudien konnte bisher ermittelt werden, daß insbesondere frühe Auffälligkeiten in Zusammenhang mit der Einnahme legaler Substanzen (Alkoholmißbrauch, Nikotin- und Alkoholabhängigkeit) und die Verfügbarkeit der Substanz (Konsum in der peer group, allg. Zugänglichkeit) machtvolle Prädiktoren zur Vorhersage einer Zunahme von Cannabiskonsum darstellen." (Lieb et al. 2000: 29) Darüber hinaus spielt aber auch die familiale Belastung, d.h. elterlicher Substanzmißbrauch oder -abhängigkeit eine ebenso wichtige Rolle als Risikofaktor für den Konsum von Cannabis. Was den Konsum von Ecstasy und die dazugehörigen Determinanten anbelangt, so verweisen die Ergebnisse der EDSP-Studie auf „... eine auffallend hohe Belastung von Ecstasy-Konsumenten durch verschiedene (nicht drogenbezogene) Störungen ...." (Sydow 2001: 64) Interessant an diesem Befund, ist die Tatsache, daß diese Störungen bei dem überwiegendem Teil der Befragten bereits vor dem Konsum bestanden. Offensichtlich wird Ecstasy in erhöhtem Maße von Jugendlichen und jungen Erwachsenen mit psychischen Störungen konsumiert. Diese Befunde sind nicht geschlechtsspezifisch differenziert. Für eine abschließende Darstellung möglicher geschlechtsspezifischer Ursachen, Risikofaktoren und Motivlagen ist es deshalb naheliegend, auf eine jeweils geschlechtsspezifisch unterschiedliche Funktionalität (vgl. Helfferich 1997) für gesundheitsrelevante Verhaltensweisen junger Frauen und junger Männer zu verweisen. Davon

---

15 Bei der Studie „Early Developmental Stages of Substance Problems", im nachfolgenden EDSP genannt, handelt es sich um eine prospektiv-longitudinale Verlaufsstudie. D.h. die Jugendlichen zwischen 14 und 25 Jahren (n=3.021) wurden zu verschiedenen Zeitpunkten (drei Erhebungswellen) zu Konsum, Mißbrauch und Abhängigkeit von legalen und illegalen psychoaktiven Substanzen befragt.

ausgehend, daß diese zur Herstellung und Repräsentation spezifischer Geschlechtsrollenausprägungen dienen, könnte folgende Interpretation für die unterschiedliche Motivationslage des Konsums illegaler Substanzen in Betracht gezogen werden:

Das für das gesundheitsrelevante Verhalten junger Frauen und junger Männer häufig unterstellte Axiom lautet: „Je ‚härter' der Konsum ist, d.h. je toxischer die Substanz (qualitative ‚Härte') und je exzessiver konsumiert wird (quantitative ‚Härte'), desto mehr sind Jungen und desto weniger sind Mädchen an dem Konsum beteiligt" (Helfferich 1997: 152). Diesen Zusammenhang zugrundegelegt kann davon ausgegangen werden, daß die Motivlage junger Frauen und junger Männer nicht unabhängig nach Art, Qualität und stofflichem Abhängigkeitspotenzial der Substanz betrachtet werden kann.[16] Exemplarisch am Konsum von Cannabis und Ecstasy, also den am meist konsumierten illegalen Drogen (vgl. Abbildung 6.22), zeigen sich folgende Tendenzen:

Was den unter weiblichen und männlichen Jugendlichen weit verbreiteten Cannabiskonsum anbelangt, könnte man zu der Vermutung gelangen, daß beim alleinigen Konsum dieser „weichen" Droge die oben beschriebenen Konsummuster vorherrschen können, d.h. junge Männer konsumieren nicht nur öfter und mehr, sondern auch qualitativ stärkere Sorten als junge Frauen. Gleichzeitig, berücksichtigt man das oben genannte Axiom beim Konsum psychoaktiver Substanzen insgesamt unter dem Aspekt der Toxizität,[17] erscheint es allerdings nicht ausgeschlossen, daß die Motivlage junger Frauen und junger Männer bei der Nutzung von Cannabis nicht allein auf das strikte Gegensatzpaar externalisierend/männlich und internalisierend/weiblich festgelegt werden kann. Vielmehr ist davon auszugehen, daß bei beiden Genusgruppen überwiegend die Motive der entspannenden und stimmungshebenden Wirkung im Vordergrund stehen, ohne daß es im Übermaß, wie z.B. beim Alkohol-

---

16 An dieser Stelle gerät wieder die Unterscheidung zwischen illegalen und legalen Drogen in den Blick: Während der Konsum von Alkohol (hohes Abhängigkeitspotential, hohe Verfügbarkeit, da legal) in der Literatur als verknüpft mit der Herstellung männerbündischer Strukturen beschrieben wird, geht man bei dem in der Techno-Szene verbreiteten Konsum von Ecstasy (toxisch, illegal) davon aus, daß dieser mit einem „freieren Experimentieren zwischen den Geschlechtern" (vgl. Hauschild/Ahrens 1993: 17) einhergeht.

17 Laut BMG (2000: 16) kann davon ausgegangen werden, daß „… die akute Toxizität von Cannabis sehr gering sei …" und daß die These von Cannabis als Einstiegsdroge „… jedenfalls für die Substanzwirkung selbst ausdrücklich ausgeschlossen …" werden kann. Gleichzeitig wird allerdings darauf hingewiesen, daß die Illegalität der Droge eine „… Assoziation zu anderen illegalen Drogen" eventuell fördere.

konsum recht häufig, zur Herstellung hierachisierender Geschlechtsrollenbilder mit Repräsentationen traditioneller Männlichkeitspositionen kommt. Ähnlich scheint es sich nach Helfferich (1997: 156 f) beim Konsum von Ecstasy und der dazugehörenden Subkultur zu verhalten:

> „Mädchen und junge Frauen haben charakteristischerweise ‚gleichberechtigt' teil an dem Konsum. Diese Szene etabliert einen spezifischen sexuellen Stil einer Enttabusierung und gleichzeitig einer Kanalisierung und Entschärfung von potentiell bedrohlichen Folgen von sexueller Offenbarung, die insbesondere für Frauen einen Erfahrungsraum jenseits des herkömmlichen Geschlechterverhältnisses eröffnen (die Angehörigen der Techno-Szene sind überwiegend Singles; die Aufhebung der strengen Geschlechter-Codierung ist attraktiv auch für Homo- und Bisexuelle)."

Abbildung 6.22: Erfahrungen mit Typen illegaler Drogen* bei 12- bis 25jährigen in West- und Ostdeutschland (in %)

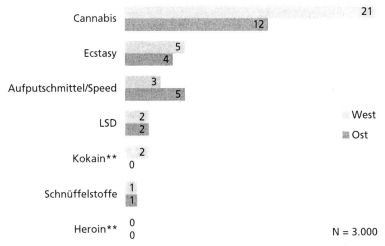

* Basis: Drogenerfahrene (Lifetime-Prävalenz) unter den 12- bis 25jährigen in West- und Ostdeutschland
** = unter 0,5%
Quelle: BZgA-Repräsentativerhebungen zur Drogenaffinität Jugendlicher 1997

6.3.4 Medikamentenkonsum

Was den Konsum und Mißbrauch von psychoaktiven Medikamenten, also z.B. Schmerzmitteln oder Appetitzüglern anbelangt, so ist festzuhalten, daß im Gegensatz zu den anderen bisher dargestellten psychoaktiven Substanzen hier der Anteil der Frauen und Mädchen beim Konsum deutlich überwiegt: „Insgesamt haben fast doppelt so viel Frauen (19,5%) wie Männer (11,5%) in den letzten vier Wochen vor der Befragung zumindest einmal pro Woche eines oder mehrere ... Medikamente eingenommen" (BMG 2000: 21). Weil davon auszugehen ist, daß der Medikamentenkonsum bei Frauen mit steigendem Alter stetig zunimmt und z.B. „bei den 50- bis 59jährigen Frauen ... der Anteil derer mit zumindest einem Medikament pro Woche mit 28,3% am höchsten ist" (a.a.O.), kann wie bei anderen psychoaktiven Substanzen auch zu Recht darauf verwiesen werden, daß es sich hierbei nicht um einen jugendspezifischen Konsum handelt.

Abbildung 6.23: Konsum von Arzneimitteln* bei 12- bis 16jährigen nach Altersjahren und Geschlecht (in %)

n = 2.319	Geschlecht		Alter				
	Frau.	Män.	12	13	14	15	16
Erkältungs-/Grippemittel	13,4	9,1	13,8	10,5	10,6	10,9	15,6
Mittel gg. Bronchitis/Atembeschw.	3,4	3,7	3,3	4,4	2,4	4,4	3,2
Mittel gegen Allergien	5,5	6,1	2,5	6,5	6,0	5,3	9,7
Mittel gg. Magenbeschwerden	2,4	1,4	0,7	1,3	2,2	2,5	2,6
Herz-/Kreislaufmittel	3,0	1,1	0,7	2,0	1,7	2,4	5,9
Blutdrucksenkende Mittel	0,3	0,5	0,4	0,3	0,6	0,2	0,6
Kopfschmerzmittel	4,3	3,4	3,0	3,3	4,5	3,6	5,3
Andere Schmerzmittel	3,2	2,3	2,6	3,0	3,8	1,3	2,6
Beruhigungs-/Schlafmittel	0,8	0,9	1,1	1,0	0,6	1,1	0,0
Anregungsmittel	0,1	0,2	0,0	0,2	0,0	0,4	0,0
Schlankheitsmittel/Appetitzügler	0,4	0,5	0,4	0,2	0,4	0,9	0,6
Abführmittel	0,3	0,5	0,4	0,5	0,1	0,6	0,6
Vitaminpräparate	5,9	5,1	3,7	4,5	5,2	7,6	7,1
„Pille"	5,7	—	0,0	1,7	2,8	13,6	20,5

* Konsum: mindestens einmal pro Woche in den letzten drei Monaten.
Quelle: Kolip 1997b: 189

In Abbildung 6.23 aus dem Jugendgesundheitssurvey wird deutlich, welche Medikamente von Mädchen und Jungen zwischen 12 und 16 Jahren bevorzugt konsumiert werden. Auffällig ist auch, daß in dieser Altersstufe die geschlechtsspezifischen Unterschiede nicht so ausgeprägt sind wie in späteren Lebensabschnitten, vielmehr kann in dieser Phase von einem Wandel die Rede sein, da Jungen bis zum Erreichen der

Adoleszenz mehr Medikamente verschrieben bekommen haben als Mädchen. Leider liegen für die Altersgruppe der 15- bis 23jährigen keine diesbezüglichen Daten vor,[18] die ein genaueres Bild von dem Zusammenhang zwischen Jugendphase und geschlechtsspezifischen Medikamentenkonsum vermitteln. Allerdings wird der ausgeprägtere Medikamentenkonsum von Frauen vor dem Hintergrund der „härteren" Konsummuster junger Männer bei anderen psychoaktiven Substanzen als internalisierendes Risikoverhalten in Abgrenzung zu dem externalisierenden Risikoverhalten junger Männer beschrieben (vgl. Kolip 1997a).

6.3.5 Ernährungsverhalten und Körperbild

Die Selbsteinschätzung junger Frauen und junger Männer zum eigenen Ernährungsverhalten (vgl. Abbildung 6.24) spiegelt folgendes Bild wider: Der große Anteil der befragten Jugendlichen schätzt sein Ernährungsverhalten als überwiegend gesund ein. Lediglich 13% der jungen Frauen und 11% der jungen Männer zwischen 14 und 25 Jahren stufen ihr Ernährungsverhalten als eher ungesund oder sehr ungesund ein. Geschlechtsspezifische Unterschiede werden in dieser ersten Überblicksdarstellung nicht signifikant deutlich.

Abbildung 6.24: Selbsteinstufung des Ernährungsverhaltens bei 14- bis 25jährigen nach Geschlecht (in %)

n = 9.311	Frauen	Männer	Ingesamt
sehr gesund	13	10	12
eher gesund	38	35	37
mittel	39	42	40
eher ungesund	9	12	10
sehr ungesund	1	1	1

Quelle: Marstedt et al. 2000: 186

Ein Blick auf das Diätverhalten 12- bis 16jähriger Mädchen und Jungen (vgl. Abbildung 6.25) erscheint allerdings geeignet, das Ernährungs-

---

18 Die Drogenaffinitätsstudie verzichtet ganz auf die Erhebung dieser Daten, die Bundesstudie erhebt diese zwar, aber nur oberflächlich und für die 18- bis 25jährige Wohnbevölkerung, die HBSC-Studie beschränkt sich auf 15jährige Schüler/innen. Insbesondere der Verzicht auf diesen Themenkreis in der Drogenaffinitätsstudie kann vor dem Hintergrund der Tatsache, daß Medikamentenkonsum als „typisch" weibliches Risikoverhalten betrachtet werden kann, als Ergebnis eines Geschlechterbias gesehen werden.

verhalten junger Frauen und junger Männer geschlechtsspezifisch zu akzentuieren: Hier unterscheiden sich Mädchen und Jungen signifikant voneinander.

Abbildung 6.25: Erfahrung mit gewichtsreduzierenden Diäten bei 12- bis 16jährigen nach Geschlecht und Altersjahren (in %)

n = 2.323	Geschlecht		Alter				
	Frauen	Männer	12	13	14	15	16
habe noch nie eine Diät gemacht	72,1	88,8	82,9	82,8	78,7	79,3	74,2
mache gerade eine Diät	5,0	1,0	2,9	2,6	3,3	3,4	3,8
habe einmal eine Diät gemacht	14,8	7,4	10,0	11,0	11,3	11,0	15,1
habe zweimal o. öfter eine Diät gemacht	8,0	2,8	4,3	3,6	6,7	6,4	6,9

Quelle: Kolip 1997b: 192

Über ein Viertel der Mädchen dieser Altersgruppe wollte bereits mindestens einmal ihr Gewicht mit einer Diät reduzieren, während es bei den Jungen nur ungefähr 10% sind. Für Mädchen gilt überdies, daß der Anteil derjenigen, die eine Diät machen, mit steigendem Alter zunimmt: „Während bei den 12jährigen ‚nur' 23,5% mindestens einmal eine Diät gemacht haben, sind es bei den 16jährigen bereits 40,7%(!)" (Kolip 1997b: 193). Dieser Befund gibt auch Hinweise für die Altersgruppe der bis 23jährigen, hier ist keinesfalls mit einem Rückgang dieses Anteil bei den Mädchen, vielmehr mit einem weiteren Ansteigen zu rechnen. Noch deutlicher sind die geschlechtsspezifischen Unterschiede in der Wahrnehmung der eigenen Körperproportionen (vgl. Abbildung 6.26).

Während 22,9% der Jungen der Ansicht sind, sie seien ein bißchen oder viel zu dick, sind es bei den Mädchen bereits 43,7%. Dabei darf nicht vergessen werden, daß der bei weitem überwiegende Teil junger Frauen und junger Männer über ein Körpergewicht verfügt, das unterhalb des Idealgewichts liegt (vgl. Kolip 1997b: 196). An dieser Stelle werden zusammen mit den geschlechtsspezifischen Unterschieden im Diätverhalten Verhaltensbereiche deutlich, die starke geschlechtsspezifische Differenzen aufweisen. Vor dem Hintergrund einer rigiden Standardisierung weiblicher Körperformen z.B. in massenmedial vermittelter Werbung, ist es nicht erstaunlich, daß sich Mädchen bei der Aneignung des eigenen Körpers stärker als Jungen an herrschenden Vorstellungen von Schönheit, also in diesem Fall Schlankheitsidealen orientieren. Es scheint mittlerweile „normal" für die Herstellung von „Weiblichkeit" zu sein, sich einem mehr oder weniger strengen Regime der Ernährung und Disziplinierung des eigenen Körpers auszusetzen. Daß diese Schlankheitsideale bereits in der Adoleszenz junger Mädchen und Frauen wirksam werden, ist insofern als Risiko einzustufen, weil dieses Verhalten Eßstörungen wie z.B. Bulimie nach sich ziehen kann. Ähnlich wie beim Medikamentenkonsum erweist sich das Risikoverhalten junger Frauen als nicht minder riskant für den eigenen Gesundheitsstatus als das junger Männer.

Abbildung 6.26: Beurteilung der eigenen Körperproportionen bei 12- bis 16jährigen nach Geschlecht und Altersjahren (in %)

n = 2.330 Glaubst Du, daß Du...	Geschlecht		Alter				
	Frau.	Män.	12	13	14	15	16
viel zu dünn bist?	2,4	2,4	4,3	2,1	2,6	1,8	1,4
ein bißchen zu dünn bist?	10,3	16,2	14,3	13,3	13,2	12,9	10,6
das richtige Gewicht hast?	43,6	58,4	44,6	52,1	49,0	54,5	50,4
ein bißchen zu dick bist?	38,2	19,2	32,6	28,3	29,1	26,7	34,8
viel zu dick bist?	5,5	3,7	4,3	4,2	6,0	4,0	2,8

Quelle: Kolip 1997b: 192

6.3.6 Sexualität und Kontrazeption

Jugendliche werden heute früher sexuell aktiv, die ersten sexuellen Aktivitäten haben sich in den letzten Jahrzehnten zunehmend ins Jugendalter verschoben (vgl. Seiffge-Krenke 1994: 123 f). Auch im Bereich des Umgangs mit Sexualität und intimen interpersonalen Beziehungen zeigt sich die Ambivalenz oder die Bedeutung der Balance des gesundheitsrelevanten Risikoverhaltens bei jungen Frauen und jungen Männern: So ist in diesem Bereich bzw. für diese Entwicklungsaufgabe einerseits von Problemverhalten, andererseits von subjektiver Funktionalität dieses Verhaltens für junge Frauen und junge Männer auszugehen. Sexuelles Risikoverhalten Jugendlicher beinhaltet sowohl unzureichende Schwangerschaftsverhütung als auch unzureichende AIDS-Prophylaxe. Als Gründe für dieses Risikoverhalten unter Jugendlichen werden häufig Interpretationen herangezogen, die auf eine mangelhafte kognitive Entwicklung Jugendlicher abstellen (vgl. Pestrak/Martin 1985). Allerdings zeigt z.B. ein Blick auf die anhaltend hohen Raten an Schwangerschaftsabbrüchen im Erwachsenenalter die begrenzte Aussagekraft dieser These (vgl. Abbildung 6.27). Frauen unter 20 Jahren lassen deutlich seltener einen Abbruch vornehmen, als Frauen zwischen 20 und 35 Jahren. Der aktuell veröffentlichte Frauengesundheitsbericht sowie auf die Replikationsstudie der BzgA von 1996 (vgl. Hübner et al. 1998) liefert hierzu gutes Datenmaterial:

Abbildung 6.27: Schwangerschaftsabbrüche je 1000 Frauen der gleichen Altersgruppe 1996 (in %)

Alter der Schwangeren von ... bis unter ... Jahren	Abbrüche je 1000 Frauen der gleichen Altersgruppe
10 bis 15	0,2
15 bis 20	5,2
20 bis 25	11,3
25 bis 30	10,9
30 bis 35	9,2
35 bis 40	6,5
40 bis 45	2,6
45 bis 50	0,3
Alle Altersgruppen durchschnittlich	7,7

Quelle: BMFSFJ 2001b: 316

Eine besondere Belastung sehr junger Frauen läßt sich nur auf Daten stützen, die den Schwangerschaftsabbruch in diesen Altersgruppen auf die Anzahl der Lebend- und Totgeborenen beziehen, wie dies in Abbildung 6.28 geschieht.

Der Grund für die hohe Rate der Abbrüche bei den unter 15jährigen bzw. den unter 18jährigen ist also nicht in der hohen Anzahl der Abbrüche, sondern in der niedrigen Anzahl der Lebend- und Totgeborenen in diesen Altersgruppen zu sehen. Diese Daten können als charakteristisch für Schwangerschaftsabbrüche gesehen werden: „In Situationen, in denen eine Schwangerschaft statistisch seltener vorkommt, ist die Wahrscheinlichkeit, daß sie abgebrochen wird, höher" (BMFSFJ 2001b: 316).

Darüber hinaus fällt auf, daß die Abbruchraten bei den Frauen in den neuen Bundesländern in den Altersgruppen unter 25 Jahren durchgehend höher sind als bei den gleichaltrigen Frauen in den alten Bundesländern. Diese Tendenz zieht sich durch alle Altersgruppen. Es gilt also festzuhalten, daß für junge Frauen unter 20 Jahren einerseits eine Schwangerschaft eher unwahrscheinlich ist und daß andererseits, sollte

Abbildung 6.28: Schwangerschaftsabbrüche je 1000 Lebend- und Totgeborene der gleichen Altersgruppe in West- und Ostdeutschland 1996

Altersgruppe	Abrüche je 1000 Lebend- und Totgeborenen der gleichen Altersgruppe	
	West (einschl. Berlin)	Ost
unter 15	3077,9	4000,0
15 bis unter 18	888,8	1077,5
18 bis unter 25	219,0	260,8
25 bis unter 30	105,8	213,3
30 bis unter 35	97,5	402,7
35 bis unter 40	183,8	850,0
40 bis unter 45	429,6	1698,9
45 und älter	1000,0	3540,0
Insgesamt	141,9	346,7

Quelle: BMFSFJ 2001b: 317

dieser Fall denn eintreten, die Neigung zum Abbruch eher hoch ist. Dies wird auch durch die im internationalen Vergleich geringe Zahl der Teenager-Schwangerschaften belegt, so haben sich z.B. die „altersspezifischen Geburtenziffern der 17jährigen ... von 26,2 Geburten je 1000 Frauen der gleichen Altersgruppe im Jahre 1970 auf heute 7,1 vermindert ...." (a.a.O.: 350) Dennoch ist diese Gruppe junger Frauen dem Risiko einer Frühgeburt nach wie vor stärker ausgesetzt als diejenigen der nächsten Altersgruppe (a.a.O.: 351). Dieses höhere Risiko hat seine Ursachen weniger in dem Alter der betroffenen Frauen, sondern ist vielmehr in der sozialen Lage zu sehen. Niedriger Bildungsstand, niedriges Einkommen, schlechte Wohnverhältnisse und niedriger sozialer Status sind kennzeichnend für diesen Zusammenhang (a.a.O.). Gerade vor diesem Hintergrund scheint ein ungehinderter Zugang zu Mitteln der Schwangerschaftsverhütung und zur Option des Schwangerschaftsabbruchs für junge Frauen ausgesprochen bedeutsam. Dies schließt auch den Zugang zu den Informationen über die verschiedenen Methoden der Kontrazeption und deren Verfügbarkeit mit ein: „Ob verhütet wird oder nicht, kann – nicht nur beim ersten Geschlechtsverkehr – in besonderer Weise als ein Indikator dafür gelten, in welchem Maß Frauen die Möglichkeit haben, sexuelle Begegnungen in ihrem Sinne zu gestalten" (a.a.O.: 281). Voraussetzung dafür ist allerdings, daß sowohl junge Frauen als auch junge Männer (in heterosexuellen Beziehungen) ihren jeweiligen Anteil an der aktiven Kontrazeption und dem passiven Kenntnisstand über Kontrazeption tragen.

Abbildung 6.29: Informationsgrad über Verhütungsmethoden bei 16- bis 24jährigen nach Geschlecht in West- und Ostdeutschland (Mittelwerte*)

	Frauen (n = 608)	Männer (n = 615)	Ost (n = 405)	West (n = 818)
Antibabypille	6,3	5,3	6,0	5,7
Kondom	6,4	6,4	6,5	6,3
Diaphragma	3,2	2,5	2,8	2,9
Verhütungszäpfchen	3,5	2,6	2,8	3,2
Temperaturmethode	3,5	2,6	3,0	3,0
Spirale	4,0	4,0	4,0	3,4
„Aufpassen"	4,8	4,8	4,9	4,6

* Mittelwerte auf einer Skala von 1 (überhaupt nicht informiert) bis 7 (sehr informiert).
Quelle: BZgA 1996

Der Informationsgrad 16- bis 24jähriger junger Frauen und junger Männer über einzelne Verhütungsmethoden läßt sich in Abbildung 6.29 ablesen: Hier wird der besondere Stellenwert von Kondom und Antibabypille deutlich, der, zumindest was den Informationsgrad über die Verhütung mit Kondomen betrifft, nicht zwischen jungen Frauen und jungen Männern variiert. Über die Benutzung der Antibabypille hingegen sind junge Frauen im Durchschnitt besser informiert als junge Männer. Der Trend der besseren Informiertheit bei weiblichen Befragten setzt sich (bis auf den Informationsgrad über Kondombenutzung) über alle Verhütungsarten fort. Im Ost-West-Vergleich fällt auf, daß sich die Befragten in den neuen Ländern besser über die Verwendung von Pille, Kondom, Spirale und „Aufpassen" informiert fühlen als die Befragten in den alten Ländern. Da davon auszugehen ist, daß zwischen dem Informationsgrad über die Verhütungsmethode und der tatsächlichen Anwendungshäufigkeit ein Zusammenhang besteht, kann von einer hohen Verbreitung der Verhütungsmethoden Antibabypille und Kondom unter Jugendlichen ausgegangen werden: So behaupten nach Auskunft der BzgA-Studie 80,3% der koituserfahrenen Jugendlichen zwischen 16 und 24 Jahren, schon einmal Erfahrung mit der Pille gesammelt zu haben, und 79,1% bestätigen Erfahrungen mit Kondomen (vgl. Hübner et al. 1998: 59). Geschlechtsspezifische Unterschiede lassen sich dahingehend feststellen, daß junge Frauen häufiger mit der Pille (85,7%) Erfahrung haben als junge Männer (74,6%) und junge Männer häufiger Erfahrung mit Kondomen (82,4%) als junge Frauen (76%). Diese geschlechtsspezifische Verteilung zieht sich auch durch den aktuellen Gebrauch von Verhütungsmitteln (vgl. Abbildung 6.30):

Abbildung 6.30: Überwiegend angewandte Verhütungsmethoden*
bei 16- bis 24jährigen nach Geschlecht (nur Koituserfahrene, in %)

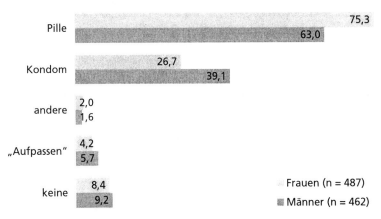

* Mehrfachnennungen möglich
Quelle: Hübner et al. 1998: 60

So geben 75,3% der befragten Frauen an, mit der Pille zu verhüten, aber nur 63% der jungen Männer geben an, daß ihre Partnerinnen dieses Verhütungsmittel anwenden. Ein ähnlich signifikanter Unterschied zeigt sich bei der Verwendung von Kondomen, allerdings mit dem Unterschied, daß diese Verhütungsmethode von jungen Männern bevorzugt wird. Ebenso geben mehr männliche als weibliche Befragte an, daß sie sich für die Verhütungsmethode des „Aufpassens" entscheiden oder aber keine Verhütungsmethode anwenden. Ein weiterer wesentlicher Aspekt liegt in dem Zugang zu Kontrazeptiva und der Informationslage darüber. Junge Frauen unter 20 Jahren können nach dem Familien- und Schwangerenhilfegesetz die Kosten für (ärztlich verordnete) Kontrazeptiva wie die Antibabypille von den Krankenkassen erstattet bekommen. Diese Regelung kann aber nur wirksam werden, wenn junge Frauen und junge Männer darüber informiert sind (vgl. Abbildung 6.31):

Abbildung 6.31: Informationen über Pillenfinanzierung durch die Krankenkassen bei 16- bis 24jährigen nach Geschlecht in West- und Ostdeutschland 1994 und 1996 (in %)

	Jahr		Geschlecht		Region	
	1994	1996	Frauen	Männer	West	Ost
ja	53,1	59,6	75,2	44,2	54,3	70,4
nein	46,9	40,1	24,7	55,4	45,5	19,4
keine Angabe	0,0	0,2	0,2	0,3	0,2	0,2
n	1.308	1.223	608	615	818	405

Quelle: Hübner et al. 1998: 75

Offensichtlich ist dies aber nur bei knapp 60% der Fall, wobei der Anteil der informierten jungen Frauen mit 75,2% signifikant höher ist als der Anteil der informierten jungen Männer mit 44,2%. Ebenso sind die Befragten in den neuen Ländern mit 70,4% besser informiert als die Befragten in den alten Ländern. Der höhere Informationsgrad der Frauen ist einerseits vor dem Hintergrund der Tatsache, daß junge Frauen direkten Nutzen aus dieser Regelung ziehen können, erklärbar, andererseits kann der geschlechtsspezifische Unterschied im Informationsgrad auch als Indiz dafür gesehen werden, daß junge Männer sich weniger als junge Frauen für Fragen der Verhütung verantwortlich fühlen. Auch in Zusammenhang mit anderen hier referierten Ergebnissen über gesundheitsrelevantes Risikoverhalten im Bereich der Sexualität und Kontrazeption bleibt also festzuhalten, daß geschlechtsspezifische Unterschiede in der Aneignung von Handlungsspielräumen und der Ausgestaltung gesundheitsbezogener Risikoverhaltensweisen existieren. Trotz eines generell hohen Informationsgrades über die verschiedenen Verhütungsmethoden scheint es unabdingbar, vorhandene Informationsdefizite auf Seiten der jungen Männer auszugleichen, um jungen Frauen (in heterosexuellen Beziehungen) die Chance zu eröffnen, sexuelle Interaktionen ohne Angst vor einer ungewollten Schwangerschaft zu erleben. Für junge Frauen ist „die Diskussion um ungewollte Schwangerschaften vor allem mit der Frage nach Selbstbestimmung verbunden..." (BMFSFJ 2001b: 314). Es geht hierbei um Handlungsspielräume wie „das reproduktive Recht, die Zahl der Kinder frei und informiert selbst zu bestimmen" sowie den „Zugang zu sicheren und nichtgesundheitsschädigenden Methoden der Empfängnisverhütung" (a.a.O.: 36 f).

6.3.7 Mobilität

Wie in Abschnitt 6.2.1 deutlich geworden sein sollte, stellen Unfälle im Straßenverkehr einen erheblichen Anteil an den Todesursachen, insbesondere bei den jungen Männern. Insofern erscheint es folgerichtig, daß Mobilität als gesundheitsrelevantes Risikoverhalten begriffen wird. Dieses findet seinen Ausdruck einerseits in der Erweiterung der Handlungsspielräume durch die mit fortschreitendem Alter zunehmende Mobilität, andererseits in der Tatsache, daß Unfälle im Straßenverkehr die häufigste Todesursache im Jugendalter darstellen. Von Interesse sind also mit dem Fokus auf jugend- und geschlechtsspezifisches Risikoverhalten mögliche Ursachen der hohen Mortalitäts- und Morbititätsziffern sowie der eklatant hohe Anteil junger Männer an diesen Mortalitäts- und Morbiditätsziffern (vgl. Abbildung 6.32).

Abbildung 6.32: Anzahl der 1998 verunglückten (verletzten und getöteten) 15- bis 20jährigen nach Altersjahren, Geschlecht und Art der Verkehrsteilnahme

Alter	Gesamt	Mofa/Moped		Motorrad		PKW		Fahrrad	
		Frau.	Män.	Frau.	Män.	Frau.	Män.	Frau.	Män.
15	6.831	237	939	148	247	1.340	813	792	1.541
16	13.201	674	2.301	716	3.289	2.015	1.330	712	1.488
17	14.868	616	2.161	714	3.360	2.843	2.522	633	1.249
18	21.117	223	752	341	1.324	7.034	9.049	514	1.126
19	19.383	163	371	238	882	6.801	9.049	392	770
20	17.563	118	249	185	838	6.277	7.961	440	565

Quelle: Limbourg et al. 2001: 204

Auffällig ist hier neben der ausgeprägten geschlechtsspezifischen Verteilung die Tendenz, daß Jugendliche sehr häufig mit dem Fortbewegungsmittel Unfällen ausgesetzt sind, das sie aktuell aufgrund des Erreichens einer bestimmten Altersstufe gerade benutzen dürfen (vgl. Limbourg et al. 2001: 204). Somit ist ein Grund für den hohen Anteil Jugendlicher an Unfällen im Straßenverkehr sicherlich im sogenannten „Anfängerrisiko" zu sehen. Dieses wird generell all jenen zugeschrieben, die erst seit kurzem gelernt haben, motorisierte (Pkw, Motorrad) oder nichtmotorisierte (Fahrrad, Inlineskates) Fortbewegungsmittel zu benützen. Bei dem erfaßten Risikoverhalten ist zwischen dem offiziell angegebenen Fehlverhalten und den Einflußgrößen auf dieses Fehlverhalten zu unterscheiden.

In Abbildung 6.33 sind die einzelnen Fehlverhaltensweisen aufgeführt, die zu Personenschäden geführt haben, wobei die „nicht angepaßte Geschwindigkeit" der Fahrer/innen die bestimmende Unfallursache darstellt. Weitere häufige Fehlverhaltensweisen sind die Nichtbeachtung der Vorfahrt sowie das Nichteinhalten des nötigen Abstandes zu anderen Verkehrsteilnehmern. Bei den Fahrradfahrer/innen hingegen ist die hauptsächliche Fehlverhaltensweise in der „falschen Straßenbenutzung" zu sehen, gefolgt von falschen Abbiege- und Wendeabläufen, sowie von Unfällen, die aus Mißachtung der Vorfahrt resultieren. Das „Anfängerrisiko" reicht als alleinige Erklärung für diese Fahrfehler sicher nicht aus.

Abbildung 6.33: Verteilung der Unfälle mit Personenschaden nach Fehlverhalten der Fahrer für das Jahr 1998

	Fahrradfahrende (15-17 Jahre)		Motorzweiradfahrende (15-17 Jahre)		Autofahrende (18-21 Jahre)	
	Anzahl	Rang	Anzahl	Rang	Anzahl	Rang
Unangepaßte Geschwindigkeit	312	4	2.259	1	16.836	1
Vorfahrt/Vorrang	655	3	1.109	2	6.448	2
Abstand	—		—		6.196	3
Abbiegen/Wenden	681	2	948	3	5.652	4
Überholen	92	6	679	5	2.190	7
Falsche Straßenbenutzung	1.414	1	886	4	2.874	5
Alkoholeinfluß	104	5	318	6	1.575	6
Sonstige	1.380		3.331		10.741	
Insgesamt	**4.638**		**9.530**		**53.512**	

Quelle: Limbourg et al. 2001: 205

Um sich den möglichen weiteren Gründen für das Risikoverhalten junger Frauen und junger Männer im Straßenverkehr anzunähern, ist folgende Vorstellung hilfreich:

> „Versucht man den typischen Autounfall bei Jugendlichen und jungen Erwachsenen zu beschreiben, handelt es sich dabei um einen schweren Alleinunfall durch Kontrollverlust, der sich auf einer Freizeitfahrt mit Freunden unter Alkoholeinfluß bei hoher Geschwindigkeit am Wochenende in der Nacht ereignet." (Limbourg et al. 2001: 206)

Einflußgrößen und Determinanten gesundheitlichen Risikoverhaltens im Straßenverkehr sind demnach in der Jugendphase selbst, also in der jugendspezifischen Risikobereitschaft, zu sehen. Ausdruck dieser Risikobereitschaft sind der Gebrauch von legalen und illegalen Drogen in Zusammenhang mit der Teilnahme am Straßenverkehr, externalisierende Strategien im Freizeitbereich, die sich z.B. im Imponierverhalten wie überhöhter Geschwindigkeit äußert, sowie unzureichende Erfahrung mit der Teilnahme am Straßenverkehr. Darüber hinaus gibt es Hinweise darauf, daß psychosoziale Belastungen und Ressourcen in Zusammenhang mit dem jeweiligen Risikoverhalten im Straßenverkehr stehen (vgl. Raithel 2001).

Neben diesen Verweisen auf verstärkende Faktoren wie Alkoholkonsum und die räumlich-zeitliche Verortung im Bereich der Freizeit fällt allerdings die Nichtberücksichtigung des Faktors Geschlecht auf: So waren 1998 bei den alkoholisierten Verunglückten in der Gruppe der 15- bis unter 18jährigen 660 männlich und nur 58 weiblich, bei den 18- bis unter 21jährigen beträgt das Verhältnis 2.895 Männer zu 220 Frauen (vgl. Limbourg et al. 2001: 207).

Es könnte sich also auch an dieser Stelle erweisen, daß die Aneignung von vorherrschenden Männlichkeitsbildern mittels externalisierender Strategien wie Risikoverhaltensweisen im Straßenverkehr bei jungen Männern deutlich zu Lasten ihres eigenen Gesundheitsstatus geht.

6.4 Resümee

Wie die Übersicht einiger Trends zum Gesundheitsstatus junger Frauen und junger Männer gezeigt hat, ist gerade die Phase der Adoleszenz für das Entstehen geschlechtsspezifisch unterschiedlicher Aneignungsweisen von Gesundheit und die Herstellung von gesundheitsbezogenen Geschlechterverhältnissen ausgesprochen bedeutsam. Als wichtige Ergebnisse können folgende Sachverhalte angesehen werden:

- Obwohl davon ausgegangen werden kann, daß sich junge Frauen gesundheitsbewußter verhalten, weisen alle hier referierten Studien darauf hin, daß junge Frauen ihren Gesundheitsstatus deutlich negativer bewerten und häufiger über Beschwerden berichten als junge Männer.
- Für den Bereich des gesundheitsrelevanten Risikoverhaltens lassen sich grob zwei geschlechtsspezifisch unterschiedliche Strategien und Muster feststellen: Während junge Männer überwiegend zu externalisierendem Verhalten neigen, wird jungen Frauen ein internalisierendes Verhalten zugeschrieben.

- Neben dem Geschlechteraspekt ist ein weiterer wesentlicher Faktor für unterschiedliche gesundheitsrelevante Verhaltensweisen in der sozialen Lage der Jugendlichen zu sehen.
- Unter den vorhandenen Erklärungsmodellen für geschlechtsspezifisch unterschiedliche gesundheitsrelevante Verhaltensweisen und Chancen erscheint eine konstruktivistische Perspektive, die auf den jeweiligen biografischen und sozialen Kontext sowie auf interaktive Aneignungsweisen und Verhaltensmuster abstellt, als die aussichtsreichste.

Exkurs: Gewalt im Geschlechterverhältnis als Risiko junger Frauen und Männer

Das Ausmaß von Gewalt an Jugendlichen und jungen Erwachsenen und ihre Folgen für die Handlungsspielräume junger Menschen sind außerordentlich. Dies liegt auch in der mannigfaltigen Art der Gewalterfahrungen begründet:

„Gewalterfahrungen haben – über ihre Bedeutung als unmittelbare Verletzung des Rechtes auf Unversehrtheit hinaus – vielfältige Auswirkungen auf das Selbstwertgefühl und auf soziale Beziehungen in Kindheit und Jugend, auf die Entwicklung eines gesunden Körpergefühls, auf die Zuversicht in das eigene Recht auf sexuelle Selbstbestimmung und – vermittelt über diese Faktoren – auf die Gefahr, erneut von sexueller Gewalt betroffen zu sein." (BMFSFJ 2001b: 247)

Besondere Beachtung sollen hier sexualisierte Gewalterfahrungen finden: Sie reichen von subtilen psychischen Formen wie verbaler Demütigung bis hin zu handfesten körperlichen Übergriffen und Mißhandlungen. Um diese unterschiedlichen Aspekte von Gewalterfahrung und Geschlechterverhältnis in einen tragfähigen Begriff von Gewalt zu integrieren und gleichzeitig die enge Verflechtung von Gewalt und Geschlechterverhältnis zu berücksichtigen, erscheint folgende Definition angemessen:

„Unter Gewalt verstehen wir die Verletzung der körperlichen und seelischen Integrität eines Menschen durch einen anderen. Unsere Aufmerksamkeit richtet sich noch genauer auf diejenige Gewalt, die mit der Geschlechtlichkeit des Opfers wie des Täters zusammenhängt. Hierfür prägten wir den Begriff: Gewalt im Geschlechterverhältnis. Dazu gehören sowohl die Befriedigung sexueller Wünsche auf Kosten eines Opfers oder gegen dessen Willen, wie auch alle Verletzungen, die aufgrund einer vorhandenen geschlechtlichen Beziehung (oder zwecks Durchsetzung einer solchen) zugefügt werden." (Hagemann-White 1992: 22)

Diese Definition ist für eine Fokussierung auf die Opferperspektive und das Forschungsinteresse, die gesundheitlichen Folgen von Gewalt im Geschlechterverhältnis zu benennen, besonders geeignet. Nicht vernachlässigt werden darf an dieser Stelle zudem der Zusammenhang von Gewalt im Geschlechterverhältnis mit fehlender gesellschaftlicher Gleichberechtigung.

Die Datenlage zu dieser Thematik kann nur mit Vorsicht betrachtet werden. Neben der Polizeilichen Kriminalstatistik[19], im nachfolgenden PKS genannt, existieren nur wenige Dunkelfeldstudien zu diesem Thema. Aufgrund der Einschränkung auf angezeigte Fälle kann die PKS nur einen Teil der Delikte erfassen. Die PKS ist also im Wesentlichen vom Anzeigeverhalten abhängig. Überdies beschränkt sich die PKS auf schwere oder zumindest mittelschwere Gewaltdelikte, wobei allerdings „... Delikte im innerfamiliären Bereich, die für junge Menschen besonders relevant sind, kaum zur Anzeige gelangen." (BMI/BMJ 2001a: 40) Zudem leidet diese Statistik unter weiteren systematischen Verzerrungen: Sie ergeben sich aus einer meist engen Opfer-Täter-Beziehung, der Herkunft der Täter aus allen sozialen Schichten, nicht nur den unteren sowie aus dem (jungen) Alter der Opfer (vgl. BMFSFJ 2001b: 250).

Trotz dieser Einschränkungen ist die PKS für einen ersten Überblick unerläßlich. Denn ganz im Gegensatz zur weitverbreiteten Tendenz, die Jugendlichen eher als Täter denn als Opfer zu begreifen – Stichwort „Jugendkriminalität" – sind Jugendliche tatsächlich eher Opfer als Täter (vgl. BMI/BMJ 2001b: 474). So ist auch der polizeilich registrierte Anstieg der Gewaltkriminalität in den letzten 30 Jahren in den alten Ländern in erster Linie zu Lasten von jugendlichen und heranwachsenden Menschen gegangen, wie Abbildung 6.34 ausweist.

In den letzten 25 Jahren stieg die Gewaltkriminalität, sowohl gegen die weibliche als auch gegen die männliche Bevölkerung, sie ist bei den Altersgruppen der 14- bis unter 18jährigen (Jugendliche) und der 18- bis unter 21jährigen (Heranwachsende) am stärksten ausgeprägt. Darüber hinaus waren von diesem Anstieg männliche Jugendliche und Heranwachsende bei weitem stärker betroffen als junge Frauen. So ist der Zuwachs bei den männlichen Jugendlichen seit 1985 drei- bis viermal größer als bei den weiblichen Jugendlichen. Es ist somit von einem wachsenden Abstand der Opferziffern zwischen den Frauen und Männer auszugehen, insbesondere bei der Altersgruppe der Jugendlichen und

---

19 Zu Wesensmerkmalen und Besonderheiten der Polizeilichen Kriminalstatistik vgl. Meier in diesem Band.

Abbildung 6.34: Opferziffern der Gewaltkriminalität für weibliche und männliche Opfer nach Altersgruppen, alte Länder 1973, 1985 und 1999* (Anzahl je 100.000 Einwohner)

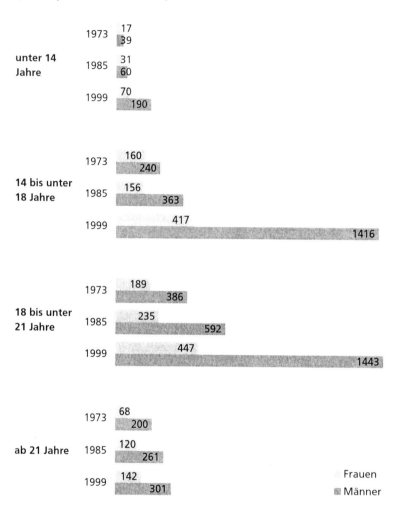

*1999 einschließlich Gesamtberlin.
Quelle: PSB 2001: 491

Heranwachsenden. Dieser grobe Überblick belegt die ansteigende Viktimisierung Jugendlicher und die geschlechtsspezifisch ungleiche Ausprägung derselben über einen Zeitraum von fast 30 Jahren. Unterschieden nach einzelnen Delikten der Gewaltkriminalität können die Relationen geschlechts- und altersspezifischer Opfergefährdungen zwischen den einzelnen Straftaten gezeigt werden (vgl. Abbildung 6.35).

Es lassen sich deutliche alters- und geschlechtsspezifische Unterschiede feststellen: Bei den Straftaten Raub, Körperverletzung, Mord und Totschlag sowie den Straftaten gegen die persönliche Freiheit sind jugendliche und heranwachsende Männer deutlich gefährdeter als ihre Altersgenossinnen. Jugendliche und insbesondere heranwachsende Frauen sind hingegen unverkennbar häufiger von Straftaten gegen die sexuelle Selbstbestimmung betroffen. Hier ist die geschlechtsspezifische Relation auch am höchsten: Die Wahrscheinlichkeit, Opfer einer Sexualstraftat zu werden, ist für weibliche Jugendliche in der Altersgruppe der Heranwachsenden bis zu 14mal höher als für männliche Jugendliche dieser Altersgruppe. Auffallend ist zudem, daß Jugendliche, also 14- bis unter 18jährige überdurchschnittlich oft von Sexualstraftaten und Raubdelikten betroffen sind, während das Risiko, Opfer von Mord und Totschlag oder Körperverletzung zu werden, in der Altersgruppe der Heranwachsenden am höchsten ist.

Da durch einen alleinigen Blick auf die PKS innerfamiliäre Gewalt systematisch ausgeblendet wird, ist es für eine fundierte Analyse bedeutsam, den Blick zusätzlich auf diesen Bereich zu richten. Innerfamiliäre Gewalt ist offensichtlich die „... bei weitem verbreiteste Form von Gewalt, die ein Mensch im Laufe seines Lebens erfährt. Sie ist gleichzeitig die sozial am wenigsten kontrollierte und sowohl in ihrer Häufigkeit wie in ihrer Schwere am stärksten unterschätzte Form von Gewalt" (Schwind et al. 1990: 701). Im innerfamiliären Bereich wird Gewalt im Geschlechter- wie auch im Generationenverhältnis auf besondere Weise offenbar. Eine Studie des Kriminologischen Forschungsinstituts Niedersachsen[20], im nachfolgenden KFN-Studie genannt, berücksichtigt ausdrücklich diese Problematiken. Nach der KFN-Studie berichteten 8,6% der befragten Frauen mindestens einmal in ihrem Leben vergewaltigt oder sexuell genötigt worden zu sein. Davon spielten sich zwei Drittel der Fälle im sozialen Nahraum von Familie und Haushalt ab (vgl. Pfeiffer/Wetzels 1995: 16). Der soziale Nahraum von Haushalt und Familie ist auch prägend für andere Formen physischer Gewalt. Hier sind es allerdings,

---

20 Bei der Studie des Kriminologischen Forschungsinstitutes Niedersachsen handelt es sich um die erste repräsentative Dunkelfeldstudie zu dem Thema Gewalt im sozialen Nahraum. In der 1992 durchgeführten Erhebung wurde eine repräsentative Stichprobe (N = 11.116) der Bevölkerung ab 16 Jahren in einem mündlichen Interview befragt. Eine Untergruppe (N = 4.006) machte in einem Fragebogen zusätzlich Angaben zu Gewalterfahrungen im sozialen Nahraum (vgl. Pfeiffer/Wetzels 1995).

Abbildung 6.35: Opfergefährdung der Bevölkerung nach Altersgruppen und Geschlecht
(Opfer pro 100.000 Einwohner der jeweiligen Subgruppe)

Straftaten(gruppen)		Kinder bis unter 14		Jugendliche 14 bis unter 18		Heranwachs. 18 bis unter 21		Erwachsene 21 bis unter 60		Erwachsene 60 und älter	
		Frauen	Männer	Frauen	Männer	Frauen	Männer	Frauen	Männer	Frauen	Männer
Mord und Totschlag	vollendet	1	1	1	1	2	2	1	2	1	1
	versucht	1	1	1	3	3	9	2	5	1	1
	insgesamt	2	2	2	4	5	11	3	7	1	2
Straftaten gg. die sexuelle Selbstbestimmung*	vollendet	25	6	180	19	111	8	23	1	2	0
	versucht	2	1	32	2	26	1	7	0	1	0
	insgesamt	27	7	211	21	136	9	30	1	2	0
Raub, räuber. Erpressung und räuber. Angriff auf Kraftfahrer	vollendet	11	63	56	492	72	321	43	78	42	20
	versucht	8	25	15	101	16	62	10	16	11	6
	insgesamt	19	88	71	592	88	383	53	94	52	26
Körperverletzung	vollendet	225	454	912	2182	979	2593	422	692	75	136
	versucht	6	12	20	57	19	71	14	35	3	7
	insgesamt	231	466	932	2240	998	2664	446	727	78	143
Straftaten gegen die persönliche Freiheit	vollendet	62	89	271	347	414	513	209	294	30	82
	versucht	4	4	8	11	10	10	5	7	1	2
	insgesamt	66	93	279	359	424	524	214	301	31	83

* Genaue Bezeichnung: „Straftaten gegen die sexuelle Selbstbestimmung unter Gewaltanwendung oder Ausnutzen eines Abhängigkeitsverhältnisses".
Quelle: PKS 2000

zumindest was die jüngere Altersgruppe der 16- bis 20jährigen betrifft, überwiegend Männer, die Gewalterfahrungen gemacht haben. Was den sexuellen Mißbrauch anbelangt, belegen alle bekannten Studien, daß Mädchen häufiger davon betroffen sind als Jungen (vgl. BMFSFJ 2001b: 257). Dies gilt, wie in Abbildung 6.36 deutlich wird, für unterschiedliche Formen des Mißbrauchs.

Abbildung 6.36: Prävalenzraten sexuellen Kindesmißbrauchs für unterschiedliche definitorische Eingrenzungen

Zusammenfassende Indikatoren		Frauen N	Frauen %	Männer N	Männer %
Sexuelle Übergriffe in Kindheit u. Jugend (alle Handlungen inkl. „sonstige" und inkl. Handlungen jugendlicher Täter)					
keine chronologische Schutzaltergrenze		301	18,1	115	7,3
Sexueller Mißbrauch inkl. Exhibitionismus (ohne sonstige Handlungen und ohne Handlungen jugendlicher Täter)					
	< 18 Jahre	254	15,3	75	4,7
Schutzalter	< 16 Jahre	230	13,8	68	4,3
	< 14 Jahre	177	10,7	54	3,4
Sexueller Mißbrauch mit Körperkontakt (ohne sonst. sexuelle Handl., Exhibitionismus und Handl. jugendlicher Täter)					
	< 18 Jahre	159	9,6	51	3,2
	< 16 Jahre	142	8,6	44	2,8
Schutzalter	*West*		*8,9*		*3,2*
	Ost		*7,4*		*1,7*
	< 14 Jahre	103	6,2	32	2,0

Quelle: Wetzels 1997: 154, 156

Neben der geschlechtsspezifischen Differenz fallen in der Abbildung auch (geringfügige) Unterschiede zwischen den alten und den neuen Bundesländern auf. Die weiblichen Opfer wurden zu 96,1% von Männern mißbraucht (bei sexuellem Mißbrauch vor dem 16. Lebensjahr, ohne Exhibitionismus), 27,9% dieser Täter waren Familienmitglieder, 40,9% männliche Bekannte und 27,3% unbekannte Männer (vgl. Wetzels 1997: 159). Hoch gerechnet ergibt sich folgendes Bild: Unter den heute 16- bis 29jährigen dürften zwischen 520.000 und 1.350.000 Frauen Mißbrauchserfahrungen (ohne Exhibitionismus, vor dem 16. Lebensjahr) gemacht haben. (vgl. BMFSFJ 2001b: 258) „Multiple Viktimisierung", in diesem Fall ein Zusammenhang zwischen erlittenem Mißbrauch und physischer Mißhandlung ist eher die Regel als die

Ausnahme: Circa ein Drittel der Opfer von sexuellem Mißbrauch haben in ihrer Kindheit elterliche Mißhandlung erlebt (vgl. a.a.O.).

Von besonderer Bedeutung für das Selbstwertgefühl und die Entfaltung von Handlungsspielräumen junger Opfer ist an dieser Stelle die spezifische Dynamik, die Gewalt im sozialen Nahraum entwickeln kann und die zu einem ständigen Bedrohungsszenario innerhalb des sozialen Nahraums führen kann. Im Bereich der Gewalt im Geschlechterverhältnis ist diese Dynamik der anhaltenden und ständigen Bedrohung besonders ausgeprägt:

„Die Forschung im In- und Ausland belegt einhellig, daß Frauen im besonderen Maße von gesteigerter Gewalt bedroht sind, wenn sie sich nach außen wenden oder versuchen, sich von dem Mann zu trennen, und daß sie nach einer Trennung oder Scheidung oft jahrelang verfolgt, überwacht und terrorisiert wurden." (BMFSFJ 2001b: 259)

Die gesundheitlichen Folgen dieser Bedrohung reichen von sichtbaren körperlichen Narben über psychosomatische und psychische Störungen bis hin zu negativen Auswirkungen auf das eigene gesundheitliche Risikoverhalten wie z.B Alkohol- und Medikamentenmißbrauch. Das damit eine massive Einschränkung von Entwicklungschancen und Handlungsspielräumen für Frauen einher geht, ist offensichtlich. Ob die junge Generation von Frauen zwischen 14 und 23 Jahren bereits in dem Ausmaß wie ältere Generationen von sexueller Gewalt im Nahraum betroffen ist, erscheint fraglich, zumal als Katalysator und Auslöser von Gewalt in partnerschaftlichen Beziehungen häufig die eigene Schwangerschaft genannt wird. Unzweifelhaft hingegen ist der Befund, daß bereits in der Jugendphase Mädchen und junge Frauen von sexueller Gewalt im sozialen Nahraum betroffen sind, während Jungen und junge Männer häufiger Opfer von physischer Gewalt im öffentlichen Raum werden.

7. Kriminalität von jungen Frauen und Männern

Petra Meier

7.1 Problemaufriß

Lebenslage und Lebensführung junger Frauen und Männer wären nur unzureichend beschrieben, wenn man den Blick nicht auch auf abweichendes Verhalten richten würde. Zwar scheint das Problem der Delinquenz nur einen kleinen Teil der jungen Frauen und Männer zu betreffen, doch etliche Dunkelfeldstudien relativieren diesen Eindruck, denn sie erbringen zumindest für männliche Jugendliche und Heranwachsende den Beleg, daß Delinquenz in der Jugendphase recht verbreitet ist (vgl. Brusten 1999, BMI/BMJ 2001b: 550 ff).

Die Kriminalität von jungen Menschen ist ein aktuelles Thema in der kriminologischen Forschung sowie in Politik und Öffentlichkeit. Dagegen ist das Interesse an Frauendelinquenz selbst im wissenschaftlichen Bereich nicht allzu groß. In vielen Untersuchungen wird entweder explizit der Kriminalität von jungen Männern nachgegangen oder die Jugendkriminalität wird einer „Jungenkriminalität" gleichgesetzt, ohne daß dies explizit so dargestellt würde (vgl. auch Bruhns/Wittmann 1999: 370).

Aufgrund der anhaltenden Debatte um Jugendkriminalität bzw. -gewalt soll darauf hingewiesen werden, daß der Ausgangspunkt der vorliegenden Betrachtung zunächst das Thema Kriminalität ist und nicht primär Jugendgewalt. Letztere stellt nur einen Ausschnitt der Jugendkriminalität insgesamt dar, der zudem quantitativ nicht der stärkste ist. Im Zuge dieser Betrachtung wird sich der Blickwinkel aber stärker auf Jugendgewalt – dem medienwirksameren Thema – verschieben müssen, da die Datenlage jenseits offizieller Statistiken dafür spricht. Das Thema Kriminalität von jungen Frauen und Männern wird in diesem Kapitel im übrigen lediglich aus der Täter/innenperspektive betrachtet. Die Opferperspektive findet im Abschnitt zum Gesundheitsstatus junger Menschen Berücksichtigung.

Mit diesen Punkten ist bereits etwas zum Forschungsstand bezüglich Jugendkriminalität ausgesagt, der stark von Themenkonjunkturen abhängig ist (vgl. Lamnek/Luedtke 1996). Zunächst scheint insbesondere Gewalt von Interesse zu sein und dabei speziell die von Jugendlichen (vgl. Traulsen 1997, kritisch dazu Albrecht 1996). Aufgrund des geringen statistischen Anteils der Mädchen und Frauen an der Gewaltkriminalität (und auch an der Gesamtkriminalität), konzentrieren sich empirische Studien in diesem Bereich wie angedeutet auf die jungen Männer bzw. gehen auf die Besonderheiten weiblicher Gewaltanwendung kaum ein. Angesichts der Erklärungskraft der Variable Geschlecht, die im allgemeinen wenig bezweifelt wird, verwundert, daß diese Ansätze dann nicht stärker die Geschlechterperspektive berücksichtigen, sondern schwerpunktmäßig auf allgemeine Ursachen abstellen.[1] Weitere Themen, die zum Teil in enger Verbindung mit Gewalt behandelt werden, sind Rechtsextremismus und Fremdenfeindlichkeit.[2] Aufgrund der Schwerpunktsetzung Kriminalität werden sie aber hier nur am Rande miteinbezogen.

In der vorliegenden Betrachtung geht es darum, die Daten zu Kriminalität und Gewalt konsequent geschlechterdifferenzierend zu analysieren. Daneben wird die Variable Alter berücksichtigt und ggf. ein Vergleich der alten und neuen Bundesländer gezogen.

Die sekundäranalytische Betrachtung der Kriminalität von jungen Frauen und Männern gliedert sich folgendermaßen:

- Nach einem kurzen Überblick über die verwendeten Datenquellen geht es im ersten inhaltlichen Abschnitt darum, ein möglichst umfassendes und differenziertes Bild der Kriminalität und Gewalt der 14- bis 23jährigen zu zeichnen. Dazu werden zunächst die aktuellsten offiziellen Statistiken unter den oben beschriebenen Kriterien ausgewertet. Ergänzend dazu wird auf die sogenannten Dunkelfeldanalysen zurückgegriffen, um die Einschränkungen, denen die offiziellen Tabellenwerke unterworfen sind, auszugleichen. Kriterium bei der Berücksichtigung einzelner Studien ist vor allem, ob eine Geschlechterdifferenzierung vorgenommen wurde.
- Anschließend wird der Wandel von Kriminalität und Gewalt in den letzten Jahren betrachtet. Grundlage sind wiederum zunächst die

---

1 Popp (1997) mahnt diese Orientierung vor dem Hintergrund einer eigenen Studie an, ebenso Heitmeyer et al. (1995).
2 Beispielsweise die Untersuchungen der Gruppe um Heitmeyer (vgl. Heitmeyer 1992) sowie die Studien von Willems (1993). Auch in diversen Jugendstudien werden die Themen Rechtsextremismus resp. politische Einstellungen mit dem Thema Gewalt kombiniert. Bezüglich Frauen und Rechtsextremismus vgl. Holzkamp/Rommelspacher (1991), Utzmann-Krombholz (1994).

offiziellen Statistiken und weiterhin die einschlägigen Dunkelfelduntersuchungen.
- Im dritten inhaltlichen Abschnitt werden die großen Jugendstudien auf die Themen Kriminalität und Gewalt hin durchleuchtet und die Ergebnisse dargestellt.[3]
- Der anschließende Punkt behandelt überblicksartig Erklärungsansätze zur Kriminalität von Mädchen und Frauen. Den vereinzelten Hinweisen auf mögliche Interpretationen der Zahlen soll damit ein Rahmen gegeben werden.
- Im letzten Abschnitt geht es schließlich darum, die sekundäranalytische Betrachtung der Kriminalität von jungen Frauen und Männern zu bilanzieren.

7.2 Verwendete Datenquellen

Die Vorgehensweise in diesem Kapitel zur Kriminalität junger Frauen und Männer orientiert sich zwangsläufig stark an den vorhandenen Datenquellen. Bevor auf den eigentlichen Inhalt eingegangen wird, sollen deshalb die maßgeblichen Statistiken und Studien vorgestellt werden.

Bezüglich der Datenquellen ist zunächst die Polizeiliche Kriminalstatistik (PKS)[4] zu nennen, in der die von der Polizei bearbeiteten rechtswidrigen (Straf-)Taten erfaßt werden. Neben Daten zu bekanntgewordenen Fällen und zur Aufklärung liefert die PKS differenzierte Informationen zu den *Tatverdächtigen*. Als tatverdächtig gilt „jeder, der nach dem polizeilichen Ermittlungsergebnis aufgrund zureichender tatsächlicher Anhaltspunkte verdächtig ist, eine rechtswidrige (Straf-)tat begangen zu haben" (vgl. PKS 2000: 17).

Die Aussagekraft der PKS ist dadurch eingeschränkt, daß sie lediglich die Straftaten des Hellfeldes enthält, also die Delikte, die der Polizei bekannt geworden sind. Die Straftaten, die nicht in Kenntnis der Polizei geraten, werden als Dunkelfeld bezeichnet. Zwischen dem Hell- und dem Dunkelfeld gibt es keine feste Relation, vielmehr ist der Umfang des Dunkelfeldes deliktspezifisch und unter anderem abhängig von der Anzeigebereitschaft der Bevölkerung und der Intensität der polizeilichen

---

3 Grund für die eher randständige Behandlung der großen Jugendstudien in diesem Kapitel ist, daß diese weniger brauchbar erscheinen als die offiziellen Statistiken, wenn es um die Verteilung von abweichendem Verhalten geht. Erstere fragen – wenn überhaupt – lediglich Einstellungen zu Kriminalität und Gewalt ab und liefern damit kaum Daten über Kriminalität und Gewalt als Taten.
4 Herausgegeben vom Bundeskriminalamt – im folgenden zitiert als PKS 2000.

Kontrolle (PKS 2000: 7). Die auf der PKS basierenden Aussagen liefern demnach kein Bild der Kriminalitätswirklichkeit, sondern nur eine Annäherung daran.

Bei der Registrierung der Tatverdächtigen ist keineswegs sicher, ob sie Täter oder Täterinnen sind und sich die ihnen zur Last gelegten Handlungen tatsächlich als Straftaten erweisen. Ob eine Tatverdächtige eine Täterin oder ein Tatverdächtiger ein Täter ist, wird erst von den im Strafprozeßverlauf nachgeordneten Instanzen mit juristischer Evidenz entschieden. Diese Urteile finden sich in der sogenannten Strafverfolgungsstatistik[5] wieder, die gleichsam die Arbeitsstatistik der Gerichte darstellt. Sie erlaubt eine Aufschlüsselung des betreffenden Personenkreises nach Alter, Geschlecht und Straftaten und erscheint für die angestrebte umfassende Betrachtung ebenfalls bedeutsam.

Ein richtiggehender Vergleich dieser Zahlen mit denen der PKS ist aber nicht möglich. Ein Grund dafür ist, daß die Entscheidungen der Gerichte erst Monate nach Abschluß der ihnen zugrunde liegenden polizeilichen Ermittlungen erfolgen, so daß sich die Jahresdaten der beiden Statistiken nur teilweise überschneiden. Ein zweiter Grund besteht darin, daß es zur Strafverfolgung keine flächendeckenden Angaben für die neuen Länder gibt, sondern nur für das frühere Bundesgebiet einschließlich Berlin-Ost. Dennoch erlaubt die Strafverfolgungsstatistik Rückschlüsse auf eine etwaige unterschiedliche Delinquenzbelastung von jungen Frauen und Männern. Eine wichtige Unterscheidung dieser Statistik ist die in Abgeurteilte und Verurteilte. Mit den *Abgeurteilten* sind die Personen zusammengefaßt, gegen die von der Staatsanwaltschaft Anklage erhoben wurde und gegen die rechtskräftige Entscheidungen (einschließlich Freisprüche und gerichtliche Einstellungen) ergangen sind. Die *Verurteilten* sind der Teil der Abgeurteilten, gegen die eine Strafe verhängt wurde.

Zur Erhellung des angesprochenen Dunkelfeldes werden sogenannte Dunkelfelderhebungen oder Self-Report-Studies[6] durchgeführt. Für die Bundesrepublik existiert aber keine Erhebung, die repräsentativ ist und sich gleichzeitig mit einem größeren Spektrum von Straftaten befaßt.

---

5 Herausgegeben vom Statistischen Bundesamt – zitiert als Strafverfolgungsstatistik 1999.
6 Zu beachten bei den Ergebnissen dieser Erhebungen ist u.a., daß hier 1. nicht mehr mit strafrechtlichen Kategorien operiert wird und damit 2. die Operationalisierung der abweichenden, meist an das Strafrecht angelehnten Handlungen von Untersuchung zu Untersuchung unterschiedlich ist, daß 3. die Antworten stark der eigenen Bewertung der Befragten unterliegen und daß 4. schwerwiegendere Delikte auf diesem Wege wohl nicht zugegeben werden.

Vergleichsweise häufig sind Befragungen zur Gewalttätigkeit unter Jugendlichen und Heranwachsenden, vor allem in Verbindung mit Rechtsextremismus. Aussagen zur im Dunkelfeld verbliebenen Kriminalität lassen sich sowohl von der Befragung von Opfern als auch von Tätern und Täterinnen ableiten, wobei natürlich nur letztere erlaubt, zuverlässige Angaben über den Täter oder die Täterin zu erhalten.

Eine andere Art, sich dem Phänomen Kriminalität und vor allem Gewalt zu nähern, besteht darin, die Gewaltakzeptanz und Gewaltbereitschaft einer Population zu eruieren. Dieser Weg wird, wenn dieser Themenkreis überhaupt Berücksichtigung findet, in großen Jugendstudien verfolgt. Aber auch kleinere Studien erfragen neben der Verhaltensebene (Gewalttätigkeit) diese Einstellungsebene.

Für eine erste Orientierung dürften diese Beschreibungen der Datenquellen ausreichen. Auf weitere Spezifika der unterschiedlichen Erfassungsebenen der Kriminalität von jungen Frauen und Männern wird an gegebener Stelle eingegangen.

Vorweg sei hier noch angemerkt, daß die Variable Ethnie im vorliegenden Kapitel keine Berücksichtigung findet. Zwar liefern die offiziellen Statistiken Daten zur Kriminalität von Ausländerinnen und Ausländern, ein Vergleich mit den Zahlen der Deutschen erscheint jedoch aus mehreren Gründen nicht angebracht (vgl. PKS 2000: 107). Zum einen sind die Daten der gemeldeten ausländischen Wohnbevölkerung, die als Basisdaten für einen Vergleich notwendig sind, sehr unzuverlässig, weil bestimmte Gruppen wie Illegale, Touristen usw. überhaupt keine Berücksichtigung in der Bevölkerungsstatistik finden. Zum anderen gibt es einen hohen Anteil an ausländerspezifischen Delikten (vor allem Straftaten gegen das Ausländer- und das Asylverfahrensgesetz), die Deutsche in der Regel nicht begehen können. Ein Vergleich der Kriminalitätsbelastung deutscher und ausländischer Jugendlicher ist auf dieser Basis nicht möglich. Auf eine gesonderte Auswertung der offiziellen Statistiken nach Nationalität wurde dementsprechend verzichtet. Gleichzeitig fehlen umfassendere Studien zur selbstberichteten Delinquenz von Ausländern und Ausländerinnen, so daß mit der alleinigen Darstellung der offiziellen Zahlen nur etwas über bekanntgewordene Delikte resp. die Tatverdächtigen ausgesagt werden könnte und nichts über das Dunkelfeld.

7.3 Die Kriminalitätsbelastung von jungen Frauen und Männern

7.3.1 Überblick über die Tatverdächtigenstruktur

Will man die Kriminalität als Erscheinungsform erfassen, ist die Polizeiliche Kriminalstatistik (PKS) als Grundlage und Ausgangspunkt unumgänglich. Die PKS ist zwar den genannten Einschränkungen unterworfen, stellt aber mit der Erfassung der Tatverdächtigen[7] dennoch das Mittel dar, mit dem sich das Erscheinungsbild der Kriminalität und im speziellen der Jugend- und Frauenkriminalität am umfassendsten und vor allem am aktuellsten beleuchten läßt.

Betrachtet man die Alters- und Geschlechtsstruktur der Tatverdächtigen in Deutschland im Jahr 2000, so ergibt sich folgendes Bild (vgl. Abbildung 7.1): Insgesamt waren im Jahr 2000 294.467 Jugendliche tatverdächtig. Das sind 0,8% weniger als im Vorjahr und 12,9% der Tatverdächtigen überhaupt. Unter der Altersgruppe der Heranwachsenden waren 247.586 Personen tatverdächtig, was einer Zunahme von 3,1% im Vergleich zum Vorjahr und einem Anteil an allen Tatverdächtigen von 10,8% entspricht. Von den sogenannten Jungerwachsenen, also Personen von 21 bis unter 25 Jahren, waren absolut 256.322 tatverdächtig.

Hinsichtlich der Geschlechterverteilung, die im Mittelpunkt der vorliegenden Betrachtung steht, läßt sich feststellen, daß der Anteil der Frauen an den Tatverdächtigen generell relativ niedrig ist. Für das Jugendalter weist die PKS einen Anteil von im Schnitt 25,2% aus, wobei auffällt, daß bei der Aufspaltung der Altersgruppe der Jugendlichen unter den 14- bis unter 16jährigen noch 29,2% Mädchen sind und bei den 16- bis unter 18jährigen nur mehr 21,6%. Unter den Heranwachsenden haben die Frauen einen Anteil von 18,9%; für die Erwachsenen erhöht er sich wieder auf im Schnitt 22,9%.

Festzuhalten bleibt, daß im Durchschnitt rund ein Viertel der bei der Polizei als tatverdächtig erfaßten Personen Frauen sind und sich im Altersverlauf bei den 14- bis unter 16jährigen Mädchen die anteilsmäßige Spitzenbelastung im Vergleich zu den Jungen findet. Die Männer sind hingegen im Alter von 18- bis unter 21 Jahren am stärksten belastet. Ob diese auf den Anteil bezogenen Höchstbelastungen auch ein

---

7 Entsprechend der PKS werden hier und im folgenden Ordnungswidrigkeiten, Staatsschutz- und Verkehrsdelikte nicht berücksichtigt.

Pendant bei der proportional berechneten Tatverdächtigenbelastungszahl[8] haben, wird noch behandelt werden.

Abbildung 7.1: Alters- und Geschlechtsstruktur der Tatverdächtigen 2000, gesamtes Bundesgebiet (in Tsd. und in %)

Altersgruppe*	Frauen in Tsd.	in %	Männer in Tsd.	in %	Insgesamt in Tsd.	in %
Kinder	42,3	29,0	103,5	71,0	145,8	6,4
Jugendliche	74,1	25,2	220,3	74,8	294,5	12,9
14 bis unter 16	40,7	29,2	98,8	70,8	139,5	6,1
16 bis unter 18	33,4	21,6	121,6	78,4	155,0	6,8
Heranwachsende (18 bis unter 21)	46,8	18,9	200,8	81,1	247,6	10,8
Erwachsene	365,7	22,9	1.232,7	77,1	1.598,5	69,9
dar. 21 bis unter 23	26,2	19,0	111,9	81,0	138,0	6,0
dar. 23 bis unter 25	22,7	19,2	95,6	80,8	118,3	5,2
Tatverdächtige insgesamt	529,0	23,1	1.757,4	76,9	2.286,4	100,0
Tatverdächtige insg. ohne strafunmündige Kinder	486,7	22,7	1.653,9	77,3	2.140,5	93,6

* Auf diese Altersgruppeneinteilung des Jugendgerichtsgesetzes (JGG) werde ich mich auch im folgenden beziehen, wenn nichts anderes angegeben ist: Jugendliche: 14 bis unter 18 Jahre, Heranwachsende: 18 bis unter 21 Jahre, Jungerwachsene: 21 bis unter 25 Jahre.

Quelle: PKS 2000: 72

Die Globalzahlen zur Kriminalitätsbelastung alleine verstellen den Blick auf geschlechtsspezifische Disparitäten, die sich darüber hinaus noch deutlicher bei einzelnen Straftaten zeigen. Eine eingehendere Betrachtung der Geschlechterverteilung bei ausgewählten Delikten ist deshalb aufschlußreich.

7.3.2 Die Geschlechterverteilung bei den Straftaten

Aus der PKS läßt sich für wichtige Straftatengruppen und die hier interessierenden Altersgruppen folgende Tatverdächtigenstruktur entnehmen (vgl. Abbildung 7.2). Sieht man von sogenannten „reinen" bzw. „typi-

---

8 Die Tatverdächtigenbelastungszahl (TVBZ) ist die Zahl der Tatverdächtigen, errechnet auf je 100.000 Einwohner des entsprechenden Bevölkerungsanteils; die TVBZ wird nur für die deutsche Bevölkerung errechnet; vgl. PKS (2000: 18).

schen" Frauendelikten[9] ab, die in der Abbildung nicht berücksichtigt wurden, so liegt der quantitative Schwerpunkt in der weiblichen Deliktstruktur beim Diebstahl ohne erschwerende Umstände. Der Anteil der Frauen insgesamt an dieser Straftatengruppe liegt für 2000 bei 34,7%.

Abbildung 7.2: Geschlechterverteilung bei verschiedenen Tatverdächtigengruppen nach ausgewählten Straftaten(gruppen), gesamtes Bundesgebiet (in %)

	Insgesamt in Tsd.		Jugendliche (14 bis 17) in %		Heranwachs. (18 bis 20) in %		Jungerwachs. (21 bis 24) in %	
	Frau.	Män.	Frau.	Män.	Frau.	Män.	Frau.	Män.
Mord und Totschlag	0,4	2,8	10,4	89,6	7,3	92,7	9,9	90,1
Raubdelikte	3,5	35,3	10,2	89,8	6,0	94,0	5,4	94,6
Gefährliche/schwere Körperverletzung	16,6	117,3	14,7	85,3	7,4	92,6	7,3	92,7
(Vorsätzliche leichte) Körperverletzung	32,1	198,6	18,7	81,3	12,0	88,0	10,6	89,4
Straftaten gegen die persönliche Freiheit	14,5	114,1	16,1	83,9	10,3	89,7	9,7	90,3
Diebstahl ohne erschwer. Umstände	215,3	405,6	36,2	63,8	27,0	73,0	26,7	73,3
Diebstahl unter erschwer. Umständen	12,0	121,2	8,4	91,6	6,5	93,5	6,4	93,6
Betrug	98,3	275,5	30,3	69,7	26,2	73,8	24,9	75,1
Widerstand gg. die Staatsgewalt/Straftaten gg. die öffentl. Ordnung	16,7	87,7	16,8	83,2	12,7	87,3	12,2	87,8
Beleidigung	32,4	87,7	25,9	74,1	20,7	79,3	20,0	80,0
Sachbeschädigung	18,6	149,8	9,2	90,8	6,5	93,5	7,6	92,4
Rauschgiftdelikte (BtMG)	24,6	177,6	15,5	84,5	11,0	89,0	10,3	89,7
Straftaten insgesamt	528,6	1757,4	25,2	74,8	18,9	81,1	19,1	80,9

Quelle: PKS 2000: 85, 88 ff und eigene Berechnungen

---

[9] Zu den reinen Frauendelikten gehört nach Schwind beispielsweise die Eigenabtreibung und die Kindestötung im Sinne des § 217 StGB und zu den typischen Frauendelikten die Kindesvernachlässigung und -mißhandlung (vgl. Schwind 2000: 73); auf diese Delikte soll aber nicht näher eingegangen werden. Weil sie quantitativ in der PKS kaum ins Gewicht fallen, werden auch Delikte wie Vergewaltigung oder andere gegen Frauen gerichtete Straftaten in diesem Kapitel weitgehend ausgeblendet. Im Abschnitt zum Gesundheitsstatus wird auf die Viktimisierung durch solche Straftaten näher eingegangen.

Auffällig ist hierbei, daß vor allem die weiblichen Jugendlichen damit als tatverdächtig registriert werden, während die Zahlen bei den weiblichen Heranwachsenden bereits wieder stark zurückgehen. Zu berücksichtigen bei dieser Straftatengruppe ist, daß hierunter vor allem der „einfache" Ladendiebstahl fällt; er macht ca. drei Viertel aus. Bei diesem speziellen Delikt liegt der Frauenanteil nochmals höher als beim Diebstahl ohne erschwerende Umstände allgemein. Fast 40% der Tatverdächtigen in diesem Bereich sind weiblichen Geschlechts.[10]

Eine weitere Straftatengruppe, die einen verhältnismäßig hohen Anteil von Frauen aufweist, ist der Betrug[11]: insgesamt sind 26,4% der Tatverdächtigen in diesem Bereich weiblich. Beachtenswert erscheint beim Betrug eine Differenzierung, die sich auch in der PKS (2000: 194 f) findet, betrachtet man nämlich die Betrugsdelikte ohne Leistungserschleichung[12], dann fällt auf, daß hier Jungerwachsene am häufigsten als tatverdächtig ermittelt werden und ferner die TVBZ in den folgenden Altersgruppen nicht so stark zurückgeht wie bei den meisten anderen Delikten. Bei der Leistungserschleichung selbst findet sich die Spitzenbelastung dagegen bei den Heranwachsenden und die Belastungsziffer geht mit dem Alter stärker zurück als bei den anderen Betrugsdelikten. Eine Erklärung für diese unterschiedlichen Verläufe liegt nahe: Das Benutzen öffentlicher Verkehrsmittel und damit das „Schwarzfahren" nimmt u.a. dann ab, wenn man über ein eigenes Fahrzeug verfügt. Dagegen entwickeln sich die Gelegenheiten beispielsweise für Kreditbetrug erst ab der Volljährigkeit.

Mit dem Diebstahl ohne erschwerende Umstände und dem Betrug sowie zusätzlich der Beleidigung, auf die hier aber nicht näher eingegangen werden soll, sind die Straftatbestände angesprochen, mit denen Frauen überdurchschnittlich häufig – also über ihrem Anteil an allen Straftaten (23,1%) – als straffällig registriert werden. Diesen Straftatengruppen stehen solche gegenüber, für die vor allem Männer ermittelt werden. Neben den in der Übersicht aufgeführten Raubdelikten und dem Diebstahl unter erschwerenden Umständen gehören dazu insbesondere Vergewaltigung einschließlich besonders schwerer Fälle der

---

10 Vgl. PKS (2000: 165) zum Diebstahl unter erschwerenden Umständen und zum „einfachen" Ladendiebstahl.
11 Der Betrug ist eine sehr heterogene Kategorie und reicht von Leistungserschleichung bis hin zu Grundstücks- und Baubetrug.
12 Bei knapp über einem Fünftel der Betrugsfälle handelt es sich um Leistungserschleichung, was in der Regel konkret das Benützen öffentlicher Verkehrsmittel ohne Fahrschein ist.

sexuellen Nötigung, Verletzung der Unterhaltspflicht, Straftaten gegen das Waffengesetz und gegen das Kriegswaffenkontrollgesetz (PKS 2000: 85). Ein typisches Delikt vor allem männlicher Jugendlicher, aber auch männlicher Heranwachsender ist ferner die Sachbeschädigung auf Straßen, Wegen oder Plätzen[13].

Abschließend sollen die Körperverletzungsdelikte – die wie angedeutet eine zumindest für die Öffentlichkeit andere Brisanz als die bisher behandelten Straftaten haben – eingehender betrachtet werden. Um die sogenannte Jugendgewalt rankt sich in jüngerer Zeit eine aufgeregte Debatte, deren Hintergrund ein Anstieg der Zahlen zur Gewalttätigkeit seit Ende der achtziger Jahre ist (BMI/BMJ 2001a: 40).

Der Begriff der Gewalt an sich erscheint schon problematisch[14] und noch mehr der der Jugendgewalt, denn als recht unscharfer Sammelbegriff beinhaltet letzterer viele verschiedene Aspekte; Beispiele dafür sind etwa Gewalt in der Schule, rechtsextreme Gewalt, Gewalt durch Jugendgruppen und auch Gewalt in der Familie[15]. Zunächst ist deshalb eine genaue Definition erforderlich, die sich jenseits von Themenkulturen bewegt. Gemäß der PKS werden vorsätzliche Tötungsdelikte, Vergewaltigung, Raub, gefährliche und schwere Körperverletzung sowie Körperverletzung mit Todesfolge, Geiselnahme und erpresserischer Menschenraub unter der Gewaltkriminalität[16] subsumiert. Die vorsätzliche leichte Körperverletzung, die beispielsweise für die Gewalt an Schulen typisch ist, findet in dieser Definition keine Berücksichtigung. Zunächst soll hier mit diesem formal-rechtlichen Gewaltbegriff operiert werden; bei den Dunkelfelduntersuchungen werden teilweise noch andere Kriterien hinzukommen.

Bevor auf die Zahlen zur registrierten Gewaltkriminalität eingegangen wird, sollen zunächst speziell die Körperverletzungsdelikte, die sich aber, wie dargelegt, nicht vollständig mit dem Gewaltbegriff der PKS überschneiden, unter alters- und geschlechtsspezifischen Aspekten betrachtet werden (vgl. Abbildung 7.3).

---

13 Zur Tatverdächtigenbelastung in diesem Bereich vgl. PKS (2000: 217).
14 Zur Geschichte des Gewaltbegriffs und zu den „Fallen" im Umgang damit vgl. Cremer-Schäfer (1992).
15 Aufgrund der Beschränkung auf die Altersgruppe der 14- bis 23jährigen und auf die Täterperspektive spielt die Gewalt in der Familie in diesem Kapitel eine eher untergeordnete Rolle.
16 Eine differenziertere Aufzählung der zur Gewaltkriminalität zählenden Straftaten findet sich in der PKS (2000: 15).

Kriminalität 319

Abbildung 7.3: Geschlechts- und Altersstruktur der Tatverdächtigen der Körperverletzung, gesamtes Bundesgebiet (in %)

	Insgesamt	Frauen	Männer	Kinder (bis 13)	Jugendliche (14-17)	Heranwachs. (18-20)	Erwachs. (ab 21)
	in Tsd.	in %	in %	in %	in %	in %	in %
Körperverletzung insg.	368,6	14,6	85,4	4,8	14,5	11,5	69,3
darunter:							
mit Todesfolge	0,4	11,1	88,9	4,9	11,3	10,8	72,9
gefährliche und schwere	133,9	12,4	87,6	6,0	21,0	16,2	56,9
darunter: auf Straßen/ Wegen/Plätzen	52,9	10,9	89,1	7,9	27,3	19,2	45,5
Mißhandlung von Schutzbefohlenen	3,2	37,6	62,4	0,4	0,8	3,0	95,7
darunter: Mißhandlung von Kindern	2,2	39,5	60,5	0,6	0,9	3,4	95,1
vorsätzliche leichte	230,8	13,9	86,1	4,2	12,1	9,7	73,9

Quelle: PKS 2000: 155

Bei der vorsätzlichen leichten Körperverletzung, die im Hellfeld einen durchaus nicht geringen Anteil an den Straftaten insgesamt ausmacht, ist vor allem die Tatverdächtigenbelastung der 14- bis unter 25jährigen hoch, wobei die Spitze innerhalb dieser Altersgruppe bei den Heranwachsenden liegt. Betrachtet man die Höchstbelastungen nach Geschlecht, so zeigt sich, daß sie für den weiblichen Bevölkerungsanteil für die 14- bis unter 16jährigen berechnet wird, während sie für den männlichen Bevölkerungsanteil bei den 18- bis unter 21jährigen, also den Heranwachsenden liegt (PKS 2000: 156). Aus der Altersverteilung können hier aber nur begrenzt Schlüsse gezogen werden, da leichte Formen der Körperverletzung unter den Jugendlichen oftmals eine andere Bewertung erfahren und vermutlich seltener angezeigt werden als solche von Erwachsenen (PKS 2000: 155).

Bei der gefährlichen und schweren Körperverletzung, die auch das Gros der Gewaltkriminalität ausmacht, zeigt sich ein hoher Anteil an jugendlichen und heranwachsenden Tatverdächtigen und zwar sind hier 37,2% der als tatverdächtig Registrierten der Altersgruppe der 14- bis unter 21jährigen zuzuordnen. Bei der gefährlichen und schweren Körperverletzung auf Straßen, Wegen oder Plätzen liegt der Anteil der Jugendlichen und Heranwachsenden sogar bei 46,5%. Die Höchstbelastung liegt dabei bei den männlichen Tatverdächtigen bei den 16- bis unter 18jährigen und bei den weiblichen Tatverdächtigen bei den 14- bis unter 16jährigen (PKS 2000: 156).

Hinsichtlich der Geschlechtsverteilung insgesamt zeigt sich, daß annähernd neun von zehn einer Körperverletzung Tatverdächtigen männlichen Geschlechts sind; lediglich bei der Mißhandlung von Schutzbefohlenen und dabei insbesondere von Kindern findet sich ein stark erhöhter Frauenanteil (37,6% bzw. 39,5%), allerdings ist dies quantitativ ein eher unbedeutendes Delikt.

Mit der Darstellung der gefährlichen und schweren Körperverletzung ist ein großer Teil der sogenannten Gewaltkriminalität bereits beschrieben, denn sie macht auf der Ebene der bekanntgewordenen Fälle 62,5% der Gewaltkriminalität aus (PKS 2000: 234). Ein zweites, quantitativ ebenfalls bedeutendes Gewaltdelikt ist laut der PKS der Raub. Bei diesem Delikt ist der Anteil der minderjährigen Tatverdächtigen im Vergleich zu den anderen Gewaltdelikten am höchsten.

Für die Gewaltkriminalität generell gilt, daß, bezogen auf ihren Bevölkerungsanteil, männliche Jugendliche ab 16 Jahren und Heranwachsende die höchsten Tatverdächtigenbelastungsziffern aufweisen. Frauen sind auch hinsichtlich der Gewaltkriminalität bezogen auf ihren Bevölkerungsanteil unter den Tatverdächtigen sehr gering vertreten. Lediglich die TVBZ der weiblichen Jugendlichen fällt bei der an sich niedrigen Basis etwas auf; insbesondere die 14- bis unter 16jährigen Mädchen sind im Vergleich zu den Frauen generell stärker mit Gewaltdelikten registriert. Nach den Zahlen der PKS scheint zumindest die Gewaltausübung – in Abgrenzung zur später zu betrachtenden Gewaltakzeptanz oder Gewaltbereitschaft – im wesentlichen ein eher männliches Verhaltensmuster zu sein, während Mädchen und junge Frauen offensichtlich in geringerem Maße gewalttätig sind.

Erklärungsansätze, die darauf abstellen, daß insbesondere aggressives Verhalten in Verbindung mit Männlichkeit steht (vgl. beispielsweise Kersten 1993, Böhnisch 1994), finden in diesen Zahlen eine Bestätigung. Auf diese Theorien wird im gesonderten Abschnitt zu den Erklärungen noch eingegangen.

Zusammenfassend zu den Querschnittsdaten der Kriminalitätsbelastung anhand der PKS läßt sich feststellen, daß die jungen Männer weitaus häufiger als tatverdächtig registriert werden als die jungen Frauen, deren Anteil an den Tatverdächtigen im Alter von 14 bis unter 25 nicht einmal ein Viertel ausmacht. Aus der Abbildung 7.4 geht ferner hervor, daß die weiblichen Tatverdächtigen im Alter von 14 bis unter 25 Jahren vor allem wegen einfachen Diebstahlsdelikten bzw. Ladendiebstahl

Abbildung 7.4: Zahlen weiblicher und männlicher Tatverdächtiger von 14 bis unter 25 Jahren nach Delikten*, gesamtes Bundesgebiet

* Ausgewählt wurden die Straftaten(gruppen), bei denen es insgesamt mehr als 100.000 Tatverdächtige gab.
Quelle: eigene Berechnungen nach Daten der PKS 1999 (Tab. 20)

erfaßt werden und – aber bereits mit einigem Abstand dazu – mit Betrugsdelikten. Bei den jungen Männern in diesem Alter streut der Tatverdacht dagegen stärker über die verschiedenen Deliktsbereiche. Ferner ist ihr Anteil an den Gewaltstraftaten deutlich höher. In quantitativer und qualitativer Hinsicht unterscheidet sich die Kriminalität von jungen

Frauen also deutlich von der der jungen Männer – zumindest auf der Ebene der Tatverdächtigenerfassung durch die Polizei.

Nicht alle Personen, die als tatverdächtig bei der Polizei registriert werden, kommen vor die Staatsanwaltschaft und das Gericht; vielmehr wird zum Teil mit oder ohne Auflagen von der Verfolgung abgesehen. In anderen Fällen läßt sich ein Tatverdacht auch nicht immer erhärten, so daß ein Freispruch erfolgt. Um einen Eindruck davon zu gewinnen, wie die entsprechenden Zahlen für die hier interessierende Altersgruppe aussehen, soll im folgenden auf die Strafverfolgungsstatistik zurückgegriffen werden.

7.3.3 Ergänzungen aus der Strafverfolgungsstatistik

Die Strafverfolgungsstatistik als weitere Datengrundlage bietet aufgrund ihrer Differenzierung nach Straftaten und nach Altersgruppen die Möglichkeit, die Zahlen der PKS zu untermauern. Allerdings muß beachtet werden, daß ein richtiggehender Vergleich der beiden Tabellenwerke nicht ratsam ist, da die Entscheidungen der Jugendgerichte im Durchschnitt etwa vier bis sechs Monate nach Abschluß der ihnen zugrunde liegenden polizeilichen Ermittlungen erfolgen, so daß sich die Jahresdaten der beiden Statistiken nur zum Teil überschneiden. Ferner liegen nur die Zahlen für das frühere Bundesgebiet einschließlich Berlin-Ost vor.

Bei einem vorsichtigen Vergleich mit den aktuellsten Zahlen der Polizeilichen Kriminalstatistik fällt zunächst auf, daß der Anteil der abgeurteilten Jugendlichen an den Abgeurteilten insgesamt (10,9%) niedriger ist als der der tatverdächtigen Jugendlichen an den Tatverdächtigen insgesamt (12,9%) (vgl. Abbildung 7.5). Der Unterschied ist nicht wesentlich, weist aber auf eine geringere Tatschwere bei den Delikten von Jugendlichen hin. Bei den Heranwachsenden findet sich auf der Ebene der Anklageerhebung keine Differenz zur Ebene der Tatverdächtigenerfassung (11,0% zu 10,8%).

Vergleicht man aber die Prozentzahlen der Verurteilungen mit den Prozentzahlen der Tatverdächtigenerfassung, dann verstärkt sich der Eindruck der geringeren Tatschwere jugendlicher Delikte noch mehr. Bei den Delikten von Heranwachsenden scheint dies weniger der Fall zu sein, denn zwischen den Zahlen auf der Abgeurteiltenebene und der Verurteiltenebene besteht kaum ein Unterschied.

Die Geschlechterunterschiede, die sich bei der polizeilichen Registrierung fanden, nehmen im weiteren Verlauf des Weges durch die Instanzen noch zu. Während von den jugendlichen Tatverdächtigen rund ein

Viertel Mädchen sind, umfaßt der Anteil der abgeurteilten weiblichen Jugendlichen an allen Abgeurteilten dieser Altersgruppe nur 17,2% und auf der Ebene der Verurteilten sind es mit 14,4% nochmals weniger. Betrachtet man die Geschlechterrelationen bei den Heranwachsenden auf den verschiedenen Ebenen, so zeigt sich ebenfalls die deutliche Abnahme des Anteils der Frauen.

Abbildung 7.5: Strafverfolgungsstatistik für 1999 nach Geschlecht und Altersgruppen, Westdeutschland einschließlich Berlin-Ost (alle Straftaten ohne solche im Straßenverkehr, in Tsd. und in %)

		Frauen		Männer		Insgesamt	
		in Tsd.	in %	in Tsd.	in %	in Tsd.	in %
Abgeurteilte*	Jugendliche	13,0	17,2	62,8	82,8	75,8	10,9
	Heranwachsende	11,1	14,4	65,7	85,6	76,8	11,0
	Insgesamt	127,5	18,3	569,7	81,7	697,3	100,0
Verurteilte**	Jugendliche	6,5	14,4	38,8	85,6	45,3	8,3
	Heranwachsende	7,3	13,2	48,0	86,8	55,3	10,1
	Insgesamt	100,2	18,4	445,2	81,6	545,4	100,0

* „Abgeurteilte sind Angeklagte, gegen die Strafbefehle erlassen wurden bzw. Strafverfahren nach Eröffnung des Hauptverfahrens durch Urteil oder Einstellungsbeschluß rechtskräftig abgeschlossen worden sind." (Statistisches Bundesamt 2001: 7)
** „Verurteile sind Angeklagte, gegen die nach allgemeinem Strafrecht Freiheitsstrafe, Strafarrest oder Geldstrafe ... verhängt worden ist, oder deren Straftat nach Jugendstrafrecht mit Jugendstrafe, Zuchtmittel oder Erziehungsmaßregeln geahndet wurde." (Statistisches Bundesamt 2001: 9) Auf eine Differenzierung in die Verurteilung nach dem Jugendstrafrecht oder dem allgemeinen Strafrecht wurde verzichtet.
Quelle: Strafverfolgungstatistik 1999: 10 und eigene Berechnungen

Aus dieser Beobachtung läßt sich auf eine geringere Tatschwere bei den weiblichen Jugendlichen und Heranwachsenden und/oder eine mildere Behandlung der Frauen schließen.[17] Vor dem Hintergrund der Zahlen der PKS ist aber davon auszugehen, daß tatverdächtige Frauen vor allem von den vergleichsweise leichteren Deliktformen und der geringeren Mehrfachbelastung profitieren und weniger vom „Frauenbonus" vor Staatsanwaltschaft und Gericht (vgl. auch BMI/BMJ 2001b: 532 ff). Aufschlußreich für diese Thematik werden die noch zu analysierenden Dunkelfeldstudien sein.

---

17 Zum Ausmaß der Begünstigungen vgl. die Kontroverse von Geißler/Marißen (1988) und Oberlies (1990).

7.3.4 Selbstberichtete Delinquenz junger Menschen

Wie bereits angesprochen, bilden die Tatverdächtigenzahlen und damit auch die Zahlen der Strafverfolgungsstatistik lediglich das Hellfeld der begangenen Straftaten ab. Um ein repräsentatives Abbild der Kriminalitätsstruktur zu erhalten, wäre es – zumindest ergänzend – erforderlich, Ergebnisse aus der Dunkelfeldforschung zu berücksichtigen. Wie angedeutet gibt es aber für die Bundesrepublik keine repräsentative Dunkelfeldstudie, die sich generell mit einem größeren Spektrum von Straftaten befaßt. Untersuchungen zu Gewaltakzeptanz, Gewaltbereitschaft und Gewalttätigkeit unter Jugendlichen und Heranwachsenden sind dagegen vergleichsweise häufig, vor allem in Verbindung mit Rechtsextremismus.

Kriterium für die Auswahl der im folgenden herangezogenen Studien und Daten war zum einen, daß nach Geschlecht differenziert wird, was sich keineswegs als selbstverständlich erwies. Zum anderen sollten sich die betreffenden Untersuchungen möglichst auf größere Populationen beziehen. Auf welche Erkenntnisse die Studien im einzelnen abzielen, ist für den vorliegenden Zusammenhang nachrangig. Es sei hier nochmals betont, daß die von den Befragten angegeben Handlungen nicht unbedingt strafbar sein müssen. Allerdings ist zu vermuten, daß die jungen Frauen und Männer bei der Beantwortung der Fragen durchaus rechtliche Kategorien vor Augen haben, mit denen Kriminalität gesellschaftlich konstruiert wird.

Die Dunkelfeldanalyse von Pfeiffer et al. (1998) ist eine Kombination von Opfer- und Täterbefragung, in der u. a. auch Angaben zum aktiven Gewalthandeln der Jugendlichen erhoben wurden. Insgesamt lagen von 9.775 Jugendlichen im Alter von 14 bis 18 Jahren Daten vor, davon waren 4.725 Mädchen und 5.011 Jungen. Die Befragungen wurden bei jeweils repräsentativen Stichproben von Jugendlichen der 9. Jahrgangsstufen in den Städten Hamburg, Hannover, Leipzig und Stuttgart durchgeführt.

Zunächst wurden die Jugendlichen allgemein nach verschiedenen Delikten befragt. Abbildung 7.6 gibt die Zahl der Personen wieder, die 1997 mindestens einmal das betreffende Delikt (Prävalenzrate) begangen haben.

Die Übersicht zeigt, daß unter den Jugendlichen der Ladendiebstahl das am weitesten verbreitete Delikt ist, was sich auch aus den Zahlen der Polizeilichen Kriminalstatistik ergeben hat. Es folgen mit einigem Abstand die Körperverletzung und der Vandalismus, wobei zu beachten ist, daß die hier abgefragte Körperverletzung wenig mit der Gewaltkriminalität der PKS zu tun hat. In derartigen Dunkelfeldbefragungen finden sich dehnbare Operationalisierungen, was mit einem Vergleich zweier Studien im folgenden noch problematisiert werden wird. Daß die Zahlen zur selbstberichteten Delinquenz hier recht hoch erscheinen, verweist also einerseits darauf, daß in Dunkelfeldstudien nicht unbedingt nur strafbare Handlungen erfaßt werden. Anderseits zeigt sich, daß vor allem leichtere Formen von Delinquenz wahrscheinlich eine weite Verbreitung unter jungen Menschen haben.

Abbildung 7.6: Selbstberichtete Delinquenz von 14- bis 18jährigen 1997 (in %)

Kategorie	Prozent
Vandalismus	17,7
Ladendiebstahl	39,4
Fahrzeugdiebstahl	5,5
Auto aufbrechen	3,3
massive Belästigung	12,0
Körperverletzung	19,6
mit Waffe bedrohen	6,2
Erpressung	2,3
Raub	4,7

n = 9.775

Quelle: Pfeiffer et al. 1998: 79

Für die Gewaltdelinquenz[18], die bei der Studie im Mittelpunkt steht, gelangen die Autoren zu der Feststellung, daß Mädchen erwartungsgemäß bedeutend seltener Gewalt ausüben bzw. zugeben als Jungen (Prävalenzrate weibliche Befragte: 11,4%, männliche Befragte 31,5%). Bei den männlichen Jugendlichen liegt die Täterrate zur Gewaltdelinquenz für 1997 etwa dreimal so hoch wie bei weiblichen Jugendlichen. Einen genaueren Blick auf die geschlechtsbezogenen Unterschiede vermittelt Abbildung 7.7.

---

18 Pfeiffer et al. zählen hierzu Raub, Erpressung, Körperverletzung und Bedrohung mit Waffen. Körperverletzung meint „einen anderen Menschen verprügelt und dabei verletzt" zu haben; vgl. Pfeiffer et al. (1998: 79).

Darüber hinaus zeigte sich in der Studie, daß Jungen signifikant häufiger als Mehrfachtäter in Erscheinung treten als Mädchen: Von den Jungen haben 1997 21,7% der Täter mehr als ein Gewaltdelikt angegeben und von den Mädchen lediglich 6,9% (Pfeiffer et al. 1998: 80).

Insgesamt decken sich die Befunde der Self-Report-Studie zur Gewaltdelinquenz in der Geschlechterperspektive in der Tendenz im wesentlichen mit den Daten, die zum Hellfeld bekannt sind. Allerdings ist festzustellen, daß sich die Delinquenzraten von jungen Frauen und Männern im Dunkelfeld annähern, was darauf hinweist, daß das Anzeigeverhalten geschlechtsspezifisch selektiv ist: Jungen zeigen häufiger an und werden zudem häufiger angezeigt (Wetzels/Enzmann 1999: 161). Ein Grund dafür dürfte sein, daß männliche Jugendliche in Relation betrachtet auch schwerere Taten begehen als weibliche Jugendliche und dementsprechend häufiger angezeigt werden (ebd.).

Abbildung 7.7: Selbstberichtete Gewaltdelinquenz 14- bis 18jähriger nach Geschlecht 1997 (in %)

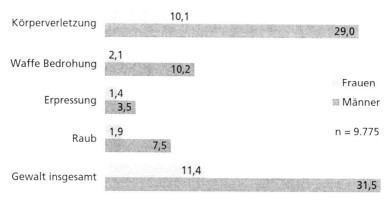

Quelle: Pfeiffer et al. 1998: 80

Ferner spielt bei den Jungen die Tatbegehung aus der Gruppe heraus eine größere Rolle als bei Mädchen (vgl. Tillmann/Popp o.J.). Diese Gruppenagitation wird von den Autoren auch zur Erklärung der höheren Tatverdächtigenziffern in den neuen Bundesländern, die sich im Hellfeld finden und teilweise durch Dunkelfeldstudien bestätigt werden, herangezogen (Wetzels/Enzmann 1999: 120, 137; Pfeiffer et al. 1998: 104).

Ursachenkomplexe für die Gewalt insgesamt sehen Pfeiffer et al. allgemein in einer prekären sozialen Lage von Familien, in denen Gewalt in der Erziehung oftmals eine große Rolle spielt, sowie in den schlechten

Zukunftsaussichten der Jugendlichen (Pfeiffer et al. 1998: 104), was auf das Kapitel zu Bildung, Ausbildung und Beruf verweist.

Für die Erklärung der geschlechtsspezifischen Unterschiede favorisieren die Autoren einen sozialisationstheoretischen Ansatz, nach dem „die Fähigkeiten von männlichen Jugendlichen zu konstruktiver Konfliktregulierung weniger entwickelt" (ebd.) seien. Die Gründe dafür wiederum lägen in den gesellschaftlichen Normen und Werten, nach denen „Männlichkeit mit Durchsetzungsfähigkeit und nötigenfalls auch Gewalt verbunden" (ebd.) ist. In Anbetracht der Erklärungskraft, die der Variable Geschlecht für Gewalthandeln zukommt, erscheint diese Begründung als recht knapp. Mädchen geben ferner signifikant weniger andere Delikte an, so daß eine ausschließliche Erklärung der unterschiedlichen Delinquenzbelastung von Mädchen und Jungen mit einer geschlechtsspezifischen Konfliktregulierung wohl auch deshalb zu kurz greift.

Daß aggressive Verhaltensweisen nur eine Art der Äußerung aggressiver Gefühle sind, ist der Ausgangspunkt einer Studie von Mansel und Hurrelmann (1994). Neben den Selbstverwirklichungsansprüchen und Befindlichkeiten der befragten Jugendlichen interessierte die Autoren auch, ob Probleme unter Umständen außengerichtet verarbeitet werden. Die für das Land Nordrhein-Westfalen repräsentative Befragung kam hinsichtlich der Häufigkeiten aggressiver Verhaltensweisen zu den in Abbildung 7.8 dargestellten Ergebnissen. Befragt wurden insgesamt 3.669 Schülerinnen und Schüler der Sekundarstufen I und II in verschiedenen Regionen Nordrhein-Westfalens.

Diese abgefragten Items sind, wie bei Pfeiffer et al., relativ stark an die strafrechtlichen Kategorien von Körperverletzung, Erpressung, Raub und Sachbeschädigung angelehnt, aber nicht zwangsläufig kriminalisierbar. Erwartungsgemäß zeigen sich bei dieser Befragung wieder die geschlechtsspezifischen Differenzen, allerdings weniger ausgeprägt. Während bei Pfeiffer et al. ca. dreimal mehr Jungen als Mädchen angaben, im letzten Jahr Gewalt ausgeübt zu haben, sind es bei Mansel und Hurrelmann lediglich rund zweimal so viele. Zu berücksichtigen ist aber, daß die Raten für die männlichen Befragten bei Gewalttätigkeit insgesamt in beiden Studien bei ungefähr 30% liegen und die Raten der Mädchen variieren. Zwar überschneiden sich die hier verglichenen Altersgruppen nur wenig (Pfeiffer et al.: 14- bis 18jährige und Mansel/Hurrelmann: 17- bis 22jährige), aber vor dem Hintergrund der PKS müßte der Anteil der gewalttätigen jungen Frauen bei der älteren Gruppe eher sinken und nicht ansteigen wie dies Mansel und Hurrelmann konstatieren. Besonders deutlich werden die Unterschiede zwischen diesen beiden exemplarischen Studien – und damit auch die schlechte Vergleichbarkeit von Dunkelfeldanalysen – bei der Körperverletzung. Bei Pfeiffer et al. gaben 29,0% der männlichen Befragten an, im letzten Jahr „einen anderen Menschen verprügelt und dabei verletzt" (Pfeiffer et al. 1998: 79) zu haben und bei Mansel und Hurrelmann sind es bei einem ähnlichen, vielleicht sogar weicheren Item („jemanden absichtlich schlagen oder verprügeln") lediglich 15,6%, während bei den weiblichen Befragten die Raten bei diesem Delikt ausnahmsweise annähernd gleich sind.

Abbildung 7.8: Aggressives Verhalten von 13- bis 22jährigen nach Altersgruppen und Geschlecht* (Befragung von 1990, in %)

	13-17 J. (Sekundarstufe I)	17-22 Jahre (Sekundarstufe II)		
		Frauen	Männer	Insges.
	n = 1.573	n = 1.075	n = 995	n = 2062
Jemanden absichtlich schlagen oder verprügeln	29,6	9,0	15,6	12,2
Jemanden bedrohen, damit diese Person das tut, was der Akteur will	10,6	5,9	11,6	8,6
Jemanden eine Sache mit Gewalt wegnehmen	15,5	5,2	10,8	7,9
Sachen von anderen absichtlich zerstören oder beschädigen	11,9	4,1	11,0	7,4
Mindestens eine Handlung	**38,8**	**15,2**	**29,3**	**22,0**

* Anteile der 13- bis 22jährigen, die angeben, entsprechende Handlungen im Zeitraum des letzten Jahres mindestens einmal ausgeführt zu haben.
Quelle: Mansel/Hurrelmann 1994: 166

Für die Annäherung der Prävalenzraten von Mädchen und Jungen, die sich im Dunkelfeld für Gewalt ergibt, könnte – neben einer geschlechtsspezifischen Kriminalisierung, die die Unterschiede im Hellfeld größer erscheinen läßt – auch verantwortlich sein, daß Frauen die eigene Gewalt sensibler wahrnehmen als Männer. Andererseits sind gerade Gewaltdelikte ein Mittel für die Darstellung von Männlichkeit (vgl. beispielsweise Kersten 1993), so daß auch von den Jungen höhere Werte für das Gewalthandeln zu erwarten wären. Auf der Basis der vorliegenden Zahlen lassen sich diese Widersprüche nicht klären.

Unbeschadet dieser Probleme verdeutlicht die Studie von Mansel und Hurrelmann wiederum, daß die Gewalt im Dunkelfeld stark mit dem Alter variiert. Dies gilt auch für die Kriminalität im Hell- und Dunkelfeld allgemein und gehört zum gesicherten Wissen der Kriminologie (vgl. Mischkowitz 1995). Für den vorliegenden Zusammenhang ist dies insofern bedeutsam, als sich wichtige Veränderungen in der Delinquenzbelastung gerade im Übergang vom Jugend- ins Erwachsenenalter, also bei den 14- bis 23jährigen vollziehen. Die Episodenhaftigkeit von Kriminalität im Jugendalter, die sich in den Zahlen deutlich manifestiert, findet in der öffentlichen und auch wissenschaftlichen Debatte wenig Berücksichtigung, obwohl sie – ebenso wie die Geschlechtsspezifik – in Erklärungsansätze zu Kriminalität und Gewalt explizit mit einbezogen werden müßte (vgl. Matt 1995, BMI/BMJ 2001b: 482).

Der Ausgangspunkt für die Untersuchung von Mansel und Hurrelmann ist, daß sich eine bei jungen Frauen und Männern gleich vorhandene Aggressivität beim männlichen Geschlecht im Jugend- und Erwachsenenalter stärker in nach außen gerichteten Verhaltensmustern zeigt und beim weiblichen Geschlecht eher in psychischen und psychosomatischen Störungen (Mansel/Hurrelmann 1994: 154). Die Ergebnisse der Studie bestätigen diese These der unterschiedlichen Problemverarbeitung.

> „Das Geschlecht steht in einem engen unmittelbaren aber auch vermittelten Verhältnis zu der Häufigkeit des Auftretens von psychosomatischen Beschwerden. Mädchen fühlen sich zum einen eher durch die Anforderungen in Schule und Beruf belastet. Sie sind gleichzeitig – infolge der im Sozialisationsprozeß ‚erlernten' interiorisierenden Verarbeitung von Problemlagen – anfälliger für psychosomatische Beschwerden." (Mansel/ Hurrelmann 1994: 170 f)

Ein Erklärungsansatz für die unterschiedliche Delinquenzbelastung der Geschlechter müßte demnach einerseits die spezifischen Lebenslagen berücksichtigen und andererseits – was für die unterschiedliche Delinquenzbelastung von Männern und Frauen besonders relevant ist – die in der Sozialisation erworbenen Muster der Problemverarbeitung, die nach wie vor geschlechtstypisch sind. Es deuten sich laut Mansel und Hurrelmann zwar Änderungen diesbezüglich an, weil auch unter Mädchen und jungen Frauen aggressive Verhaltensweisen mittlerweile weiter verbreitet sind, weiter als die offiziellen Daten zur Kriminalität angeben, aber dennoch bleibt es bei dem klaren Übergewicht von männlichen Tätern, was aggressive Verhaltensweisen betrifft (Mansel/Hurrelmann 1994: 167).

Einen erweiterten Blickwinkel auf dieses Phänomen und deshalb andere Schlußfolgerungen hat Popp (1997), die für das Schulsetting feststellt, daß sich die Täterraten von Mädchen und Jungen insbesondere bei psychischen Gewaltformen annähern und Mädchen deshalb möglicherweise die Rollen von „Drahtzieherinnen" und „Beifallsbekunderinnen" einnehmen (vgl. auch Bütow 1995), welche in der bisherigen Forschung wenig beachtet wurden. Für Gewalt in der Schule existieren überhaupt mehr und schon länger Studien als für Gewalt von Jugendlichen und Heranwachsenden generell (Mansel/Hurrelmann 1994: 151). Sie sind aber untereinander auch nicht problemlos vergleichbar und legen ferner einen für die vorliegenden Zwecke zu weichen Gewaltbegriff zugrunde (vgl. Popp 1997, Greszik et al. 1995), so daß hier nicht näher auf diese Untersuchungen eingegangen werden soll.

Hinsichtlich der Ost-West-Unterschiede ergeben sich auf der Ebene der Dunkelfeldstudien interessante Differenzen zur polizeilich registrierten Kriminalität der PKS. Mansel und Hurrelmann (1998: 91) befragten 1996 in Nordrhein-Westfalen und Sachsen insgesamt 2984 Jugendliche (Schülerinnen und Schüler der 7. und 9. Jahrgangsstufe) nach der Ausführung verschiedener Delikte[19] (vgl. Abbildung 7.9).

Aus Abbildung 7.9 ergibt sich, daß die Unterschiede bezüglich der Delinquenzbelastung zwischen Jugendlichen in Nordrhein-Westfalen und in Sachsen auf der Ebene der Selbstberichte weitaus geringer sind bzw. in eine andere Richtung weisen als die offizielle Tatverdächtigenregistrierung vermuten läßt. Die PKS zeigt, daß die Jugendlichen in den neuen Bundesländern eine höhere Tatverdächtigenbelastung aufweisen als die Jugendlichen in den alten Bundesländern (vgl. Pfeiffer et al. 1998: 17 f). Denkbar ist, daß die Delinquenzbelastung in Ostdeutschland aber nicht wirklich signifikant höher ist und daß die Differenz auf ein unterschiedliches Anzeigeverhalten der Bevölkerung in Ost- und Westdeutschland zurückgeht. Über Gründe kann an dieser Stelle nur spekuliert werden, aber plausibel erscheint, daß die Medienberichterstattung über rechte Gewalt in den neuen Bundesländern in Richtung einer höheren Anzeigebereitschaft wirkt und deshalb mehr Taten aus dem Dunkelfeld in Kenntnis der Polizei geraten.

Aus diesen Zahlen ergibt sich ferner, daß eine prekäre soziale Lage, wie sie für junge Menschen in Ostdeutschland ja festgestellt wird, für Gewalttätigkeit kaum eine Rolle spielen dürfte. Aggressives Verhalten und auch Eigentumsdelikte erscheinen damit eher kontextabhängig und an Gelegenheitsstrukturen orientiert (Mansel/Hurrelmann 1998: 102).

---

19 Das Fälschen von Unterschriften fällt eigentlich nicht unter Eigentumsdelikte, wurde aber dennoch aus Übersichtsgründen von den Autoren so eingeordnet; außerdem ist dieses Delikt häufig mit Bereicherungsabsicht verbunden. Insgesamt decken die abgefragten Handlungsweisen ca. 90% der in der PKS den tatverdächtigen Jugendlichen zur Last gelegten Sachverhalte ab (vgl. Mansel/Hurrelmann 1998: 88).

Ob und inwiefern die Lebenslage für Gewaltakzeptanz und Gewaltbereitschaft bedeutsam ist, muß genauer betrachtet werden.

Abbildung 7.9: Aggressives Verhalten und Eigentumsdelikte im Jugendalter 1996, Nordrhein-Westfalen und Sachsen im Vergleich (in %)*

		NRW n = 1585	Sachsen n = 1399	Sign. <
Aggressive Handlungen	Sachen von anderen absichtlich zerstört oder beschädigt	19,3	16,4	.050
	Jemanden absichtlich geschlagen oder verprügelt	32,6	28,1	.010
	Jemanden bedroht, damit er/sie das tut, was Du willst	13,7	11,9	n.s.
	Jemanden eine Sache mit Gewalt weggenommen	21,4	16,0	.001
	Mindestens eine Handlung	48,2	41,3	.001
Eigentumsdelikte	Irgendwo Sachen von anderen mitgenommen	19,9	22,4	n.s.
	Irgendwo eingebrochen (Gebäude, Auto, Automat)	4,9	3,1	n.s.
	Eine Unterschrift nachmachen	22,7	22,3	n.s.
	Mindestens eine Handlung	35,0	35,9	n.s.

* Anteile der Jugendlichen (7. und 9. Schuljahrgang), die angeben, entsprechende Handlungen im Zeitraum des letzten Jahres mindestens einmal ausgeführt zu haben.
Quelle: Mansel/Hurrelmann 1998: 91

Eine mit Einschränkungen repräsentative Studie, die diese Zahlen in anderer Weise relativiert, ist die der Bielefelder Gruppe um Heitmeyer (Heitmeyer et al. 1995). Befragt wurden insgesamt 3.401 Männer und Frauen im Alter von 15 bis 22 Jahren in den alten und neuen Bundesländern. Gegenstand der Untersuchung waren allerdings nur Gewalthandlungen und keine anderen kriminalisierbaren Delikte (vgl. Abbildung 7.10).

Vergleicht man die in dieser Untersuchung ermittelten Täter/innenraten grob mit denen von Mansel und Hurrelmann, so fällt auf, daß jene deutlich geringer sind, obwohl die gleichen Fragen angelegt wurden. Im Schnitt sind die Zahlen von Mansel und Hurrelmann etwa doppelt so hoch. Zum Teil dürfte dieser Unterschied wiederum der Episodenhaftigkeit von Delinquenz und Gewalt geschuldet sein. Heitmeyer et al. differenzieren zwar nicht nach Alter, aber vermutlich tragen die etwas älteren Jugendlichen im Sample dazu bei, daß die Zahlen insgesamt niedriger sind. Nichtsdestotrotz zeigt sich erneut, daß die Zahlen der selbstberichteten Delinquenz mit größter Vorsicht zu behandeln sind.

Abbildung 7.10: Gewalttätigkeit in den letzten 12 Monaten bei 15- bis 22jährigen nach Geschlecht in West- und Ostdeutschland 1992/1993 (in %)

	West (n = 1.709)			Ost (n = 1.692)		
	Frauen	Männer	Insges.	Frauen	Männer	Insges.
Sachbeschädigung	4,7	15,0	9,8	4,1	15,9	9,7
Körperverletzung	9,2	15,0	12,2	6,9	18,2	12,3
Bedrohung	4,3	10,9	7,5	4,2	13,0	8,4
Raub	4,7	10,9	7,7	4,4	12,4	8,2
Einbruch	1,4	5,4	3,4	0,9	7,4	4,1

Quelle: Heitmeyer et al. 1995: 140, eigene Zusammenstellung

Bei einem globalen Vergleich der Zahlen nach Ost und West bestätigt sich, daß auf der Ebene der selbstberichteten Delinquenz die Jugendlichen im Osten nicht gewalttätiger als die im Westen sind. Nach Geschlecht betrachtet ergeben sich aber durchaus Unterschiede, die bei einer geschlechtsundifferenzieren Auswertung nicht zu Tage treten würden. Die Abweichungen der Zahlen zwischen Ost und West sind nicht gravierend, deuten aber alle in die gleiche Richtung: Männliche Jugendliche im Osten scheinen etwas gewalttätiger zu sein als männliche Jugendliche im Westen, während die weiblichen Jugendlichen im Osten weniger Gewalthandlungen angeben als die weiblichen Jugendlichen im Westen. Insbesondere bei der Körperverletzung finden sich diesbezüglich die größten Differenzen.

Obwohl die soziale Lage von Mädchen und jungen Frauen in den neuen Bundesländern in weiten Teilen als problematisch bezeichnet werden kann, ist es die Gruppe, die nach eigener Auskunft am wenigsten von Gewalt Gebrauch macht. Die Erklärungen, die von Heitmeyer et al. (1995) bzw. Conrads und Möller (1995) angeboten werden, finden ihre Grenzen darin, daß diese Gruppe nur einen sehr kleinen Teil der Befragten insgesamt ausmacht. Um zuverlässige Erklärungen für diese unerwartete Beobachtung zu finden, müssen zukünftige Untersuchungen vermutlich insbesondere andere Problemlösemechanismen einbeziehen (vgl. Heitmeyer et al. 1995: 276).

7.4 Wandel der Kriminalität von jungen Frauen und Männern

Aufgrund der Brisanz der Thematik Kriminalität und Gewalt scheint vor allem interessant, wie sich die Zahlen über die Jahre entwickeln. Die diesbezügliche Vorgehensweise lehnt sich hier an die vorherige an: Zunächst werden Daten der offiziellen Statistik berücksichtigt und dann Daten zur selbstberichteten Delinquenz.

7.4.1 Die Entwicklung der Kriminalität von jungen Frauen und Männern in der offiziellen Registrierung

Für die Betrachtung der Entwicklung der Kriminalität von jungen Frauen und Männern werden zunächst wiederum die differenzierten Daten der PKS verwendet, für die das Problem des Gewaltbegriffs in der Weise gelöst ist, daß nur von Straftatbeständen die Rede ist, und die zudem Längsschnitte erlauben.

Zum Aufzeigen der Entwicklung der Kriminalität eignen sich die Tatverdächtigenbelastungszahlen (TVBZ)[20], die allerdings den Nachteil haben, daß sie nur für deutsche Tatverdächtige zuverlässig berechnet werden können (PKS 2000: 97). Seit 1991 ergibt sich anhand dieser Zahlen die in Abbildung 7.11 dargestellte Entwicklung.

Die PKS zeigt bis 1998 eine fast konstante Zunahme der TVBZ für alle hier interessierenden Altersgruppen. 1999 sinken die TVBZ für alle Altersgruppen, einzig die Zahlen bei den männlichen Jungerwachsenen steigen. Im Jahr 2000 halten die Zahlen im wesentlichen ihr Vorjahresniveau, lediglich bei den männlichen Heranwachsenden und wiederum bei den männlichen Jungerwachsenen läßt sich ein erneuter Anstieg verzeichnen. Aus der Übersicht geht ferner hervor, daß, wie bereits angedeutet, in geschlechtervergleichender Perspektive unter den jungen Männern die Heranwachsenden am stärksten belastet sind und unter den jungen Frauen die Jugendlichen.

Hinsichtlich der Gewaltkriminalität, die, wie oben dargestellt, aber nur einen Bruchteil der Delikte von Jugendlichen, Heranwachsenden und Jungerwachsenen ausmacht, ist ein massiverer Anstieg als bei den Straftaten insgesamt auszumachen und dies insbesondere bei den Jugendlichen (Pfeiffer et al. 1998: 14). Diese steigenden Zahlen der PKS sind aber mit Vorsicht zu bewerten: Sie korrespondieren nicht mit den

---

20 Die Tatverdächtigenbelastungszahl (TVBZ) ist die Zahl der Tatverdächtigen, errechnet auf je 100.000 Einwohner des entsprechenden Bevölkerungsanteils (PKS 2000: 18).

Zahlen der Strafverfolgungsstatistik, denn ein derartig starker Anstieg der Abgeurteilten- und Verurteiltenziffern ist nicht zu verzeichnen. Anhand dieser Statistiken ergeben sich vielmehr Hinweise darauf, daß die Tatschwere der Gewaltdelikte im einzelnen Fall eher abgenommen hat (Pfeiffer et al. 1998: 30). Ferner verweisen verschiedene Längsschnittstudien zum Dunkelfeld darauf, daß, obgleich die Zahlen hier ohnehin höher angesiedelt sind, die Zuwächse deutlich moderater ausfallen als die PKS anzeigt bzw. die Zahlen zur selbstberichteten Gewalt in jüngster Zeit – entgegen dem Trend in der PKS – sogar leicht zurückgegangen sind, aber dazu im nächsten Punkt.

Abbildung 7.11: Tatverdächtigenbelastungszahlen für Deutsche nach Geschlecht und Altersgruppen (1991 bis 2000) (in Tatverdächtige/100.000 Einwohner)*

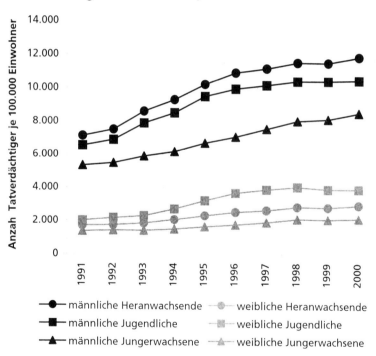

* 1991 und 1992 alte Länder mit Ost-Berlin, ab 1993 Bundesgebiet insgesamt.
Quelle: Eigene Zusammenstellung aus PKS-Zeitreihen im Internet

An dieser Stelle sei noch erwähnt, daß beispielsweise für das Schulsetting in dem Zeitraum, in dem die Tatverdächtigenbelastung Jugendlicher mit

Gewalt laut der PKS besonders gestiegen ist, eine Stagnation der Zahlen konstatiert wird (Greszik et al. 1995).[21] Eine andere Untersuchung kommt zu dem Schluß, daß die Sensibilisierung gegenüber Gewalt zu einem Gutteil zur Erhöhung der Zahlen beiträgt, ohne daß ein reeller Anstieg zugrunde liegen muß (Mansel 1995). Dies mahnt zur Vorsicht bei der Interpretation der amtlichen Daten von Polizei und Justiz.

Unbeschadet dieser Relativierung der Zahlen der PKS ist für den vorliegenden Zusammenhang interessant, welchen Anteil die jungen Frauen und die jungen Männer an einem auf der Ebene der Tatverdächtigenerfassung angenommenen Anstieg der Jugendgewalt haben. Laut der Analyse von Pfeiffer ergibt sich diesbezüglich das konträre Bild, daß im Vergleich von 1984 und 1997 die TVBZ der weiblichen Jugendlichen (bzw. aller Altersgruppen) stärker angestiegen ist als die der männlichen Jugendlichen, daß aber unter Berücksichtigung des Abstandes der registrierten Kriminalitätsbelastung beider Geschlechter der Anstieg der Jugendgewalt zu 84,6% den Jungen und zu 15,4% den Mädchen zuzurechnen ist (Pfeiffer et al. 1998: 17).

7.4.2 Erkenntnisse aus der Dunkelfeldforschung zur Entwicklung von Kriminalität und Gewalt

Eine gute Ergänzung zu den Zahlen aus der PKS stellt die in Ausschnitten oben bereits behandelte Studie von Mansel und Hurrelmann (1998) dar, denn sie differenziert hinsichtlich des Zeitvergleichs nach Geschlecht und nach Bundesländern, allerdings werden diese beiden Variablen nicht kombiniert. Leider wurden in der Studie zudem lediglich Jugendliche (7. und 9. Jahrgangsstufe) befragt, so daß wiederum nur für einen Teil der hier interessierenden Altersgruppe Aussagen gemacht werden können.

Unter geschlechtervergleichender Perspektive ergeben sich zwischen 1988 und 1996 für ausgewählte Delikte die in Abbildung 7.12 dargestellten Entwicklungen. Es handelt sich dabei allerdings nicht um Delikte im engeren Sinne, da sie – und dies ist wichtig zu berücksichtigen – hier nicht unbedingt das Kriterium der Strafbarkeit erfüllen müssen.

Aus dem Zeitvergleich nach Geschlecht geht hervor, daß für fast alle abgefragten Handlungen für beide Geschlechter zwischen 1988 und 1996 ein signifikanter Anstieg zu verzeichnen ist. Lediglich die als Körperverletzung zu bezeichnende aggressive Handlung weist bei den weib-

---

21 Die Autor(inn)en führten eine Befragung von Lehrer(inne)n und Schüler(inne)n durch und werteten die Unfallmeldestatistiken für Schulen aus.

lichen Jugendlichen kaum eine Steigerung auf. Dies und der generell niedrigere Anstieg von Gewalt- und Eigentumsdelikten auf der Ebene der selbstberichteten Delinquenz steht im Gegensatz zu den Aussagen der PKS (vgl. auch BMI/BMJ 2001b: 550 ff). Die These, daß ein nicht unbedeutender Teil des Anstiegs der Jugendkriminalität auf einer veränderten Anzeigebereitschaft beruht, findet hiermit einen Beleg. Wie oben für die Querschnittdaten festgestellt, nähert sich auch im Zeitvergleich die Delinquenz von jungen Frauen und Männern, die auf dieser Erfassungsebene sowieso näher zusammen liegt, im Dunkelfeld an.

Abbildung 7.12: Aggressives Verhalten und Eigentumsdelikte Jugendlicher in Nordrhein-Westfalen nach Geschlecht 1988 und 1996 (in %)*

	Frauen			Männer		
	1988	1996	Sign.<	1988	1996	Sign.<
	n=711	n=782		n=861	n=802	
Aggressive Handlungen						
Sachen von anderen absichtlich zerstört oder beschädigt	5,8	13,9	.001	16,5	24,7	.001
Jemanden absichtlich geschlagen oder verprügelt	20,5	22,5	n.s.	34,3	42,6	.001
Jemanden bedroht, damit er/sie das tut, was Du willst	5,7	10,5	.001	11,8	16,8	.005
Jemanden eine Sache mit Gewalt weggenommen	9,2	17,4	.001	18,3	25,4	.001
Mindestens eine Handlung	27,3	38,2	.001	45,2	58,0	.001
Eigentumsdelikte						
Irgendwo Sachen von anderen mitgenommen	6,6	16,2	.001	13,4	23,5	.001
Irgendwo eingebrochen (Gebäude, Auto, Automat)	0,6	2,7	.005	3,9	7,0	.001
Eine Unterschrift nachmachen	11,3	23,8	.001	14,5	21,7	.001
Mindestens eine Handlung	15,7	33,8	.001	24,1	36,3	.001

* Anteile von Jugendlichen (7. und 9. Schuljahrgangsstufe), die angeben, entsprechende Handlungen im Zeitraum des letzten Jahres mindestens einmal ausgeführt zu haben.
Quelle: Mansel/Hurrelmann 1998: 97

Neben dem Zeitvergleich nach Geschlecht lohnt auch einer nach Ost und West, der aber nur anhand zweier Bundesländer (Nordrhein-Westfalen und Sachsen) und nicht mehr getrennt nach Geschlecht bewerkstelligt werden kann (vgl. Abbildung 7.13).

Die Untersuchung von Mansel und Hurrelmann (1998) erbrachte, daß die Belastung mit Gewalt- und Eigentumsdelikten unter Jugendlichen in Ost und West im Dunkelfeld nicht so ungleich verteilt ist, wie die PKS es anzeigt, bzw. daß die Ergebnisse teilweise sogar den Aussagen der PKS widersprechen. Im Zeitvergleich scheint dies ebenfalls so zu sein: die Anstiege zwischen 1988 und 1996 erweisen sich in NRW wiederum als signifikant, während dies in Sachsen nicht durchgängig so ist. Auf einzelne Delikte soll nicht weiter eingegangen werden.

Abbildung 7.13: Aggressives Verhalten und Eigentumsdelikte Jugendlicher in Nordrhein-Westfalen und Sachsen 1988 und 1996 (in %)*

	NRW			Sachsen		
	1988	1996	Sign.<	1988	1996	Sign.<
	n = 1579	n = 1585		n = 922	n = 704	
Aggressive Handlungen						
Sachen von anderen absichtlich zerstört oder beschädigt	11,7	19,3	.001	14,1	15,2	n.s.
Jemanden absichtlich geschlagen oder verprügelt	28,1	32,6	.010	22,1	22,6	n.s.
Jemanden bedroht, damit er/sie das tut, was Du willst	9,1	13,7	.001	8,6	12,5	.010
Jemanden eine Sache mit Gewalt weggenommen	14,2	21,4	.001	11,9	13,4	n.s.
Mindestens eine Handlung	37,2	48,2	.001	34,3	35,9	n.s.
Eigentumsdelikte						
Irgendwo Sachen von anderen mitgenommen	10,4	19,9	.001	24,4	25,7	n.s.
Irgendwo eingebrochen (Gebäude, Auto, Automat)	2,4	4,9	.005	1,2	2,8	.050
Eine Unterschrift nachmachen	13,1	22,7	.001	11,4	26,7	.001
Mindestens eine Handlung	20,4	35,0	.001	33,2	40,9	.005

* Anteile von Jugendlichen (7. und 9. Schuljahrgangsstufe), die angeben, entsprechende Handlungen im Zeitraum des letzten Jahres mindestens einmal ausgeführt zu haben.
Quelle: Mansel/Hurrelmann 1998: 91

Eine Untersuchung speziell brandenburgischer Jugendlicher (Sturzbecher/Landua/Hossein 2001) zeigte dagegen in dem von Mansel und Hurrelmann auch mit betrachteten Zeitraum zwischen 1993 und 1996 einen starken Anstieg der selbstberichteten Beteiligung an Schlägereien und ab 1996 ein Sinken derselben. An diesen entgegengesetzten Ergebnissen wird wiederum deutlich, wie problematisch ein Vergleich verschiedener Untersuchungen ist und wie stark die Erkenntnisse von der Anlage der Untersuchung abhängen.

Zusammenfassend zur Entwicklung der Kriminalität in den letzten zehn Jahren läßt sich in geschlechtervergleichender Perspektive feststellen, daß sich die Differenzen auf der Verhaltensebene nicht wesentlich verändert haben und als zu erklärendes Faktum bestehen bleiben. Die Jugendkriminalität scheint generell angestiegen zu sein, wenn auch nicht in dem Ausmaß wie gemeinhin angenommen. Seit etwa Mitte der 90er Jahre deutet sich an, daß die Zahlen zur Jugendgewalt auf der Ebene der selbstberichteten Delinquenz eher zurückgegangen sein könnten (vgl. BMI/BMJ 2001b: 550 ff, 582 ff). Trendaussagen lassen sich allerdings noch nicht ableiten, zumal die offiziellen Zahlen von Polizei und Justiz zum Teil im Widerspruch zu diesen Ergebnissen stehen.

Einen Hinweis auf wichtige Veränderungen geben Studien zur Einstellung zu Gewaltakzeptanz und Gewaltbereitschaft, die aber bisher noch keine Vergleiche über längere Zeiträume erlauben und darüber hinaus dem angesprochenen Problem der sich verändernden Wahrnehmung und Bewertung von Kriminalität und Gewalt unterliegen.

7.5 Einstellungen zu Gewalt

Einstellungen vor allem zu Gewalt werden in den großen Jugendstudien, aber auch kleineren, regional begrenzten Studien[22] abgefragt. Während die von der Untersuchungsanlage her kleineren Untersuchungen die Kategorien Gewaltakzeptanz, Gewaltbereitschaft und Gewalthandeln teilweise nicht differenziert behandeln, werden in den repräsentativen Jugendstudien vor allem die Einstellungen zur Gewaltanwendung erhoben, was hinsichtlich der Aussagen einen wichtigen Unterschied darstellt, der in der öffentlichen Debatte nicht immer berücksichtigt wird.

Andererseits erscheint eine isolierte Betrachtungsweise der einzelnen Kategorien, wie sie hier vollzogen wird, künstlich, denn sie bilden ja alle zusammen das Phänomen Gewalt. Gerade für die Verbindungen, die Gewalt zu Rechtsextremismus und Fremdenfeindlichkeit hat, ist es wichtig, die verschiedenen Facetten des Phänomens zu betrachten. Stellvertretend für eine ganze Reihe von Untersuchungen wird nun zunächst ausführlicher auf die IPOS-Studie zurückgegriffen, da sie die hier auch relevanten Ost-West-Unterschiede explizit berücksichtigt.

---

22 Beispielsweise Sturzbecher/Landua/Shahla 2001.

Aus Abbildung 7.14 geht hervor, daß sich erwartungsgemäß Frauen und Männer hinsichtlich ihrer Gewaltakzeptanz unterscheiden, allerdings sind die Differenzen nicht so groß wie bei der Gewalttätigkeit. Vergleicht man die Zahlen der 14- bis 23jährigen Jungen und Männer im Westen und im Osten, so ergibt sich, daß die Prozentsätze derer, die der Meinung sind, daß es Gründe für Gewalt gibt, annähernd gleich sind. Bei den Frauen zeigt sich im Ost-West-Vergleich aber ein anderes Bild, denn die Gewaltakzeptanz ist bei den Mädchen und Frauen im Osten erkennbar größer. In der Altersgruppe der 14- bis 19jährigen im Osten findet sich entsprechend eine starke Annäherung der Prozentzahlen der Geschlechter.

Abbildung 7.14: Gründe für Gewalt* nach Geschlecht und Altersgruppen in West- und Ostdeutschland (in %)

		West		Ost		BRD gesamt	
		Frauen	Männer	Frauen	Männer	Frauen	Männer
14-19 Jahre	vorhanden	19,6	26,2	25,2	27,4	21,1	26,5
	nicht vorhanden	78,3	70,7	71,2	70,7	76,4	70,7
	weiß nicht	2,1	3,1	3,6	1,9	2,5	2,8
	n	203	217	251	254	279	293
20-23 Jahre	vorhanden	18,0	27,9	22,5	28,8	18,9	28,1
	nicht vorhanden	79,7	71,3	76,4	70,3	79,0	71,1
	weiß nicht	2,3	0,8	1,1	0,9	2,1	0,8
	n	141	135	107	131	173	174

* Fragetext: „Was meinen Sie, gibt es für Jugendliche Gründe, die die Anwendung von Gewalt rechtfertigen?"
Quelle: IPOS 1999: 103

Ein vor dem Hintergrund der offiziellen Zahlen zur Gewalttätigkeit wichtiges Ergebnis dieser Studie ist, daß bei den Frauen die Akzeptanz von Gewalt mit dem Alter vergleichsweise stark abnimmt, während sie bei Männern eher ansteigt. In den offiziellen Statistiken findet sich hinsichtlich der Gewalttätigkeit eine andere Tendenz, denn hier nehmen die betreffenden Delikte mit zunehmendem Alter ab und dies bei beiden Geschlechtern. Festhalten läßt sich, daß zwischen der Gewaltakzeptanz und dem tatsächlichen Gewalthandeln klar unterschieden werden muß und daß vermutlich bei den einzelnen doch eine größere Hemmschwelle besteht, Gewalt auch anzuwenden.

Bezüglich der Entwicklung der Gewaltakzeptanz speziell bei den Frauen fällt auf, daß trotz der deutlichen Abnahme der Gewaltakzeptanz bei den Frauen generell, die Frauen im Osten nicht auf das Ausgangsniveau der Frauen im Westen kommen. Über die Gründe dafür, daß die weiblichen Befragten im Osten Gewalt eher als gerechtfertigt erachten, kann hier nur spekuliert werden, aber vielleicht kommt zum Tragen, daß sich die soziale Lage der Frauen im Osten prekärer darstellt als im Westen. Die im allgemeinen niedrigere Gewaltakzeptanz von Frauen bleibt als erklärungsbedürftiges Phänomen aber dennoch bestehen.

Erinnert sei noch daran, daß Heitmeyer et al. (1995) für die fast gleiche Altersgruppe eine geringere Gewalttätigkeit der jungen Frauen im Osten konstatierten. Möglicherweise ist dies wiederum ein Hinweis auf eine unterschiedliche Aktualisierung von Gewalt, also auf einen hier recht bedeutsamen Unterschied zwischen Einstellungs- und Verhaltensebene. Andererseits wurde schon mehrfach die schlechte Vergleichbarkeit der Studien angesprochen, so daß die Differenzen auch hierin eine Begründung finden könnten.

Geht es um politisch motivierte Gewalthandlungen, so ergibt sich erwartungsgemäß ebenfalls, daß Mädchen und junge Frauen in weitaus geringerem Maße Gewalt billigen als ihre männlichen Altersgenossen. Ein interessantes Ergebnis des DJI-Jugendsurvey ist, daß die Geschlechtsunterschiede speziell bei der rechtsorientierten Gewaltakzeptanz größer sind als bei politischen Protestaktivitäten allgemein und dies vor allem in den neuen Bundesländern (vgl. Gaiser/de Rijke 2000: 302). Zu beachten ist allerdings, daß sich die Zahlen zur rechtspopulistischen Gewaltbilligung im Osten insgesamt auf höherem Niveau bewegen. Im übrigen findet sich auch bei der Akzeptanz politisch motivierter Gewalthandlungen die mehrfach angesprochene Altersspezifik: Ältere lehnen gewaltförmige Aktionsformen eher ab als Jüngere (vgl. Gaiser/de Rijke 2000: 298). Deutlicher scheinen allerdings die Altersunterschiede zu den über 30jährigen zu sein (vgl. Gaiser/de Rijke 2000: 302).

Betrachtet man nochmals die tatsächliche Gewaltanwendung, allerdings dieses Mal im Zusammenhang mit rechtsextremen Einstellungen, so zeigt sich, daß hier der Anteil der Frauen nochmals geringer ist als bei der Gewaltakzeptanz generell. Willems stellt nach einer Auswertung von 1.398 Ermittlungsakten zu fremdenfeindlichen Straftaten[23] fest, daß lediglich 3,7% davon Ermittlungen gegen Frauen waren (vgl. Willems 1993: 112). Praktisch alle Tötungs- und Körperverletzungsdelikte

---

23 Willems fokussierte bei der Auswertung kein bestimmtes Alter, es zeigte sich aber, daß insbesondere die Altersgruppe zwischen 15 und 20 Jahren fremdenfeindliche Gewalt ausübt; auf sie entfielen 72% der ausgewerteten Akten (vgl. Willems 1993: 110).

wurden von Männern begangen, während bei den fremdenfeindlich motivierten Brandanschlägen und Sachbeschädigungen Frauen durchaus entsprechend ihres Tatverdächtigenanteils insgesamt beteiligt waren (vgl. Willems 1993: 113). Über die mögliche unterstützende Rollen von Mädchen und Frauen ist hier nichts ausgesagt, aber die Untersuchungen machen deutlich, daß Frauen und Männer unterschiedliche Beteiligungsformen an fremdenfeindlicher Gewalt zeigen.

7.6 Erklärungsansätze zur Frauenkriminalität

Die hier zugezogenen Daten wurden vor allem unter geschlechtervergleichender Perspektive betrachtet und es ergaben sich wichtige Beobachtungen, die zum Ausgangspunkt für einen Blick auf Erklärungsansätze gemacht werden können, die sich mit der Bedeutung der Kategorie Geschlecht für Kriminalisierung und Kriminalität befassen. Eine eingehendere Behandlung dieser Ansätze ist an dieser Stelle nicht möglich, so daß lediglich einige sozialwissenschaftliche und kriminologische Konzeptionen skizziert werden sollen. Generelle Theorien zu Ursachen von Jugendkriminalität werden nicht berücksichtigt.

Daß der Kriminalität von Mädchen und Frauen in der kriminologischen Forschung und Theoriebildung nicht viel Beachtung geschenkt wurde, ist vermutlich eine Spiegelung der quantitativen Unterrepräsentanz von Mädchen und Frauen, die sich in diversen Statistiken und Studien zur Delinquenzbelastung zeigte. Auf der anderen Seite waren gerade die „Besonderheiten" der weiblichen Kriminalität Anlaß dafür, daß das Forschungsinteresse am Thema Frauenkriminalität dennoch einigermaßen beständig war und nicht ganz nachließ.

Grob einteilen lassen sich die Erklärungsansätze zur geschlechtstypischen Delinquenzbelastung danach, welche Prämissen sie haben. Entweder wird von einer Gleichverteilung der Delinquenz ausgegangen und nach einer geschlechtsspezifischen *Kriminalisierung* gefragt oder es wird eine geringere *Kriminalitätsbelastung* von Mädchen und Frauen per se angenommen, welche dann erklärt werden muß (vgl. Mischau 1997). Die Ansätze, die eine Kriminalisierung in den Blick nehmen, werden als definitorische Ansätze verhandelt und die, die eine in der Tat geringere Kriminalitätsbelastung von Mädchen und Frauen zu erklären suchen, gelten als ätiologisch orientiert.

Ohne daß diese ganze Diskussion aufgerollt werden soll, ergeben sich aus den hier analysierten Daten mehr Hinweise darauf, daß die Kriminalitätsbelastung von Frauen und Männern tatsächlich unterschiedlich ist. Eine geringere Kriminalisierung von Mädchen und Frauen – also eine andere Behandlung ihres delinquenten Verhaltens – kann aber durchaus auch eine Rolle spielen. Insbesondere die Zahlen aus den Dunkelfelduntersuchungen belegen, daß wohl beides zutrifft. Einerseits zeigen sich auch hinsichtlich der selbstberichteten Delinquenz die geschlechtstypischen Unterschiede, andererseits sind diese Unterschiede im Vergleich zu den offiziellen Statistiken deutlich geringer.

Erschwerend bei der Theorieentwicklung kommt hinzu, daß in der Regel wenig differenziert wird, was als erklärungsbedürftig betrachtet wird (vgl. Schmölzer 1995: 226 f). Der Erklärungsbedarf kann sich beispielsweise auf die Unterrepräsentanz der Frauen bezüglich Kriminalität erstrecken; ferner können qualitative Aspekte, also die Art der Delikte von Frauen und Männern erklärungsbedürftig erscheinen. In der vorliegenden Analyse wurde insbesondere der quantitativ vergleichenden Perspektive – d. h. der im Vergleich zu Männern niedrigen Delinquenz von Frauen – Beachtung geschenkt. Im Anschluß daran wiederum läßt sich entweder nach der Begründung für die im Vergleich zu Männern niedrigere Kriminalität von Frauen oder nach der Ursache für die vergleichsweise höhere Männerkriminalität fragen.

In früheren *biologistischen Ansätzen* zur Erklärung von Frauenkriminalität wurde davon ausgegangen, daß Kriminalität dem Wesen der Frau widerspricht: Durchschnittlich geringere Körperkraft und die vermeintliche psychische Passivität schienen die Unterrepräsentanz von Frauen in den Kriminalitätsstatistiken zu begründen. Die Prostitution galt als das weibliche Äquivalent für den männlichen Rechtsbruch. Während bei Männern eher sozio-ökonomische Umstände als ursächlich für Kriminalität betrachtet wurden, nahm man bei delinquenten Frauen ein abweichendes Anlagenpotential an (vgl. für einen ausführlicheren Überblick Franke 2000). In neueren genetischen Erklärungsansätzen werden vor allem Anlagefaktoren heraus gearbeitet, die männliche Delinquenz- und Gewalttendenzen begründen sollen (Euler 1999). Im Zuge dieser Forschungen erfahren auch entwicklungsgeschichtliche Argumentationen eine Renaissance.

Zurückgedrängt wurden und werden diese biologischen Ansätze durch *sozialisations- und rollentheoretische* Ansätze in der Kriminologie. Hier wird die statistische Diskrepanz der Mädchen- und Jungendelinquenz im Zusammenhang mit den unterschiedlichen Geschlechterrollen gesehen, etwa als Reaktion auf angetragene geschlechtsspezifische Verhaltenserwartungen. Warum es aber diese Erwartungen gibt, warum die entsprechenden Rollen manchmal dennoch übertreten werden und warum sich in den Abweichungen aber wiederum die spezifischen Rollendefinitionen zeigen, ist dadurch allerdings noch nicht hinreichend geklärt.

Problematisch ist in diesem Zusammenhang auch, daß diese Ansätze insbesondere bezüglich weiblicher Kriminalität und Gewalt von einer defizitären Sozialisation als Ursache ausgehen. Wenn Jungen und Männer kriminelle oder gewalttätige Handlungen zeigen, ist dies im Rahmen dieser Ansätze durchaus mit geschlechtsspezifischen Erwartungen vereinbar und lediglich ein „Zuviel des Guten". Bei der Delinquenz von Mädchen und Frauen wird dagegen von einer mißlungenen Sozialisation ausgegangen, da sie sich offensichtlich nicht am traditionellen Weiblichkeitsbild orientieren und „unweibliche" Konfliktverarbeitungsmuster wählen. Das Konzept der Geschlechterrollen wird dem Phänomen der Frauenkriminalität also nur bedingt gerecht (vgl. Silkenbeumer 2000: 23, Bruhns/Wittmann 1999: 362 f).

Die vergleichsweise hohe Beteiligung von Frauen am Ladendiebstahl wird gern mit der sogenannten *Theorie der Tatgelegenheit* (vgl. Kawamura 2000) in Verbindung gebracht. Dabei wird auf das Einkaufen als Teil der traditionellen Rolle von Frauen oder auf Freizeitmuster weiblicher Jugendlicher (Shopping) verwiesen. Daß Frauen kaum mit Wirtschaftsstraftaten[24] polizeilich registriert werden, weil ihnen oftmals schlichtweg der Handlungsspielraum fehlt, bestimmte Delikte zu begehen, unterstreicht die Bedeutung dieses Erklärungsansatzes. Da die Zahlen der weiblichen Jugendlichen und Heranwachsenden bezüglich Ladendiebstahl aber dennoch unter denen der männlichen Altersgenossen liegen, scheint die Theorie der Tatgelegenheit nur bedingt zuzutreffen und zumindest ergänzungsbedürftig zu sein.

Eine Verbindung sozialisations- und rollentheoretischer Annahmen mit sozialstrukturellen Theoriekonzeptionen findet sich in *materialistisch-feministischen Ansätzen* in der Kriminologie. Hier geraten die gesellschaftlichen Machtverhältnisse in den Blick, die durch die geschlechtsspezifische Arbeitsteilung sowie durch das Machtgefälle in sozialen Beziehungen zwischen Mann und Frau bestimmt sind. Die Sozialisation von Mädchen und jungen Frauen wird unter der Perspektive einer doppelten Unterdrückung der Frau durch kapitalistische und patriarchale Strukturen betrachtet (vgl. Mischau 1997: 141). Es wird

---

24 Unter Wirtschaftsstraftaten werden im wesentlichen Delikte verstanden, die unter wirtschaftlicher Betätigung begangen werden und das Wirtschaftsleben oder die Allgemeinheit schädigen, also mit größeren Schäden verbunden sind (PKS 2000: 15).

angenommen, daß Mädchen gegenüber Jungen restriktiver kontrolliert und von der öffentlichen und beruflichen Sphäre eher ausgeschlossen werden. Vor diesem Hintergrund entwickelten Mädchen eher passive und abhängige Verhaltensweisen, die einen Verstoß gegen strafrechtliche Normen unwahrscheinlicher machten.

Im Anschluß an diese Erklärungsansätze stellt sich die Frage, ob Mädchen und junge Frauen, die über einflußreichere Positionen verfügen, die einer geringeren sozialen Kontrolle unterliegen und mehr Gelegenheit für delinquentes Verhalten haben, auch delinquenter sind. Derartige Gedankengänge wurden in Erklärungsansätzen weiter verfolgt, die die These aufstellen, daß weibliche Delinquenz infolge der Frauenbewegung und der zunehmenden Teilhabe der Frauen am gesellschaftlichen Leben zugenommen habe – diskutiert werden diese Erklärungsansätze unter dem Begriff „*Emanzipationsthese*". Bis heute entbehrt diese Theorie aber eines empirischen Beleges, da sich die Frauenkriminalität weder qualitativ noch quantitativ an die Männerkriminalität angepaßt hat (Mischau 1997: 133).

Während die materialistisch-feministischen Ansätze die patriarchale Unterdrückung von Frauen der Unterdrückung durch das Kapital nachordnen, betonen *feministisch-sozialstrukturelle Erklärungsmodelle* die Diskriminierung von Frauen in allen gesellschaftlichen Bereichen. Im Zuge der Weiterentwicklung der Sozialisationstheorie kam man in der Delinquenzforschung zunehmend zu der Überzeugung, daß die geringere Delinquenz von weiblichen Jugendlichen als Ausdruck einer spezifisch weiblichen Problemlösungsstrategie zu verstehen ist, die unter dem Druck ungleicher gesellschaftlicher Chancenstrukturen, geschlechtsspezifischer Verhaltenserwartungen, männlicher Dominanzansprüche und sozialer Kontrolle entsteht. Die Handlungsmuster von Mädchen und jungen Frauen entwickeln sich entsprechend aus zwiespältigen Bedürfnissen, denn einerseits wollen sie die Rollenanforderungen erfüllen, andererseits aber gleichzeitig den damit verbundenen Abwertungen entgehen (Conrads/Möller 1995). Delinquenz und insbesondere Gewalt ist für junge Frauen eine Option mit den daraus entstehenden Belastungen umzugehen, häufiger richten sie ihre aggressiven Gefühle und Verhaltensweisen jedoch gegen sich selbst (vgl. Kapitel zum Gesundheitsstatus). Damit entsprechen weibliche Jugendliche vorherrschenden Geschlechtsrollenstereotypen, nach denen Gewalt und Delinquenz für Frauen – anders als für Männer – keine angebrachten Verhaltensweisen darstellen (Ziehlke 1992).

Auf die Strukturkategorie Geschlecht rekurriert auch die *Jungen- und Männerforschung,* die kulturell verankerte Maskulinitätskonzepte zur Erklärung der stärkeren Beteiligung von Jungen und Männern an delinquenten Verhaltensweisen nutzt. Das Interpretationsmodell der hegemonialen Männlichkeit von Connell bietet eine Erklärung für die Unterrepräsentanz von Mädchen und Frauen in Kriminalitätsstatistiken (vgl. hierzu Kersten 1995). Mit Regelverstößen und insbesondere Aggressivität – so wird hier argumentiert – können Jungen ihre Männlichkeit demonstrieren (Matt 1999), während delinquente Mädchen soziale Marginalisierung riskieren. Hintergrund für die Entwicklung aggressiver Ausdrucksformen bei jungen Männern sind demnach patriarchale Machtverhältnisse, die hierarchische Arbeitsteilung und geschlechtsrollenstereotype Erwartungen.

Damit ist der vorliegende knappe Überblick wieder bei den *definitorischen Konzeptionen* angelangt, auf die zu Beginn dieses Abschnitts hingewiesen wurde. Die letztgenannten Erklärungen verstehen delinquente Verhaltensweisen als soziale Praktiken, in und mit denen Geschlecht hergestellt wird.

Trotz dieses erweiterten Blicks steht eine Theorie, die alle Erscheinungsformen von Mädchen- und Frauenkriminalität zufriedenstellend erklärt, im Grunde noch aus. Ohne Bezug auf den gesellschaftlichen Kontext und ohne Berücksichtigung der weiblichen Lebens- und Erfahrungszusammenhänge kann man dem Forschungsgegenstand Frauenkriminalität nicht gerecht werden (vgl. Mischau 1997: 177). Die folgende Zusammenfassung wird nochmals auf die bisherigen Ergebnisse der empirischen Forschung eingehen, die die Argumentationsgrundlage für die theoretische Diskussion bilden.

7.7 Zusammenfassung und abschließende Betrachtungen

Obwohl von einer „quantitativen und qualitativen Bedeutungslosigkeit der Kriminalität von Personen weiblichen Geschlechts" (vgl. Gipser 1987: 162) nicht gesprochen werden kann, erweist sich die Kriminalität der 14- bis 23jährigen auf den hier betrachteten Erfassungsebenen überwiegend als Jungen- bzw. Männerkriminalität. Es bestätigen sich also in dieser sekundäranalytischen Betrachtung die sogenannten Hauptcharakteristika der Frauenkriminalität (vgl. Mischau 1997: 74 f): quantitativ ein geringer Anteil an der Kriminalität insgesamt und qualitativ eine andere Deliktstruktur als bei der männlichen Kriminalität.

Von den speziellen Ergebnissen kann zunächst festgehalten werden, daß knapp ein Viertel aller Tatverdächtigen Frauen sind. Bei der hier im Fokus stehenden Altersgruppe der 14- bis 23jährigen scheinen sich bezüglich der Delinquenzbelastung bedeutsame altersabhängige Veränderungen zu vollziehen. Während bei den Jüngeren (14 bis unter 16 Jahre) noch annähernd 30% der Tatverdächtigen weiblichen Geschlechts sind, sinkt der Anteil bei den 21- bis unter 23jährigen auf knapp 20%, also um rund 10%. Daß hinter diesem im Vergleich mit den Jungen und Männern immer geringer werdenden Anteil der Mädchen und Frauen nicht nur eine mit dem Alter nachlassende Kriminalisierung junger Frauen, sondern auch ein wirklicher Rückgang der Delinquenzbelastung steht, wurde nachgewiesen.

Betrachtet man die Strafverfolgungsstatistik vor dem Hintergrund der Zahlen der Polizeilichen Kriminalstatistik, dann ergeben sich Hinweise darauf, daß sich die Kriminalität von Mädchen und Frauen ferner durch eine geringere Tatschwere und eine geringere Mehrfachauffälligkeit auszeichnet. Auf dem Weg durch die Kontrollinstanzen nimmt der Anteil der Jugendlichen und der Heranwachsenden konstant ab (vgl. auch Walter 1995: 144) und der der Mädchen und jungen Frauen nochmals mehr. Es scheinen hier auch Filterprozesse wirksam zu werden, die sich allerdings mit den vorliegenden Daten nicht ausreichend beschreiben lassen.

Bevor die Ergebnisse der Dunkelfeldstudien zu dieser Thematik zusammengefaßt werden, soll noch auf die geschlechtsspezifischen Unterschiede bezüglich einzelner Delikte der amtlichen Statistiken eingegangen werden.

In den offiziellen Tabellenwerken ist der Anteil der Mädchen und jungen Frauen beim sogenannten einfachen Diebstahl, womit überwiegend Ladendiebstahl gemeint ist, und beim Benützen öffentlicher Verkehrsmittel ohne Fahrschein vergleichsweise hoch. Hier bestätigt sich, daß Frauen vor allem leichtere Delikte begehen und zudem bedeutend seltener als Mehrfachtäterinnen in Erscheinung treten als die männlichen Altersgenossen. Speziell für die Gewaltdelikte ergibt sich, daß Mädchen und junge Frauen kaum auffällig werden und dies nochmals um so weniger, je schwerer die Delikte einzustufen sind.

Bei den jungen Männern zeigt sich, abgesehen von der höheren Tatverdächtigenbelastung generell, daß die Delikte vielfältiger sind als bei den jungen Frauen (vgl. Abbildung 7.4). Männliche Jugendliche, Heranwachsende und Jungerwachsene treten jedoch auch bei den Delikten, die eher als weibliche Vergehen gelten wie beispielsweise Ladendiebstahl, bedeutend häufiger als Tatverdächtige auf. Große Differenzen zwischen jungen Frauen und jungen Männern finden sich bei den Delikten, die als schwer zu betrachten sind, wie Körperverletzung und schwerer Diebstahl, aber auch bei der als leichter einzustufenden Sachbeschädigung.

Dunkelfeldstudien bieten gegenüber den offiziellen Statistiken den Vorteil, daß sie erlauben, die tatsächliche Verteilung von delinquenten Handlungen grob abzuschätzen. Die Zahlen weisen aber zum Teil erhebliche Unterschiede auf, so daß lediglich etwas über Tendenzen ausgesagt werden kann. Die Befragungen erstrecken sich in der Regel auf aggressive Handlungen und ggf. noch auf Eigentumsdelikte; dies scheinen allerdings auch die häufigsten Vergehen im Jugendalter zu sein. Hinsichtlich der Verbreitung von Ladendiebstahl bzw. Diebstahl generell[25] schwanken die Zahlen in den berücksichtigten Studien zwischen rund 40% (Ladendiebstahl bei Pfeiffer et al. 1998) und rund 20% (Diebstahl bei Mansel/Hurrelmann 1998). Bei den als Körperverletzung einzustufenden Handlungen von Jugendlichen differieren die Raten ebenfalls um über 10%.

Betrachtet man abweichendes Verhalten jenseits strafrechtlicher Kategorien unter geschlechtervergleichender Perspektive, dann bleiben die bei den offiziellen Statistiken beschriebenen Unterschiede ebenfalls – allerdings teilweise in stark abgeschwächter Form – bestehen. Die geringere Kriminalitätsbelastung von Mädchen und jungen Frauen kann auch auf dieser Erfassungsebene als gesichert gelten. Daten, die die These belegen, daß Mädchen und Frauen gleichsam ersatzweise für physische Gewalt eher psychische und verbale Formen aktualisieren würden, wurden hier nicht explizit präsentiert, doch kann angenommen werden – und Studien bestätigen dies (vgl. Popp 1997) –, daß auch bei der sogenannten psychischen Gewalt die Raten für männliche Jugendliche insgesamt höher sind, auch wenn die Differenzen nicht so groß ausfallen.

Beim Vergleich der Zahlen für Gewalt nach Ost- und Westdeutschland ergeben sich nicht nur graduelle Unterschiede zwischen den Studien, vielmehr weisen die Ergebnisse in verschiedene Richtungen. In einer Untersuchung (Mansel/Hurrelmann 1998) geben Jugendliche in den neuen Bundesländern weniger gewaltförmiges Handeln an, in einer anderen mehr als die Jugendlichen in den alten Bundesländern (Heitmeyer et al. 1995). Die Unterschiede in den Prävalenzraten sind allerdings jeweils so gering, daß davon ausgegangen werden kann, daß – entgegen den Zahlen der PKS, die eine höhere Belastung der ostdeut-

---

25 Gefragt wird hier jeweils danach, ob die entsprechende Handlung im letzten Jahr mindestens einmal ausgeführt wurde.

schen Jugendlichen ausweist – Gewalttätigkeit in Ost und West ungefähr gleich verteilt ist.

Differenziert man weiter nach Geschlecht, so ergeben sich kleine Unterschiede zwischen den Regionen. Da die Zahlen zur Gewalttätigkeit allerdings in einem gewissen Widerspruch zu den Zahlen zur Einstellung zur Gewalt stehen, fällt es schwer, hier einigermaßen abgesicherte Ergebnisse zu präsentieren. Vorsichtig könnte man die Daten folgendermaßen zusammenfassen: Wenn überhaupt ein Unterschied zwischen Ost und West besteht, dann der, daß die Frauen in den neuen Bundesländern weniger gewalttätig sind als die Frauen in den alten Bundesländern und die Männer im Osten mehr gewalttätige Handlungen ausüben als die Männer im Westen. Wie angedeutet verhält es sich bei der Gewaltakzeptanz der Frauen aber anders. Insgesamt bleiben die Zahlen für eine Befürwortung von Gewalt bei den Frauen erwartungsgemäß wiederum deutlich unter denen der jungen Männer.

Als ebenso gesichert wie die Unterrepräsentanz der jungen Frauen bezüglich Kriminalität und Gewalt kann gelten, daß die Delinquenz gerade in der hier fokussierten Altersgruppe der 14- bis 23jährigen verhältnismäßig stark vom Alter abhängig ist. Die zunächst positive und dann negative Korrelation von Alter und Kriminalität, die Episodenhaftigkeit scheint vor allem für Männer Gültigkeit zu besitzen, während bei Frauen die Alterskurve flacher verläuft; mit anderen Worten, die ohnehin geringere Kriminalitätsbelastung von Frauen verändert sich mit dem Alter nur vergleichsweise geringfügig (vgl. auch Mischkowitz 1995). Dieses Phänomen läßt sich vor allem anhand der Daten der PKS gut belegen; bei Dunkelfelduntersuchungen zeichnet sich dieser Verlauf mit insgesamt höheren Belastungsraten ebenfalls ab.

In der Entwicklung der letzten Jahre läßt sich erkennen, daß sich die Kriminalität von jungen Frauen nach manchen Studien stärker erhöht hat als die der jungen Männer. Durch die ebenfalls starke Zunahme bei den Männern vergrößern sich aber die Abstände zwischen den Geschlechtern. Zu beachten ist, daß die Daten zu Zeitvergleichen aufgrund möglicher Sensibilisierungen gegenüber den Phänomenen Kriminalität und Gewalt mit größter Vorsicht zu behandeln sind. Es muß skeptisch machen, daß gerade die Studien zu Körperverletzung als dem Gewaltdelikt schlechthin widersprüchliche Ergebnisse liefern.

Während es für den Anstieg der Jugendkriminalität und -gewalt viele Theorien gibt, die hier aber nicht expliziert werden konnten, sind die Belege für diesen Trend wenig eindeutig. Die PKS, die stark vom Anzeigeverhalten abhängig ist, weist von den herangezogenen Datenquellen den größten Anstieg der Jugendkriminalität für die letzten Jahre aus. Ab 1998 ergibt sich ein Rückgang der Gesamtzahlen mit einem neuerlichen Anstieg der Zahlen zur Gewaltkriminalität im Jugendalter. Ob sich hier längerfristige Trends manifestieren, kann noch nicht abgeschätzt werden.

Die Dunkelfeldstudien bestätigen überwiegend einen Anstieg der Jugendkriminalität in den letzten Jahren, so daß davon ausgegangen werden kann, daß wohl tatsächlich eine Zunahme stattfand, deren Ausmaß aber nicht klar ist. Daß sich die Wahrnehmung von Kriminalität und Gewalt und damit die Beantwortung der entsprechenden Fragen verändert, muß allerdings bei der Interpretation der Zahlen zum Wandel auch beachtet werden. Eine Auswertung der Unfallmeldestatistik der Schulen (Greszik et al. 1995) ergab beispielsweise, daß die Zahlen zur Gewalt an Schulen eher stagnierten. In einigen neueren Dunkelfeldstudien deutet sich ebenfalls an, daß die Kriminalitätsbelastung Jugendlicher in der zweiten Hälfte der 90er Jahre – entgegen der Aussagen der PKS – zurückgegangen sein könnte (BMI/BMJ 2001b: 556). Angesichts der Aufmerksamkeit, die den Themen Jugendkriminalität und -gewalt zukommt, wären differenzierte Langzeituntersuchungen wünschenswert.

Zu den Formen und Bedingungen der Gewaltbereitschaft und Gewalttätigkeit, zur Rolle von Gruppierungen für Gewalt und auch Kriminalität sowie zur Bedeutung von Geschlechtskonzepten kann mit den zugezogenen Datenquellen nur wenig ausgesagt werden. Teilweise schlägt sich auch nieder, daß hier Forschungslücken bestehen bzw. nur wenige empirische Befunde vorliegen. Eine differenziertere Auswertung von vorhandenen, weitgehend repräsentativen Studien, die einerseits – was eher selten ist – auch abweichendes Verhalten thematisieren und die andererseits wegen der Kombinationsmöglichkeiten mit anderen, vermeintlich wichtigen Variablen interessant wären, verbietet sich meist aus methodischen Gründen, denn insbesondere die Zahlen von delinquenten Mädchen und jungen Frauen im Sample sind in der Regel recht gering (Conrads/Möller 1995).

Durch die Unterrepräsentanz von Mädchen und jungen Frauen in der Gruppe der Delinquenten insgesamt ergeben sich deutliche Hinweise auf die Relevanz von Geschlecht für die Erklärung von kriminellem und gewalttätigem Handeln: Es gibt keine „geschlechtsneutrale" Delinquenz (Ziehlke 1992: 39). Bei der Interpretation und Erklärung von Jugendkriminalität und -gewalt fehlt die Geschlechtsspezifik allerdings oftmals; als Strukturkategorie taucht Geschlecht seltener auf als andere Variablen wie Armut, Arbeitslosigkeit oder Status der Herkunftsfamilie. Aussagen beschränken sich gleichsam auf die Erklärung der Nicht-Kriminalität oder – häufiger – der Nicht-Gewalttätigkeit von weiblichen Jugendlichen. Die Gruppe der Täterinnen selbst rückt kaum in das Zentrum von speziellen Untersuchungen, so daß nur wenig Erkenntnisse zu Differenzierungen innerhalb dieser Gruppe und im Vergleich zu nicht auffälligen Mädchen und Frauen vorliegen (vgl. Tillmann/Popp o.J.). Die punktuelle Dramatisierung einer zunehmenden Gewalttätigkeit von Mädchen in den Medien hat kaum etwas am Forschungsstand diesbezüglich verändert.

Abweichendes Verhalten kann als ein wichtiger Indikator für die Geschlechterforschung gesehen werden, weil sich in ihm praktische Folgen des Wandels von Frauen- und Männerbildern widerspiegeln (vgl. Bütow 1995). Delinquenz ist eine mögliche Form der Bewältigung von geschlechtsspezifischen Erwartungen, Belastungen, Widersprüchen und Ambivalenzen in der Lebenswelt. Die Zuwendung zu diesem Forschungsgegenstand verspricht Aufschlüsse über Konstruktionsprozesse von Weiblichkeit und Männlichkeit unter dem Eindruck einer sich wandelnden Gesellschaft.

8. Zusammenfassung

Waltraud Cornelißen · Martina Gille · Holger Knothe · Petra Meier · Monika Stürzer

Für Mädchen wie Jungen sind die äußeren Rahmenbedingungen, die ihre Herkunftsfamilien ihnen bieten, von entscheidender Bedeutung für ihre Lern- und Erfahrungsspielräume sowie ihre Versorgungsspielräume, ihr Selbstverständnis und ihr Wohlbefinden. So gesehen sind Mädchen wie Jungen von der zunehmenden Instabilität moderner Kernfamilien, vom Armutsrisiko alleinerziehender Mütter und von dem steigenden Anteil von Familien mit minderjährigen Kindern, die auf Sozialhilfe angewiesen sind, gleichermaßen betroffen. Auch der erwiesene Zusammenhang zwischen elterlichen Ressourcen, gemeinsamer hochkultureller Praxis, elterlichem Kontrollverhalten sowie elterlicher Empathie und einer positiven Einstellung des Kindes zur Schule und dessen Schulerfolg wirkt sich sowohl auf die Lebenschancen von Mädchen als auch auf die von Jungen aus. Das vom sozio-ökonomischen Status der Eltern eher unabhängige Familienklima schafft nachweislich unterschiedliche Voraussetzungen für das Wohlbefinden und den Bildungserfolg von Kindern. Doch auch davon sind Mädchen wie Jungen betroffen.

Untersuchungen belegen allerdings auch, daß Familien für Mädchen und Jungen nicht in jeder Hinsicht gleiche Entwicklungsspielräume schaffen. So zeigt sich zum Beispiel, daß Eltern für 18- bis 24jährige Söhne oft noch hohe Arbeitsleistungen erbringen, umgekehrt aber mehr Hilfe von Töchtern in diesem Alter erwarten können. In bezug auf die finanziellen Transfers von Eltern an ihre Kinder liegen widersprüchliche Befunde zur Bevorzugung von Söhnen bzw. Töchtern vor.

8.1 Schule, Ausbildung und Beruf

Bezogen auf die Schulbildung haben sich die Abschlußqualifikationen von Mädchen und Jungen bzw. von jungen Frauen und Männern völlig angeglichen: Mädchen erhalten heute ebenso häufig wie Jungen die Chance, weiterführende Schulen zu besuchen und sie erzielen dort inzwischen die besseren Abschlüsse. Die Chancengleichheit geht so weit, daß junge Frauen heute ebenso häufig wie junge Männer einen Berufsabschluß erreichen. Doch die von den jungen Frauen bevorzugten bzw. die ihnen nahegelegten Ausbildungsgänge und Berufe führen früher oder später zu schlechteren Einkommens- und Aufstiegschancen.

Im Konkurrenzkampf um einen Ausbildungsplatz können junge Frauen ihre besseren Schulabschlüsse in die Waagschale werfen, dennoch müssen sie sich häufiger als junge Männer bewerben, erreichen seltener ihren Wunschberuf und sind häufiger gezwungen, in schulische und andere Ausbildungen auszuweichen. Dementsprechend erhalten sie seltener Ausbildungsvergütungen.

Die ungünstigeren Chancen junger Frauen bei der Suche nach einem Ausbildungsplatz ergeben sich aus der für ihre Berufspläne offensichtlich unvorteilhaften Ausbildungsstruktur und daraus, daß sich ihre Berufsvorstellungen auf eine geringere Anzahl von Ausbildungsberufen konzentrieren. Im Mittelpunkt der Wünsche von jungen Frauen stehen noch immer Berufe, die ihnen eine personenbezogene Arbeit ermöglichen, dagegen steht bei vielen jungen Männern das Verfolgen technischer Interessen im Vordergrund. Im Osten Deutschlands fallen die Berufspläne der jungen Frauen nicht ganz so geschlechtstypisch aus.

Insgesamt liegt die Schulbildung ausländischer Jugendlicher deutlich unter der der deutschen, und obwohl junge Migrantinnen bessere Schulabschlüsse erzielen als ihre männlichen Altersgenossen, erweisen sich ihre Ausbildungschancen als besonders ungünstig. Der größte Teil der jungen Migrant(inn)en nimmt eine ungelernte oder Anlerntätigkeit auf.

An den Hochschulen sind junge Frauen inzwischen wie junge Männer vertreten. Doch bei den Studierenden zeigen sich noch immer, wenn auch nachlassend, geschlechtstypische inhaltliche Orientierungen. Die meisten Frauen studieren ein Fach aus der Gruppe der Sprach- und Kulturwissenschaften, in den letzten Jahren nahm allerdings auch ihre Beteiligung an rechts-, wirtschafts- und sozialwissenschaftlichen Fächern zu. Das Interesse der jungen Frauen an Ingenieurwissenschaften stieg in den 70er und 80er Jahren langsam an. Frauen stellen in dieser Fächergruppe ca. ein Fünftel der Studierenden; hier ist ihre Repräsentanz am geringsten.

Obwohl junge Frauen zwischen 25 und 30 Jahren heute genauso häufig wie junge Männer über berufliche Bildungsabschlüsse verfügen, sehen sie sich seltener als die gleichaltrigen jungen Männer in der Lage, ihren Lebensunterhalt überwiegend aus eigener Erwerbsarbeit zu bestreiten. Gründe hierfür sind vor allem ihr partielles Ausscheiden aus dem Beruf bzw. ihre Arbeitszeitreduktion im Falle einer Familiengründung.

Während in den alten Bundesländern das traditionelle Familienmodell mit dem Mann als „Familienernährer" und der Frau als Hausfrau an Orientierungskraft verliert, schwindet im Osten die Bedeutung des Vereinbarkeitsmodells der DDR. Vorläufig aber liegt die Erwerbsquote von Frauen im Osten noch immer deutlich über der im Westen.

8.2 Eigene Lebensformen

Keine Entscheidung berührt die Handlungsspielräume junger Frauen und Männer so unmittelbar wie die über ihre Lebensformen und deren Gestaltung. Es fällt auf, daß junge Frauen zu einem biografisch früheren Zeitpunkt von zu Hause ausziehen, früher feste Partnerschaften eingehen, eher mit ihrem Partner zusammenwohnen, eher heiraten und eher Kinder bekommen als junge Männer. Junge Frauen vollziehen den Übergang in das noch immer dominante Lebensmuster der Erwachsenen, in Ehe und Familie also rascher als junge Männer; dies gilt verstärkt für die jungen Frauen im Osten.

Auch wenn Entscheidungen über die eigene Lebensform heute als vielfach revidierbar gelten, so geben sie doch zumindest für begrenzte Lebensphasen den Rahmen ab, in dem die alltägliche Lebensführung organisiert werden muß. Ob Single-Dasein, Living-apart-together, Wohngemeinschaften, nichteheliche Partnerschaften oder Ehe, Zwei-Eltern-Familie, Ein-Eltern-Familie oder Stieffamilie, mit Lebensgemeinschaften sind immer auch stabile Beziehungen des sozialen Austauschs verbunden, die ein Stück Verläßlichkeit geben, diese gleichzeitig aber auch einfordern. Mit Blick auf die Chancengleichheit war deshalb zu prüfen, wie Eigenständigkeit und Verantwortlichkeit in diesen Beziehungen zwischen Frauen und Männern verteilt sind.

Der relativ frühe Auszug junger Frauen aus dem Elternhaus kann als frühes Streben junger Frauen nach Selbständigkeit gewertet werden. Doch tatsächlich sichert er oft nur ein kurzes Moratorium mit ungleichheitsaufschiebender Wirkung. Oft in der Hoffnung auf ein neues Geschlechterarrangement artikulieren junge Frauen viel häufiger als junge Männer ein Interesse an Partnerschaft und Familie. Angesichts der gesellschaftlich tief verankerten Norm der „guten Mutter" und der nur sehr begrenzten Bereitschaft von Männern, ihre beruflichen Pläne zugunsten familiärer Aufgaben zurückzustellen, übernehmen junge Mütter den Hauptteil familialer Sorgearbeit und stecken beruflich zurück.

Durch die Möglichkeit, „Erziehungsurlaub" zu nehmen, lassen sich junge Mütter angesichts des unzureichenden Angebots öffentlicher Kinderbetreuung teils locken, teils nötigen, die mit ihrer Erwerbstätigkeit gewonnene Selbständigkeit aufzugeben und sich zumindest phasenweise in ein Leben ökonomischer und persönlicher Abhängigkeit zu begeben. Die Aushandlung neuer Geschlechterarrangements in Familien scheint nur begrenzt möglich, wird aber von einer Mehrheit von Frauen angestrebt. Die jungen Männer stehen einer Aufhebung der traditionellen Geschlechtsrollenzuweisung skeptischer gegenüber. Eine gewisse Modernisierung ihres Geschlechtsrollenverständnisses läßt sich allerdings nicht übersehen.

8.3 Freizeit

Auch die Freizeit und deren Gestaltung erweist sich als deutlich geschlechterkodiert. Zwar messen junge Frauen wie Männer der Freizeit und der Erholung einen hohen Stellenwert bei, doch junge Männer verstehen es, sich im Vergleich zu ihren Altersgenossinnen ein deutlich umfangreicheres Freizeitbudget zu sichern. Sie verbringen auch mehr Freizeit in sozialen Settings, in denen sie relativ eigenständig über die Freizeitgestaltung entscheiden können.

Junge Frauen und Männer setzen in ihrer Freizeitgestaltung geschlechtsspezifische Akzente. Ein Vergleich deutscher und ausländischer Jugendlicher zeigt, daß die entsprechenden geschlechtsspezifischen Diskrepanzen in der deutschen Population geringer sind als in der ausländischen. Generell treiben junge Frauen weniger Sport, nutzen Medien anders, gehen häufiger spazieren und schätzen den Einkaufsbummel mehr als junge Männer. Junge Frauen nutzen Bildungs- und Kulturangebote häufiger als junge Männer und gehen kreativen Tätigkeiten häufiger nach. Es gäbe Gründe zu behaupten, sie würden mehr kulturelles Kapital erwerben. Junge Männer verschaffen sich in breiterem Umfang Zugang zu PC und Internet und zeigen sich auch in anderen Bereichen als besonders technikinteressiert. Sie verschaffen sich damit einen Wissensvorsprung in den vor allem von ihnen angestrebten technisch orientierten Berufsfeldern. Mädchen und junge Frauen pflegen Zweierbeziehungen intensiver als junge Männer. Sie sammeln hier Erfahrungen, die ihnen angesichts der traditionellen Zuständigkeit von Frauen für Beziehungsarbeit sicher nützlich werden. Für den Aufbau egalitärer

Geschlechterbeziehungen wäre es allerdings hilfreich, wenn junge Männer sich diese Erfahrungen in ähnlichem Umfange erschließen würden. Durch das vielfältige Eingebundensein in Freizeitcliquen machen beide Geschlechter in jungen Jahren viel Erfahrung mit Kooperation und Konflikten in Gruppen. Hier erwerben junge Frauen wie Männer die sozialen Kompetenzen, die im Erwerbsleben als Teamfähigkeit hoch geschätzt werden.

8.4 Freiwilliges Engagement

Im Vergleich zu Erwachsenen zeigen junge Menschen eine stärkere Bereitschaft zu freiwilligem Engagement. Gemessen an der Vereinsmitgliedschaft spielt das Engagement in Sportvereinen bei jungen Frauen und Männern die größte Rolle. Frauen bieten im Rahmen ihrer Freiwilligenarbeit vergleichsweise oft persönliche Hilfe an und arbeiten öfter als Männer in gering formalisiertem Rahmen. Männer nehmen eher verwaltungsbezogene Aufgaben und Entscheidungsfunktionen wahr. Sie verstehen ihre Arbeit noch eher als „Ehrenamt". Die Jugendlichen grenzen sich von dieser Begriffswahl der Erwachsenen weitgehend ab.

Die Tätigkeitsfelder bürgerschaftlichen Engagements zeigen mit der helfenden Rolle von Frauen und dem technischen Einsatz und dem politischen Agieren von Männern eine deutliche Affinität zu den traditionellen Männlichkeits- und Weiblichkeitsbildern. Die jungen Frauen stellen sich im Gegensatz zu den älteren weniger langfristig in den Dienst einer großen Organisation, sondern suchen verstärkt Gelegenheit zu themenbezogenem, zeitlich befristetem Engagement mit Partizipationsmöglichkeiten, die traditionelle Vereinshierachien ihnen meist nicht bieten. Junge Frauen schaffen sich so im Rahmen ihres bürgerschaftlichen Engagements neue Teilhabechancen. Mit Blick auf die schwierige Arbeitsmarktlage sehen junge Frauen und Männer im Ehrenamt heute auch eine Möglichkeit, Kontakte zu potentiellen Arbeitgebern zu knüpfen und beruflich verwertbare Nachweise für ihr Engagement zu erlangen.

In allen Untersuchungen wird deutlich, daß das bürgerschaftliche Engagement in den neuen Bundesländern geringer ist als in den alten. Selbst für die von Arbeitslosigkeit besonders stark betroffenen jungen ostdeutschen Frauen stellt das bürgerschaftliche Engagement nur vergleichsweise selten eine attraktive Übergangslösung und Teilhabechance dar.

8.5 Gesundheit

Ein stabiler Gesundheitsstatus ist eine entscheidende Voraussetzung dafür, daß Jugendliche die Handlungsoptionen, die ihnen in verschiedenen Lebensbereichen geboten werden, auch nutzen können. Tatsächlich erleben sich junge Frauen und Männer im Gegensatz schon zu den etwas älteren als relativ gesund, doch schätzen die jungen Frauen ihre Befindlichkeit im Durchschnittt ungünstiger ein als junge Männer. Es liegt nahe, daß Menstruationsbeschwerden zu der beeinträchtigten Befindlichkeit junger Frauen beitragen, doch ist anzunehmen, daß die Geschlechterdifferenz auch auf dem kulturell verankerten Selbstverständnis vieler junger Männer beruht, das ihnen nahelegt, körperliche Beschwerden zu ignorieren. Bei beiden Geschlechtern vermehren sich die registrierten gesundheitliche Störungen in ungünstigen sozialen Lagen.

Gesundheit ist – zumal in Phasen neuer Belastungen, neuer Freiräume und körperlicher Veränderungen – ein prekärer Balancezustand, der immer wieder neu hergestellt werden muß. Insofern kommt gesundheitsrelevantem Verhalten in der Jugendphase eine hohe Bedeutung zu. Vorliegende Untersuchungen zeigen, daß junge Frauen und Männer zu unterschiedlichem Risikoverhalten neigen.

Der Tabak-, vor allem aber der Alkoholkonsum von jungen Männern liegt eindeutig über dem junger Frauen. Auch durch illegale Drogen sind junge Männer mehr als junge Frauen gefährdet. Ihnen werden häufiger Drogen angeboten und sie konsumieren diese auch häufiger. Die Jugendlichen im Osten stehen den Jugendlichen im Westen im illegalen Drogenkonsum kaum noch nach.

Junge Frauen nehmen deutlich mehr Medikamente als junge Männer. In diesem Konsummuster muß angesichts der nachweisbar mit dem Alter noch steigenden Medikamenteneinnahme das Risiko einer Gewöhnung an Medikamente bis hin zum Medikamentenmißbrauch gesehen werden. Mit besonderen gesundheitlichen Risiken für Frauen sind auch die Experimente mit gewichtsreduzierenden Diäten im Jugendalter verbunden. Sie können langfristige Eßstörungen und körperliche Mangelerscheinungen nach sich ziehen. Die beschriebenen geschlechtsspezifischen gesundheitsgefährdenden Konsummuster lassen eine Verknüpfung mit Normen für Männlichkeit und Weiblichkeit deutlich erkennen. Auch das höhere Risiko junger Männer, im Straßenverkehr zu verunglücken, muß im Zusammenhang mit der Aneignung vorherrschender Männlichkeitsbilder gesehen werden.

Ein Bezug zur Aneignung vorherrschender Geschlechtsrollenbilder kann auch in dem Risiko junger Menschen, Opfer von Gewalt zu werden, unterstellt werden. So sind Mädchen und junge Frauen wesentlich häufiger von sexueller Gewalt im familiären sozialen Nahraum betroffen (hierbei sind die Täter zum ganz überwiegenden Teil Männer), während männliche Jugendliche und junge Männer erheblich häufiger Opfer von physischer Gewalt im öffentlichen Raum werden.

8.6 Kriminalität

Im allgemeinen stellen Frauen ein Viertel aller Tatverdächtigen. Die jüngeren Frauen, vor allem die 14- bis 16jährigen, geraten aber häufiger unter Tatverdacht. Mit zunehmendem Alter sinkt die Kriminalitätsrate von Frauen deutlich. Mädchen und Frauen werden nicht nur seltener straffällig als Jungen und Männer, ihre Delikte sind auch weniger schwer, und sie fallen seltener als Mehrfachtäterinnen auf. Offensichtlich schützt ihre Sozialisation und ihre Positionierung Frauen in gewissem Umfange vor Konflikten mit dem Gesetz.

Deutlich zeigt sich auch, daß Frauen zu anderen Delikten neigen als Männer. In den offiziellen Statistiken ist der Anteil der jungen Frauen beim sogenannten einfachen Diebstahl und bei Bagatelldelikten vergleichsweise hoch, allerdings immer noch niedriger als der der jungen Männer. Mit Gewaltdelikten werden Mädchen und junge Frauen nur selten auffällig. Je schwerer ein Gewaltdelikt einzustufen ist, um so geringer ist der Anteil der Frauen unter den Tatverdächtigen. Auch Dunkelfeldstudien belegen die geringere Delinquenz von Frauen und die beschriebene Verteilung der Delikte.

Die deutlich geringere Beteiligung junger Frauen an Straftaten und ihre ausgeprägtere Distanzierung auch von nicht justiziablen Formen von Gewalt verweist auf eine hohe Bedeutung der sozialen Konstruktion von Geschlecht für die Erklärung delinquenten Verhaltens. Diese Erkenntnis findet erst langsam Eingang in den kriminologischen Diskurs.

8.7 Resümee

Die Sichtung von Studien und die sekundäranalytische Auswertung von Umfragedaten und amtlichen Statistiken zeigt insgesamt, daß sich Frauen auf dem Weg in das Erwachsenenleben deutlich anders orientieren als junge Männer und daß sie bei der Verwirklichung ihrer Wünsche auf andere Widersprüche als junge Männer stoßen. Eine Minderheit junger Männer scheint durch eine kompromißlose Aneignung rigider Männlichkeitsbilder gefährdet und gefährdet mit ihrem Verhalten zum Teil auch andere.

Für das Gros der Männer halten die gesellschaftlichen Rahmenbedingungen wie zum Beispiel das Bildungssystem und die traditionelle Arbeitsteilung in der Familie relativ günstige Bedingungen für die Verwirklichung eigener Lebensentwürfe bereit. Für diejenigen jungen Männer, die an egalitären Geschlechterarrangements interessiert sind, sind die gesellschaftlichen Rahmenbedingungen ungünstiger. Sie wären insbesondere auf familienfreundlichere Formen der Arbeitsplatzgestaltung angewiesen.

Das große Interesse junger Frauen an Berufstätigkeit, Eigenständigkeit und Eigenverantwortlichkeit ist unter den gegenwärtigen Bedingungen auf dem Arbeitsmarkt und angesichts der Beharrungstendenzen familialer Arbeitsteilung sowie angesichts der Beschränktheit öffentlicher Kinderbetreuungsangebote schwer mit einem Wunsch nach Kindern vereinbar. Obwohl die Mehrheit der Jugendlichen und jungen Erwachsenen egalitäre Vorstellungen im Hinblick auf Partnerschaft und familiale Arbeitsteilung vertritt – wobei die Befürwortung egalitärer Rollenmodelle im letzten Jahrzehnt zugenommen hat –, setzen sich mit der Familiengründung und der Übernahme der Elternrolle traditionale Muster der Arbeitsteilung durch. Während im Westen das traditionale Familienmodell langsam an Orientierungskraft verliert, läßt in Ostdeutschland die Selbstverständlichkeit des zu DDR-Zeiten etablierten Vereinbarkeitsmodells nach. Im Ergebnis läuft die Entwicklung auf eine Normalisierung weiblicher Erwerbsarbeit unter sehr prekären Bedingungen hinaus, wobei die Familienarbeit auf absehbare Zeit ganz überwiegend bei Frauen zu verbleiben scheint.

Anhang

Charakterisierung der repräsentativen Jugendstudien

Die Sekundäranalyse hat viele Spezialuntersuchungen berücksichtigt. Das „Rückgrat" der Analyse bildete allerdings die Auswertung von vier repräsentativen Jugendstudien, deren Anlage im folgenden kurz skizziert werden soll.

Die wohl bekannteste Studie ist die *Shell-Jugendstudie,* die im Jahr 2000 zum 13. Mal durchgeführt wurde. Die seit den 50er Jahren durchgeführten Shell-Studien sind nicht als Replikationsstudien angelegt, sondern greifen aus besonderem Anlaß jeweils unterschiedliche Themen mit etwas variierenden Altersgruppen schwerpunktmäßig auf. Sie arbeiten nicht mit reinen Zufallsstichproben, sondern mit Stichproben nach einem disproportionalen Quotenplan. Dieser verlangt von den Interviewer(inne)n, Personen aus unterschiedlichen Regionen (Bundesländern), Gemeindegrößenklassen, Altersgruppen, mit unterschiedlichen Schulabschlüssen und beiderlei Geschlechts in einem vorgegebenen Zahlenverhältnis zu berücksichtigen. Die aktuellste Shell-Studie (im folgenden: Shell 2000) erfaßte 1999 die 15- bis 24jährigen in Deutschland Lebenden nach einem solchen Quotenplan. In den alten Bundesländern wurden 3.734 und in den neuen 812 face-to-face-Interviews durchgeführt. Im Mittelpunkt der 13. Shell-Jugendstudie stand das Thema „Zukunftssicht der Jugendlichen". In der Hauptstichprobe wurden deutsche und nicht-deutsche Jugendliche befragt, soweit sie in der Lage waren, den deutschsprachigen Fragebogen zu verstehen und zu beantworten. Die Untersuchung wurde durch eine Zusatzbefragung junger in Deutschland lebender Türken und Türkinnen sowie Italiener und Italienerinnen ergänzt.

Der *Jugendsurvey des DJI* ist als replikativer Survey zum Thema „Jugend und Politik" konzipiert. In repräsentativen Befragungen wurden 1992 und 1997 Daten über die gesellschaftlichen und politischen Orientierungen und über die Lebensverhältnisse Jugendlicher und junger Erwachsener im Alter von 16 bis 29 Jahren gewonnen. Es wurden Deutsche mit Wohnsitz in der Bundesrepublik, nicht aber Personen mit nicht-deutscher Staatsangehörigkeit gefragt. In den alten Bundesländern einschließlich Berlin-West und in den neuen Bundesländern einschließlich Berlin-Ost wurden getrennte Zufallsstichproben nach dem random-route-Verfahren gezogen. Insgesamt wurden 1997 4.426 Jugendliche und junge Erwachsene in Westdeutschland und 2.493 in Ostdeutschland face-to-face befragt (zur Stichprobe vgl. de Rijke 2000: 438).

Mit dem DJI-Jugendsurvey wurde 1997 ein *Ausländersurvey* gekoppelt, der die Lebenssituation ausländischer Jugendlicher erfaßte und zu diesem Zweck 2.504 griechische, italienische und türkische in Westdeutschland lebende Jugendliche im Alter zwischen 18 und 25 Jahren nach einem Quotenplan befragte. Die Befragungen wurden auf Wunsch mit Fragebögen der Herkunftssprache durchgeführt.

Wie der DJI-Jugendsurvey ist auch die *IPOS-Jugendstudie* ein replikativer, repräsentativer Jugendsurvey, der mit zwei repräsentativen Stichproben, einer in West- und einer in Ostdeutschland, arbeitet. Es liegen zur Zeit die Befragungsergebnisse von 1993, 1995 und 1999 vor. Einbezogen war die 14- bis 27jährige Wohnbevölkerung der Bundesrepublik Deutschland. 1999 wurden im Westen 1.004 und im Osten 1.008 Personen unabhängig von ihrer Staatsangehörigkeit befragt. Die Stichprobe wurde jeweils über ein Zufallsverfahren gewonnen. 1999 wurde auch in Ostdeutschland die face-to-face-Befragung auf eine telefonische Umfrage umgestellt. Anders als der DJI-Jugendsurvey, der einen thematischen Schwerpunkt verfolgt, liefert die IPOS-Jugendstudie Daten zu sehr unterschiedlichen Lebensbereichen.

Wenn nichts Gegenteiliges vermerkt ist, so definieren neben diesen Surveys auch die anderen hier ausgewerteten Studien und Statistiken *Westdeutschland* als das frühere Bundesgebiet einschließlich Berlin-West und *Ostdeutschland* als das ehemalige Staatsgebiet der DDR bzw. die neuen Bundesländer jeweils einschließlich Berlin-Ost.

Literatur

Achatz, Juliane (2000): Lebensverhältnisse in Deutschland im Spiegel subjektiver Wahrnehmung. In: Gille, Martina/Krüger, Winfried (Hrsg.): Unzufriedene Demokraten. Politische Orientierungen der 16- bis 29jährigen im vereinigten Deutschland. DJI-Jugendsurvey 2. Opladen, S. 81–119.

Achatz, Juliane/Gaiser, Wolfgang/Gille, Martina (1999): Geschlecht und Partizipation. In: Diskurs, 10. Jg., S. 58–67.

Achatz, Juliane/Gaiser, Wolfgang/Gille, Martina/Kleinert, Corinna/Krüger, Winfried/de Rijke, Johann (2000a): Forschungsleitende Perspektiven und Konzept des Jugendsurveys. In: Gille, Martina/Krüger, Winfried (Hrsg.): Unzufriedene Demokraten. Politische Orientierungen der 16- bis 29jährigen im vereinigten Deutschland. DJI-Jugendsurvey 2. Opladen, S. 11–32.

Achatz, Juliane/Gaiser, Wolfgang/Gille, Martina/Kleinert, Corinna/Krüger, Winfried/de Rijke, Johann (2000b): Jugendliche und junge Erwachsene 1992 und 1997: Eine kritische Bilanz. In: Gille, Martina/Krüger, Winfried (Hrsg.): Unzufriedene Demokraten. Politische Orientierungen der 16- bis 29jährigen im vereinigten Deutschland. DJI-Jugendsurvey 2. Opladen, S. 423–436.

Achatz, Juliane/Krüger, Winfried/Rainer, Manfred/Rijke, Johann de (2000): Heranwachsen im vereinigten Deutschland: Lebensverhältnisse und private Lebensformen. In: Gille, Martina/Krüger, Winfried (Hrsg.): Unzufriedene Demokraten. Politische Orientierungen der 16- bis 29jährigen im vereinigten Deutschland. DJI-Jugendsurvey 2. Opladen, S. 33–80.

Albrecht, Hans-Jörg (1996): Wird die Jugend immer gewalttätiger? In: Bundesministerium für Justiz (Hrsg.): Das Jugendkriminalrecht als Erfüllungsgehilfe gesellschaftlicher Erwartungen? Bonn, S. 160–177.

Allmendinger, Jutta (1999): Bildungsarmut. Zur Verschränkung von Bildungs- und Sozialpolitik. In: Soziale Welt, 50. Jg., S. 35–50.

Altenberger, Helmut (2000): Was leistet der Schulsport für das Sporttreiben im nachschulischen Leben? In: Balz, Eckart/Neumann, Peter (Hrsg.): Anspruch und Wirklichkeit des Sports in Schule und Verein (Jahrestagung der dvs-Sektion Sportpädagogik Juni 1999 in Regensburg). Hamburg, S. 165–170.

ARD/ZDF-Arbeitsgruppe Multimedia (1999): Internet – (k)eine Männerdomäne. Geschlechtsspezifische Unterschiede bei der Onlinenutzung und -bewertung. In: Media Perspektiven, H. 8, S. 423–429.

Baacke, Dieter (1998): Strukturelle und inhaltliche Veränderungen der Jugendphase und Folgerungen für das Gewaltphänomen. In: Dichanz, Horst (Hrsg.): Handbuch Medien: Medienforschung. Konzepte, Themen, Ergebnisse (Bundeszentrale für politische Bildung). Bonn, S. 121–128.

Backes, Gertrud (1987): Frauen und soziales Ehrenamt. Zur Vergesellschaftung weiblicher Selbsthilfe. Augsburg.

Ballhausen, Anne/Brandes, Uta/Karrer, Marva/Schreiber, Robert (1986): Zwischen traditionellem Engagement und neuem Selbstverständnis – weibliche Präsenz in der Öffentlichkeit. Eine empirische Untersuchung zur politischen und sozialen Partizipation von Frauen. Bielefeld.
Barthelmes, Jürgen/Sander, Ekkehard (2001): Erst die Freunde, dann die Medien. Medien als Begleiter in Pubertät und Adoleszenz. München.
Bauereiss, Renate/Bayer, Hiltrud/Bien, Walter (1997): Familienatlas II: Lebenslagen und Regionen in Deutschland. Karten und Zahlen. Opladen.
Bechdolf, Ute (1999): Puzzling Gender. Re- und De-Konstruktionen von Geschlechterverhältnissen im und beim Musikfernsehen. Weinheim.
Beck, Ulrich (1986): Risikogesellschaft. Auf dem Weg in eine andere Moderne. Frankfurt am Main.
Beck, Ulrich (1999): Die Risikogesellschaft. Auf dem Weg in eine andere Moderne. In: Pongs, Armin (Hrsg.): In welcher Gesellschaft leben wir eigentlich? Gesellschaftskonzepte im Vergleich. München, S. 47–66.
Beck, Ulrich (2000a): Wohin führt der Weg, der mir dem Ende der Vollbeschäftigungsgesellschaft beginnt? In: ders. (Hrsg.): Die Zukunft von Arbeit und Demokratie. Frankfurt am Main, S. 7–66.
Beck, Ulrich (2000b): Die Seele der Demokratie. Bezahlte Bürgerarbeit. In: ders. (Hrsg.): Die Zukunft von Arbeit und Demokratie. Frankfurt am Main, S. 416–447.
Beck, Ulrich/Beck-Gernsheim, Elisabeth (1990): Das ganz normale Chaos der Liebe. Frankfurt am Main.
Becker-Schmidt, Regina (1993): Geschlechterdifferenz – Geschlechterverhältnis. Soziale Dimension des Begriffs „Geschlecht". In: Zeitschrift für Frauenforschung, H. 11, S. 1–2, 37–46.
Becker-Schmidt, Regina/Knapp, Gudrun-Axeli (1987): Geschlechtertrennung – Geschlechterdifferenz. Suchbewegungen sozialen Lernens. Bonn, Bad Godesberg.
Beck-Gernsheim, Elisabeth (1998): Was kommt nach der Familie? Einblicke in neue Lebensformen. München.
Beckmann, Petra/Engelbrecht, Gerhard (Hrsg.) (1994): Arbeitsmarkt für Frauen 2000 – Ein Schritt vor oder ein Schritt zurück? Kompendium zur Erwerbstätigkeit von Frauen (Beiträge zur Arbeitsmarkt- und Berufsforschung des Instituts für Arbeitsmarkt- und Berufsforschung der Bundesanstalt für Arbeit, Nr. 179). Nürnberg.
Bednarz-Braun, Iris (1991): Industriearbeiterinnen und neue Techniken. Zur Technikdiskussion gewerkschaftlich engagierter Frauen der Metallbranche. In: Happ, Doris/Wiegand, Ulrich (Hrsg.): Frauen im Trend. Beruf – Bildung – Bewußtsein. München, S. 161–178.
Bednarz-Braun, Iris (1992): Ausbildung und Erwerbsarbeit von Frauen zwischen Wunsch und Wirklichkeit – Lebensvorstellungen und Realisierungsmöglichkeiten. In: Bayerisches Staatsministerium für Arbeit, Familie und Sozialordnung (Hrsg.): Frauen in Bayern. 10 Jahre Gleichstellungsarbeit (Dokumentation des Kongresses der Bayerischen Staatsregierung am 30. und 31. Januar 1992, RB-Nr. 10/92/30). München, S. 269–280.
Bednarz-Braun, Iris (2001): Ausbildungssituation junger MigrantInnen (Vortrag anläßlich einer Fachtagung zum Thema „Mädchen und junge Frauen in der Migration. Theorie und Praxis interkultureller Mädchenarbeit" an der Fachhochschule München, Fachbereich Sozialwesen am 8.–9.2.2001 in München – unveröffentlichtes Manuskript).

Beher, Karin/Liebig, Reinhard/Rauschenbach, Thomas (2000): Strukturwandel des Ehrenamts. Gemeinwohlorientierung im Modernisierungsprozeß. Weinheim, München.
Bender, Stefan/Seifert, Wolfgang (1997): Nationalitäten- und geschlechtsspezifische Arbeitsmarktchancen von Absolventen der dualen Ausbildung. In: Hradil, Stefan (Hrsg.): Differenz und Integration. Die Zukunft moderner Gesellschaften (Verhandlungen des 28. Kongresses der Deutschen Gesellschaft für Soziologie in Dresden 1996). Bd. 2. Opladen u.a., S. 303–308.
Bendit, Rene (1999): Youth Life and the Process of Leaving Home in Europe. In: Bendit, Rene/Gaiser, Wolfgang/Marbach, Jan (Eds.): Youth and Housing in Germany and the European Union: Data and Trends on Housing: Biographical, Social and Political Aspects. Opladen, pp. 19–50.
Bendit, Rene/Keimeleder, Lis/Werner, Katja (2000): Bildungs-, Ausbildungs- und Erwerbsverläufe im Kontext von Integrationspolitik (Deutsches Jugendinstitut, Forschungsschwerpunkt Übergänge in Arbeit, Arbeitspapier 4/2000). München.
Berndt, Inge (1998): Distanz und Nähe: Sportinteresse und Sportbeteiligung bei jugendlichen Mädchen. In: Ministerium für Stadtentwicklung, Kultur und Sport des Landes Nordrhein-Westfalen (Hrsg.): Zwischen Utopie und Wirklichkeit. Breitensport aus Frauensicht. Düsseldorf, S. 19–32.
Berndt, Inge/Fischer, Margret/Kleindienst-Chachay, Christa/Kleinhans-Sommer, Helga/Kraus, Ulrike/Marchewka, Dorota/Stienen, Christa/Tatje, Susanne/Werner, Ulla (1998): Mehr Chancen für Mädchen und Frauen im Breitensport. Ein Arbeitsgruppenbericht. In: Ministerium für Stadtentwicklung, Kultur und Sport des Landes Nordrhein-Westfalen (Hrsg.): Zwischen Utopie und Wirklichkeit. Breitensport aus Frauensicht. Düsseldorf, S. 123–150.
Bien, Walter (Hrsg.) (1996): Familie an der Schwelle zum neuen Jahrtausend. Wandel und Entwicklung familialer Lebensformen. Opladen.
Bien, Walter/Kuhnke, Ralf/Reißig, Monika (Hrsg.) (1999): Wendebiografien. Zur ökonomischen, sozialen und moralischen Verselbständigung junger Erwachsener. Ergebnisse der Leipziger Längsschnitt-Studie 3. München.
Bien, Walter/Schneider, Norbert F. (1998): Nichteheliche Elternschaft – Formen, Entwicklung, rechtliche Situation. In: dies. (Hrsg.): Kind ja, Ehe nein? Status und Wandel der Lebensverhältnisse von nichtehelichen Kindern und Kindern in nichtehelichen Lebensgemeinschaften. Opladen, S. 1–40.
Bilden, Helga (1991): Geschlechtsspezifische Sozialisation. In: Hurrelmann, Klaus/Ulich, Dieter (Hrsg.): Neues Handbuch der Sozialisationsforschung. Weinheim, S. 279–301.
Blanke, Karen/Ehling, Manfred/Schwarz, Norbert (1996): Zeit im Blickfeld. Ergebnisse einer repräsentativen Zeitbudgeterhebung (BMFSFJ, Bd. 121). Stuttgart, Berlin, Köln.
Bode, Heidrun (1999): Jugendsexualität und Kontrazeption aus der Sicht Jugendlicher und ihrer Eltern. Einige Ergebnisse aus der Repräsentativbefragung 1996 im Auftrag der Bundeszentrale für gesundheitliche Aufklärung. In: Bundeszentrale für gesundheitliche Aufklärung (Hrsg.): Wissenschaftliche Grundlagen. Forschung und Praxis der Sexualaufklärung und Familienplanung. Köln, S. 65–82.
Böhnisch, Lothar (1994): Ist Gewalt männlich? In: Thiersch, Hans/Wertheimer, Jürgen/Grunwald, Klaus (Hrsg.): „... überall, in den Köpfen und Fäusten". Auf der Suche nach Ursachen und Konsequenzen von Gewalt. Darmstadt, S. 103–113.
Böhnisch, Lothar/Winter, Reinhard (1993): Männliche Sozialisation. Bewältigungsprobleme männlicher Geschlechtsidentität im Lebenslauf. Weinheim.
Botta, Renée A. (1999): Television Images and Adolescent Girls' Body Image Disturbance. In: Journal of Communication, Vol. 49: pp. 22–41.

Born, Claudia/Krüger, Helga/Lorenz-Meyer, Dagmar (1996): Der unentdeckte Wandel – Annäherung an das Verhältnis von Struktur und Norm im weiblichen Lebenslauf. Berlin.
Botta, Renée A. (1999): Television Images and Adolescent Girls' Body Image Disturbance. In: Journal of Communication, Vol. 49, pp. 22–41.
Böttcher, Wolfgang/Klemm, Klaus (Hrsg.) (1995): Bildung in Zahlen. Statistisches Jahrbuch zu Daten und Trends im Bildungsbereich. Weinheim.
Bowling, A. (1991): Measuring Health. A Review Quality of Life Measurement Scales. Milton Keynes.
Brandes, Uta/Schiersmann, Christiane (1986): Frauen, Männer und Computer. Eine repräsentative Untersuchung über die Einstellung von Frauen und Männern in der Bundesrepublik Deutschland zum Thema Computer. Hamburg.
Braun, Joachim/Klages, Helmut (2000): Freiwilliges Engagement in Deutschland – Freiwilligensurvey 1999. Ergebnisse der Repräsentativerhebung zu Ehrenamt, Freiwilligenarbeit und bürgerschaftlichem Engagement. Bd. 2: Zugangswege zum freiwilligen Engagement und Engagementpotenzial in den neuen und alten Bundesländern (BMFSFJ, Bd. 194.2). Stuttgart, Berlin, Köln.
Brehmer, Ilse (Hrsg.) (1982): Sexismus in der Schule. Der heimliche Lehrplan der Frauendiskriminierung. Basel.
Breitenbach, Eva (2000): Mädchenfreundschaften in der Adoleszenz. Eine fallkonstruktive Untersuchung von Gleichaltrigengruppen. Opladen.
Brettschneider, Wolf-Dietrich/Kleine, Torsten (2001): Jugendarbeit in Sportvereinen: Anspruch und Wirklichkeit (Universität Paderborn, unveröffentlichter Abschlußbericht für das Land Nordrhein-Westfalen). Paderborn.
Brigitte/Deutsches Jugendinstitut (Hrsg.): Mädchen '82. Eine repräsentative Untersuchung über die Lebenssituation und das Lebensgefühl 15- bis 19jähriger Mädchen in der Bundesrepublik. Hamburg 1982.
Brock, Ditmar/Hantsche, Brigitte/Kühnlein, Gertrud/Meulemann, Heiner/Schober, Karen (Hrsg.) (1991): Übergänge in den Beruf. Zwischenbilanz zum Forschungsstand. München.
Bruhns, Kirsten/Wittmann, Svendy (1999): Mädchendelinquenz. In: Recht der Jugend und des Bildungswesens, H. 3, S. 355–371.
Brusten, Manfred (1999): Kriminalität und Delinquenz als soziales Problem. In: Albrecht, Günter/Groenemeyer, Axel/Stallberg, Friedrich W. (Hrsg.): Handbuch soziale Probleme. Opladen, S. 507–555.
Buba, Hans Peter/Früchtel, Frank/Pickel, Gerd (1995): Haushalts- und Familienformen junger Erwachsener und ihre Bedeutung im Ablösungsprozeß von der Herkunftsfamilie – Ein Vergleich in den neuen und alten Bundesländern. In: Nauck, Bernhard/Schneider, Norbert/Tölke, Angelika (Hrsg.): Familie und Lebensverlauf im gesellschaftlichen Umbruch. Stuttgart, S. 119–136.
Büchner, Peter/Fuhs, Burkhard (1998): Das biografische Projekt des Erwachsenwerdens. Chancen und Risiken beim Übergang von der Kindheit in die Jugendphase. In: Büchner, Peter/Du Bois-Reymond, Manuela/Ecarius, Jutta/Fuhs, Burkhard/Krüger, Heinz-Hermann (Hrsg.): Teenie-Welten. Aufwachsen in drei europäischen Regionen. Opladen, S. 113–144.
Bundesanstalt für Arbeit (Hrsg.) (2000): direkt: Fördern und Qualifizieren, H. 11.
Bundesinstitut für Berufsbildung (2001): Pressemitteilungen aus 2001: Tarifliche Ausbildungsvergütungen 2000: Anstieg in West und Ost. Bonn.

Bundeskriminalamt (Hrsg.) (2001): Polizeiliche Kriminalstatistik. Bundesrepublik Deutschland. Berichtsjahr 2000. Wiesbaden.
Bundeskriminalamt (2001): Polizeiliche Kriminalstatistik – Zeitreihen (über: www.bka.de).
Bundesministerium des Inneren/Bundesministerium der Justiz (2001a): Erster Periodischer Sicherheitsbericht (Kurzfassung). Berlin.
Bundesministerium des Inneren/Bundesministerium der Justiz (2001b): Erster Periodischer Sicherheitsbericht (Langfassung). Berlin.
Bundesministerium für Bildung und Forschung (Hrsg.) (1999): Berufsbildungsbericht 1999. Bonn.
Bundesministerium für Bildung und Forschung (Hrsg.) (2000): Berufsbildungsbericht 2000. Bonn.
Bundesministerium für Bildung und Forschung (Hrsg.) (2000a): Grund- und Strukturdaten 1999/2000. Bonn.
Bundesministerium für Familie, Senioren, Frauen und Jugend (Hrsg.) (2000): Die Frauen der Welt 2000 – Trends und Statistiken. Meckenheim.
Bundesministerium für Familie, Senioren, Frauen und Jugend (Hrsg.) (2001a): Die Rolle des Vaters in der Familie (Zusammenfassung des Forschungsberichts). Berlin.
Bundesministerium für Familie, Senioren, Frauen und Jugend (Hrsg.) (2001b): Verbundprojekt zur gesundheitlichen Situation von Frauen in Deutschland. Untersuchung zur gesundheitlichen Situation von Frauen in Deutschland. Eine Bestandsaufnahme unter Berücksichtigung der unterschiedlichen Entwicklung in West- und Ostdeutschland. Berlin.
Bundesministerium für Gesundheit (Hrsg.) (2000): Drogen- und Suchtbericht 1999 der Drogenbeauftragten der Bundesregierung. Bonn.
Bundeszentrale für gesundheitliche Aufklärung (Hrsg.) (1998): Die Drogenaffinität Jugendlicher in der Bundesrepublik Deutschland 1997. Eine Wiederholungsbefragung der Bundeszentrale für gesundheitliche Aufklärung. Köln.
Burkart, Günter (1995): Zum Strukturwandel der Familie. Mythen und Fakten. In: Aus Politik und Zeitgeschichte, B 52–53, S. 3–15.
Bütow, Birgit (1995): Geschlechterverhältnis und Gewalt. Zum Verhältnis von Frauen und Mädchen zu Gewalt. In: Behn, Sabine/Heitmann, Helmut/Voß, Stephan (Hrsg.): Jungen, Mädchen und Gewalt – ein Thema für die geschlechtsspezifische Jugendarbeit?! Berlin, S. 41–59.
Conrads, Jutta/Möller, Renate (1995): Individualisierung und Gewalt – die geschlechtsspezifische Sichtweise. In: Heitmeyer, Wilhelm/Collmann, Birgit/Conrads, Jutta/Matuschek, Ingo/Kraul, Dietmar/Kühnel, Wolfgang/Möller, Renate/Ulbrich-Hermann, Matthias: Gewalt. Schattenseiten der Individualisierung bei Jugendlichen aus unterschiedlichen Milieus. Weinheim, München, S. 265–278.
Cordes, Mechthild (1996): Frauenpolitik. Gleichstellung oder Gesellschaftsveränderung. Ziele – Institutionen – Strategien. Opladen.
Cornelißen, Waltraud (1993): Politische Partizipation von Frauen in der alten Bundesrepublik und im vereinten Deutschland. In: Helwig,Gisela/Nickel, Hildegard Maria (Hrsg.): Frauen in Deutschland 1945–1992 (Bundeszentrale für politische Bildung, Bd. 318). Bonn, S. 321–349.
Cornelißen, Waltraud (1998): Fernsehgebrauch und Geschlecht. Zur Rolle des Fernsehens im Alltag von Frauen und Männern. Opladen.

Cremer-Schäfer, Helga (1992): Skandalisierungsfallen. Einige Anmerkungen dazu, welche Folgen es hat, wenn wir das Vokabular „der Gewalt" benutzen, um auf gesellschaftliche Probleme und Konflikte aufmerksam zu machen. In: Kriminologisches Journal, 24. Jg., S. 23–36.
Dale, Angela/Arber, Sara/Procter, Michael (1988): Doing Secondary Analysis. Contemporary Social Research Series, Vol. 17. London.
Deutsche Shell (Hrsg.) (2000): Jugend 2000. Opladen.
Deutsche Sportjugend (o.J.): Neue Partizipationsformen für Mädchen und junge Frauen im Sport. Empfehlungen der Deutschen Sportjugend (über: www.dsj.de).
Deutscher Sportbund (Hrsg.) (1998): Bestandserhebung. Frankfurt am Main.
Deutsches Jugendinstitut/Furtner-Kallmünzer, Maria (Hrsg.) (1999): Werbe- und Konsumerziehung international. Beiträge aus Großbritannien, USA, Frankreich, Italien und Deutschland. Opladen.
Diezinger, Angelika (1991): Frauen: Arbeit und Individualisierung. Opladen.
Diezinger, Angelika/Kitzer, Hedwig/Anker, Ingrid/Odierna, Simone/Haas, Erika/Bingel, Irma (Hrsg.) (1994): Erfahrung mit Methode. Wege sozialwissenschaftlicher Frauenforschung. Freiburg im Breisgau.
Dölling, Irene (1993): Gespaltenes Bewußtsein – Frauen- und Männerbilder in der DDR. In: Helwig, Gisela/Nickel, Hildegard Maria (Hrsg.): Frauen in Deutschland 1945–1992 (Bundeszentrale für politische Bildung, Bd. 318). Bonn, S. 23–52.
Dölling, Irene/Krais, Beate (Hrsg.) (1997): Ein alltägliches Spiel. Geschlechterkonstruktionen in der sozialen Praxis. Frankfurt am Main.
Dostal, W./Jansen, R./Parmentier, K. (Hrsg.) (2000): Wandel der Erwerbsarbeit: Arbeitssituation, Informatisierung, berufliche Mobilität und Weiterbildung. Nürnberg.
Du Bois-Reymond, Manuela (1998): Der Verhandlungshaushalt im Modernisierungsprozeß. In: Büchner, Peter/Du Bois-Reymond, Manuela/Ecarius, Jutta/Fuhs, Burkhard/Krüger, Heinz-Hermann (Hrsg.): Teenie-Welten. Aufwachsen in drei europäischen Regionen. Opladen, S. 83–112.
Eggert, Susanne (2001): Fernsehen als Informationsmedium Jugendlicher: Präferenzen und Barrieren. In: Media Perspektiven, H. 2, S. 75–83.
Ehlich, Manfred (1996): Arbeitsfreie Zeit – Freizeit heute. In: Blanke, Karen/Ehlich, Manfred/Schwarz, Norbert (Hrsg.): Zeit im Blickfeld. Ergebnisse einer repräsentativen Zeitbudgeterhebung (BMFSFJ, Bd. 121). Stuttgart, Berlin, Köln, S. 129–236.
Eimeren, Birgit van/Maier-Lesch, Brigitte (1997): Mediennutzung und Freizeitgestaltung von Jugendlichen. In: Media Perspektiven, H. 11, S. 590–603.
Eimeren, Birgit van/Maier-Lesch, Brigitte (1999): Internetnutzung Jugendlicher: Surfen statt fernsehen? Sonderauswertung aus der ARD/ZDF-Online-Studie 1999. In: Media Perspektiven, H. 11, S. 591–598.
Enders-Dragässer, Uta/Sellach, Brigitte (1999): Der „Lebenslagen-Ansatz" aus der Perspektive der Frauenforschung. In: Zeitschrift für Frauenforschung, H. 4, S. 56–66.
Engelbrech, Gerhard/Reinberg, Alexander (1998): Jugendliche: Im Sog der Arbeitsmarkt-Turbulenzen. Erwerbstätigkeit der 15–24jährigen seit 1991 in Westdeutschland drastisch gesunken (IAB-Kurzbericht Nr. 05/1998). Nürnberg.
Engstler, Heribert (1999): Die Familie im Spiegel der amtlichen Statistik (BMFSFJ). Bonn.
Erlinghagen, Marcel/Rinne, Katrin/Schwarze, Johannes (1997): Ehrenamtliche Tätigkeiten in Deutschland – komplementär oder substitutiv? Analysen mit dem Sozioökonomischen Panel 1985 bis 1996 (Diskussionspapier 97-10 der Fakultät für Sozialwissenschaft der Ruhr-Universität Bochum). Bochum.

Erlinghagen, Marcel/Rinne, Katrin/Schwarze, Johannes (1999): Ehrenamt statt Arbeitsamt? Sozioökonomische Determinanten ehrenamtlichen Engagements in Deutschland. In: WSI-Mitteilungen, H. 4, S. 246–255.
Euler, Harald A. (1999): Geschlechtsspezifische Unterschiede und die nicht erzählte Geschichte in der Gewaltforschung. In: Holtappels, Heinz Günter/Heitmeyer, Wilhelm/Melzer, Wolfgang/Tillmann, Klaus-Jürgen (Hrsg.): Forschung über Gewalt an Schulen. Erscheinungsformen und Ursachen, Konzepte und Prävention. Weinheim, München, S. 191–206.
Europäische Kommission (2000): Beschreibung der sozialen Lage in Europa 2000. Luxemburg.
Farin, Klaus (1997): Jugendkulturen zwischen Kommerz & Politik (Landeszentrale für politische Bildung Thüringen). Erfurt.
Faulstich-Wieland, Hannelore (1995a): Geschlecht und Erziehung. Grundlagen des pädagogischen Umgangs mit Mädchen und Jungen. Darmstadt.
Faulstich-Wieland, Hannelore (1995b): Geschlechterverhältnisse im Bildungssystem – erörtert am Beispiel der Koedukationsdiskussion. In: Kneer, Georg/Kraemer, Klaus/Nassehi, Armin (Hrsg.): Spezielle Soziologien. Münster, S. 49–78.
Faulstich-Wieland, Hannelore (1999): Weibliche Sozialisation zwischen geschlechterstereotyper Einengung und geschlechterbezogener Identität. In: Scarbath, Horst/Schlottau, Heike/Straub, Veronika/Waldmann, Klaus (Hrsg.): Geschlechter. Zur Kritik und Neubestimmung geschlechterbezogener Sozialisation und Bildung. Opladen, S. 7–62.
Faulstich-Wieland, Hannelore (2000): Sozialisation von Mädchen und Jungen – Zum Stand der Theorie. In: Diskurs, 10. Jg., H. 2, S. 8–14.
Faulstich-Wieland, Hannelore/Horstkemper, Marianne (1995): „Trennt uns bitte, bitte nicht!" Koedukation aus Mädchen- und Jungensicht. Opladen.
Faulstich-Wieland, Hannelore/Horstkemper, Marianne (1996): 100 Jahre Koedukationsdebatte – und kein Ende. Hauptartikel und Replik. In: Ethik und Sozialwissenschaften, 7. Jg., S. 509–520, 578–585.
Feierabend, Sabine/Klingler, Walter (1999): Kinder und Medien 1999. Ergebnisse der Studie JIM 99 zur Mediennutzung von Kindern. In: Media Perspektiven, H. 12, S. 610–625.
Feierabend, Sabine/Klingler, Walter (2000): Jugend, Information, (Multi-)Media 2000. Aktuelle Ergebnisse der JIM-Studie. In: Media Perspektiven, H. 11, S. 517–527.
Fischer, Arthur (1985): Technik. In: Jugendwerk der Deutschen Shell (Hrsg.): Shell-Studie '85. Jugendliche und Erwachsene. Generationen im Vergleich. Bd. 2: Freizeit und Jugendkultur. Leverkusen, S. 49–58.
Fischer, Arthur (2000a): Jugendliche im Osten – Jugendliche im Westen. In: Deutsche Shell (Hrsg.): Jugend 2000. Bd. 1. Opladen, S. 283–303.
Fischer, Arthur (2000b): Jugend und Politik. In: Deutsche Shell (Hrsg.): Jugend 2000. Bd. 1. Opladen, S. 261–282.
Fischer, Arthur (2000c): Beschreibung der Skalen. In: Deutsche Shell (Hrsg.): Jugend 2000. Bd. 1. Opladen, S. 379–432.
Flaake, Karin/King, Vera (Hrsg.) (1998): Weibliche Adoleszenz. Zur Sozialisation junger Frauen. Frankfurt am Main, New York.
Flitner, Andreas/Petry, Christian/Richter, Ingo (Hrsg.) (1999): Wege aus der Ausbildungskrise (Memorandum des Forums „Jugend Bildung Arbeit"). Opladen.

Fobe, Karin (1997): Risiken, Optionen und Entscheidungen von ostdeutschen Schulabsolventinnen auf dem Ausbildungs- und Arbeitsmarkt. In: Heinz, Walter R./Hormuth, Stefan: Arbeit und Gerechtigkeit im ostdeutschen Transformationsprozeß. Opladen: S. 13–71.

Forschungsschwerpunkt 1 (2000): „Übergänge in Arbeit": Fit für Leben und Arbeit – Neue Praxismodelle zur sozialen und beruflichen Integration von Jugendlichen. München, Leipzig.

Franke, Kirsten (2000): Frauen und Kriminalität. Eine Analyse kriminologischer und soziologischer Theorien. Konstanz.

Franzkowiak, Peter (1996): Risikokompetenz – Eine neue Leitorientierung für die primäre Suchtprävention? In: neue praxis, H. 5, S. 409–425.

Franzkowiak, Peter (1999): Gesundheit. In: Bundeszentrale für gesundheitliche Aufklärung (Hrsg.): Leitbegriffe der Gesundheitsförderung. Glossar zu Konzepten, Strategien und Methoden der Gesundheitsförderung. Schwabenheim an der Selz.

Freese, Gunhild (2001): Megatrend Sport. Schuhhersteller, Modemacher, Reiseveranstalter – von der Fitnessbegeisterung profitieren sie alle. In: Die Zeit Nr. 34 vom 16. August 2001, S. 20.

Friese, Marianne et al. (Hrsg.) (1993): Junge Frauen an der „ersten Schwelle". Diskrete Diskriminierung in der Schule und im Berufsfindungsprozeß. Bremen.

Fritzsche, Yvonne (2000a): Moderne Orientierungsmuster: Inflation am „Werthimmel". In: Deutsche Shell (Hrsg.): Jugend 2000. Bd. 1. Opladen, S. 93–156.

Fritzsche, Yvonne (2000b): Modernes Leben: Gewandelt, vernetzt und verkabelt. In: Deutsche Shell (Hrsg.): Jugend 2000. Bd. 1. Opladen, S. 180–219.

Fritzsche, Yvonne (2000c): Die quantitative Studie: Stichprobenstruktur und Feldarbeit. In: Deutsche Shell (Hrsg.): Jugend 2000. Bd. 1. Opladen, S. 349–378.

Fritzsche, Yvonne/Münchmeier, Richard (2000): Mädchen und Jungen. In: Deutsche Shell (Hrsg.): Jugend 2000. Bd. 1. Opladen, S. 343–348.

Frommelt, Bernd (2000): Schule am Ausgang des 20. Jahrhunderts. Weinheim.

Fuchs, Werner (1985): Entspannung im Alltag. In: Jugendwerk der Deutschen Shell (Hrsg.): Jugendliche und Erwachsene. Generationen im Vergleich. Bd. 2: Freizeit und Jugendkultur. Leverkusen, S. 7–34.

Fuchs-Heinritz, Werner (2000): Zukunftsorientierungen und Verhältnis zu den Eltern. In: Deutsche Shell (Hrsg.): Jugend 2000. Bd. 1. Opladen, S. 23–92.

Funk, Heide/Winter, Reinhard (1993): Das modernisierte Ehrenamt. Selbstentfaltung und Anerkennung für junge Frauen und Männer im Lebenszusammenhang des Jugendverbandes. Neuss-Holzheim.

Gaiser, Wolfgang/Rijke, Johann de (2000): Partizipation und politisches Engagement. In: Gille, Martina/Krüger, Winfried (Hrsg.): Unzufriedene Demokraten. Politische Orientierungen der 16- bis 29jährigen im vereinigten Deutschland. DJI-Jugendsurvey 2. Opladen, S. 267–323.

Gaskin, Katharine/Smith, Justin Davis/Paulwitz, Irmtraut (1996): Ein neues bürgerschaftliches Europa. Eine Untersuchung zur Verbreitung und Rolle von Volunteering in zehn Ländern. Freiburg im Breisgau.

Geißel, Brigitte (1999): Wege von Frauen in die Politik. Von der Parteimitgliedschaft zum politischen Mandat. In: Zeitschrift für Frauenforschung, H. 3, S. 5–18.

Geissler, Birgit/Maier, Friederike/Pfau-Effinger, Birgit (Hrsg.) (1998): Frauen-ArbeitsMarkt. Der Beitrag der Frauenforschung zur sozio-ökonomischen Theorieentwicklung. Berlin.

Geissler, Birgit/Oechsle, Mechthild (1996): Lebensplanung junger Frauen. Zur widersprüchlichen Modernisierung weiblicher Lebensläufe. Weinheim.

Geißler, Rainer/Marißen, Norbert (1988): Junge Frauen und Männer vor Gericht. Geschlechtsspezifische Kriminalität und Kriminalisierung. In: Kölner Zeitschrift für Soziologie und Sozialpsychologie, 40. Jg., S. 505–526.

Gensicke, Thomas (2000): Freiwilliges Engagement in den neuen Ländern. In: Braun, Joachim/Klages, Helmut (Hrsg.): Zugangswege zum freiwilligen Engagement und Engagementpotenzial in den neuen und alten Bundesländern. Ergebnisse der Repräsentativerhebung 1999 zu Ehrenamt in Deutschland. Bd. 2. Stuttgart, Berlin, Köln, S. 22–113.

Gensicke, Thomas (2001): Freiwilliges Engagement in den neuen und alten Bundesländern. In: Aus Politik und Zeitgeschichte, B 25–26, S. 24–32.

Gerhards, Maria/Klingler, Walter (1999): Jugend und Medien: Fernsehen als Leitmedium. Entwicklungsphasen, Nutzung und Funktionen der Medien für Jugendliche. In: Media Perspektiven, H. 11, S. 572–576.

Gerhards, Maria/Klingler, Walter (2001): Jugend und Medien: Fernsehen bleibt dominierend. Nutzung und Bedeutung des Fernsehens für Jugendliche im Jahr 2000. In: Media Perspektiven, H. 2, S. 65–74.

Gildemeister, Regine/Wetterer, Angelika (1992): Wie Geschlechter gemacht werden. Die soziale Konstruktion der Zweigeschlechtlichkeit und ihre Reifizierung in der Frauenforschung. In: Knapp, Gudrun-Axeli/Wetterer, Angelika (Hrsg.): Traditionen. Brüche. Entwicklungen feministischer Theorie. Freiburg im Breisgau, S. 201–254.

Gille, Martina (2000): Werte, Rollenbilder und soziale Orientierung. In: dies./Krüger, Winfried (Hrsg.): Unzufriedene Demokraten. Politische Orientierungen der 16- bis 29jährigen im vereinigten Deutschland. DJI-Jugendsurvey 2. Opladen, S. 143–204.

Gille, Martina/Krüger, Winfried (2000a): Die Bedeutung des Politischen bei jungen Migranten und jungen Deutschen. In: dies. (Hrsg.): Unzufriedene Demokraten. Politische Orientierungen der 16- bis 29jährigen im vereinigten Deutschland. DJI-Jugendsurvey 2. Opladen, S. 399–422.

Gille, Martina/Krüger, Winfried (Hrsg.) (2000b): Unzufriedene Demokraten. Politische Orientierungen der 16- bis 29jährigen im vereinigten Deutschland. DJI-Jugendsurvey 2. Opladen.

Gille, Martina/Krüger, Winfried/de Rijke, Johann (2000): Politische Orientierungen. In: Gille, Martina/Krüger, Winfried (Hrsg.): Unzufriedene Demokraten. Politische Orientierungen der 16- bis 29jährigen im vereinigten Deutschland. DJI-Jugendsurvey 2. Opladen, S. 205–265.

Gipser, Dietlinde (1987): Besonderheiten der Frauen- und Mädchenkriminalität. In: Theorie und Praxis der sozialen Arbeit, H. 5, S. 162–168.

Gleich, Uli/ARD Forschungsdienst (1999): Benutzung der Medien im Leben Jugendlicher. In: Media Perspektiven, H. 11, S. 599–606.

Granato, Mona (1997): Italiener in Deutschland. Eine vergessene Minderheit? Soziale und sozioökonomische Partizipation(schancen) junger Italiener (Expertise für die Friedrich-Ebert-Stiftung anläßlich der Tagung „Italiener in Deutschland: Schulische, berufliche und politische Partizipation" am 10.04.1997). Bonn.

Granato, Mona (1999a): Berufsorientierung und Berufswahl junger Frauen der zweiten Generation. In: Bildungszentrum der Wirtschaft im Unterwesergebiet (Hrsg.): Berufe mit Zunkunft in der Region. Chancengleichheit junger Frauen beim Übergang von der Schule in die Berufsausbildung. Bremen.

Granato, Mona (1999b): Junge Frauen ausländischer Herkunft. Pluralisierung und Differenzierung ihrer Lebenslagen. Berlin.
Granato, Mona/Hecker, Ursula (2000): Jugendliche in Ausbildung und Beruf (Materialien aus dem Bundesinstitut für Berufsbildung). Bonn.
Granato, Mona/Schittenhelm, Karin (2000): Junge Frauen im Übergang zwischen Schule und Beruf. Chancen und Perspektiven. In: Stiftung SPI (Hrsg.): Mädchen in sozialen Brennpunkten. Berlin.
Granato, Mona/Werner, Rudolph (1999): Geringere Ausbildungschancen für Jugendliche ausländischer Nationalität. In: Berufsbildung in Wissenschaft und Praxis, 28. Jg., S. 46–48.
Greszik, Bethina/Hering, Frank/Euler, Harald A. (1995): Gewalt in den Schulen. Ergebnisse einer Befragung in Kassel. In: Zeitschrift für Pädagogik, 41. Jg., S. 265–284.
Gysi, Jutta/Meyer, Dagmar (1993): Leitbild: berufstätige Mutter – DDR-Frauen in Familie, Partnerschaft und Ehe. In: Helwig, Gisela/Nickel, Hildegard Maria (Hrsg.): Frauen in Deutschland 1945–1992 (Bundeszentrale für politische Bildung, Bd. 318). Bonn, S. 139–165.
Hackauf, Horst (1999): Gesundheit und soziale Lage von Kindern und Jugendlichen. Expertise (unveröffentlichtes Manuskript). München.
Hackauf, Horst/Winzen, Gerda (1999): On the State of Young People's Health in the European Union (published from DG Health and Consumer Protection, Unit F3 – Health promotion, health monitoring, and injury prevention). Luxembourg.
Hagemann-White, Carol (1984): Alltag und Biografie von Mädchen. Opladen.
Hagemann-White, Carol (1992): Strategien gegen Gewalt im Geschlechterverhältnis. Bestandsanalyse und Perspektiven. Pfaffenweiler.
Hagemann-White, Carol (1998): Berufsfindung und Lebensperspektive in der weiblichen Adoleszenz. In: Flaake, Karin/King, Vera (Hrsg.): Weibliche Adoleszenz. Zur Sozialisation junger Frauen. Frankfurt, New York, S. 64–83.
Hahn, André/Jerusalem, Matthias (2001): Internetsucht. Jugendliche gefangen im Netz. In: Raithel, Jürgen (Hrsg.): Risikoverhaltensweisen Jugendlicher. Formen, Erklärungen, Prävention. Opladen, S. 279–293.
Haubrich, Karin/Preiß, Christine (1996): Auf der Suche nach beruflicher Identität – junge Frauen im Berufsfindungsprozeß. In: Schober, Karen/Gaworek, Maria (Hrsg.): Berufswahl: Sozialisations- und Selektionsprozesse an der ersten Schwelle (Dokumentation eines Workshops des Instituts für Arbeitsmarkt- und Berufsforschung der Bundesanstalt für Arbeit in Zusammenarbeit mit dem Deutschen Jugendinstitut und dem Bundesinstitut für Berufsbildung). Nürnberg, S. 77–95.
Haupt, Peter (2000): Ehrenamt – Im Vorfeld des internationalen Jahres der Freiwilligen 2001. In: Nachrichtendienst des Deutschen Vereins für öffentliche und private Fürsorge, 80. Jg, S. 1–5.
Hauschild, H.P./Ahrens, H. (1993): AIDS-Prävention für die deutsche Techno-Szene? Eine sozialwissenschaftliche Pilotstudie als eine erste phänomenologische Skizzierung der Technoszene aus kultursoziologischer Sicht mit einer Untersuchung HIV-relevanter Risikostrukturen unter 42 Szene-Angehörigen. Projektbericht im Auftrag des BMG. Bonn.
Hauser, Richard et al. (1996): Ungleichheit und Sozialpolitik. Berichte zum sozialen und politischen Wandel in Ostdeutschland. Bd. 2. Opladen.
Heiliger, Anita (1997): Zu Entwicklungen und Ergebnissen von Mädchenforschung und Mädchenpolitik in der BRD (Teil II). In: Deutsche Jugend, H. 5, S. 220–225.

Heiliger, Anita/Funk, Heide (Hrsg.) (1990): Neue Aspekte der Mädchenförderung. Weinheim, München.
Heinz, Walter, R. (1998): Berufliche und betriebliche Sozialisation. In: Hurrelmann, Klaus/Ulich, Dieter (Hrsg.): Handbuch der Sozialisationsforschung. Weinheim, Basel, S. 397–415.
Heinze, Rolf G. (1998): Eine lernende, aktivierende Politik. In: Universitas, H. 626, S. 714–725.
Heinze, Rolf G./Keupp, Heiner (1997): Gesellschaftliche Bedeutung von Tätigkeiten außerhalb der Erwerbsarbeit. Gutachten für die „Kommission für Zukunftsfragen" der Freistaaten Bayern und Sachsen. Bochum, München.
Heitmeyer, Wilhelm (1992): Die Bielefelder Rechtsextremismus-Studie. Erste Langzeituntersuchung zur politischen Sozialisation männlicher Jugendlicher. Weinheim.
Heitmeyer, Wilhelm/Collmann, Birgit/Conrads, Jutta/ Matuschek, Ingo/ Kraul, Dietmar/Kühnel, Wolfgang/Möller, Renate/Ulbrich-Hermann, Matthias (1995): Gewalt. Schattenseiten der Individualisierung bei Jugendlichen aus unterschiedlichen Milieus. Weinheim, München.
Heitmeyer, Wilhelm/Möller, Kurt/Siller, Gertrud (1990): Jugend und Politik. Chancen und Belastungen der Labilisierung politischer Orientierungssicherheiten. In: Heitmeyer, Wilhelm/Olk, Thomas (Hrsg.): Individualisierung von Jugend. Gesellschaftliche Prozesse, subjektive Verarbeitungsformen, jugendpolitische Konsequenzen. Weinheim, München.
Helbrecht-Jordan, Ingrid (1992): Soziales Ehrenamt. Krise oder Wandel. In: Sozialpädagogik, H. 5, S. 235–240.
Helfferich, Cornelia (1995): Ansätze geschlechtsbezogener Prävention und Gesundheitsförderung im Kindes- und Jugendalter. In: Kolip, Petra/Hurrelmann, Klaus/Schnabel, Peter-Ernst (Hrsg.): Jugend und Gesundheit. Interventionsfelder und Präventionsbereiche. Weinheim, München.
Helfferich, Cornelia (1997): „Männlicher" Rauschgewinn und „weiblicher" Krankheitsgewinn? Geschlechtsgebundene Funktionalität von Problemverhalten und die Entwicklung geschlechtsbezogener Präventionsansätze. In: Zeitschrift für Sozialisationsforschung und Erziehungssoziologie, H. 2, S. 148–161.
Helfferich, Cornelia (2001): Jugendliches Risikoverhalten aus geschlechtsspezifischer Sicht. In: Raithel, Jürgen (Hrsg.): Risikoverhaltensweisen Jugendlicher. Formen, Erklärungen und Präventionen. Opladen, S. 331–348.
Helwig, Gisela/Nickel, Hildegard Maria (Hrsg.) (1993): Frauen in Deutschland 1945–1992 (Bundeszentrale für politische Bildung, Bd. 318). Bonn, S. 23–52.
Hering, Sabine (1998): Zugluft für die soziale Arbeit. Weibliches Ehrenamt zwischen Elitedenken und Selbstausbeutung – Historische Entwicklungslinien zur Gegenwart und Zukunft. In: Sozial Extra, Oktober 1998, S. 8–10.
Herlth, Alois/Engelbert, Angelika/Mansel, Jürgen/Palentien, Christian (Hrsg.) (2000): Spannungsfeld Familienkindheit. Neue Anforderungen, Risiken und Chancen. Opladen.
Heß-Meining, Ulrike (2001): Ausländische und deutsche Jugendliche – Tendenzen und Perspektiven im Zusammenleben. Zur Integration von Jugendlichen mit Migrationshintergrund (Vortrag auf der Tagung „Zusammen in getrennten Welten?"). o.O.
Hildebrandt, Regina/Winkler, Ruth (Hrsg.) (1994): Die Hälfte der Zukunft. Lebenswelten junger Frauen. Köln.
Hirschauer, Stefan (1994): Die soziale Fortpflanzung der Zweigeschlechtlichkeit. In: Kölner Zeitschrift für Soziologie und Sozialpsychologie, 46. Jg., S. 668–692.

Höckner, Marianne (1996): Einfluß der Eltern und personale Leistungsvoraussetzungen der Jugendlichen als Determinanten für berufliche Bildungswege. Ergebnisse einer Leipziger Längsschnittstudie. In: Schober, Karen/Gaworek, Maria (Hrsg.): Berufswahl: Sozialisations- und Selektionsprozesse an der ersten Schwelle (Dokumentation eines Workshops des Instituts für Arbeitsmarkt- und Berufsforschung der Bundesanstalt für Arbeit in Zusammenarbeit mit dem Deutschen Jugendinstitut und dem Bundesinstitut für Berufsbildung). Nürnberg, S. 47–63.

Hoecker, Beate (1995): Politische Partizipation von Frauen. Kontinuität und Wandel des Geschlechterverhältnisses in der Politik. Ein einführendes Studienbuch. Opladen.

Hoecker, Beate (1996): Politische Partizipation von Frauen im vereinigten Deutschland. Ein Ost-West-Vergleich. In: Aus Politik und Zeitgeschichte, B 21–22, S. 23–33.

Hoecker, Beate (1998): Zwischen Macht und Ohnmacht. Politische Partizipation von Frauen in Deutschland. In: dies.: Handbuch Politische Partizipation von Frauen in Europa. Opladen, S. 65–90.

Hoffmann-Lange, Ursula (Hrsg.) (1995): Jugend und Demokratie in Deutschland. DJI-Jugendsurvey 1. Opladen.

Holz, Erlend (1998): Zeitverwendung von Jugendlichen und jungen Erwachsenen. In: Wirtschaft und Statistik, H. 8, S. 689–698.

Holzkamp, Christine/Rommelspacher, Birgit (1991): Frauen und Rechtsextremismus. Wie sind Mädchen und Frauen verstrickt? In: sozial extra, H. 6, S. 17–19.

Hoose, Daniela/Vorholt, Dagmar (1996): Sicher sind wir wichtig – irgendwie!? Der Einfluß der Eltern auf das Berufswahlverhalten von Mädchen (Untersuchung im Auftrag des Senatsamtes für die Gleichstellung, Freie und Hansestadt Hamburg). Hamburg.

Hoose, Daniela/Vorholt, Dagmar (1997): Der Einfluß von Eltern auf das Berufswahlverhalten von Mädchen. Ergebnisse einer empirischen Untersuchung. In: Aus Politik und Zeitgeschichte, B 25, S. 35–44.

Horstkemper, Marianne (1995a): Mädchen und Frauen im Bildungswesen. In: Böttcher, Wolfgang/Klemm, Klaus (Hrsg.): Bildung in Zahlen. Statistisches Handbuch zu Daten und Trends im Bildungsbereich. Weinheim, S. 188–216.

Horstkemper, Marianne (1995b): Was dürfen Mädchen und was sollen Jungen? Geschlechtsrollenorientierung in koedukativen und nicht-koedukativen Schulen. In: Hempel, Marlies (Hrsg.): Verschieden und doch gleich. Bad Heilbrunn, S. 173–189.

Hössl, Alfred (2000): „Spaß an der Sache, Bereitschaft zur Leistung, Anregung durch Freunde." Erste Thesen zu den Interessen von 10- bis 14jährigen. In: Deutsches Jugendinstitut (Hrsg.): Informelles Lernen in der Freizeit. Erste Ergebnisse des Projekts „Lebenswelten als Lernwelten". München.

Hradil, Stefan (Hrsg.) (1997): Differenz und Integration. Die Zukunft moderner Gesellschaften (Verhandlungen des 28. Kongresses der Deutschen Gesellschaft für Soziologie in Dresden 1996). Frankfurt am Main, New York.

Hübner, Marc/Münch, Katrin/Reinecke, Jost/Schmidt, Peter (1998): Sexual- und Verhütungsverhalten 16- bis 24jähriger Jugendlicher und junger Erwachsener. Eine repräsentative Wiederholungsbefragung im Auftrag der Bundeszentrale für gesundheitliche Aufklärung. Köln.

Huinink, Johannes (1995): Warum noch Familie? Zur Attraktivität von Partnerschaft und Elternschaft in unserer Gesellschaft. Frankfurt am Main New York.

Huinink, Johannes (1999): Ist die Familie noch zu retten? Anmerkungen zur Zukunft familialer Lebensformen. In: Jugendhilfe, 37. Jg., S. 2–11.

Huinink, Johannes/Röhler, Heiko/Steinbach, Anja (2000): Hausarbeit in Partnerschaften. Zur Erklärung geschlechtsstypischer Arbeitsteilung in nichtehelichen und ehelichen Lebensgemeinschaften. In: Zeitschrift für Familienforschung, 12. Jg., S. 21–53.
Huinink, Johannes/Wagner, Michael (1998): Individualisierung und Pluralisierung von Lebensformen. In: Friedrichs, Jürgen (Hrsg.): Die Individualisierungsthese. Opladen, S. 85–106.
Hurrelmann, Klaus (1986): Das Modell des produktiv realitätsverarbeitenden Subjekts in der Sozialisationsforschung. In: ders. (Hrsg.): Lebenslage, Lebensalter, Lebenszeit. Weinheim, Basel.
Hurrelmann, Klaus (1988): Sozialisation und Gesundheit. Somatische, psychische und soziale Risikofaktoren im Lebenslauf. Weinheim, München.
Hurrelmann, Klaus (1991): Junge Frauen, sensibler und selbstkritischer als junge Männer. In: Pädagogik, H. 7–8, S. 58–62.
Hurrelmann, Klaus (1997): Geschlecht und Gesundheit – Einführung in den Themenschwerpunkt. In: Zeitschrift für Sozialisationsforschung und Erziehungssoziologie, H. 2, S. 115–118.
Hurrelmann, Klaus/Klocke, Andreas (1997): Armut und Gesundheitsgefährdung im Kindes- und Jugendalter. In: Pro Jugend. Fachzeitschrift der Aktion Jugendschutz, H. 2, S. 4–9.
Hurrelmann, Klaus/Ulich, Dieter (Hrsg.) (1998): Handbuch der Sozialisationsforschung. Weinheim, Basel.
Inglehart, Ronald (1998): Modernisierung und Postmodernisierung. Kultureller, wirtschaftlicher und politischer Wandel in 43 Gesellschaften. Frankfurt am Main, New York.
Institut für Demoskopie Allensbach (1993): Frauen in Deutschland. Lebensverhältnisse, Lebensstile, Zukunftserwartungen. Allensbach.
Institut für Demoskopie Allensbach (1999): Die 99er Generation (Befragung im Auftrag der Redaktion Wirtschaftswoche). Allensbach.
Institut für Jugendforschung (Hrsg.) (1994): IJF-Studie. Psychologische Einzelexplorationen bei 13- bis 20jährigen aus den alten und neuen Bundesländern. o.O.
Institut für Jugendforschung (Hrsg.) (1995): Repräsentativstudie 1995 bei 6- bis 14jährigen Kindern. o.O.
IPOS (Institut für praxisorientierte Sozialforschung) (1999): Jugendliche und junge Erwachsene in Deutschland. Ergebnisse einer repräsentativen Bevölkerungsumfrage (Bericht und Tabellenband). Mannheim.
Janke, Klaus/Niehues, Stefan (1995): Echt abgedreht. Die Jugend der 90er Jahre. München.
Janshen, Doris (1986): Frauen und Technik. Facetten einer schwierigen Beziehung. In: Hausen, Karin/Nowotny, Helga (Hrsg.): Wie männlich ist die Wissenschaft? Frankfurt am Main, S. 279–292.
JIM 1998, s. Medienpädagogischer Forschungsverbund Südwest/Feierabend/Klingler 1998.
JIM 2000, s. Medienpädagogischer Forschungsverbund Südwest/Feierabend/Klingler 2000.
Jugendwerk der Deutschen Shell (Hrsg.) (1997): Jugend '97. Zukunftsperspektiven, gesellschaftliches Engagement, politische Orientierungen. Opladen.
Jurczyk, Karin/Rerrich, Maria S. (1993): Lebensführung weiblich – Lebensführung männlich. Macht diese Unterscheidung heute noch Sinn? In: dies. (Hrsg.): Die Arbeit des Alltags. Beiträge zu einer Soziologie der alltäglichen Lebensführung. Freiburg im Breisgau, S. 279–309.

Kaase, Max (1983): Politische Beteiligung, konventionelle und unkonventionelle Welle. In: Schmidt, Manfred G. (Hrsg.): Westliche Industriegesellschaften. Wirtschaft – Gesellschaft – Politik. Bd. 2. München, Zürich, S. 321–326.

Kaase, Max (1996): Partizipation. In: Nohlen, Dieter (Hrsg.), Wörterbuch Staat und Politik (Neuausgabe 1995). Bonn, S. 521–527.

Kauermann-Walter, Jacqueline/Kreienbaum, Maria Anna/Metz-Göckel, Sigrid (1988): Formale Gleichheit und diskrete Diskriminierung. Forschungsergebnisse zur Koedukation. In: Rolff, Hans Günter et al. (Hrsg.): Jahrbuch für Schulentwicklung. Bd. 5. Weinheim.

Kaufmann, Franz-Xaver (1990): Zukunft der Familie. Stabilität, Stabilitätsrisiken und Wandel der familialen Lebensformen sowie ihre gesellschaftlichen und politischen Bedingungen. München.

Kaufmann, Franz-Xaver (1995): Zukunft der Familie im vereinten Deutschland. Gesellschaftliche und politische Bedingungen. München.

Kawamura, Gabriele (2000): Frauenkriminalität. Erscheinungsformen und Erklärungsansätze. In: sozialmagazin, H. 5, S. 12–16.

Keddi, Barbara/Pfeil, Patricia/Strehmel, Petra/Wittmann, Svendy (1999): Lebensthemen junger Frauen – die andere Vielfalt weiblicher Lebensentwürfe. Eine Längsschnittuntersuchung in Bayern und Sachsen. Opladen.

Kersten, Joachim (1993): Der Männlichkeits-Kult. Über die Hintergründe der Jugendgewalt. In: Psychologie heute, H. 9, S. 50–57.

Kersten, Joachim (1995): Sozialwissenschaftliche und politische Anmerkungen zum Thema „Jungen und Gewalt". In: Behn, Sabine/Heitmann, Helmut/Voß, Stephan (Hrsg.): Jungen, Mädchen und Gewalt – ein Thema für die geschlechtsspezifische Jugendarbeit?! Berlin, S. 21–38.

King, A./Wold, B./Tudor-Smith, C./Harel, Y. (1996): The Health of Youth: A Cross-National Survey. WHO regional publications, European Series, No. 69 (WHO Regional Office for Europe). Copenhagen.

Klages, Helmut (1999): Zerfällt das Volk? Von den Schwierigkeiten der modernen Gesellschaft mit Gemeinschaft und Demokratie. In: Klages, Helmut/Gensicke, Thomas (Hrsg.): Wertewandel und bürgerschaftliches Engagement an der Schwelle zum 21. Jahrhundert (Speyerer Forschungsberichte 193). Speyer, S. 1–20.

Klages, Helmut/Gensicke, Thomas (1998): Bürgerschaftliches Engagement 1997. In: Meulemann, Heiner (Hrsg): Werte und nationale Identität im vereinten Deutschland. Erklärungsansätze in der Umfrageforschung. Opladen, S. 177–193.

Klammer, Ute/Klenner, Christina/Ochs, Christiane/Radke, Petra/Ziegler, Astrid (2000): WSI FrauenDatenReport. Berlin.

Kleffner, Annette/Lappe, Lothar/Raab, Erich/Schober, Karen (1996): Fit für den Berufsstart? Berufswahl und Berufsberatung aus Schülersicht. In: Materialien aus der Arbeitsmarkt- und Berufsforschung, H. 3, S. 1–22.

Klein, Michael (1991): Von der Seele des Körpers. Bd. 1. Oldenburg.

Klein, Thomas (1999): Partnerschaft im Wandel? In: Busch, Friedrich W./Nauck, Bernhard/Nave-Herz, Rosemarie (Hrsg.): Aktuelle Forschungsfelder der Familienwissenschaft. Würzburg, S. 103–118.

Klein, Thomas/Unger, Reiner (2001): Einkommen, Gesundheit und Mortalität in Deutschland, Großbritannien und den USA. In: Kölner Zeitschrift für Soziologie und Sozialpsychologie, 53. Jg., S. 96–110.

Klenner, Christina/Pfahl, Svenja/Seifert, Hartmut (2001): Ehrenamt und Erwerbsarbeit – Zeitbalance oder Zeitkonkurrenz? Hrsg. vom Ministerium für Arbeit und Soziales, Qualifikation und Technologie des Landes Nordrhein-Westfalen. Düsseldorf.

Knapp, Gudrun-Axeli (1997): Differenz und Dekonstruktion. Anmerkungen zum Paradigmenwechsel in der Frauenforschung. In: Hradil, Stefan (Hrsg.): Differenz und Integration. Die Zukunft moderner Gesellschaften (Verhandlungen des 28. Kongresses der Deutschen Gesellschaft für Soziologie in Dresden 1996). Frankfurt am Main, S. 495–513.

Knapp, Gudrun-Axeli/Wetterer, Angelika (Hrsg.) (1992): Traditionen. Brüche. Entwicklungen feministischer Theorie. Freiburg im Breisgau.

Köcher, Renate (1999): Frauenwelten und Männerwelten (Dokumentation des Beitrags in der Frankfurter Allgemeinen Zeitung Nr. 86 vom 14. April 1999). Allensbach.

Kolip, Petra (1994a): Jugend und Gesundheit: Eine notwendig geschlechtsspezifische Betrachtung. In: dies. (Hrsg.): Lebenslust und Wohlbefinden: Beiträge zur geschlechtsspezifischen Jugendgesundheitsforschung. Weinheim, München, S. 7–21.

Kolip, Petra (1994b): Ein denkwürdiger Wandel – Zur gesundheitlichen Lage im Jugendalter. In: Zeitschrift für Frauenforschung, 12. Jg., H. 4, S. 39–46.

Kolip, Petra (1994c): Freundschaften im Jugendalter. Mädchen und Jungen im Vergleich. In: Zeitschrift für Sozialisation und Erziehung, 14. Jg., S. 20–87.

Kolip, Petra (1997a): Geschlechtlichkeit im Jugendalter – oder: Der blinde Fleck der Jugendgesundheitsforschung. In: Zeitschrift für Sozialisationsforschung und Erziehungssoziologie, H. 2, S. 135–147.

Kolip, Petra (1997b): Geschlecht und Gesundheit im Jugendalter. Die Konstruktion von Geschlechtlichkeit über somatische Kulturen. Opladen.

Kolip, Petra/Hurrelmann, Klaus/Schnabel, Peter-Ernst (1995): Jugend und Gesundheit. Interventionsfelder und Präventionsbereiche. Weinheim, München.

Kolip, Petra/Schmidt, Bettina (1999): Gender and Health in Adolescence (WHO Regional Office for Europe). Copenhagen.

Komission für Zukunftsfragen der Freistaaten Bayern und Sachsen (Hrsg.) (1997): Erwerbstätigkeit und Arbeitslosigkeit in Deutschland. Entwicklung, Ursachen, Maßnahmen. Teil III. Bonn.

Koppetsch, Cornelia/Burkart, Günther (1999): Die Illusion der Emanzipation. Zur Wirksamkeit latenter Geschlechtsnormen im Milieuvergleich. Konstanz.

Koppetsch, Cornelia/Maier, Maja S. (1998): Individualisierung ohne Gleichheit? Zur aktuellen Lage des Geschlechterverhältnisses. In: Friedrichs, Jürgen (Hrsg.): Die Individualisierungsthese. Opladen, S. 143–164.

Kraheck, Nicole (2001): Karrieren jenseits normaler Erwerbsarbeit – Lebenslagen, Lebensentwürfe und Bewältigungsstrategien von Jugendlichen und jungen Erwachsenen (Zwischenbericht, Ministerium für Frauen, Jugend, Familie und Gesundheit Nordrhein-Westfalen). Düsseldorf.

Kraheck, Nicole (Hrsg.) (o. J.): Verbesserung der beruflichen Chancen von Mädchen und jungen Frauen. Praxismodelle. München Leipzig.

Kraus, Ulrike (1995): Frauen in Ehrenämtern des Sports. In: Bundesausschuß Frauen im Sport des Deutschen Sportbundes (Hrsg.): FairPlay. Für Mädchen und Frauen im Sport? Frankfurt am Main, S. 54–65.

Kreppner, Kurt (2000): Die Erforschung der Beziehungen Jugendlicher und junger Erwachsener zu ihren Eltern – Bemerkungen zu fünf Studien (Einführung). In: Zeitschrift für Soziologie der Erziehung und Sozialisation, 20. Jg., H. 4, S. 339–344.

Krüger, Helga (1991): Doing Gender – Geschlecht als Statuszuweisung im Berufsbildungssystem. In: Brock, Ditmar/Hantsche, Brigitte/Kühnlein, Gertrud/Meulemann, Heiner/Schober, Karen (Hrsg.): Übergänge in den Beruf. Zwischenbilanz zum Forschungsstand. München, S. 139–169.

Krüger, Helga (1993): Vorberufliche Sozialisation. In: Krell, Gertraude/Osterloh, Margit (Hrsg.): Personalpolitik aus der Sicht von Frauen – Frauen aus der Sicht der Personalpolitik. München, S. 318–341.

Kudera, Werner (1995): Lebenslauf, Biographie und Lebensführung. In: Berger, Peter A./Sopp, Peter (Hrsg.): Sozialstruktur und Lebenslauf. Opladen, S. 85–105.

Kugelmann, Claudia (1998): Sportwünsche von Berufsschülerinnen – alternative Sportkonzepte für unsere Vereine? In: Ministerium für Stadtentwicklung, Kultur und Sport des Landes Nordrhein-Westfalen (Hrsg.): Zwischen Utopie und Wirklichkeit. Breitensport aus Frauensicht. Düsseldorf, S. 80–87.

Kühnlein, Gertrud/Paul-Kohlhoff, Angela (1996): Die Entwicklung von Berufswahlorientierungen und Lebenskonzepten bei Mädchen und jungen Frauen. Offene Fragen der Berufsbildungsforschung. In: Schober, Karen/Gaworek, Maria (Hrsg.): Berufswahl: Sozialisations- und Selektionsprozesse an der ersten Schwelle (Dokumentation eines Workshops des Instituts für Arbeitsmarkt- und Berufsforschung der Bundesanstalt für Arbeit in Zusammenarbeit mit dem Deutschen Jugendinstitut und dem Bundesinstitut für Berufsbildung). Nürnberg, S. 113–125.

Küllchen, Hildegard (1997): Zwischen Bildungserfolg und Karriereskepsis. Zur Berufsfindung junger Frauen mit mathematisch-naturwissenschaftlichen Interessen. Bielefeld.

Kurz, Dietrich/Sack, Hans-Gerd/Brinkhoff, Klaus-Peter (1992): Kindheit, Jugend und Sport in Nordrhein-Westfalen. Der Sportverein und seine Leistungen. Eine repräsentative Befragung der nordrhein-westfälischen Jugend. Materialien zum Sport in Nordrhein-Westfalen. Ohne Ort.

Lamnek, Siegfried/Luedtke, Jens (1996): Kriminalpolitik im Sog von Öffentlichkeit und Massenmedien. In: Bundesministerium für Justiz (Hrsg.): Das Jugendkriminalrecht als Erfüllungsgehilfe gesellschaftlicher Erwartungen? Bonn, S. 45–67.

Landesjugendring Nordrhein-Westfalen (Hrsg.) (1999): Mädchenwelten in Jugendverbänden. Neuss.

Lange, Andreas (2001): Die Lebensführung von Jugendlichen. Ein Theorie- und Forschungsprogramm (Arbeitspapier Nr. 38). Konstanz.

Lange, Elmar (1997): Jugendkonsum im Wandel. Konsummuster, Freizeitverhalten, soziale Milieus und Kaufsucht 1990 und 1996. Opladen.

Lappe, Lothar (1999): Berufliche Chancen Jugendlicher in der Bundesrepublik Deutschland. In: Aus Politik und Zeitgeschichte, B 26, S. 30–39.

Lappe, Lothar (Hrsg.) (2000): Fehlstart in den Beruf? Jugendliche mit Schwierigkeiten beim Einstieg ins Arbeitsleben. München.

Lappe, Lothar/Tully, Claus J./Wahler, Peter (2000): Das Umweltbewußtsein von Jugendlichen. Eine qualitative Befragung Auszubildender. München.

Lauggas, Meike (2000): Mädchenbildung bildet Mädchen. Wien.

Ledig, Michael (1992): Vielfalt oder Einfalt – Das Aktivitätsspektrum von Kindern. In: Deutsches Jugendinstitut (Hrsg.): Was tun Kinder am Nachmittag? Ergebnisse einer empirischen Studie zur mittleren Kindheit. München, S. 31–74.

Lemmermöhle, Doris (1997): „Ich fühl' mich halt im Frauenpelz wohler". Biographisches Handeln junger Frauen beim Übergang von der Schule in die Arbeitswelt. In: Feministische Studien, 15. Jg., H. 2, S. 23–37.

Lemmermöhle Doris (1998): Geschlechter(un)gleichheiten und Schule. In: Oechsle, Mechthild/Geissler, Birgit (Hrsg.): Die ungleiche Gleichheit. Junge Frauen und der Wandel im Geschlechterverhältnis. Opladen, S. 67–86.

Lersch, Rainer (2001): Bildungschancen in Deutschland. Ihre Entwicklung in den letzten vier Jahrzehnten. In: Die Deutsche Schule, 93. Jg., S. 139–154.

Lieb, Roselind/Schuster, Peter/Pfister, Hildegard/Fuetsch, Martina/Höfler, Michael/ Isensee, Barbara/Müller, Nina/Sonntag, Holger/Wittchen, Hans-Ulrich (2000): Epidemiologie des Konsums, Mißbrauchs und der Abhängigkeit von legalen und illegalen Drogen bei Jugendlichen und jungen Erwachsenen. Die prospektiv-longitudinale Verlaufsstudie EDSP. In: Sucht, 46. Jg., S. 18–31.

Liesering, Sabine (1996): Berufswahlmotivationen und Berufswahlverhalten von Jugendlichen im Geschlechtervergleich. In: dies./Rauch, Angela (Hrsg.): Hürden im Erwerbsleben. Aspekte beruflicher Segregation nach Geschlecht (Beiträge zur Arbeitsmarkt- und Berufsforschung, Nr. 198). Nürnberg, S. 3–16.

Limbourg, Maria/Raithel, Jürgen/Reiter, Karl (2001): Jugendliche im Straßenverkehr. In: Raithel, Jürgen (Hrsg.): Risikoverhaltensweisen Jugendlicher. Formen, Erklärungen und Präventionen. Opladen, S. 201–216.

Logemann, Niels/Feldhaus, Martin (2001): Neue Medien als neue Herausforderung für die Jugendphase. In: Kind, Jugend und Gesellschaft, 46. Jg., S. 50–53.

Luhmann, Niklas (1990): Sozialsystem Familie. In: ders.: Soziologische Aufklärung 5. Konstruktivistische Perspektiven. Opladen, S. 196–217.

Lüscher, Kurt/Schultheis, Franz (Hrsg.) (1993): Generationenbeziehungen in „postmodernen" Gesellschaften. Analysen zum Verhältnis von Individuum, Familie, Staat und Gesellschaft. Konstanz.

Mansel, Jürgen (1995): Quantitative Entwicklung von Gewalthandlungen Jugendlicher und ihrer offiziellen Registrierung. Ansätze schulischer Prävention zwischen Anspruch und Wirklichkeit. In: Zeitschrift für Sozialisationsforschung und Erziehungssoziologie, 15. Jg., S. 101–121.

Mansel, Jürgen (1998): Zukunftsperspektive und Wohlbefinden von sozial benachteiligten Jugendlichen. In: ders./Brinkhoff, Klaus-Peter (Hrsg.): Armut im Jugendalter. Soziale Ungleichheit, Gettoisierung und die psychosozialen Folgen. Weinheim, München, S. 141–157.

Mansel, Jürgen/Hurrelmann, Klaus (1994): Außen- und innengerichtete Formen der Problemverarbeitung Jugendlicher. Aggressivität und psychosomatische Beschwerden. In: Soziale Welt, 45. Jg., S. 147–179.

Mansel, Jürgen/Hurrelmann, Klaus (1998): Aggressives und delinquentes Verhalten Jugendlicher im Zeitvergleich. Befunde der „Dunkelfeldforschung" aus den Jahren 1988, 1990 und 1996. In: Kölner Zeitschrift für Soziologie und Sozialpsychologie, 50. Jg., S. 78–109.

Marstedt, Gerd/Müller, Rainer/Hebel, Dieter/Müller, Hardy (2000): Young is beautiful? Zukunftsperspektiven, Belastungen und Gesundheit im Jugendalter. Ergebnisbericht zu einer Studie über Belastungen und Probleme, Gesundheitsbeschwerden und Wertorientierungen 14–25jähriger GEK-Versicherter. Bremen, Schwäbisch Gmünd.

Masche, Gowert J. (2000): Emotionale Unterstützung zwischen jungen Erwachsenen und ihren Eltern. In: Zeitschrift für Soziologie der Erziehung und Sozialisation, 20. Jg., S. 362–378.

Matt, Eduard (1995): Episode und „Doppel-Leben": Zur Delinquenz Jugendlicher. In: Monatsschrift Kriminologie, 78. Jg., S. 153–164.

Matt, Eduard (1999): Jugend, Männlichkeit und Delinquenz. Junge Männer zwischen Männlichkeitsritualen und Autonomiebestrebungen. In: Zeitschrift für Soziologie der Erziehung und Sozialisation, 19. Jg., S. 259–276.
Mayer, Christine/Krüger, Helga/Rabe-Kleberg, Ursula/Schütte, Ilse (Hrsg.) (1984): Mädchen und Frauen. Beruf und Biografie. München.
Mayer, Karl Ulrich (Hrsg.) (1990): Lebensverläufe und sozialer Wandel. Opladen.
Mayer, Karl Ulrich/Allmendinger, Jutta/Huinink, Johannes (Hrsg.) (1991): Vom Regen in die Traufe. Frauen zwischen Beruf und Familie. Frankfurt am Main, New York.
Medienpädagogischer Forschungsverbund Südwest/Feierabend, Sabine/Klingler, Walter (1998): JIM 1998. Jugend, Information, (Multi-)Media. Basisuntersuchung zum Medienumgang 12- bis 19jähriger in Deutschland. Baden-Baden.
Medienpädagogischer Forschungsverbund Südwest/Feierabend, Sabine/Klingler, Walter (2000): JIM 2000. Jugend, Information, (Multi-)Media. Basisuntersuchung zum Medienumgang 12- bis 19jähriger in Deutschland. Baden-Baden.
Meixner, Jürgen (1996): Traumberuf oder Alptraum Beruf? Von den kindheitlichen Identifikationsmustern zur Berufswahl Jugendlicher und junger Erwachsener.In: Schober, Karen/Gaworek, Maria (Hrsg.): Berufswahl: Sozialisations- und Selektionsprozesse an der ersten Schwelle (Dokumentation eines Workshops des Instituts für Arbeitsmarkt- und Berufsforschung der Bundesanstalt für Arbeit in Zusammenarbeit mit dem Deutschen Jugendinstitut und dem Bundesinstitut für Berufsbildung). Nürnberg, S. 37–46.
Menze-Sonneck, Andrea (1996): Sport im Verein – un(beschreiblich) weiblich?! (Einführungsreferat bei der Fachtagung „Mädchen und Frauen im Sportverein(t) – ästhetisch und athletisch! Über Amazonen, Elfen und Pippi Langstrumpf"). Rade vorm Wald.
Mertens, Dieter (1984): Das Qualifikationsparadoxon. Bildung und Beschäftigung bei kritischer Arbeitsmarktperspektive. In: Zeitschrift für Pädagogik, 30. Jg., S. 439–455.
Mettler-Meibom, Barbara von (1997): Spiel – Unterhaltung – Sucht. Die Frage nach den Grenzüberschreitungen. In: Aus Politik und Zeitgeschichte, B 19–20, S. 34–46.
Meuser, Michael (1998): Gefährdete Sicherheiten und pragmatische Arrangements. Lebenszusammenhänge und Orientierungsmuster junger Männer. In: Oechsle, Mechthild/Geissler, Birgit (Hrsg.): Die ungleiche Gleichheit. Junge Frauen und der Wandel im Geschlechterverhältnis. Opladen, S. 237–258.
Meyer, Birgit (1992): Die „unpolitische" Frau. Politische Partizipation von Frauen oder: Haben Frauen ein anderes Verständnis von Politik? In: Aus Politik und Zeitgeschichte, B 25–26, S. 3–18.
Meyer, Birgit (1997): Frauen im Männerbund. Politikerinnen in Führungspositionen von der Nachkriegszeit bis heute. Frankfurt am Main.
Meyer, Birgit (1999): „Wenn man so politisch aktiv ist, muß man sich ja noch lange nicht für Politik interessieren." Zum Politikverständnis von Mädchen. In: Zeitschrift für Frauenforschung, H. 1+2, S. 64–77.
Meyer, Thomas (1993): Der Monopolverlust der Familie. Vom Teilsystem Familie zum Teilsystem privater Lebensform. In: Kölner Zeitschrift für Soziologie und Sozialpsychologie, 45. Jg., S. 23–40.
Mischau, Anina (1997): Frauenforschung und feministische Ansätze in der Kriminologie. Dargestellt am Beispiel kriminologischer Theorien zur Kriminalität und Kriminalisierung von Frauen. Pfaffenweiler.
Mischkowitz, Robert (1995): Von der „gährenden Unreife der Jugend". Das Thema Alter, Geschlecht und Kriminalität im Spiegel kriminologischer Betrachtungen. In: Monatsschrift Kriminologie, 78. Jg., S. 165–181.

Molitor, Ute (1992): Wählen Frauen anders? Zur Soziologie eines frauenspezifischen Verhaltens in der Bundesrepublik Deutschland. Baden-Baden.
Müller, Hans (2001): Wie man soziales Kapital bildet. Gespräch mit dem Vorsitzenden eines Turn- und Sportvereins. In: Blätter der Wohlfahrtspflege, H. 5+6, S. 126 f.
Müller, Walter/Haun, Dietmar (1994): Bildungsungleichheit im Sozialen Wandel. In: Kölner Zeitschrift für Soziologie und Sozialpsychologie, Jg. 46: S. 1–42.
Müller-Wichmann, Christiane (1985): Freizeitgesellschaft? Zur Demontage einer Legende. In: Rundfunk und Fernsehen, 33. Jg., S. 469–479.
Nahnsen, Ingeborg (1975): Bemerkungen zum Begriff der Sozialpolitik in den Sozialwissenschaften. In: Osterland, Martin (Hrsg.): Arbeitssituation, Lebenslage und Konfliktpotential. Frankfurt am Main, S. 145–166.
Nauck, Bernd (1983): Konkurrierende Freizeitdefinitionen und ihre Auswirkungen auf die Forschungspraxis der Freizeitsoziologie. In: Kölner Zeitschrift für Soziologie und Sozialpsychologie, 35. Jg., S. 274–303.
Nave-Herz, Rosemarie (1992): Familie. In: Reinhold, Gerd (Hrsg.): Soziologie-Lexikon. München, S. 156–159.
Nave-Herz, Rosemarie (1998): Die These über den „Zerfall der Familie". In: Friedrichs, Jürgen/Lepsius, M. Rainer/Mayer, Karl Ulrich (Hrsg.): Die Diagnosefähigkeit der Soziologie. Opladen, S. 286–315.
Nickel, Hildegard Maria (1993): „Mitgestalterinnen des Sozialismus" – Frauenarbeit in der DDR. In: Helwig, Gisela/Nickel, Hildegard Maria (Hrsg.): Frauen in Deutschland 1945–1992 (Bundeszentrale für politische Bildung, Bd. 318). Bonn, S. 233–256.
Niedermeyer, Oskar (2001): Entwicklung und Sozialstruktur der Parteimitgliedschaften im ersten Jahrzehnt nach der Vereinigung. In: Zeitschrift für Parlamentsfragen, H. 2, S. 434–439.
Niemeyer, Frank/Voit, Hermann (1993): Lebensformen der Bevölkerung 1993. In: Wirtschaft und Statistik, H. 6, S. 437–445.
Nissen, Ursula (1998): Kindheit, Geschlecht und Raum. Sozialisationstheoretische Zusammenhänge geschlechtsspezifischer Raumaneignung. Weinheim, München.
Nissen, Ursula (1999): Kindheit, Geschlecht und Raum. Zum geschlechtsspezifischen Erwerb kulturellen Kapitals und den möglichen Folgen. In: infodienst Kulturpädagogische Nachrichten, Nr. 54, S. 24–28.
Nissen, Ursula/Keddi, Barbara/Pfeil, Patricia (2000): Berufsfindungsprozesse von Mädchen und jungen Frauen. Empirische Befunde und theoretische Erklärungsansätze (Expertise für den Deutschen Bundestag, Ausschuß für Familie, Senioren, Frauen und Jugend). Berlin.
Notz, Gisela (1987): Arbeit ohne Geld und Ehre. Zur Gestaltung ehrenamtlicher sozialer Arbeit (Forschungsberichte des Landes Nordrhein-Westfalen). Opladen.
Notz, Gisela (1989): Frauen im sozialen Ehrenamt. Ausgewählte Handlungsfelder: Rahmenbedingungen und Optionen. Freiburg.
Nowotny, Helga (1993): Eigenzeit. Entstehung und Strukturen eines Zeitgefühls. Frankfurt am Main.
Oberlies, Dagmar (1990): Geschlechtsspezifische Kriminalität und Kriminalisierung. Oder: Wie sich Frauenkriminalität errechnen läßt. In: Kölner Zeitschrift für Soziologie und Sozialpsychologie, 42. Jg., S. 129–143.
Oechsle, Mechthild (2000): Gleichheit mit Hindernissen (unter Mitarbeit von Bettina Fritzsche). Berlin.

Oechsle, Mechthild/Geissler, Birgit (1998): Die ungleiche Gleichheit. Zur widersprüchlichen Modernisierung weiblicher Lebensführung. In: dies. (Hrsg.): Die ungleiche Gleichheit. Junge Frauen und der Wandel im Geschlechterverhältnis. Opladen, S. 9–26.
Oechsle, Mechthild/Geissler, Birgit (Hrsg.) (1998): Die ungleiche Gleichheit. Junge Frauen und der Wandel im Geschlechterverhältnis. Opladen.
Oesterdiekhoff, Georg W./Papcke, Sven (1999): Jugend zwischen Kommerz und Verband. Eine empirische Untersuchung der Jugendfreizeit. Münster.
Offe, Claus (1999): Die Arbeitsgesellschaft. Die Zukunft der Arbeit. In: Pongs, Armin (Hrsg.): In welcher Gesellschaft leben wir eigentlich? Gesellschaftskonzepte im Vergleich. München, S. 197–218.
Olk, Thomas (1987): Das soziale Ehrenamt. In: Sozialwissenschaftliche Literatur Rundschau, H. 14, S. 84–101.
Opaschowski, Horst W. (1992): Freizeit 2001. Ein Blick in die Zukunft unserer Freizeitwelt vom B.A.T. Freizeitforschungsinstitut. Hamburg.
Opaschowski, Horst W. (1999): Generation@. Die Medienrevolution entläßt ihre Kinder. Leben im Informationszeitalter. Hamburg.
Opaschowski, Horst W. (2001): Deutschland 2010. Wie wir morgen arbeiten und leben – Voraussagen der Wissenschaft zur Zukunft unserer Gesellschaft. Hamburg.
Opaschowski, Horst W./Duncker, Christian (1997): Jugend und Freizeit. Bestandsaufnahme und aktuelle Analysen zu den Themen Arbeit, Freizeit und Lebensstil in den 90er Jahren. Hamburg.
Papastefanou, Christiane (2000): Die Eltern-Kind-Beziehung in der Auszugsphase – die neue Balance zwischen Verbundenheit und Ausgrenzung. In: Zeitschrift für Soziologie der Erziehung und Sozialisation, 20. Jg., S. 379–390.
Paus-Haase, Ingrid (2000): Identitätsgenese im Jugendalter. Zu den Koordinaten des Aufwachsens vor dem Hintergrund veränderter gesellschaftlicher Bedingungen – eine Herausforderung für die Jugendforschung. In: Kleber, Hubert (Hrsg.): Spannungsfeld Medien und Erziehung. Medienpädagogische Perspektiven. München, S. 55–81.
Pestrak, V.A./Martin, D. (1985): Cognitive Development and Aspects of Adolescent Sexuality. In: Adolescence, Vol. 20, pp. 981–987.
Peukert, Rüdiger (1999): Familienformen im sozialen Wandel. Opladen.
Pfeiffer, Christian/Delzer, Ingo/Enzmann, Dirk/Wetzels, Peter (1998): Ausgrenzung, Gewalt und Kriminalität im Leben junger Menschen. Kinder und Jugendliche als Opfer und Täter. Hannover.
Pfeiffer, Christian/Wetzels, Peter (1995): Sexuelle Gewalt gegen Frauen im öffentlichen und privaten Raum. Ergebnisse der KFN-Opferbefragung 1992 (KFN-Forschungsbericht Nr. 37). Hannover.
Pfeiffer, Christian/Wetzels, Peter (1999): Zur Struktur und Entwicklung der Jugendgewalt in Deutschland. Ein Thesenpapier auf Basis aktueller Forschungsbefunde. In: Aus Politik und Zeitgeschichte, B 26, S. 3–22.
Pfeil, Patricia (1999): Ganz typisch? Zu Konzept und Typologie der Lebensthemen junger Frauen. In: Keddi, Barbara et al. (Hrsg.): Lebensthemen junger Frauen – die andere Vielfalt weiblicher Lebensentwürfe. Eine Längsschnittuntersuchung in Bayern und Sachsen. Opladen, S. 69–86.
Pfister, Gertrud (1999): Sport im Lebenszusammenhang von Frauen. Ausgewählte Themen (Bundesinstitut für Sportwissenschaften, Bd. 104). Schorndorf.
Picot, Sibylle (2000a): Jugend und freiwilliges Engagement. In: dies.: Freiwilliges Engagement in Deutschland – Freiwilligensurvey 1999. Bd. 3: Frauen und Männer, Jugend, Senioren, Sport (BMFSFJ, Bd. 194.3). Stuttgart, Berlin, Köln, S. 111–301.

Picot, Sibylle (2000b): Freiwilliges Engagement in Deutschland – Freiwilligensurvey 1999. Bd. 3: Frauen und Männer, Jugend, Senioren, Sport (BMFSFJ, Bd. 194.3). Stuttgart, Berlin, Köln.
Podiumsdiskussion „Vielfalt oder Verwirrung? Zur Begrifflichkeit des Ehrenamts" (1999). Bonn, Bad Godesberg.
Popp, Ulrike (1997): Gewalt an Schulen – ein „Jungenphänomen"? In: Die Deutsche Schule, 89. Jg., S. 77–87.
Preiß, Christine (1997): Der „Ernst des Lebens" hat längst begonnen! Biographische Erfahrungen von Jugendlichen beim Übergang von der Schule in den Beruf. In: Pro Jugend, H. 1, S. 9–15.
Projektverbund Ehrenamt (Hrsg.) (1999): Freiwilligenarbeit, ehrenamtliche Tätigkeit und bürgerschaftliches Engagement. Repräsentative Erhebung 1999. Überblick über die Ergebnisse (Bernhard von Rosenbladt und Sibylle Picot). München.
Pupeter, Monika (2000): Soziodemographische und soziostrukturelle Aspekte der Lebenssituation deutscher und ausländischer junger Erwachsener. In: Weidacher, Alois (Hrsg.): In Deutschland zu Hause. Politische Orientierungen griechischer, italienischer, türkischer und deutscher junger Erwachsener im Vergleich. Opladen, S. 49–65.
Raab, Erich (1996): Jugend sucht Arbeit. Eine Längsschnittuntersuchung zum Berufseinstieg Jugendlicher. München.
Rahardt-Vahldieck, Susanne/Möller-Fiedler, Sybille (1994): Die Abkehr jüngerer Frauen von der CDU. Ausmaß, Gründe und Konsequenzen. Hamburg.
Raithel, Jürgen (1999): Unfallursache: Jugendliches Risikoverhalten. Verkehrsgefährdung Jugendlicher, psychosoziale Belastungen und Prävention. Weinheim, München.
Raithel, Jürgen (2001): Exponierte Risiken jugendlicher Männlichkeitsentwicklung. Riskantes und verkehrsgefährdendes Verhalten jungendlicher Motorzweiradfahrer. In: Zeitschrift für Soziologie der Erziehung und Sozialisation, 21. Jg., S. 133–150.
Rauch, Angela (1998): Der Übergang von der Schule in den Beruf in den neuen Bundesländern. In: Schriftenreihe der Gesellschaft für Deutschlandforschung, 1998, Nr. 61 (Übergangsprobleme von der Schule in die Arbeitswelt. Zur Situation in den neuen und alten Bundesländern). Berlin, S. 25–32.
Reitzle/Silbereisen, Rainer K. (1996): Werte in den alten und den neuen Bundesländern. In: Silbereisen, Rainer K./Vaskovics, Laszlo A./Zinnecker, Jürgen (Hrsg.): Jungsein in Deutschland. Jugendliche und junge Erwachsene 1991 und 1996. Opladen, S. 41–56.
Reuband, Karl-Heinz (1997): Selbstmordgedanken und Selbstmordversuche bei Jugendlichen. Ergebnisse einer repräsentativen Bevölkerungsbefragung. In: AJS-Info. Mitteilungsblatt der Aktion Jugendschutz Sachsen e.V., H. 3, S. 2–4.
Richter, Ingo/Sardei-Biermann, Sabine (Hrsg.) (2000): Jugendarbeitslosigkeit. Ausbildungs- und Beschäftigungsprogramme in Europa. Opladen.
Rifkin, Jeremy (1998): Das Ende der Arbeit und ihre Zukunft. Frankfurt am Main.
Rijke, Johann de (2000): Zur Stichprobe des Jugendsurveys. In: Gille, Martina/Krüger, Winfried (Hrsg.): Unzufriedene Demokraten. Politische Orientierungen der 16- bis 29jährigen im vereinigten Deutschland. DJI-Jugendsurvey 2. Opladen, S. 438–448.
Ristau, Malte (1994): Junge Frauen in der Volkspartei SPD. Bonn.
Ristau, Malte (1995): Junge Frauen und Politik. Eine Befragung zu Engagement und Partizipation in der SPD. In: Deutsche Jugend, H. 1, S. 31–36.
Robert-Koch-Institut (Hrsg.) (2001): Kurzfassung der Studie zur Gesundheit von Kindern und Jugendlichen in Deutschland. Berlin (über: www.kinder-jugend-gesundheit21.de).

Rosenbladt, Bernhard von (2000): Freiwilliges Engagement in Deutschland – Freiwilligensurvey 1999. Ergebnisse der Repräsentativerhebung zu Ehrenamt, Freiwilligenarbeit und bürgerschaftlichem Engagement. Bd. 1: Gesamtbericht (BMFSFJ, Bd. 194.1). Stuttgart, Berlin, Köln.

Rosenbladt, Bernhard von (2000a): Der Freiwilligensurvey 1999: Konzeption und Ergebnisse der Untersuchung. In: ders.: Freiwilliges Engagement in Deutschland – Freiwilligensurvey 1999. Ergebnisse der Repräsentativerhebung zu Ehrenamt, Freiwilligenarbeit und bürgerschaftlichem Engagement. Bd. 1: Gesamtbericht (BMFSFJ, Bd. 194.1). Stuttgart, Berlin, Köln, S. 31–134.

Rosenbladt, Bernhard von/Blanke, Karen (2000): Ehrenamt und Freiwilligenarbeit im Sport. In: Picot, Sibylle: Freiwilliges Engagement in Deutschland – Freiwilligensurvey 1999. Bd. 3: Frauen und Männer, Jugend, Senioren, Sport (BMFSFJ, Bd. 194.3). Stuttgart, Berlin, Köln, S. 303–358.

Roth, Rainer (1984:) Zur Problematik der politischen Kultur der Jungwähler in der Bundesrepublik Deutschland. Passau.

Roth, Rainer A. (1997): Das Ehrenamt. Freiwilliges, unbezahltes Bürgerengagement in einer pluralistischen Gesellschaft. München.

Roth, Roland (2000): Bürgerschaftliches Engagement – Formen, Bedingungen, Perspektiven. In: Zimmer, Annette/Nährlich, Stefan (Hrsg.): Engagierte Bürgerschaft. Opladen, S. 25–48.

Rudolph, Brigitte (2000): Eine Gesellschaft der pluralen Tätigkeiten. Chance oder Falle für Frauen? In: Beck, Ulrich (Hrsg.): Die Zukunft von Arbeit und Demokratie. Frankfurt am Main, S. 287–326.

Rudolph, Hedwig/Mayer, Christine/Ostendorf, Helga/Rabe-Kleberg, Ursula (Hrsg.) (1986): Berufsverläufe von Frauen. Lebensentwürfe im Umbruch. München.

Santen, Eric van (1999): Ehrenamtliches Engagement im Wandel – Bedeutung und Folgen für freie Träger der Kinder- und Jugendhilfe. In: Weigel, Nicole/Seckinger, Mike/Santen, Eric van/Markert, Andreas (Hrsg.): Freien Trägern auf der Spur. Analysen zu Strukturen und Handlungsfeldern der Jugendhilfe. München, S. 27–52.

Sauer, Birgit (1995): Geschlecht als Variable oder Strukturkategorie? „Political Culture Revisited". In: Kreisky, Eva/Sauer, Birgit (Hrsg.): Feministische Standpunkte in der Politikwissenschaft: Eine Einführung. Frankfurt am Main, New York, S. 161–199.

Scarbath, Horst/Schlottau, Heike/Straub, Veronika/Waldmann, Klaus (Hrsg.) (1999): Geschlechter. Zur Kritik und Neubestimmung geschlechterbezogener Sozialisation und Bildung. Opladen.

Schiersmann, Christiane (1987): Computerkultur und weiblicher Lebenszusammenhang. Zugangsweisen von Frauen und Mädchen zu neuen Technologien. Bonn.

Schmid-Tannwald, Ingolf/Kluge, Norbert (1998): Sexualität und Kontrazeption aus der Sicht der Jugendlichen und ihrer Eltern. Eine repräsentative Studie im Auftrag der Bundeszentrale für gesundheitliche Aufklärung. Köln.

Schmidtchen, Gerhard (1984): Neue Technik – Neue Arbeitsmoral. o.O.

Schmölzer, Gabriele (1995): Aktuelle Diskussionen zum Thema „Frauenkriminalität" – ein Einstieg in die Auseinandersetzung mit gegenwärtigen Erklärungsversuchen. In: Monatsschrift Kriminologie, 78. Jg., S. 219–235.

Schneider, Helmut (1995): Politische Partizipation – zwischen Krise und Wandel. In: Hoffmann-Lange, Ursula (Hrsg.): Jugend und Demokratie in Deutschland. DJI-Jugendsurvey 1. Opladen, S. 275–335.

Schneider, Norbert F./Hartmann, Kerstin/Eggen, Bernd/Fölker, Brigitte (2000): Wie leben die Deutschen? Lebensformen, Familien- und Haushaltsstrukturen in Deutschland. Sonderauswertungen mit den Daten des Mikrozensus 1998 (BMFSFJ). Bonn.

Schober, Karen (1996): Berufsausbildung junger Frauen in den neuen Ländern. In: Liesering, Sabine/Rauch, Angela (Hrsg.): Hürden im Erwerbsleben. Aspekte beruflicher Segregation nach Geschlecht (Beiträge zur Arbeitsmarkt- und Berufsforschung, Nr. 198). Nürnberg, S. 47–63.

Schober, Karen/Gaworek, Maria (Hrsg.) (1996): Berufswahl: Sozialisations- und Selektionsprozesse an der ersten Schwelle (Dokumentation eines Workshops des Instituts für Arbeitsmarkt- und Berufsforschung der Bundesanstalt für Arbeit in Zusammenarbeit mit dem Deutschen Jugendinstitut und dem Bundesinstitut für Berufsbildung). Nürnberg.

Schreiber, Robert/Grunwald, Marianne/Hagemann-White, Carol (1996): Frauenverbände und Frauenvereinigungen in der Bundesrepublik Deutschland (BMFSFJ, Bd. 112). Stuttgart, Berlin, Köln.

Schröder, Helmut (1996): Der Nutzen der beruflichen Beratung aus der Sicht der Berufswähler. Anmerkungen zu einem Forschungsdesiderat. In: Schober, Karen/Gaworek, Maria (Hrsg.): Berufswahl: Sozialisations- und Selektionsprozesse an der ersten Schwelle (Dokumentation eines Workshops des Instituts für Arbeitsmarkt- und Berufsforschung der Bundesanstalt für Arbeit in Zusammenarbeit mit dem Deutschen Jugendinstitut und dem Bundesinstitut für Berufsbildung). Nürnberg, S. 287–308.

Schütze, Yvonne (1993): Generationenbeziehungen im Lebensverlauf – eine Sache der Frauen? In: Lüscher, Kurt/Schultheis, Franz (Hrsg.): Generationenbeziehungen in „postmodernen" Gesellschaften. Analysen zum Verhältnis von Individuum, Familie, Staat und Gesellschaft. Konstanz, S. 287–298.

Schwarz, Karl (1990): Die Bildungsabschlüsse der Frauen und ihre Bedeutung für den Arbeitsmarkt, die Eheschließung und die Familienbildung. In: Zeitschrift für Bevölkerungswissenschaft, 15. Jg., S. 361–382.

Schwarz, Norbert (1996): Ehrenamtliches Engagement in Deutschland. Ergebnisse der Zeitbudgeterhebung 1991/92. In: Wirtschaft und Statistik, H. 4, S. 259–266.

Schwind, Hans-Dieter (2000): Kriminologie. Eine praxisorientierte Einführung mit Beispielen. Heidelberg.

Schwind, Hans-Dieter/Baumann, Jürgen et al. (Hrsg.) (1990): Ursachen, Prävention und Kontrolle von Gewalt. Analysen und Vorschläge der Unabhängigen Regierungskommission zur Verhinderung und Bekämpfung von Gewalt (Bd. 2). Berlin.

Seckinger, Mike/Weigel, Nicole/Van Santen, Eric/Markert, Andreas (1998): Situation und Perspektiven der Jugendhilfe. München.

Seidenspinner, Gerlinde/Burger, Angelika (1982): Mädchen '82. Eine repräsentative Untersuchung über die Lebenssituation und das Lebensgefühl 15- bis 19jähriger Mädchen in der Bundesrepublik Deutschland (durchgeführt vom Deutschen Jugendinstitut München im Auftrag der Zeitschrift Brigitte) (Bericht und Tabellenband). Hamburg.

Seidenspinner, Gerlinde/Keddi, Barbara (1994): Lebensentwürfe. Wie junge Frauen leben wollen. In: Hildebrandt, Regine/Winkler, Ruth (Hrsg.): Die Hälfte der Zukunft. Lebenswelten junger Frauen. Köln, S. 14–25.

Seidenspinner, Gerlinde/Keddi, Barbara/Wittmann, Svendy/Gross, Michaela/Hildebrandt, Karin/Strehmel, Petra (1996): Junge Frauen heute – Wie sie leben, was sie anders machen. Opladen.

Seifert, Ruth (2000): Die Frau als Soldatin – Ein neues geschlechterpolitisches Terrain. In: Diskurs, 10. Jg., H. 2, S. 21–29.
Seiffge-Krenke, Ingrid (1994): Gesundheitspsychologie des Jugendalters. Göttingen u.a.
Seiffge-Krenke, Ingrid et al. (1996): Chronisch kranke Jugendliche und ihre Familien. Belastung, Bewältigung und psychosoziale Folgen. Stuttgart, Berlin, Köln.
Shanahan, Michael J./Flaherly, Brian P. (2001): Dynamic Patterns of Time Use in Adolescene. In: Child Development, Vol. 72, pp. 385–401.
Siegrist, Johannes (1995): Soziale Ungleichheit und Gesundheit: neue Herausforderungen an die Präventionspolitik in Deutschland. In: Zeitschrift für Gesundheitswissenschaften, H. 2, S. 54–63.
Silbereisen, Rainer K./Vaskovics, Laszlo A./Zinnecker, Jürgen (Hrsg.) (1996): Jungsein in Deutschland. Jugendliche und junge Erwachsene 1991 und 1996. Opladen.
Silkenbeumer, Mirja (2000): Im Spiegel ihrer Lebensgeschichten – Gewalttätiges Verhalten Jugendlicher und Geschlechtszugehörigkeit. Stuttgart.
Sloot, Annegret (Hrsg.) (1998): „Aus der Rolle fallen!" Wider den heimlichen Lehrplan der Geschlechtererziehung (Dokumentation der 53. Pädagogischen Woche 10.–14.11.1997). Cuxhaven, Moisburg.
Spiegel, Der (2001): „Let it be". Ausgabe 9/2001, S. 78–80.
Spitthöver, Maria (1990): Mehr Freiräume für Frauen. Ein Beitrag zur Berücksichtigung frauenspezifischer Belange in der kommunalen Freiraumplanung. In: Informationen zur Raumentwicklung, Nr. 8–9, S. 473 ff.
Starke, Kurt (2001): Fit for SexPower. Eine sexualwissenschaftliche Untersuchung zu BRAVO GiRL! Frankfurt am Main u.a.
Statistisches Bundesamt (Hrsg.) (1998): Gesundheitsbericht für Deutschland: Gesundheitsberichterstattung des Bundes. Stuttgart.
Statistisches Bundesamt (Hrsg.) (1999): Bevölkerung und Erwerbstätigkeit, Reihe 4.1.1. Wiesbaden.
Statistisches Bundesamt (Hrsg.) (2000a): Bildung im Zahlenspiegel. Wiesbaden.
Statistisches Bundesamt (Hrsg.) (2000b): Datenreport 1999. Zahlen und Fakten über die Bundesrepublik Deutschland (Bundeszentrale für politische Bildung, Bd. 365). Bonn.
Statistisches Bundesamt (Hrsg.) (2000c): Fachserie 11 (Bildung und Kultur), Reihe 4.1 (Studierende an Hochschulen). Wiesbaden.
Statistisches Bundesamt (Hrsg.) (2000d): Fachserie 11, Reihe 1 (Allgemeinbildende Schulen). Wiesbaden.
Statistisches Bundesamt (Hrsg.) (2001a): Fachserie 10 (Rechtspflege), Reihe 3 (Strafverfolgung), Berichtsjahr 1999. Wiesbaden.
Statistisches Bundesamt (Hrsg.) (2001b): Fachserie 11 (Bildung und Kultur), Reihe 3 (Berufliche Bildung). Wiesbaden.
Stein-Hilbers, Marlene (1994): Handeln und behandelt werden: Geschlechtspezifische Konstruktionen von Gesundheit und Krankheit im Jugendalter. In: Kolip, Petra (Hrsg.): Lebenslust und Wohlbefinden. Beiträge zur geschlechtsspezifischen Jugendgesundheitsforschung. Weinheim, München, S. 83–102.
Strzoda, Christiane/Zinnecker, Jürgen (1996): Das persönliche Zeitbudget zwischen 13 und 30. In: Silbereisen, Rainer K./Vaskovics, Laszlo A./Zinnecker, Jürgen (Hrsg.): Jungsein in Deutschland. Jugendliche und junge Erwachsene 1991 und 1996. Opladen, S. 281–300.
Sturzbecher, Dietmar/Landua, Detlef/Shahla, Hossein (2001): Jugendgewalt unter ostdeutschen Jugendlichen. In: Sturzbecher, Dietmar (Hrsg.): Jugend in Ostdeutschland. Lebenssituation und Delinquenz. Opladen, S. 249–301.

Sydow, Kirsten von (2001): Drogengebrauch, -mißbrauch und -abhängigkeit unter jugendlichen und jungen Erwachsenen in München. Überblick über die Ergebnisse der EDSP. In: BINAD-Info, Nr. 20, S. 59–65.
Tapscott, Don (1998): Net Kids. Die digitale Generation erobert Wirtschaft und Gesellschaft. Wiesbaden.
Tillmann, Klaus-Jürgen/Popp, Ulrike (o.J.): Arbeits- und Ergebnisbericht des Forschungsprojektes Geschlechtersozialisation und Gewalt an Schulen. o.O.
Todt, Eberhard (1992): Interesse männlich – Interesse weiblich. In: Jugendwerk der Deutschen Shell (Hrsg.): Jugend '92. Lebenslagen, Orientierungen und Entwicklungsperspektiven im Vereinten Deutschland. Opladen, S. 301–318.
Trauernicht, Gitta/Wieneke, Brigitte (1990): Mädchen in der Jugendverbandsarbeit. Zur Situation von Mädchen und zum Stand von Mädchenarbeit in der Jugendverbandsarbeit in Nordrhein–Westfalen. Pilotstudie (Institut für soziale Arbeit e.V.). In: Soziale Praxis, H. 6.
Traulsen, Monika (1997): Werden die Täter immer jünger? Zur Altersstruktur der Tatverdächtigen. In: Monatsschrift Kriminologie, 80. Jg., S. 430–441.
Tully, Claus J. (1998): Rot, cool und was unter der Haube. Jugendliche und ihr Verhältnis zu Auto und Umwelt. Eine Jugendstudie. München.
Urban, Ulrike (1999): Jugendforschung seit der Wiedervereinigung. Welche Themen, welche Ergebnisse und welche Diskussionsstränge waren bestimmend? In: sozial extra, H. 11, S. 16–18.
Utzmann-Krombholz, Hilde (1994): Rechtsextremismus und Gewalt: Affinitäten und Resistenzen von Mädchen und jungen Frauen. Ergebnisse einer empirischen Studie. In: Zeitschrift für Frauenforschung, 12. Jg., S. 6–31.
Vaskovics, Laszlo A. (1994): Wiederentdeckung familialer Lebenswelten – ein Trend? In: ders. (Hrsg.): Familie. Soziologie familialer Lebenswelten. Soziologische Revue, Sonderheft 3, S. 4–17.
Verlagsgruppe Bauer (1992): Die Jugend als Verbraucher in verschiedenen Märkten. Hamburg.
Vogel, Ulrike (1999): Zur Reanalyse von Daten aus empirischen Untersuchungen zu Jugend und Gewalt unter geschlechtsbezogenen Aspekten. In: Zeitschrift für Frauenforschung, 17. Jg., S. 43–58.
Wahler, Peter (1997): Berufliche Sozialisation in der Leistungsgesellschaft. Pfaffenweiler.
Wahler, Peter/Witzel, Andreas (1996): Berufswahl – ein Vermittlungsprozeß zwischen Biografie und Chancenstruktur. In: Schober, Karen/Gaworek, Maria (Hrsg.): Berufswahl: Sozialisations- und Selektionsprozesse an der ersten Schwelle (Dokumentation eines Workshops des Instituts für Arbeitsmarkt- und Berufsforschung der Bundesanstalt für Arbeit in Zusammenarbeit mit dem Deutschen Jugendinstitut und dem Bundesinstitut für Berufsbildung). Nürnberg, S. 9–35.
Walter, Michael (1995): Jugendkriminalität. Eine systematische Darstellung. Stuttgart u.a.
Wasmer, Martina/Koch, Achim/Harkness, Janet/Gabler, Siegfried (1996): ZUMA-Arbeitsbericht 96/08: Konzeption und Durchführung der „Allgemeinen Bevölkerungsumfrage der Sozialwissenschaften" (ALLBUS) 1996. Mannheim.
Weidacher, Alois (2000): Lebensformen, Partnerschaft und Familiengründung. Griechische, italienische, türkische und deutsche junge Erwachsene. In: Sachverständigenkommission 6. Familienbericht (Hrsg.): Familien ausländischer Herkunft in Deutschland: Empirische Beiträge zur Familienentwicklung und Akkulturation. Materialen zum 6. Familienbericht. Opladen, S. 193–228.

Weidacher, Alois (Hrsg.) (2000): In Deutschland zu Hause. Politische Orientierungen griechischer, italienischer, türkischer und deutscher junger Erwachsener im Vergleich. Opladen.

Weidacher, Alois/Mittag, Hartmut (2000): Methodische Aspekte der Untersuchung: Stichproben, Erhebungsinstrumente, Analyseverfahren. In: Weidacher, Alois (Hrsg.): In Deutschland zu Hause. Politische Orientierungen griechischer, italienischer, türkischer und deutscher junger Erwachsener im Vergleich. Opladen, S. 273–284.

Wermuth, Nanny (1992): Frauen an Hochschulen. Statistische Daten zu den Karrierechancen. Bonn.

Werner, Dietlind (1995): Wir werden was wir wollen. Berufswünsche von Frauen. In: Päd Extra, H. 2.

Wessels, Christiane (1995): Frauen und soziales Ehrenamt. In: caritas 96, H. 5/1995, S. 196–203.

Wetterer, Angelika (1995): Dekonstruktion und Alltagshandeln. Die (möglichen) Grenzen der Vergeschlechtlichung von Berufsarbeit. In: dies.: Die soziale Konstruktion von Geschlecht in Professionalisierungsprozessen. Freiburg, S. 223–246.

Wetterer, Angelika (1995): Die soziale Konstruktion von Geschlecht in Professionalisierungsprozessen. Freiburg.

Wetzels, Peter (1997): Gewalterfahrungen in der Kindheit. Sexueller Mißbrauch, körperliche Mißhandlung und deren langfristige Konsequenzen. Baden-Baden.

Wetzels, Peter/Enzmann, Dirk (1999): Erleiden und handeln: Erfahrungen junger Menschen mit Gewalt. Ergebnisse einer repräsentativen Opfer- und Täterbefragung in vier bundesdeutschen Großstädten. In: Grimm, Andrea (Hrsg.): Kriminalität und Gewalt in der Entwicklung junger Menschen. Forschungsbefunde – Praxiserfahrung – Politische Konzepte. Loccum, S. 90–168.

Wiesendahl, Elmar (2001): Keine Lust mehr auf Parteien. Zur Abwendung Jugendlicher von den Parteien. In: Aus Politik und Zeitgeschichte, B 10, S. 7–19.

Willems, Helmut (1993): Fremdenfeindliche Gewalt. Einstellungen, Täter, Konflikteskalation. Opladen.

Winkler, Jürgen (1988): Das Ehrenamt. Zur Soziologie ehrenamtlicher Tätigkeit dargestellt am Beispiel der deutschen Sportverbände (Bundesinstitut für Sportwissenschaft, Bd. 61). Schorndorf.

Winkler, Jürgen (1990): Das Ehrenamt im Spannungsfeld von Öffentlichkeit und Privatheit. In: Anders, G. (Hrsg.): Vereinssport an der Wachstumsgrenze? Bd. 2: Sport in der Krise der Wachstumsgesellschaften. Witten, S. 96–116.

Winkler, Ruth/Ristau, Malte (1987): Von der Mädcheninitiative zum „Umbau" der Jusos. Ein Beitrag zur Neuorientierung des sozialdemokratischen Jugendverbandes. In: Schlapeit-Beck, Dagmar (Hrsg.): Mädchenräume. Initiativen – Projekte – Lebensperspektiven. Hamburg, S. 204–215.

Winter, Reinhard (1999): Kompetent, Authentisch und Normal? Aufklärungsrelevante Gesundheitsprobleme, Sexualaufklärung und Beratung von Jungen. Eine qualitative Studie im Auftrag der Bundeszentrale für gesundheitliche Aufklärung. Köln.

Wipplinger, Rudolf/Amman, Gabriele (1998): Gesundheit und Gesundheitsforschung – Modelle, Ziele und Bereiche. In: Wipplinger, Rudolf/Amman, Gabriele (Hrsg.): Gesundheitsförderung. Tübingen, S. 17–51.

Wittchen, Hans-Ulrich/Höfler, Michael/Perkongg, Axel/Sonntag, Holger/Lieb, Roselind (1998): Wie stabil sind Drogenkonsum und das Auftreten klinisch-diagnostisch relevanter Mißbrauchs- und Abhängigkeitsstadien bei Jugendlichen. Eine epidemiologische Studie am Beispiel von Cannabis. In: Kindheit und Entwicklung, 7. Jg., S. 188–198.

Wittmann, Svendy (1996): Mädchen und junge Frauen. Berufsfindung – Berufsorientierung – Berufswahl. Eine annotierte Bibliographie mit Kontakt- und Bezugsadressen (DJI-Arbeitspapier 2/1996). München.

Wittmann, Svendy/Bruhns, Kirsten (1999): Geschlechterverhältnisse und Jugendkriminalität. In: Frauenrat der Universität Konstanz (Hrsg.): Gender Studies. Kriminalität und Geschlecht. Konstanz, S. 83–101.

Ziehlke, Brigitte (1992): „Fehlgeleitete Machos" und „frühreife Lolitas" – Geschlechtstypische Unterschiede der Jugenddevianz. In: Tillmann, Klaus-Jürgen (Hrsg.): Jugend weiblich – Jugend männlich. Sozialisation, Geschlecht, Identität. Opladen, S. 28–39.

Zierau, Johanna (2000): Genderperspektive – Freiwilligenarbeit, ehrenamtliche Tätigkeit und bürgerschaftliches Engagement bei Männern und Frauen. In: Picot, Sibylle: Freiwilliges Engagement in Deutschland – Freiwilligensurvey 1999. Bd. 3: Frauen und Männer, Jugend, Senioren, Sport (BMFSFJ, Bd. 194.3). Stuttgart, Berlin, Köln, S. 15–110.

Zimmer, Annette/Nährlich, Stefan (Hrsg.) (2000): Engagierte Bürgerschaft. Traditionen und Perspektiven. Opladen.